고조선 철학

古朝鮮 哲學

고조선 철학

이현중 지음

글을 시작하며

이 책에서는 한국문화, 한국철학의 본질이 무엇인지를 살펴보고, 그것을 통하여 한국인으로서의 우리의 정체성이 무엇인지를 밝히고자 하였다. 한국인으로서의 우리의 정체성은 곧 인간, 인류의 본성이 무엇인지를 밝히는 문제인 동시에 세계 자체의 본성이 무엇인지를 밝히는 문제이다. 그러면 고조선 사상의 내용은 무엇인가?

고조선 철학에서는 고정되게 나타낼 수 없는 세계를 훈님, 하나님, 하느님(桓因)으로 상징적으로 나타내고 있다. 그리고 시간성을 통하여 세계는 끊임없는 생성의 연속(桓雄)임을 나타내고, 공간성을 통하여 다양한 사물이 일체임(熊虎)을 보여주며, 인간성을 통하여 세계가 자재自在하게 나투는 지혜智慧와 조건이 없는 하나됨인 자비慈悲가 본성임(檀君)을 밝히고 있다. 그것은 세계(桓因)가 고정되지 않기 때문에 시간성과 공간성, 인간성을 통하여 다양하게 드러낼 수 있음을 나타낸다.

시간성을 통하여 드러난 천문天文과 공간성을 통하여 드러난 지문地文 그리고 인간성을 통하여 드러난 인문人文은 환인桓因을 서로 달리 나타내는 세 차원이다. 천문을 통하여 세계를 종교적 특성을 중심으로 나타내고, 지문을 통하여 세계를 자연적 특성을 중심으로 나타내며, 인문을 통하여 자연과 종교가 하나가 된 도덕道德적 특성을 나타낸다.

그러나 삼문三文은 분별이 없는 세계(神文)를 구분하여 나타낸 것이기 때문에 셋이라고 할 수 없다. 이처럼 차원이 없는 차원을 다양하게 드러냄으로써 사람을 비롯하여 만물을 이롭게 하는 삶, 온 우주의 모든 존재와 함께 하는 삶, 자유자재自由自在한 삶을 나타내는 것이 고조선 철학이다.

지금 우리가 고조선 철학을 통하여 한국인으로서의 정체성을 파악하려는 목적은 그것을 통하여 오늘날의 어떻게 살아갈 것인가의 문제를 해결하기 위함이다. 고조선 철학의 고찰은 궁극적으로는 오늘날의 우리사회에서 일어나고 있는 사회 현상의 문제가 무엇이며, 그것을 해결하는 방법이 무엇인지를 제시하는데 그 목적이 있다.

우리나라는 2018년을 기준으로 개인소득 3만 달러와 인구 5천만의 30–50클럽에 세계 7번째로 가입하였다. 이를 통하여 우리나라가 6.25 전후와 비교하여 경제, 사회, 문화, 정치를 비롯한 각 방면에서 비약적으로 발전하였음을 알 수 있다.

우리 국민들은 우리나라가 선진국이라는 자부심과 더불어 앞으로는 보다 안정된 생활을 할 수 있기를 바란다. 그럼에도 불구하고 지금 우리사회는 정치, 경제, 문화, 예술, 종교를 비롯한 모든 분야에서 내편 아니면 모두 적이라는 이분법적二分法的인 사고를 바탕으로 자기중심의 이기주의에 빠져 있다. 왜 지금 우리사회에서 온갖 이기주의가 기승氣勝을 부리고 있는 것일까?

우리사회에서 나타나는 다양한 형태의 이기주의는 비약적인 경제 성장의 이면에서 함께 자라온 사회의 각 방면의 계층의 격차가 그 원인이라고 생각할 수 있다. 갈수록 심화되는 우리사회의 계층의 격차는 다수의 사람들에게는 넘어설 수 없는 절망의 장벽으로 느껴진다. 그것이 다른 사람을 불신不信하고, 국가, 정부, 사회에 대하여 절망과 분노를 갖게 한다고 할 수 있다.

국외적 측면에서 보면 우리나라와 세계를 향한 북한의 도발과 더불어 미국과 중국의 경제전쟁에서 시작된 안보전쟁 그리고 중국과 북한에 가세한 러시아가 우리나라의 영공을 침범해오고, 미국과 동맹 관계인 일본의 우리나라에 대한 도발은 국내에서 자유 진영과 공산 진영, 친미親美와 친중親中, 친일親日과 반일反日과 같은 다양한 명분을 내세운 여러 집단으로 분열하게 만들었다. 국내외적인 요인들이 서로 복잡하게 결합되고, 보수와 진보, 자유주의와 사회주의, 자본주의와 공산주의와 같은 이념들과 결합될 뿐만 아니라 기독교와 천주교, 불교와 같은 종교 이념과 얽히고, 지역감정과 뒤섞여서 다양한 형태의 집단 이기주의로 표출되고 있다.

우리가 하나의 바람직하지 않은 현상을 바람직한 방향으로 바꾸기 위해서는 현상이 일어나는 원인을 찾아서 그것을 제거할 수 있는 방법을 찾아야 한다. 오늘날의 우리사회에서 일어나는 다양한 형태의 이기주의의 표출에 의하여 일어나는 분열 현상은 원인이 있기 때문에 나타난 결과라고 하지 않을 수 없다.

오늘날 우리사회에서 일어나는 현상의 원인은 사회 현상의 차원에서 찾을 수 있다. 그러나 특정한 시간과 공간에서 일어나는 현상을 대상으로 하는 점에서 한계를 갖는다. 따라서 시공을 넘어선 근원적인 차원에서 접근하는 것이 필요하다.

시공을 넘어선 차원에서 현상의 원인을 찾는 것과 더불어 고려해야할 또 하나는 그 초월이 인간의 심성 내면에서 이루어지는 주체 내적인 초월을 중심으로 이루어져야 한다는 점이다. 그것은 오늘날의 우리 사회에서 일어나는 현상이 인간과 무관하게 일어나는 것이 아니라 인간 자신의 문제임을 뜻한다.

오늘날 우리사회에서 일어나는 분열과 갈등, 대립과 투쟁은 인간과 무관하게 일어나는 것이 아니라 인간에 의하여 이루어진다. 사회를 개혁하고 정치를 개혁하는 일은 제도라는 현상의 문제 이전에 그것을 만들어서 운용하는 사람의 문제이다. 따라서 정치제도나 사회제도를 아무리 정교하게 바꾸어도 그것을 운용하는 사람의 마음이 바뀌지 않으면 사회는 여전히 변화하지 않는다.

오늘날의 우리사회가 처한 국내외적인 상황은 우리 국민들로 하여금 온갖 형태의 이기주의를 낳을 수 있는 간접적인 원인은 될 수 있지만 직접적인 원인이 될 수는 없다. 오늘날의 우리사회에서 만연蔓延하는 온갖 형태의 이기주의 직접적인 원인은 우리 국민들의 현상을 바라보는 관점이다.

오늘날 우리사회의 다양한 집단들이 자신들의 극단적인 이기주의를 포장하여 내세우는 여러 가지 이념들은 모두 유물론적인 세계관과 인간관을 낳은 분별의식에 의하여 이루어지는 이분법적 사고의 결과들이다.

그것은 오늘날 우리사회에서 다양한 형태로 표출되는 이기주의의 원인이 사회 현상 자체에 있는 것이 아니라 현상에 대한 그릇된 인식에 있음을 뜻한다. 우리가 오늘날 우리사회에서 일어나는 현상에 대한 원인을 파악하고 대책을 제시하기 위해서는 철학적 관점에서 접근하는 것이 필요하다.

철학은 『서경』의 "사람을 알면 지혜롭다."고 한 개념을 활용하여 형성되었다. 그것은 이론체계의 논리적 정당성을 가리는 지적 작업이나 그것이 가능한 지적 능력을 가리키는 것이 아니라 지적 작업을 가능하게 하는 능력의 가능 근거를 가리킨다.

지식과 구분되는 지혜는 인간의 육신이나 육신의 기능으로서의 의식을 넘어서 인간다움으로 나타내는 본래성을 가리키는 개념이다. 그것은 본래성이 의식의 여러 기능으로 나타나고, 육신의 여러 작용으로 나타나는 근원임을 뜻한다. 따라서 본래성을 중심으로 이루어지는 학문이 철학임을 알 수 있다. 그러면 왜 고조선철학을 고찰하는 것이 필요한가?

본래성은 과거와 미래를 일관한다. 그것은 고조선철학도 본래성의 자기 전개인 동시에 오늘날의 사회현상도 본래성의 자기전개이고, 앞으로 전개될 인류의 미래사회도 본래성의 전개임을 뜻한다. 따라서 현재를 바탕으로 한국정신, 한국철학, 한국문화가 처음으로 체계화되어 나타는 고조선의 철학을 고찰하는 것이 필요하다.

오늘날을 바탕으로 고조선의 철학을 고찰함으로써 과거적 본성을 파악하는 동시에 그것을 바탕으로 미래적 이상으로서의 우리사회 더 나아가서 인류사회가 지향해야할 방향을 설정할 수 있고, 그것을 바탕을 바탕으로 지금 우리 사회가 해야할 일을 파악할 수 있다.

오늘날의 인류사회 그리고 우리사회에서 일어나는 현상의 근저에는 유물론적唯物論的 세계관에 바탕을 둔 유물론적 인간관人間觀에 의하여 오로지 육신만을 실체로 여기는 사고가 있다. 우리가 육신만을 실체實體로 여기게 되면 정신은 육신이 갖는 속성에 불과하게 된다. 그것은 정신이 물질이 갖고 있는 일종의 기능에 불과할 뿐임을 뜻한다. 이처럼 우리가 육신을 자신으로 여기고 육신의 기능으로서의 의식을 정신, 영혼으로 여길 때 인간의 삶은 육신의 한계를 그대로 자신의 한계로 갖게 된다.

분별의식은 서로 하나가 될 수 있는 마음과 다르다. 의식은 나와 남, 나와 자연, 나와 세계를 구분하고, 가치를 부여하여 이로운 것은 소유하고, 해로운 것을 버리고자 하는 특성을 갖는다.

분별의식은 나와 구분되는 남이 있고, 나와 무관한 객관적 세계로서의 자연이 있으며, 나와 구분되는 사물, 우주가 있다고 여기는 실체적 세계관, 유물론적 인간관으로 나타난다. 남과 구분되는 나, 나와 구분되는 세계, 나와 구분되는 사물을 전제로 하면 나 이외의 모든 존재자들은 나의 대상이 될 뿐으로 나와 하나가 될 수 없다.

나와 독립하여 존재하는 모든 존재자들은 나의 대상인 점에서 내 생명의 보존이 유일한 삶의 목표가 된다. 그렇기 때문에 개인주의는 오로지 내 자신의 생명의 보존을 위한 일 곧 자신의 이로움만을 추구하는 이기주의가 된다.

이기주의가 혈연血緣과 학연學緣 그리고 지연地緣을 매개로 하여 다양한 집단 이기주의로 나타나고, 오로지 자국自國의 이익만을 위하여 국가를 경영하는 국가 이기주의를 낳으며, 인류의 생존만을 위하여 다른 행성을 식민화하려는 인류 이기주의를 낳는다.

이기주의를 고수固守하는 삶에는 자비慈悲와 평화平和 그리고 만족滿足이 없다. 그것은 이기주의를 고수하는 삶에는 함께 하는 삶이 없음을 뜻한다. 왜냐하면 내가 살기 위하여 남과 자연 그리고 사물을 삶의 도구로 대하기 때문이다. 서로가 서로를 삶의 수단으로 대할 때 갈등과 대립이 일어나고, 그 결과 투쟁이 연속되면서 삶이 그대로 고통이 된다.

오늘날 인류는 현대사회를 4차 산업혁명의 시대로 규정한다. 4차 산업혁명의 최첨단에 인류의 향상을 추구하는 인공지능이 있다. 인공지능의 관점에서 인류사를 보면 자료에서 정보로, 정보에서 지식으로의 3차 산업혁명에 이어서 지식에서 지혜로의 혁명적인 변화를 4차 산업혁명이라고 한다. 그러면 인공지능이 지혜를 갖추게 되면 아무런 문제가 없는가?

지능은 인간지능이나 인공지능을 막론하고 육신의 기능일 뿐으로 물질적 차원을 넘어서지 않는다. 그러나 지혜는 분별의식을 바탕으로 형성되는 지능을 넘어설 때 비로소 열린다. 지혜와 분별의식에 의하여 구성되는 지식의 차이는 자비慈悲에 있다. 지혜는 자비慈悲를 통하여 드러나는 일체의 세계, 하나의 세계를 바탕으로 이루어진다. 따라서 유물론적 인간관을 바탕으로 할 때 지혜의 세계는 결코 열리지 않는다.

인공지능을 비롯하여 다양한 과학기술은 자비를 바탕으로 지혜롭게 사용되면 인류에게 이기利器가 되지만 그렇지 않으면 인류를 멸망시키는 흉기凶器가 될 수 있다. 그것은 마치 옹달샘의 물을 젖소가 마시면 우유가 되고, 독사가 마시면 독이 되듯이 어떤 마음으로 발전시키느냐가 관건임을 뜻한다. 따라서 과학기술 자체가 문제가 아니라 그것을 발전시키고자 하는 인간이 어떤 목적으로 발전시키느냐가 문제이다.

세계 자체는 객관적으로 존재하는 자연自然이 아니다. 그렇다고 하여 인간이 통제하고 조절할 수 있는 인연因緣의 소산所産이 아니다. 그럼에도 불구하고 오늘날의 인류는 근대의 자연과학적 세계관이 강화된 유물론적 인간관, 세계관에 빠져서 오로지 겉으로 드러난 현상에 집착執着을 한다.

오늘날의 우리사회가 안고 있는 대립과 분열 그리고 갈등을 일으키는 이기주의가 분별의식이 낳은 유물론적 세계관, 인간관을 바탕으로 이루어진 것이라면 그 해결방법이 무엇인지를 찾지 않을 수 없다. 오늘날의 우리나라뿐만 아니라 인류사회가 안고 있는 모든 문제는 인류가 자신과 세계를 바라보는 분별의식이라는 하나의 관점만을 고수하는 것으로부터 시작된다. 따라서 의식의 넘어선 본래성의 세계, 본래성을 넘어선 신성神性의 세계 그 어떤 것에도 걸림이 없어야 한다.

고조선 철학에서는 인간과 세계의 관계가 하나라거나 둘이라는 고정된 것이 아닐 뿐만 아니라 인간과 세계 자체가 고정되지 않아서 여러 차원에서 다양하게 드러남을 밝히고 있다. 인간 역시 육신과 마음, 본래성이 고정되지 않아서 자유롭게 드러남을 밝히고 있다.

세계 자체가 고정되지 않음에도 불구하고 분별의식에 의하여 시간과 공간을 구분하여 고정화함으로써 형성된 관념의 세계, 개념, 이론체계를 세계와 혼동하여 세계 자체라고 착각을 하게 된다.

그것은 사고와 언어를 통하여 다양하게 드러나는 그 자리에는 사고의 대상도 내용도 그리고 세계도 언어도 없음을 간과함을 뜻한다. 그 어떤 분별을 통한 대상화를 하더라도 그것에 얽매임이 없는 자유로운 삶이 인간의 삶이다.

우리가 수행을 통하여 육신과 의식을 차원을 넘어서서 본래성에 이르러서야 비로소 영원하면서도 온 우주와 일체인 자신自神의 세계를 체험하게 되는 점에서는 삶이 수행이라고 할 수 있다. 그러나 자신이 본래성이고 그것이 육신으로 그리고 사물로 세계로 현현하는 점에서는 수행이라는 인위적인 것이 있지 않다.

육신, 의식과 다른 마음, 마음과 다른 본래성, 본래성과 다른 신성을 끊임없이 체험하고 그것이 본래의 자신임을 확인하는 과정으로서의 합일의 과정, 수도의 과정이 필요하지만 그것이 본래 자신의 다양한 작용임을 알고 자신으로 살아가는 자유자재한 생성의 과정이 필요하다. 그러면 고조선 사상은 중국사상, 서구사상과 어떻게 다르며, 어떤 관계인가?

중국문화의 원형은 주역周易을 통하여 제시된 인도人道가 중심이 된 인문人文 문화이다. 이와 달리 인문의 세계를 객체화하여 나타낸 자연을 대상으로 하는 문화가 서양문화이다. 서양문화는 물질문명이 중심이 된 지문地文 문화이다. 지문과 인문은 천문을 다른 관점에서 나타낸 것이기 때문에 천문天文을 바탕으로 형성된다.

고조선 철학은 천문天文을 중심으로 형성된 신문神文 문화이다. 고조선 사상을 통하여 인문과 지문의 중국문화와 서양문화가 하나가 될 수 있을 뿐만 아니라 동일한 가치를 가진 서로 다른 하나로 공존共存할 수 있다.

신문神文은 고정된 세계를 나타내는 것이 아니라 그 어떤 분별도 나타낼 수 없을 뿐만 아니라 상대적인 무분별마저도 넘어선 세계를 나타낸다. 그렇기 때문에 신문은 도역倒逆의 생성으로 드러나는 천문과 순역順逆의 합일合一로 드러나는 인문 그리고 시공時空합일로 나타내는 지문으로 다양하게 나타낼 수 있다.

신문의 차원에서 보면 삶과 수행, 수도修道 그리고 학문이 둘이 아니다. 삶을 학문과 구분하고 수도와 구분하는 것은 인문의 차원에서는 삶을 역逆방향의 수도修道와 순順방향의 실천으로 구분하여 나타낸 것이다. 그리고 과학의 탐구적 방법과 인문학의 계발적 방법은 본래성의 차원에서 하나가 된다.

인문의 관점에서 학문과 실천, 삶과 수행, 학문과 수행이 하나가 된 순역합일順逆合一의 차원은 한국사상에서 밝히고 있는 도역생성倒逆生成을 통하여 밝혀진다. 고정된 세계가 있는 것이 아니라 인연에 따라서 지금 여기의 나를 통하여 다양하게 생성되는 것이 세계이다. 지금 여기의 나를 통한 세계의 현현顯現이 바로 순역합일의 다양한 드러남이다.

우리가 삶의 모든 순간에 육신과 의식을 자신으로 여기는 마음을 놓아 버리고 본래성의 자리에 맡기는 것이 역逆방향의 수도修道이고, 본래성을 넘어선 세계가 하나의 차원을 바탕으로 다양하게 드러나는 것을 지켜보면서 육신을 통하여 해야 할 일을 하는 것이 순順방향의 실천이다. 매 순간을 언제나 본래성을 주체로 살아감이 그대로 수도이자 학문함이고 삶이다. 그러면 그것이 지금까지의 삶과 어떻게 다른가?

내가 없기 때문에 삶과 수도, 학문과 삶, 학문과 수도의 구분이 없고, 나와 세계의 구분이 없다. 그럼에도 불구하고 나를 중심으로 모든 분별을 일으켜서 세계를 이해하여 능불능能不能을 구분하고, 지부지知不知를 구분한다. 그리고 스스로 자신을 부지不知, 불능不能의 상태로 규정하고 능能지知의 상태를 찾아서 소유하려고 한다.

본래 생사生死가 없음에도 생사를 벗어나려고 하고, 지부지知不知와 능불능能不能이 없음에도 불구하고 지능의 향상을 추구하는 것은 본래의 자기를 부정하고 다른 자기를 찾고, 본래의 세계를 떠나서 다른 세계를 찾으려는 어리석은 행위이다.

본래성은 물질로서의 육신이나 육신의 기능으로서의 의식을 넘어서기 때문에 나 아닌 나이며, 본래성을 주체로 이루어지는 작용과 결과를 고정하여 물건처럼 나타낸 것이 마음과 육신이기 때문에 육신과 의식이라는 거짓 나에 대응하는 참 나라고 할 수 있다. 참 나는 나아닌 나이기 때문에 무아無我라고 할 수 있고, 거짓 나는 나가 아니면서도 나타난 참 나이기 때문에 자아自我라고 할 수 있다.

우리는 삶을 살아가는 매 순간에 만나는 인간과 자연 그리고 사물을 둘로 보지 않고, 둘 아니게 대하면서 살아간다. 그것은 세계, 자연, 남과 내가 본래 하나여서 구분하지 않으며, 필요에 의하여 구분하여 나타내더라도 분별하여 나타냄 자체에 얽매임이 없어서 항상 자유롭게 살아감을 뜻한다.

자유로운 삶은 얽매임에 대응하는 벗어남으로서의 자유로움이 아니라 분별과 무분별을 넘어서 있으면서도 분별과 무분별을 자재自在하는 자유로움이다. 유학儒學에서는 무분별의 세계, 하나의 세계를 분별하여 나타낼 수 있는 지성知性과 현상의 만물을 하나로 대할 수 있는 자비慈悲, 인성仁性을 본래성의 내용으로 제시하고 있다.

인간의 삶은 자비慈悲와 지성知性의 현현顯現이다. 인성仁性을 바탕을 하여 지성知性을 발현하는 학문이 그대로 수도이고, 지성을 바탕으로 인성을 발현하는 남과 하나가 되는 제도濟度, 실천이 그대로 삶이어서 수도와 학문 그리고 삶이 하나이다.

삶과 하나가 된 학문, 삶과 하나가 된 수도는 나와 남 그리고 세계의 구분이 없는 일체이기 때문에 목적과 과정 그리고 방법이 다르지 않다. 수도는 정인正因에 의하여 얻을 수 있는 정과正果로서의 깨달음을 위하여 인위적人爲的이고, 유위적有爲的인 수행을 하는 것이 아니라 자신을 체험하고 경험하면서 자신으로 살아감이다.

삶은 무엇을 얻어서 소유하기 위하여 기다리는 과정이 아니라 매 순간이 목적이고, 결과이다. 삶은 남과 경쟁이 아니라 모든 존재와 함께 하는 공생共生이며, 소유하고 성취해야 할 결과를 위하여 인내하고 감수해야 할 고통이 아니라 매 순간 완전함을 느끼고 베풀고자하는 자비慈悲로 가득 찬 법열法悅의 연속이다.

삶은 그 자체가 그대로 사랑이며, 삶은 그대로 진리이고, 삶은 그대로 생명이다. 한국인으로서의 우리의 삶은 그대로 한국사상, 한국철학의 드러남이다. 우리가 한국인으로서의 우리 자신으로 살아가 때 삶 자체가 그대로 인류에게 이로움을 주고, 온 우주의 모든 존재들에게 이로움을 준다. 그리고 우리가 한국인으로서의 자신으로 살아갈 때 그 삶이 그대로 온 우주의 모든 존재와 함께 하는 삶이고, 자유 그 자체이다.

오늘날 우리들은 안팎에서 우리나라가 세계의 중심이 될 것이라는 기대와 염원을 듣기도 한다. 그것은 단순하게 한국, 한국철학, 한국문화가 중국이나 미국의 철학, 미국 문화와 다르기 때문에 한국, 한국 사람들만이 해야 할 일이 있음을 나타내는 것만은 아니다.

한국철학은 현상적 측면에서는 다른 나라와 다른 한국철학이라는 의미도 있지만 본질적인 측면에서 보면 한국이라는 국가의 관점에서 표현된 세계철학이다. 그것은 인류공통이자 우주 공통인 세계의 본성을 한국의 관점에서 한국철학으로 나타낸 것이기 때문에 한국철학이 그대로 인류의 본성, 세계의 본성을 나타냄을 뜻한다.

우리는 공간적으로는 한국인이면서 동시에 인류의 구성원이고, 우주의 구성원이다. 그것은 공간성의 차원에서 온 세계의 모든 존재가 일체임을 뜻한다. 세계의 다양함은 나와 남, 우리나라와 다른 나라 그리고 온 우주의 모든 존재들이 공존共存, 공생共生, 공유共有, 공심共心, 공용共用함의 표현이다.

시간성의 차원에서 보면 나, 가족, 국가는 고정되지 않아서 다양한 모습으로 나타난다. 세계의 영원함이 과거와 미래 그리고 현재의 시위를 통하여 다양한 사건으로 나타날 뿐으로 구분하여 나타낼 수 있는 대상으로서의 이것과 저것이 본래 없다.

우리가 지금은 존재하지 않는 고조선을 대상으로 그 사상을 고찰함은 사라진 고조선의 철학을 찾는 것이 아니다. 그것은 오늘날의 우리를 통하여 고조선의 철학이 체계화되는 고조선 철학의 현대화인 동시에 지금 다시 드러내는 고조선 철학의 부활復活이고, 지금 여기서 한국인으로서의 나를 통하여 이루어지는 고조선 철학의 현현顯現이다.

세계는 본래 과거와 미래 그리고 현재가 없으며, 공간상으로 이곳과 저곳, 이 세상과 저 세상이라는 구분이 없다. 그것은 지금 여기의 삶이 그대로 과거와 미래가 하나가 되어 드러남인 동시에 이 세상과 저 세상의 현현임을 뜻한다.

우리가 선사와 역사를 구분하고 인류의 미래를 논하지만 선사와 미래가 지금으로 드러날 뿐만 아니라 한국과 중국, 미국, 일본이 있고, 인류와 우주가 따로 있는 것이 아니라 세계를 구분하고 구분된 내용들을 서로 다르게 나타낼 뿐이다.

고조선 철학의 제시는 중국과 다른 고조선을 전제로 고조선 철학을 논하는 것이 아니라 고조선 철학을 통하여 인류의 철학, 온 우주의 철학을 드러낼 뿐이다. 그것은 지금 여기의 우리가 가장 한국인답게 살아갈 때 그것이 그대로 인간다운 삶이고, 인류와 더불어, 세계와 더불어 그리고 온 우주의 모든 존재와 공존共存하고, 공생共生하며, 공용共用하고, 공식共食하는 공체共體, 공심共心의 삶임을 뜻한다.

사람의 사람다움 곧 사람이 갖는 속성이 아닌 사람을 사람이게 하는 본성本性, 본래성本來性, 자성自性, 인성人性, 본래의 나, 참 나는 수행을 통하여 깨닫는다고 하여 없었던 것이 나타나는 것도 아니며, 모른다고 하여 사라지는 것도 아니다.

나와 세계도 고정되지 않아서 하나라고 하거나 둘이라고 할 수도 없을 뿐만 아니라 물질이라거나 물질을 초월한 형이상적 존재라고 할 수도 없다. 그것은 모든 분별을 넘어서 있으면서도 다양한 분별로 드러나는 것이 나이자 세계임을 뜻한다.

지금 한국에서 살아가는 한국 사람으로서의 가장 한국적인 삶은 한국이라는 현상에 얽매임이 없이 자유로운 삶이다. 현대의 한국인으로서의 삶은 한국인이라는 혈연에 얽매임이 없고, 현대라는 시대에 얽매임이 없는 삶이다. 그것은 무아無我가 때와 장소에 따라서 다양하게 드러나는 자아自我의 창발創發인 동시에 시공과 자아에 얽매임이 없는 무아로의 귀일歸一이다.

무아와 자아를 넘어서면서도 둘이 아니게 나투는 마음은 불교의 진심眞心이며, 유가儒家의 도심道心, 정심正心이고, 우주의 마음, 천지의 마음이다. 도심, 진심을 통하여 공간적으로는 신인합일神人合一, 천인합일天人合一, 천지인天地人이 합일된 세계가 본래의 세계임을 느끼고 삶이 본래 그러함을 느끼게 된다.

천지인의 합일은 공간적으로는 우리나라와 세계의 합일, 우리나라와 우주의 합일이며, 시간적으로 합일을 해야 할 천지인의 구분이 있는 것이 아니라 때로는 천天으로, 때로는 지地로, 때로는 인人으로 다양하게 드러날 뿐으로 고정된 천지인이나 나와 남이 없다.

고조선철학의 대체를 나타내고 있는 단군신화에서 환인桓因이 상징적으로 나타내는 세계는 고정되지 않아서 때로는 시간성을 통하여 천도天道로 나타내고, 때로는 공간성을 통하여 지도地道로 나타내고, 때로는 인간성을 통하여 인도人道로 나타낸다.

천도가 나타난 천문의 세계는 형이상적 세계이고, 지도가 나타난 지문의 세계는 형이하적 세계이며, 인도가 나타난 인문의 세계는 양자가 하나가 된 문물제도의 세계이다. 그러나 천문天文과 인문人文 그리고 지문地文은 셋이지만 하나여서 없다.

인간성, 본래성, 자성, 인성을 중심으로 세계를 이해하고 삶을 이해하면 삶의 매 순간은 천도가 인성을 통하여 작용하는 동시에 그 결과는 육신을 통하여 다양한 언행으로 드러난다. 그렇기 때문에 매 순간의 삶이 그대로 천문과 인문 그리고 지문이 하나가 되어 드러나는 신문神文의 세계이다.

지금 여기의 나를 나이게 하는 본래성을 중심으로 이해하면 세계를 이해하면 세계는 그대로 나를 통하여 삶으로 드러난다. 그렇기 때문에 나와 세계가 둘이 아니어서 하나이다. 오늘날 우리나라는 세계 각국이 자국의 이익을 쟁취하기 위하여 다투는 각축장이 되고 있다. 그것은 오늘날의 한국 사람들이 해결해야할 문제가 그대로 세계의 문제이자 인류의 문제임을 뜻한다.

우리나라의 통일은 남한과 북한의 물리적인 땅이 하나가 됨을 뜻하지 않는다. 그것은 형이하의 형이상의 합일, 모든 종교적의 합일, 공산주의와 자본주의, 사회주의와 자유민주주의의 합일과 같은 모든 분별과 무분별의 합일을 의미하는 동시에 인류의 합일, 인류와 우주의 합일을 뜻한다.

천지인의 합일이 그대로 때와 장소에 따라서 다양하게 드러나는 도역의 생성이 바로 한국의 통일이 인류사에서 갖는 의미이다. 그렇기 때문에 오늘날 우리사회의 문제는 우리나라만의 문제가 아닐 뿐만 아니라 인류의 문제만도 아니다.

오늘날의 국가사회들의 관계를 연구하는 국제정치학자들은 현상의 측면에서 힘을 중심으로 국제 관계를 이해하여 국가와 국가 사이에는 오로지 전쟁만이 있을 뿐이라고 말한다. 그리고 평화는 전쟁의 일종이기 때문에 힘이 없는 평화, 전쟁이 없는 평화는 없다고 말한다.

그러나 본래성을 바탕으로 한 삶에는 전쟁과 평화가 둘이 아니고, 옳음과 그름이 둘이 아니며, 선善과 악惡이 둘이 아니어서 없다. 왜냐하면 의식, 육신은 물론 세계, 만물이 모두 본래성의 드러남이기 때문이다.

본래성을 주체로 전쟁을 하고, 정치를 하며, 기술을 발전시킬 때 비로소 그것이 모두 자비의 표현이 되고, 사랑의 표현이 된다. 그리고 본래성을 주체로 전쟁을 하고, 정치를 하며, 기술을 발전시킬 때 비로소 그것이 모두 지혜의 표현이 된다.

본래성이 본래의 자기임을 온 몸으로 느낄 때 비로소 자신이 시간상으로는 영원하고 공간상으로 우주와 일체여서 완전한 지혜와 무한한 사랑 그 자체임을 체험하게 되고, 그 때 비로소 매 순간 인연에 따라서 자유롭게 자신을 드러내면서도 그 어떤 것에도 얽매임이 없는 자유로운 삶 그 자체가 되어 살아갈 수 있다.

매 순간에 이루어지는 삶은 모든 인연이 하나가 되어 이루어지는 사건의 연속이다. 이 책의 저작 역시 수많은 인연들이 하나로 모여서 나타난 결과일 뿐이다. 사람으로 살아갈 수 있도록 낳아서 길러주신 부모님의 은혜와 항상 자신自身을 돌아보고 자신自神으로 살아가도록 가르침을 베풀어주시는 대행스님 그리고 관중선생님을 비롯하여 삶의 과정에서 언제나 만나는 여러 스승님들께 감사의 삼배를 올린다.

생명이 있거나 없거나, 모습이 있거나 없거나를 막론하고 끊임없이 만나는 수많은 인연들에 감사를 드린다. 그들로 인하여 모두가 하나임을 배우고, 그렇기 때문에 서로 다른 삶을 살아감을 배우며, 같음과 다름, 있음과 없음, 무분별과 분별이 아무런 장애가 되지 않음을 배운다. 그들 모두에게 감사를 드리면서 깊이 회향廻向한다.

푸른 하늘의 태양이 구름 한 점 없이 밝은데.	靑天白日何處雲
하늘과 땅을 금을 긋고 나누어서 무엇 하랴.	指天劃地都無用
주장자에 일월을 꿰어 들고 천지를 활보하니.	貫日月闊步天地
한 평생 장부의 살림살이 거칠 것이 없구나.	丈夫一生常快樂

2019년 7월 14일
유성儒城의 겸산재謙山齋에서
이정以正 이현중이 삼가 쓰다

차 례

제일부

고조선사상과 연구방법

역사는 반복되는 것인가? 21세기의 한반도는 열국이 패권을 다투는 각축장이 되고 있다. 우리나라는 가깝게는 조선의 말기에서 대한민국의 건국에 이르기는 시기에도 열강의 각축장이 되었으며, 멀리는 여말 선초의 격동기에도 역시 열강의 각축장이 되었었다.

오늘날 우리나라는 미국과 중국의 경제전쟁에서 시작되어 금융전쟁, 안보전쟁으로 확대되는 패권다툼 속에서 경제와 안보의 어려움을 겪고 있다. 러시아도 중국과 힘을 합하여 우리를 위협하고 있다. 일본은 36년 동안 우리나라를 식민지로 삼아서 통치했음에도 불구하고 그 잘못을 사죄하지 않을 뿐만 아니라 또 다시 우리나라를 지배하려고 우리와 경제전쟁을 벌이고 있다.

북한은 겉으로는 하나의 민족을 내세우면서도 핵과 재래식 무기를 통하여 우리를 적화통일하기 위하여 끊임없이 도발을 하고 있다. 그들은 국민들을 선동하고 이간질하여 남남 갈등은 물론 세계 속에서 우리나라를 고립시키려고 하고 있다.

세계의 각국이 대륙세력과 해양세력, 사회주의와 민주주의의 세력을 형성하여 패권을 다투면서 우리나라를 주권국가로 인정하지 않는 엄중한 상황에서 우리나라의 정치인들은 냉정하게 현실을 직시하고 국가의 안위와 국민의 행복을 위하여 노심초사勞心焦思하기는 고사固辭하고 친중親中, 친미親美, 친일親日, 종북從北과 같은 다양한 형태의 사대주의事大主義 집단을 만들어서 자신들이 속한 집단의 이익만을 추구하고 있다.

그들은 자신들의 이익을 위하여 국민들을 선동煽動하고 이간질하여 서로 다투게 하여 국민들로 하여금 마음과 뜻을 하나로 하지 못하게 하고 있을 뿐만 아니라 우리나라와 다른 나라 사이를 이간질 하여 국제사회에서 신뢰를 상실하도록 유도하고 있다.

맹자孟子는 폭정暴政을 행한 은殷나라의 왕인 주紂를 몰아낸 무왕武王에 대하여 일부의 사람들이 신하가 임금을 죽였다는 도덕적 비판을 가하자 공자孔子의 정명론正名論을 통하여 반박하였다. 주紂가 비록 천자天子라는 지위에 있지만 그 이름에 걸맞게 천자의 역할을 하여 백성들을 평안하게 해주지 못하고 폭정을 행하기 때문에 그는 이름만 천자일 뿐으로 실제로는 한 남자에 불과하기 때문에 한 남자를 죽였을 뿐으로 천자를 죽인 사실이 없다는 것이다.[1]

오늘날 우리나라의 정치인들은 물론 국가 안보와 국민의 안위를 책임지겠다는 선서를 하고 업무를 시작한 대통령부터 시작하여 국민의 세금으로 삶을 살아가고 있는 모든 공직자들에 이르기까지 그들이 과연 국민의 공복公僕으로서의 역할을 다하고 있는지 묻지 않을 수 없다. 그러면 문제의 원인이 오로지 정치인과 공직자들에게 있는가?

우리나라는 자유민주주의 국가이다. 대통령과 국회의원, 각 부처의 장관들을 비롯한 고위공직자들은 국민에 의하여 선출된다. 오늘날 정치인들과 장관을 비롯한 고위 공직자들이 제 이름값을 못하고 국민들을 불안과

---

1 『孟子』梁惠王章句下, "齊宣王問曰 湯放桀, 武王伐紂, 有諸 孟子對曰, 於傳有之. 曰 臣弑其君, 可乎 曰 賊仁者謂之賊, 賊義者謂之殘. 殘賊之人謂之一夫. 聞誅一夫紂矣, 未聞弑君也."

걱정, 고통에 빠지게 만든 책임은 전적으로 국민에게 있다고 하지 않을 수 없다. 그러면 지금 우리나라의 국민들은 어떻게 해야 하는가?

지금 우리나라의 대통령으로부터 시작하여 모든 공무원이나 공무원이 아닌 모든 국민들이 모두 해야 할 가장 시급한 일은 누가 무엇을 잘못했는가를 가려서 심판하는 일이 아니다. 그들이 직무에 충실하였는지, 국익에 손해를 끼쳤는지, 안보에 위협을 초래했는지는 국정이 안정되고, 경제가 활력을 다시 찾아서 국민들의 삶이 안정을 찾을 때 하여도 늦지 않다.

오늘은 과거에 우리가 했던 행위에 의하여 나타난 결과이고, 미래는 지금 우리가 어떻게 하느냐에 따라서 달라진다. 우리나라의 미래는 이미 운명적으로 결정된 것이 아니라 오늘날의 우리 국민들이 어떻게 하느냐에 따라서 그 결과가 달라진다. 따라서 과거에 얽매여서 오로지 시비是非와 선악善惡을 가리려고 하면 우리의 미래는 없다.

과거의 잘못을 지적하는 것은 그것을 없애고 새로운 미래를 위하여 오늘날 우리가 어떻게 할 것인가를 판단하고 결정하는 과정에서 필요한 것이다. 따라서 미래의 방향을 설정하고 그것을 바탕으로 오늘을 어떻게 살아갈 것인가의 문제의식이 없이 오로지 과거만을 대상으로 시비를 가리는 것은 어리석은 행위이다.

우리나라에서는 정권이 바뀌면 언제나 적폐청산積幣淸算을 외친다. 과거의 잘함과 잘못함을 가려서 잘못함을 버리는 적폐청산은 바른 길을 찾아서 제시함으로써 미래를 새롭게 창조하는 파사현정破邪顯正이다. 파사현정은 과거를 대상으로 그릇된 것을 들어서 파괴하는 것이 아니라 과거의 그릇된 행위를 바로잡아서 미래에는 올바른 길을 걷도록 자비慈悲로 다시 태어나게 하고, 재창조하는 작업이다.

2016년 세계의 사람들은 우리나라에서 일어났던 촛불집회를 보면서 우리 국민들을 주목하였다. 그들이 우리나라를 주목한 까닭은 촛불집회로부터 시작된 일련의 변화를 통하여 법이라는 외재적인 규범을 넘어서 국민 각자가 직접 정치에 참여하여 오늘날의 자유민주주의, 대의정치가 갖는 온갖 문제점들을 극복할 수도 있을 것이라는 희망의 싹을 보았기 때문이다.

그러나 직업적인 정치인들에 의하여 이루어지는 대의정치가 아니라 국민 각자가 모두 정치에 참여하는 직접민주정치는 국민 스스로가 직업정치인들보다 정치적 식견識見과 세계를 이해하는 지혜가 있어야 하고, 그 무엇보다도 정책을 입안하고 실천할 때 개인의 이익을 위하기보다는 국가와 인류의 공익共益을 추구하는 공심共心을 가진 사람으로 거듭나야 한다.

현대의 국가사회가 갖는 문제점은 누구나 알고 있다. 그러나 그것을 해결하기 위하여 모든 인류가 스스로 해결하고자 도모하지 않고 다른 사람들이 해결해주기를 바란다면 결코 풀리지 않는다. 왜냐하면 오늘날의 국가사회가 안고 있는 문제들은 외적인 것이 아니라 인간이 스스로 자신의 차원을 고양高揚시키지 않고는 해결되지 않기 때문이다. 그러면 오늘날 우리는 당면한 수많은 문제들을 해결하기 위하여 어떻게 해야 하는가?

그것은 인간으로서의 내가 어떤 존재이며, 어떻게 살아야하는가의 문제를 중심으로 자기성찰로부터 시작되어야 한다. 그것은 우리가 앞에서 논하였던 문제가 실재의 문제라고 판단하기 이전에 그것을 논하는 자신을 먼저 파악하는 일이 이루어져야함을 뜻한다.

바른 것과 사특한 것을 가려서 사특한 것을 없애고 바른 것을 드러내기 이전에 과연 정사正邪가 무엇이며, 정사正邪와 나는 어떤 관계인지를 파악하는 것이 급선무이다. 만약 정사正邪가 사람에 따라서 다르거나 본래부터 존재하지 않는다면 파사현정破邪顯正은 있을 수 없다.

이제 사람과 자연, 세계, 사물을 오로지 하나의 관점 곧 물질적 관점에서 이해하여 이것과 저것, 이 사람과 저 사람, 이 나라와 저 나라, 이 세상과 저 세상이 오로지 둘이라고만 생각하고 공존共存, 공생共生, 공용共用이 불가능한 대립과 투쟁의 연속인 이른바 지옥과 같은 삶이 인간의 삶 자체라고 여기는 우리의 태도를 돌아보아야 한다. 그러면 자신의 정체성을 파악하는 것이 파사현정과 어떤 관계인가?

현대인들은 과학의 세계관과 인간관에 익숙하여 육신과 육신의 기능으로서의 분별의식을 자신으로 여긴다. 분별의식의 특징은 나와 남, 나와 자연, 나와 세계를 구분하여 실체적 존재로 여기기 때문에 공존이 없다.

분별의식은 의식의 차원에서 해소되지 않는다. 인간이면 누구나 갖고 있는 인간다움으로서의 본래성을 통하여 해소된다. 본래성은 아무런 조건이 없이 하나가 되어주는 자비慈悲를 갖고 있다. 그렇기 때문에 분별의식을 본래성이라는 자비慈悲의 용광로에 넣어야 비로소 해소되어 모든 존재를 일체로 여기고 모든 존재를 자신으로 대하게 된다.

세계는 17세기의 자연과학의 세계관처럼 기계적이고 인과적으로 고정되고, 결정되어 있지 않다. 만약 사람이 인과적으로 사고하고, 세계를 인과적으로 대하면 오로지 인과의 세계만이 드러난다. 그리고 물질적 차원에서 육신을 인간이라고 여기고 그것을 인간으로 대하면 인간은 곧 물질과 다름이 없게 된다.

정正과 사邪를 구분하여 실체화하면 그대로 정正과 사邪가 있는 것처럼 여겨진다. 그렇기 때문에 정사를 구분하지 않고 하나로 대하여 정사正邪가 아닌 정부정正不正으로 대하고, 더 나아서서 정正마저도 없는 차원에서 모두를 하나로 대하여야 비로소 정사正邪가 본래 없음을 알게 된다. 그러면 인간이 스스로의 정체성을 파악하고 그것을 바탕으로 세계의 본성을 파악하는 방법은 무엇인가?

일반적으로 문제를 해결하는 방법은 시간적 관점에서 과거의 원인을 찾아서 미래의 결과를 예측하고 그것을 바탕으로 현재의 구체적인 문제의 해결 방법을 찾는 것이다. 그것은 공자가 밝히고 있는 "옛 것을 익혀서 다가올 새로운 것을 알고, 그것을 바탕으로 지금 해야 할 일을 찾는 방법"[2]이다.

옛 것을 익힘은 과거적 본성을 찾음(溫故)이다. 씨와 같은 과거적 본성을 찾았을 때 비로소 그것을 바탕으로 열매와 같은 미래적 이상을 설정(知新)할 수 있다. 그리고 설정된 미래적 이상을 실현하기 위하여 지금 어떻게 할 것인지를 결정(爲師)하게 된다.

오늘날 한국인으로서의 우리가 어떻게 살아갈 것인가의 문제 역시 이를 적용하여 해결할 수 있다. 먼저 한국인으로서의 우리의 정체성을 파악하고, 그것을 바탕으로 한국인이 나아가야할 미래적 방향, 이상을 설정한 후에, 미래를 실현하기 위하여 지금 어떻게 할 것인지를 결정하게 된다.

한국인으로서의 우리의 정체성을 파악하는 문제는 한국인이 역사의 주체가 되어 역사를 이끌어온 역사정신을 찾는 것이다. 그것은 역사의 문제가 아니라 역사를 이해하는 관점으로서의 역사관歷史觀이자 역사로 나타난 근원이라는 점에서 역사철학인 동시에 역사의 근원, 역사정신이라고 할 수 있다.

한국인의 역사정신이 최초로 나타난 국가사회는 고조선이다. 고조선의 역사정신은 공간적 관점에서는 국가사회를 이끌어가는 치국이념이 되고, 고조선이라는 사회의 본질, 본성이 된다. 따라서 시간적 관점에서 역사정신을 나타내고, 공간적 관점에서 국가사회의 본성을 나타내는 것이 고조선사상이다.

---

2 『論語』 爲政 第二, "子曰 溫故而知新 可以爲師矣."

고조선사상은 한국인이 최초로 세운 고조선의 사상인 점에서 중요한 의미를 갖는다. 고조선사상은 한국역사에 처음 나타난 사상인 점에서 장차 싹이 트고, 꽃이 피어 열매를 맺는 과정을 거치게 되는 씨이다.

한국사상의 씨로서의 고조선사상은 한국사상의 근원이자 연원이다. 그렇기 때문에 장차 전개될 한국사상은 고조선사상을 연원으로 하여 외래사상을 수용하여 다양한 형태를 띠면서 발전하게 된다.

그런데 씨는 본래 열매이다. 그것은 고조선사상이 한국이라는 국가사회의 과거적 본성을 나타내는 동시에 미래적 이상을 나타냄을 뜻한다. 그렇기 때문에 고조선사상의 고찰은 한국, 한국인의 과거적 본성의 고찰인 동시에 미래적 이상의 고찰이다.

고조선사상이 역사상으로 전개되면서 한국사상사를 형성해왔을 뿐만 아니라 고조선사상이 씨가 되어 고조선이라는 국가사회가 전개되고, 한국역사가 전개되었다. 그렇기 때문에 고조선사상을 고찰하기 위해서는 시간적 관점에서는 고조선이라는 국가사회의 개국연대와 멸망연대가 확정되고, 공간적 관점에서는 영토가 어디인지가 확정되어야 한다.

현재의 역사학계에서는 한반도에 고조선이라는 나라가 삼국이 형성되기 이전까지 존재했음은 인정하지만 고조선이 언제 건국되어 언제 와해瓦解되었는지에 대하여 정설이 없을 뿐만 아니라 영토가 한반도인지 현재는 중국에 속한 고구려 영토를 포함한 한반도인지에 대하여 의견이 대립하여 정설이 없다.

고조선에 관한 논란은 사료 자체가 충분하지 않기 때문에 일어나는 현상이다. 그것은 지역적으로 그리고 사상적으로 밀접한 관계를 맺어온 중국을 비롯한 인접 국가들의 사료를 이용하여 고찰하는 것과 더불어 고고학, 민속학을 비롯하여 여러 분야의 학문들의 연구 성과들을 반영하여 연대와 영토를 비롯하여 고조선에 관한 모든 문제들이 해결될 수

있을 것이다.[3]

고조선의 사상을 고찰할 필요성은 고조선의 사상이 그대로 역사정신, 역사철학으로 나타나면서 그것이 우리나라의 역사를 형성하므로 사상을 통하여 역사의 문제를 해결할 수 있는 단서를 얻을 수 있기 때문이다. 그러면 고조선사상은 어떻게 고찰할 것인가?

우리는 일반적으로 어떤 학문을 할 때 주체인 나와 대상인 주제를 중심으로 그것을 처리할 수 있는 방향과 방법, 도구를 선택한 후에 선택한 도구를 알맞은 방법으로 사용하여 주제를 해결한다. 이는 어떤 주제를 해결하기 위해서는 그에 알맞은 방법과 도구를 사용할 때 비로소 해결이 가능함을 뜻한다.

인문학의 학문방법은 주체인 자신이 곧 연구의 대상이다. 그렇기 때문에 연구의 주체와 대상을 구분하여 오로지 주제를 대상으로 연구하는 방법을 통하여 그 전모를 밝힐 수 없다. 그러면 인문학을 연구하는 방법은 무엇인가?

인간과 연구 대상인 자연을 구분하여 객관적인 자연을 대상으로 연구하는 과학의 학문방법은 탐구적 학문방법이다. 그것은 이미 나와 무관하게 존재하는 법칙을 가진 자연을 대상으로 실험과 관찰을 통하여 그 법칙을 찾아가는 방법이다.

인문학의 연구방법은 학문 자체가 그대로 이미 연구 대상의 작용이라는 점에서 연구방법을 달리 하지 않을 수 없다. 탐구적 학문방법은 모름(不知)의 상태에서 연구를 통하여 앎(知)의 상태에 이르는 인과적인 변화를 추구하는 것과 달리 인문학의 학문방법은 앎과 모름을 넘어서 차원, 나와

3 국가사회를 어떻게 규정하느냐에 따라서 고조선을 넘어서 그 이전의 사회 역시 국가사회로 인정할 수 있느냐의 문제는 이 책에서 고찰할 주제가 아니다. 고조선이 국가사회인지 그리고 강역은 어디인지의 문제는 역사학자들의 연구성과에 맡기고 이 책에서는 고조선의 사상을 고찰하고자 한다.

자연, 나와 세계가 하나가 된 차원에서 그것이 앎과 모름으로 드러나고, 사람과 자연으로 드러나는 관점에서 이루어진다.

인문학의 학문방법은 탐구적 방법이 아닌 확충적 방법, 계발적 방법, 창발적 방법이다. 그것은 이미 있는 것을 발견하는 것이 아니라 없는 상태에서 생성함이고, 감추어진 상태에서 드러냄이라고 할 수 있다.

인문학적 학문방법은 탐구적 학문방법과 그 방향이 서로 다르다. 그리고 과학적 학문방법과 인문학적 학문방법은 관점과 차원이 서로 다르다. 탐구적 방법이 육안의 차원, 물질의 차원이라면 확충적 방법, 계발적 방법은 물질과 의식을 넘어선 본래성의 차원, 법안法眼을 통하여 이루어진다.

탐구적 방법은 시작과 끝이 있어서 과정이 필요하다. 그것은 탐구적 방법에서는 학문의 방법과 과정 그리고 결과가 서로 다름을 뜻한다. 그러나 확충적 방법은 과정과 결과, 과정과 목적이 다르지 않다. 매 순간의 과정이 그대로 목적이고, 결과이며, 방법이 곧 목적이자 결과이다.[4]

우리가 고조선 사상을 연구하고자 할 때 당면하는 문제는 현재 확보하고 있는 고조선에 관한 문헌이 부족하다는 점이다. 그렇기 때문에 남겨진 문헌을 대상으로 진행하는 일반적인 학문방법을 사용할 수 없다. 따라서 오늘날 우리가 고조선 사상을 고찰하기 위해서는 새로운 연구 방법을 제시할 필요가 있다.

그러나 고조선 사상의 연구를 위하여 새로운 학문의 방법을 정리할 필요가 있는 보다 근본적인 원인은 본 연구의 궁극적인 목적인 한국인으로서의 나의 정체성이 무엇인가의 문제 해결에 있다.

---

4 과학의 학문방법인 탐구적 학문방법과 인문학의 학문방법인 확충적, 계발적 학문방법의 차이와 관계 그리고 인문학과 자연과학을 넘어서 양자를 통섭적 관점에서 이해할 수 있는 학문방법에 대하여는 이현중의 『유불도儒佛道와 통관洞觀의 인문학』, 충남대학교출판문화원, 2017, 255쪽에서 314쪽을 참고하기 바란다.

고조선 사상의 연구 자체가 인문학적 연구방법을 사용해야 해결할 수 있는 문제일 뿐만 아니라 그것이 그대로 한국인에게는 한국인으로서의 우리의 정체성이 무엇인가를 밝힐 수 있는 길이다. 왜냐하면 고조선 사상의 연구는 단순하게 오늘날의 많은 국가들 가운데 하나인 대한민국의 과거를 찾아가는 과정에 불과한 것이 아니라 그것을 통하여 나 아닌 나로서의 본래성의 세계, 영원하면서도 온 우주의 모든 존재와 일체인 세계를 파악하고 체험하는 과정이기 때문이다.

고조선의 사상은 찾아지는 것이 아니라 우리의 일상의 삶이 그대로 우리의 정체성의 드러남인 동시에 고조선사상, 고조선문화, 고조선정신의 나타남이다. 그렇기 때문에 지금 여기의 우리가 고조선 사상을 고찰함이 그대로 본래의 나, 인간다운 나, 나 아닌 나를 파악하고, 체험하는 과정이다.

오늘날 우리가 과학과 다른 인문학적 연구방법을 설정하고 그것을 바탕으로 고조선 사상에 알맞은 연구 방법을 정립하는 것이 그대로 고조선 사상의 드러남인 동시에 한국인으로서의 삶이다. 그러면 고조선 사상을 고찰하기 위한 연구방법은 무엇인가?

우리는 인류의 역사를 통하여 끊임없이 새로운 학문들이 생성되고 사라지면서 발전해왔음을 통하여 세계에 관한 다양한 관점들이 있었음을 알 수 있다. 그것은 세계 자체가 고정된 하나의 물건이나 사건이 아니라 인간이 어떤 관점을 통하여 이해하고 나타내느냐에 따라서 세계가 다양하게 드러남을 뜻한다.

우리는 세계를 이해할 때 물질적 차원에서 오로지 자연만이 있다고 여기고 자연을 설명하는 학문으로서의 과학만이 진리를 드러낼 수 있다고 말하기도 한다. 그리고 그와 반대로 과학의 이원론적 세계관, 인간관과 달리 동양의 인간관, 세계관은 일원론인 점에서 서양의 세계관, 인간관과 서로 다를 뿐만 아니라 차원이 다르다고 주장하기도 한다.

세계에 관한 주장을 대상으로 그 논리적 타당성을 추구하는 학문방법에 익숙한 사람들은 엄밀한 논리체계를 바탕으로 이루어지는 서양의 학문적 전통을 기준으로 다른 학문을 평가한다. 그리고 동양의 학문 방법은 논리적으로 엄밀하지 못하기 때문에 학문방법으로 인정할 수 없을 뿐만 아니라 그 결과로서의 학문 역시 학문으로 인정할 수 없다고 주장한다. 그러면 인문과 자연, 동양과 서양, 일원론과 이원론의 양자는 양립이 불가능한가?

동양학, 동양사상을 연구하는 사람들은 동양사상은 논리를 넘어서고, 언어와 사고를 넘어선 경지境地를 대상으로 한다고 말한다. 그리고 동양학이 서양의 과학에 비하여 우월함을 나타내기 위하여 동도서기東道西器를 주장하기도 하고, 혹자는 동양이 일원론적인 사고를 하는 것과 달리 서양은 이원론적인 사고를 한다고 주장한다.

일원론과 이원론을 구분하는 것 자체도 하나의 분별일 뿐이다. 그것은 일원론과 이원론을 바탕으로 동양과 서양의 특성을 구분하여 나타냄은 여전히 분별의 차원을 벗어나지 못한 점에서 이원론과 다르지 않음을 뜻한다.

우리는 서양과 동양을 구분하여 나타내기 위하여 일원론과 이원론, 논리 체계와 논리체계의 초월, 사고와 사고의 초월, 언어와 언어의 초월과 같은 개념들을 사용하였다. 그리고 양자가 모순관계임을 통하여 어느 일면만이 옳고, 다른 측면을 틀렸다는 주장을 해왔다.

동양과 서양을 구분하여 모순관계로 이해하는 것은 양자를 동일한 차원에서 제기되는 반대의 주장으로 이해하였음을 뜻한다. 그러나 동양과 서양을 구분하는 다양한 개념들뿐만 아니라 모든 분별을 이루는 양자를 서로 다른 차원에서 이해하면 양자는 모순관계가 아니라 양립이 가능한 양시兩是의 관계가 될 수 있다.

그것은 시비의 양자가 본래 다른 상대가 없이 성립할 수 있는 관계가 아닌 점에서 양자를 넘어서 하나의 관점에서 이해할 필요가 있음을 뜻한다. 『노자』에서는 "사람들은 아름다움을 아름다움으로만 알 뿐이나 아름다움 그것이 바로 추함이다."[5]라고 하여 아름다움이나 추함이 독립하여 자존自存하는 것이 아니라 상대방으로 인하여 성립됨을 밝힘으로써 분별을 넘어선 도의 세계를 드러내고 있다.

일원론이나 이원론은 그것 자체가 중요한 것이 아니라 어떤 차원에서 제기되느냐에 따라서 다르다. 동양과 서양을 구분하여 어느 차원이 높다거나 옳다는 것을 논하기 이전에 양자를 구분하여 평가하는 마음을 이해하고, 구분하고 평가하는 마음을 떠나서 마음의 근원이 무엇인가를 아는 것이 중요하다.

세계 자체에 물건과 사건이 있는가, 없는가를 파악하기 위해서는 있다거나 없다고 규정하는 마음이 무엇인가를 파악하고, 마음이 무엇인가를 파악하기 전에 마음으로 드러나기 이전의 본래성[6]을 파악하는 것이 필요하다.

본래성의 자리에 도심道心과 인심人心의 구분이 있는지, 마음과 의식의 구분이 있는지, 더 나아가서 동양과 서양의 구분이 있는지를 파악하는 것이 필요하다. 사람이 물질과 의식을 중심으로 인간을 이해하고, 세계를 이해하면 그 차원에서 밝혀질 뿐으로 다른 차원은 드러나지 않는다.

---

5 『老子』, 第二章, "天下皆知美之爲美斯惡已 皆知善之爲善斯不善已."

6 본래성은 인간의 측면에서는 물질에 의하여 구성된 육체와 다를 뿐만 아니라 육체의 기능인 의식과도 다르다. 본래성은 생명을 가진 존재를 중심으로 나타내느냐 아니면 무생물에까지 확대하느냐에 따라서 그 의미와 외연이 달라진다. 그것은 본래성이 고정된 물건적 존재가 아님을 뜻한다. 본래성은 知訥의 『眞心直說』에서 밝히고 있는 것과 같이 다양한 개념을 통하여 상징적으로 나타내었을 뿐으로 이름을 지어 나타낼 수 없다.

물질적 차원을 바탕으로 세계를 보는 육안肉眼을 넘어서 천안天眼, 혜안慧眼, 법안法眼을 모두 갖춘 불안佛眼[7]에 이르면 비로소 필요에 따라서 세계를 다양한 차원에서 드러내게 된다. 따라서 동일한 차원에서 서양과 동양을 구분하여 다양한 개념으로 드러나는 것 자체로는 아무런 의미가 없다.

동양과 서양의 차이는 세계를 어떤 차원에서 어떻게 이해하느냐에 따라서 그 내용이 달라진다. 그것은 학문을 중심으로 이해하면 동양과 서양의 학문 방향과 방법 그리고 주체가 서로 다르기 때문에 그 내용이 달라짐을 밝히는 것이 필요함을 뜻한다.

그런데 우리는 일제의 식민통치를 받으면서 그들을 통하여 서구의 학문, 서구의 문화를 받아들이면서 그들의 학문분류와 학문방법을 수용하였다. 그 과정에서 인문학과 넓은 의미의 사회학 그리고 과학을 모두 과학적인 학문방법을 통하여 연구하고 있다.

일제日帝를 통하여 수용된 학문의 분류와 학문방법은 물론 학문을 구성하는 기본 개념들이 해방 이후에도 그대로 사용되고 있다. 지금도 일부의 대학에서는 인문학을 인문과학으로 부르고, 사회학은 사회과학으로 부르며, 자연을 대상으로 하는 학문은 과학으로 부른다. 그것은 우리 학계가 아직도 여전히 자연과학의 학문방법을 그대로 적용하여 학문을 하고 있음을 무의식중에 보여주는 근거이다. 그러면 동아시아에서는 전통적으로 학문을 어떻게 이해하였는가?

우리는 일반적으로 동아시아 문화의 연원을 『주역周易』에서 찾는다. 그것은 『주역』을 바탕으로 동아시아의 사상과 문화, 문명이 발달되어

---

7 大韓佛教振興會編, 『金剛經五家解』 一體同觀分第十八, 서울, 寶蓮閣, 1985, 104쪽에서 105쪽, "須菩提於意云何如來有肉眼不如是世尊如來有肉眼 須菩提於意云何如來有天眼不如是世尊如來有天眼 須菩提於意云何如來有慧眼不如是世尊如來有慧眼 須菩提於意云何如來有法眼不如是世尊如來有法眼 須菩提於意云何如來有佛眼不如是世尊如來有佛眼."

왔음을 뜻한다. 『주역』에서는 은殷나라 말기에서 주周나라 초기에 오늘날 우리가 볼 수 있는 텍스트의 형태를 갖추었다고 말한다. 그것은 『주역』이 문자화한 때를 나타낼 뿐으로 그 원형은 선사시대 이래로 전하여진 전통적인 사상을 집대성集大成하였음을 뜻한다.

『주역』에서는 세계를 물건적 관점에서 형상을 중심으로 형이상의 도道와 형이하의 기器로 구분하여 상하를 구조를 통하여 순順과 역逆의 두 방향으로 구분하여 이해하였다. 그리고 도교에서는 도가道家를 바탕으로 형성된 자신들의 이론체계가 역逆방향이 중심이고, 이와 달리 유가儒家는 순방향임을 밝히고 있다.

한대漢代 이후에 불교가 수입되어 중국화함으로써 중국불교, 중국유교, 중국도교가 형성되면서 송대 이후에는 삼교三敎의 회통會通과 합일合一이 중심주제가 되었다. 그 과정에서 자성自性, 불성佛性, 인성人性, 성명性命을 주체로 하여 순과 역의 두 방향을 중심으로 회통과 합일을 추구하게 되었다.

물건적 관점에서 세계를 형이상과 형이하로 구분하였기 때문에 형이하에서 출발하여 형이상을 향하는 역방향과 형이상에서 출발하여 형이하를 향하는 순방향이 합일하여 회통하는 문제는 인간을 중심으로 세계를 이해하여 인간과 세계가 조화를 이루는 천인합일天人合一을 이루고자함이다. 따라서 인간의 자신의 정체성을 파악하여 자신으로 살아가는 수행修行, 수기修己, 수양修養, 수련修鍊으로 다양하게 언급되는 수도론修道論이 중심문제가 되지 않을 수 없다.

수도론은 형이하의 현상적 관점에서 자신을 찾는 것이 아니라 육신과 의식을 자신으로 여기는 집착執着을 버리고 무아無我에 이르는 자기부정의 과정이 필요하다. 그것이 극단에 이르러서 세계와 하나임을 확인하고 그 하나마저도 없음을 확인하는 과정을 거치게 된다.

물건적 관점에서 극단의 차원을 나타내는 개념이 무아無我이다. 무아는 개체적 존재성의 부정이 아니라 모든 존재가 변화하여 고정되지 않기 때문에 일체여서 하나라는 것도 없음을 뜻한다. 이처럼 무아에도 집착이 없을 때 자아自我의 문제가 제기된다.

혼돈混沌, 무명無名, 무상無相, 무언無言과 같은 다양한 표현을 통하여 나타내는 세계는 고정되지 않아서 끊임없이 자신을 새롭게 드러낸다고 할 수 있다. 세계는 그것을 바라보는 인간의 관점에서는 자아自我를 통하여 드러나는 세계의 자기 현현顯現이라고 할 수 있다.

세계는 그것을 찾고자 하는 인간을 중심으로 이해하면 인간 자신의 본성을 찾고 그것을 바탕으로 세계의 본성을 찾아가는 물건적 관점, 개체적 관점과 세계와 인간이 하나여서 양자의 구분이 없는 상태에서 다양하게 자기를 드러내는 사건적 관점, 세계적 관점을 통하여 나타낼 수 있다.

『대학』에서는 세계를 인식하는 범주를 시간과 공간의 관점에서 사건事件과 물건物件으로 나타내고 그 구조를 근본과 지말의 본말本末과 시초와 종말의 종시終始를 통하여 나타내고 있다. 그리고 『주역』에서는 과거에서 미래를 향하는 방향과 미래에서 과거를 향하는 두 방향을 구분하여 각각 역과 순으로 나타내고 있을 뿐만 아니라 공간상의 상하를 통하여 순역을 상징적으로 나타내고 있다.

물건적 관점에서 본말을 중심으로 형이상과 형이하를 구분하여 도와 기로 나타낼 뿐만 아니라 그것을 초효初爻와 상효上爻의 육효六爻의 중괘重卦를 통하여 상징적으로 나타내고 있는 주역과 달리 『정역正易』[8]에서는 사건

8 『정역正易』은 한국 유학자儒學者인 일부一夫 김항金恒이 저술한 역경易經이다. 1881년에 『정역』의 서문序文인 「대역서大易序」가 쓰였으며, 1884년에는 상편上篇인 「십오일언十五一言」이 쓰였고, 1885년에 하편下篇인 「십일일언十一一言」이 쓰여 완성되었다. 그 해에 영남嶺南 출신의 문도門徒들에 의해 출판되었

적 관점에서 종시의 세계로부터 시종의 세계를 향하는 관점에서 생성을 중심으로 세계를 나타내고 있다.

물건적 관점에서 형이상과 형이하를 구분하여 근본과 지말로 규정하고 지말로부터 출발하여 근본을 찾아가는 역방향의 수도, 수양, 수련이 중심이 되는 『주역』의 관점을 통하여 인간이 어떤 존재이며, 세계와 어떤 관계를 맺으면서 살아가야하는지의 답을 찾을 수 있다.

그러나 물건적 관점에서 답을 찾아가는 수도가 가능한 까닭은 본래 그 답을 찾을 수 있는 능력을 갖고 있기 때문이다. 그리고 인간이 자신의 본성은 물론 세계의 본성을 찾을 수 있는 까닭은 인간의 본성과 세계의 본성이 일체여서 구분할 수 없는 본래성의 세계이자 신명, 신의 세계를 바탕으로 하기 때문이다.

신, 신명의 관점에서 세계가 인간을 매개로 하여 드러나는 생성의 관점에서 세계를 나타낸 전적은 『정역』이다. 『정역』에서는 시간성의 차원에서 그 현현을 도역의 생성을 통하여 나타내고 있다.

『주역』을 연원으로 하는 물건적 관점을 통하여 세계의 근원을 찾아가는 수도론이 형성되고, 『정역』을 통하여 밝히고 있는 사건적 관점을 통하여 세계의 자기 현현으로서의 생성의 현상을 나타낼 수 있다.

그런데 인간의 삶에서 일어나는 학문과 수행이 모두 세계 안에서 이루어진다. 그러므로 인간과 세계의 관계를 중심으로 학문과 수행 그리고 삶의 방향과 방법을 논하지 않을 수 없다. 지금부터 우리는 고조선사상을 고찰하기에 앞서 어떤 방향과 방법에 의하여 고조선사상을 고찰할 것인지를 살펴보고자 한다.

다. 『정역』에서는 역도易道를 간지도수干支度數를 통하여 나타나는 신명원리神明原理와 도서상수圖書象數를 통하여 나타나는 역수원리曆數原理로 밝히고 있다.

1. 확충적 방법과 탐구적 방법의 합일

우리는 삶을 살아가면서 끊임없이 세계를 구분하고, 구분한 세계를 다시 언와 문자 그리고 수나 도상과 같은 다양한 방법들을 통하여 별개의 존재로 나타낸다. 이는 본래 세계라고 규정하여 세계가 아닌 것과 구분하여 나타낼 수 있는 고정된 물건이나 사건으로서의 대상이 없음에도 불구하고 세계라고 고정하여 나타내고, 그것을 다시 세분하여 사건과 물건으로 나타냄을 뜻한다.

남과 구분되고, 세계와 구분되는 나 그리고 사람과 사람이 모여서 형성된 무리로서의 인류를 다른 세계의 종족들과 구분하는 것 자체도 역시 편의상의 구분일 뿐이다. 그럼에도 불구하고 분별하기 이전의 세계, 고정됨이 없는 세계는 일상의 삶의 과정에서 이루어지는 감각지각이나 사고에 의하여 만날 수 없기 때문에 일상의 세계, 사고의 결과로 드러나고, 감각지각에 의하여 만날 수 있는 세계를 세계 자체라고 여기게 된다.

인간과 구분되고, 별개로 독립하여 자존自存하는 세계는 다름의 세계, 다양한 물건의 세계이기 때문에 인간도 역시 육신이라는 물건적 차원에서 대하게 된다. 그러므로 아무리 존중을 하고, 사랑을 한다고 해도 그와 나는 둘의 관계를 벗어나지 못한다.

서로 다른 별개의 존재로서의 사람들은 비록 서로 돕고 살아갈 수 있지만 궁극적으로 하나가 아니기 때문에 세계와 함께 살아가고, 모든 사람들과 함께 존재하며, 사물을 함께 사용할 수 없다.

그것은 현상의 세계를 실체로 여기고 오로지 다름에 주목하여 그것을 세계 자체로 여기면서 살아갈 때 삶은 생존을 위한 경쟁과 투쟁이 되고, 자신을 제외한 남과 세계 그리고 만물이 모두 삶의 수단이 되지 않을 수 없음을 뜻한다.

그러나 인류를 중심으로 세계를 이해함은 인류를 통하여 세계를 이해함이다. 그것은 오로지 인간이 우주의 중심이라거나 온 우주에서 인간이 가장 가치가 있고, 의미가 있는 존재라거나 인간이 가장 뛰어난 존재라는 의미가 아니다. 따라서 인간 이기주의로서의 근대의 휴머니즘과는 다르다.

지금 여기의 나를 통로로 하여 세계를 이해하는 것이 바로 인류문명, 인류문화를 중심으로 세계를 이해하는 방법이다. 그것은 과거화된 세계, 박제된 세계, 시간이라는 변화의 관점을 제거하고 고정화시킨 물건적 관점에서 이미 존재하는 세계를 대상으로 인간이 그것을 연구하는 방법이 아니다.

물건적 관점에서 형이하의 물질적 차원을 넘어서 형이상의 본래성의 차원에 이르고, 본래성의 차원에서 세계와 하나가 되어 세계와 나의 구분이 없는 하나의 세계에 도달하고, 다시 하나마저도 없는 세계에 도달함으로써 비로소 세계를 하나로 드러내기도 하고, 나와 세계를 구분하여 둘로 나타내기도 할 뿐만 아니라 다양하게 드러낸다.

물건적 관점에서 세계를 형이상과 형이하로 구분하여 양자의 관계를 근본과 지말의 본말을 중심으로 이해함은 『주역』에서 제시한 방법이다. 『주역』에서는 세계를 형이상의 도와 형이하의 기器로 구분[9]하고 양자의 관계를 근본과 지말의 본말관계로 나타내었다.

그리고 지말인 형이하의 현상으로부터 출발하여 그 근본인 형이상의 세계에 도달하는 것을 역逆방향으로 그리고 형이상의 세계에서 출발하여 지말인 형이하의 세계에 도달하는 방법을 순順방향으로 구분하여 나타내고 있다. 그러면 순역에 대하여 『주역』에서 어떻게 논하고 있는지 살펴보자.

---

9 『周易』, 繫辭上篇 第十二章, "形而上者를 謂之道요 形而下者를 謂之器오"

> 지나간 것을 헤아림은 순이며, 다가올 것을 앎은 역이다. 그러므로 역易은 역逆으로 헤아린다.[10]

위의 내용을 보면 시간의 관점에서 과거를 향하는 방향을 순으로 그리고 미래를 향하는 방향을 역으로 나타내고 있음을 알 수 있다. 『주역』이 변화의 세계관이라는 것은 세계를 공간적 관점에서 물건을 중심으로 이해하지 않고 시간의 관점에서 사건을 중심으로 이해하였음을 뜻한다.

중천건괘重天乾卦의 단사彖辭에서는 시간의 관점에서 세계를 시종始終과 종시終始의 두 측면에서 상징적으로 나타낸 것이 괘효卦爻임을 다음과 같이 밝히고 있다.

> 종시終始를 크게 밝힘으로써 여섯 시위時位가 때에 따라서 이루어진다.[11]

위의 내용은 종시원리를 나타내기 위하여 여섯의 시위를 나타내는 육효가 구성되었음을 밝힌 것이다. 그것은 육효에 의하여 구성된 중괘가 종시원리를 바탕으로 이루어지는 시종원리를 표상하고 있음을 뜻한다.

종시는 그침이 없이 계속되는 도의 작용을 표상하는 개념이다. 그렇기 때문에 "마치면 다시 시작함이 있는 것이 천도天道의 작용이다."[12]고 하였다. 그것은 역도, 변화의 도가 바로 시종의 시간의 관점에서는 종시원리임을 뜻한다.

---

10 『周易』說卦 第三章, "數往者順, 知來者逆, 是故 易逆數也."

11 『周易』重天乾卦 彖辭, "大明終始, 六位時成"

12 『周易』山風蠱卦 彖辭, "先甲三日 後甲三日 終則有始, 天行也."

『서경』과 『논어』에서는 "천의 역수가 네 몸에 있으므로 진실로 그 중을 잡아야 한다. 사해가 곤궁하면 천록이 영원히 끊어진다."[13]고 하였다. 그것은 천도의 내용이 역수를 통하여 상징적으로 나타낼 수 있는 역수원리임을 밝힌 것이다.

역수원리는 종시원리이다. 그렇기 때문에 우리는 천도인 종시원리를 괘체卦體를 통하여 표상하고, 지도인 시종원리를 효용爻用에 의하여 표상함으로써 하나의 중괘重卦를 구성한다. 이처럼 천도와 지도가 하나가 된 것이 바로 인도이다.

천도와 지도를 공간적인 상하 관계를 통하여 상징적으로 나타낸 것이 뇌산소과괘雷山小過卦와 지산겸괘地山謙卦이다. 뇌산소과괘에서는 성인의 도를 새의 울음으로 상징적으로 나타내고 있다. 그리고 성인이 밝힌 역도, 변화의 도, 천도가 땅으로 내려오는 것을 순順으로 그리고 하늘로 돌아가는 것을 역逆으로 나타내고 있다.

그것은 성인이 『주역』을 통하여 밝힌 역도가 군자에 의하여 성명性命의 이치로 자각되어 실천되는 것이 순順이며, 그렇지 않는 것이 역逆임을 뜻한다. 그러면 앞의 인용문에서 역易이 역수逆數한다는 것은 무엇을 의미하는가?

먼저 순역을 나타내는 수왕數往과 지래知來가 무엇인지 살펴보자. 수왕은 미래에서 과거를 향하여 이루어지는 헤아림이다. 그것은 미래에서 과거를 향하여 이루어지는 분별이라고 할 수 있다. 그렇다면 미래라는 세계는 분별이 아닌 무분별의 세계임을 알 수 있다. 무분별의 세계에 도달함을 나타내는 것이 지래이다.

십익十翼에서는 "신神으로 미래를 알고, 지식으로 과거를 갈무리 한

13 『論語』堯曰篇, "堯曰 咨爾舜 天之曆數在爾躬, 允執其中. 四海困窮, 天祿永終 舜亦以命禹."

다."[14]고 하였다. 신이라는 개념은 "음陰과 양陽으로 분별하여 나타낼 수 없음."[15]을 나타낸다. 그것은 음과 양이 합덕合德되어 양자를 구분할 수 없는 상태를 나타낸다. 따라서 무분별의 세계를 나타내는 개념이 신이다. 그러므로 신으로 미래를 안다는 것은 분별을 떠난 일체, 하나의 상태에서 비로소 무분별의 세계인 미래를 앎을 뜻한다.

변화의 세계관을 바탕으로 형성된 학문인 역학의 근본문제가 수왕과 지래의 두 측면임을 나타내는 것이 끝부분인 역수逆數이다. 역수는 역逆으로 헤아림[16]이라고 할 수 있다. 그것은 역방향으로 출발하여 그 끝에서 이르러서 다시 방향을 전환하여 순방향에서 수數함이 역학의 근본문제임을 뜻한다.

괘효사를 보면 "역逆을 버리고 순順을 취한다."[17]고 하였을 뿐만 아니라 뇌산소과괘에서는 순역을 상하上下의 관계를 통하여 논하면서 역逆은 마땅하지 않고 순順이 마땅하다[18]고 하였다. 이를 통하여 『주역』이 역逆방향에서 출발하여 순順방향에서 마무리하는 것이 목적임을 알 수 있다.

역방향에서 근본을 찾아가는 방법은 진덕수업進德修業[19]으로 제기된 수기, 수양으로 이른바 수도론修道論이다. 이와 달리 순방향에서 세계를 나타내는 방법은 이른바 도제천하道濟天下로 제기된 실천, 제도론濟度論이

14 『周易』 繫辭上篇 第十一章, "神以知來, 知以藏往."

15 『周易』 繫辭上篇 第五章, "陰陽不測之謂神."

16 이 부분을 역逆하고 수數함으로 이해할 수도 있다. 다만 수왕과 지래가 대응하는 문장 구조이기 때문에 역을 말하면 순으로 말하고 수를 말하면 지知를 말하는 것이 어울린다. 또한 순과 역을 구분한 것은 양자의 관계를 나타내기 위함이라고 할 때 "역逆으로 수數함"으로 이해하는 것이 타당하다.

17 『周易』 水地比卦 九五象, "象曰 顯比之吉, 位正中也, 舍逆取順, 失前禽也."

18 『周易』 雷山小過卦 彖辭, "飛鳥遺之音, 不宜上, 宜下大吉, 上逆而下順也."

19 『周易』 重天乾卦 文言, "九三曰 君子終日乾乾, 夕惕若, 厲无咎는 何謂也오 子曰, 君子는 進德脩業하나니 忠信이 所以進德也오 脩辭立其誠이 所以居業也라"

다. 다만 『주역』에서는 수양, 수기가 중심이 되어 군자가 성명의 이치에 따라서 살아가는 삶을 제기하고 있다. 그러므로 순과 역을 구분하였지만 역방향에 중심이 있음을 알 수 있다.

역방향에서 세계를 나타내는 방법으로서의 수도론, 수기론은 학문의 관점에서는 탐구적 방법을 사용한다. 그것은 다름의 세계로서의 현상의 세계를 대상으로 현상의 근원, 근본을 찾아가는 방법이다.

물건적 관점에서 세계를 바라보면 민족과 국가사회라는 분별을 통하여 인식하게 된다. 이 때 인식이란 주체인 나와 대상인 세계, 사물이 구분된 상태에서 양자가 서로 관계를 맺을 때 나타나는 현상이다.

그런데 물건적 관점에서 근본과 지말을 찾으면 형이상과 형이하라는 상하의 관계가 형성되면서 그것이 차원, 경계로 나타난다. 그렇기 때문에 형이하의 차원에서 곧 지말로부터 출발하여 형이상이라는 근본을 찾아가는 과정이 필요하게 된다.

형이하의 지말로부터 형이상의 근원을 찾아가는 과정에서 형이하의 차원에서 그 본성을 찾는 방법으로서의 과학적 탐구방법과 형이상의 차원에서 근원을 찾는 수도, 수기, 수양을 구분하여 이해할 수 있다.

그러나 탐구적 학문방법이나 탐구적 수도론, 수행론을 막론하고 양자는 물건적 관점인 점에서 하나의 한계를 갖는다. 그것은 형이하의 차원, 물건적 차원에서 출발하여 그것을 멀리 떠나는 과정이 필요하다는 점이다. 그것을 『원각경圓覺經』에서는 현상을 벗어나고자 하는 마음으로서의 원리심遠離心[20]으로 나타내고 있다.

---

20 『圓覺經』普賢菩薩章, "善男子 一切菩薩 及末世衆生 應當遠離 一切幻化 虛妄境界 由堅執持遠離心故 心如幻者 亦復遠離 遠離爲幻 亦復遠離 離遠離幻 亦復遠離 得無所離 卽除諸幻 譬如鑽火 兩木相因 火出木盡 灰飛烟滅 以幻修幻 亦復如是 諸幻雖盡 不入斷滅善男子 知幻卽離 不作方便 離幻卽覺 亦無漸次 一切菩薩 及末世衆生 依此修行 如是 乃能永離諸幻"

형이하의 현상에 머물러 집착하지 않기 위하여 원리심을 말하였지만 그렇다고 하여 현상을 벗어나는 초월超越을 뜻하지 않는다. 왜냐하면 그러한 초월은 현상과 무관함을 나타내기 때문이다. 그렇기 때문에 근원에 도달하게 되면 반드시 다시 현상으로 내려오는 과정을 나타내지 않을 수 없다.

물건적 관점에서 순과 역을 구분하여 역방향에서 학문과 수도를 논하는 상구보리上求菩提와 더불어 반드시 순방향에서 다시 실천을 논하고 하화중생下化衆生을 논해야 한다.

그것은 근원으로부터 지말을 향하여 이루어지는 작용이라고 할 수 있다. 역방향에서 작용의 결과에서 출발하여 작용을 거처서 본체에 이르는 과정을 학문, 수도로 구분하여 나타내었다면 순방향에서 본체로부터 작용으로 그리고 다시 그 결과를 살펴보는 제도濟度, 실천의 과정이 필요함을 뜻한다.

물건적 관점에서 하나의 민족이나 국가사회를 중심으로 세계를 이해하고, 태양계나 은하계를 중심으로 세계를 이해하는 것은 한계를 갖는다. 그것은 물리적 세계에 갇혀서 세계의 본질을 찾는 과학적 탐구방법을 벗어나서 형이상의 근원에 이르는 수도적修道的 탐구방법마저도 벗어나야 함을 뜻한다.

그것은 역방향에서 이루어지는 과학의 탐구적 학문방법과 순방향에서 이루어지는 인문학의 확충적 방법, 계발적 방법이 하나가 된 합일의 차원에서 고조선의 사상을 고찰함이 필요함을 뜻한다. 고조선 사상을 밝히기 위하여 순과 역이 합일된 차원에서 확충적 방법을 바탕으로 이루어지는 탐구적 방법을 사용하는 것이 필요하다.

2. 선사先史와 역사歷史의 도역생성倒逆生成

세계를 이것과 저것이라는 입자적 관점, 물건적 관점에서 구분하여 나타낼 때 필연적으로 봉착하는 문제가 있다. 그것은 양자를 실재한다고 여길 수 없다는 점이다. 그것은 저것과 무관한 이것, 이것과 대상적으로 존재하는 저것이 있을 수 없음을 뜻한다.

그것은 공간적 관점에서 물건을 중심으로 세계를 인식하였던 관점을 바꾸어서 시간적 관점에서 사건을 중심으로 세계를 인식할 필요가 있음을 뜻하는 동시에 형이하의 차원에서 형이상을 향하여 근원을 찾아가는 관점에서 형이상에서 형이하를 향하는 방향으로 그 관점을 바꾸어야함을 뜻한다.

물건적 관점에서는 현상의 다양한 물건의 근원을 찾아서 근원과 하나가 되는 합일과 회통이 필요하다. 그러나 형이상의 사건적 관점에서 보면 근원적 존재의 탈자脫自에 의하여 이루어지는 타자화他者化로서의 생성의 관점에서 세계를 이해하게 된다.

그것은 사건적 관점에서 보면 물건적 관점에서의 근원, 본체, 본래성, 세계의 본성 또는 인간의 본래성이 본성에 의하여 자기를 드러내는 자기 현현으로서의 생성의 과정을 통하여 세계를 고찰하는 것이 필요함을 뜻한다.

현상 자체는 본체의 작용이라는 점에서 모든 것이 본래성의 작용이다. 그렇기 때문에 수도, 학문과 같은 탐구적 방법이 필요하지 않을 뿐만 아니라 그렇다고 하여 확충이나 계발과 같은 방법도 필요하지 않다.

시간성이라는 세계의 본성에 의하여 이루어지는 자기 현현, 작용을 현상적 관점에서 나타내면 생성이라고 할 수 있다. 그것은 사건적 관점에서 시간성의 자기 현현으로서의 도역생성을 통하여 세계를 나타내고 있는 전적인 『정역』의 개념을 사용하여 나타내면 도역생성倒逆生成이다.

도생역성은 근원으로부터 지말이 드러나는 방향에서 세계를 나타낸 것이며, 역생도성은 지말로부터 시작하여 그 근원에 도달하는 방향에서 세계를 나타낸 것이다. 그것은 본말이 모두 물건적인 실체가 아니라 하나의 변화의 과정임을 나타낸다.

물건적 관점에서 보면 본체와 작용 그리고 현상의 구분이 있지만 그것은 반드시 인과적 관계를 가진 사건이 아닐 뿐만 아니라 그렇다고 하여 저절로 이루어지는 자연도 아니다. 도생역성은 세계가 하나의 근원에서 다양한 현상으로 드러남을 나타내고, 역생도성은 다양한 현상이 하나로 귀결됨을 나타낸다.

도생역성을 통하여 세계가 고정되지 않고 끊임없이 변화함을 나타내고, 역생도성을 통하여 변화의 현상은 본질적으로 변화하지 않음을 나타낸다. 그렇기 때문에 세계는 변화하는 현상으로 드러나지만 변화의 현상 자체도 고정되지 않기 때문에 변화한다고 할 수 없다.[21]

우리는 학문을 통하여 세계를 이해할 때 역사와 선사를 구분하여 이해한다. 이 때 구분하는 기준은 인간의 의식에 의하여 이루어진다. 그것은 문자를 중심으로 형성된 기록의 유무에 의하여 역사와 선사의 구분이 이루어짐을 뜻한다. 그러므로 선사와 역사는 문자를 창제하여 사용하였던 시대와 그 이전의 시대라고 할 수 있다.

그런데 문자의 창제 자체는 어느 한 순간에 이루어졌을지라도 그것이 나타나기까지의 과정이 없이 갑자기 나타나지 않는다. 그것은 역사시대가 선사시대를 떠나서 갑자기 나타난 것이 아니라는 것이다.

---

21 『정역』에서 밝히고 있는 도생역성과 역생도성의 도역생성에 관하여는 이현중의 『정역철학』, 학고방, 2016, 108쪽에서 134쪽을 참고하기 바란다.

이는 물건적 관점에서 보면 이성 또는 의식에 의하여 이루어진 문자의 창제가 형이하의 현상적 관점에서 보면 어느 한 순간에 나타나지만 본래성이라는 형이상의 차원에서 보면 그 근원이 없지 않음을 뜻한다.

인간의 본래성은 선사시대와 역사시대를 막론하고 다르지 않다. 다만 그것이 작용하여 드러난 결과로서의 현상이 다를 뿐이다. 그렇기 때문에 세계를 이해할 때 본래성의 차원에서 역사 시대와 더불어 선사시대도 함께 연구하는 것이 필요하다.

고조선의 철학도 개국 이전부터 탄생하고 발전해온 사상이 정형화되면서 고조선의 철학을 형성하였기 때문에 그 연원이 없을 수 없다. 사람이 생명을 가지 존재이기 때문에 탄생하여 죽을 때까지 삶의 과정을 갖듯이 한 나라도 생명을 가진 활물活物이기 때문에 역사를 갖게 된다. 마찬가지로 한 민족이나 나라의 철학 역시 그 주체인 국민, 나라가 살아있는 생명체이기 때문에 역사를 갖지 않을 수 없다.

결국 고조선이라는 국가사회의 철학을 추구할 때 고려해야할 두 가지의 선행조건은 국가사회가 어떤 것인가의 문제와 철학을 어떤 학문으로 규정하느냐이다. 이 두 가지 문제를 어떻게 보느냐에 따라서 그 내용이 달라진다.

현대인의 관점에서 과거를 돌아보면 오늘날의 국가사회가 가장 발달한 인류사회로 생각하게 된다. 그러나 오늘날의 인류의 삶의 형태인 국가사회가 많은 문제를 안고 있음은 모두가 알고 있는 사실이다. 오늘날 세계는 국가와 국가 사이에 생존의 경쟁이 치열하게 벌어지고 있는 약육강식의 전쟁터이다. 이제는 국가사회의 형태가 변화해야 한다. 인류에게 반드시 지금과 같은 국가사회가 필요한 것도 아니다.

사실 고조선이라는 국가사회를 연구하는 것도 국가사회라는 것이 무엇인가의 정의에 따라서 달라진다. 고고학자들은 인류사회를 인류가 사용하는 도구에 따라서 구석기시대, 중석기시대, 신석기시대, 청동기시대, 철기시대로 구분한다.

또한 인류사회의 성격을 중심으로 무리사회, 부족사회, 추방사회, 국가사회로 구분하기도 한다. 무리사회는 수렵과 채집의 생활을 하는 소수집단으로 소유개념이 없고 평등한 사회이며, 부족사회는 농업과 목축업을 하는 지역집단으로 공동의 소유권을 갖는 평등사회지만 혈연적인 지위에 의하여 제한적이고 비공식적인 지도자가 존재한다.

추방단계는 집약적 농업과 목축이 이루어지고 수공업자와 같은 전문직이 나타나며, 사유재산제에 따라서 빈부의 격차와 권력의 출현에 이한 사회계층의 형성이 나타난다. 권력은 혈연조직에 기반을 두고 있으며, 조직체가 넓은 지역으로 확산된다.

국가사회는 추방사회의 요소가 계승되면서 양적으로 팽창한 사회이다. 생산 활동과 전문직의 활동이 다양화되고 사유제가 발달하여 빈부와 계층의 차이가 더욱 확대되며, 중앙의 권력이 강화되고, 합법적인 힘에 의하여 통합되고 조직화되어 영역이 이전보다 확대된다.[22]

앞에서 살펴본 고고학과 인류학적인 관점을 토대로 고조선의 강역이었던 만주지역과 한반도지역을 살펴보면 지금부터 70~60만 년 전에 구석기시대가 시작되어 기원전 8000년 전에 신석기 시대가 시작되었고, 기원적 2500년 전에는 청동기시대가 시작되었으며, 기원전 800년경에 이르면 철기시대가 시작되었다.[23]

이에 따라서 한국고대사회도 기원전 8000년에 이르면 소수의 무리가 이동생활을 하던 초기 무리사회에서 붙박이 생활에 들어가면서 마을을

22 윤내현, 『고조선연구』, 일지사, 서울, 1994, 90쪽에서 96쪽.

23 윤내현, 『고조선연구』, 일지사, 서울, 1994, 230쪽.

이루고 각 마을이 정치적, 경제적, 사회적으로 독립된 마을사회로 접어들었으며, 기원적 4000년에 이르면서 여러 마을들이 연맹을 맺어 고을을 이루고 정치적 지배자가 출현한 고을나라 사회에 진입하였으며, 기원적 2333년경에는 고조선이라는 국가사회에 진입하였다.[24]

단군신화에서도 고조선이 탄생하기 이전의 시대를 세 단계로 구분하여 나타내고 있다. 그 내용을 살펴보면 환인의 시대로부터 시작하여 뒤를 이어서 환웅의 시대, 환웅과 웅녀의 시대, 단군시대로 구분하여 볼 수 있다. 이를 인류사의 발달 과정과 관련하여 이해하면 환인의 시대는 구석기시대의 무리사회이며, 환웅의 시대는 전기신석기시대의 마을사회이고, 환웅과 웅녀의 시대는 후기신석기시대의 고을나라사회이며, 고조선시대는 청동기시대의 국가사회라고 할 수 있다.[25] 그러면 고조선을 구성하는 사람들은 어떤 사람들인가?

학계에서는 한민족의 주체를 예족穢族, 맥족貊族으로 보거나 북방계의 대륙족인 예족, 맥족과 남방계의 해양족인 한족韓族이 연합하여 형성된 것으로 주장한다. 이는 구석기시대부터 고조선 지역에 정착하여 살았던 종족이 없다가 신석기시대에 들어서면서 이동을 하였다는 것을 전제로 한다.

그런데 한반도와 만주지역이 신석기시대 초기부터 정착하여 생활을 하던 거주민이 있었기 때문에 그러한 주장을 그르다는 주장이 있다. 이와 관련하여 한반도에 정착하여 살던 환웅족이 북서쪽과 북동쪽으로 이동을 하면서 만주지역으로 영토 확장을 함에 따라서 그곳의 예족, 맥족과 결합하여 고조선을 형성하였다는 주장도 있다.

고조선을 구성한 중심부족이 고조선족이라는 주장은 고조선지역에

24 윤내현, 『고조선연구』, 일지사, 서울, 1994, 230쪽.

25 윤내현, 앞의 책, 141쪽.

신석기시대부터 정착하여 생활을 하던 거주인居住人들이 있었으며, 그들은 일정한 지역에서 동일한 정치체제와 동일한 경제구조 속에서 한 핏줄이라는 의식을 갖고 동일한 종교와 풍속, 언어 등의 공통문화를 갖고 생활하였으며, 이러한 과정에서 집단의식을 갖게 되면서 비로소 고조선이라는 국가사회를 형성하게 되었다는 것이다.

그러면 이러한 주장에 대하여 좀 더 구체적으로 살펴보자. 한민족은 고조선시대에 출현하였는데 한반도와 만주의 거주민들이 오랜 기간에 걸친 연합의 과정의 결과로 형성되었다. 한반도와 만주의 각 지역에서는 구석기시대부터 많은 사람들이 거주하였는데 지금부터 10,000년 전 이전은 떠돌이 생활을 하는 무리사회였고, 10,000년 전에 이르러서 신석기시대가 시작되면서 씨족 단위가 되어 농업과 목축업을 하는 마을사회를 이루었으며, 6,000여년 전 후기 신석기 시대에 이르러서는 일정한 지역의 씨족 마을들이 연맹을 맺어 고을나라를 형성하여 종족을 이루었다. 그리고 고조선이 건국되어 한반도와 만주 전 지역이 고조선의 영토가 되면서 이 지역의 거주민 모두가 고조선 국민으로서의 집단귀속의식을 갖게 되어 한민족이 형성되었다.[26]

앞에서 살펴본 내용들은 보면 두 가지의 유의할 부분이 있다. 그 하나는 인류사회의 발달의 단계를 중심으로 본 무리사회, 마을사회, 마을연맹체사회, 국가사회나 씨족, 부족, 추방사회의 경우 사람이 모여서 형성된 가족, 가족들이 모여서 형성된 씨족, 씨족들이 모여서 형성된 부족, 부족들이 모여서 형성된 민족과 같은 사고를 갖고 있다. 구석기, 신석기, 청동기와 같은 개념들도 모두 개체적 존재로서의 사람과 그 사람의 삶의 과정에서 사용되어지는 도구를 중심으로 사회를 규정하고 있다.

---

26 윤내현, 앞의 책, 153쪽에서 168쪽.

그것은 인간을 육신을 중심으로 중심을 주재하는 마음과 더불어 심신心身을 구성 요소로 하는 존재라는 한정된 개념을 중심으로 인류와 사회를 진단한 결과이다. 그것은 분별심分別心, 대상적 사고, 이성적 사유를 바탕으로 인류를 바라본 결과이다. 국가사회의 시원을 고조선으로 잡는 근거가 고조선을 구성하는 사람들이 하나의 집단에 소속한 소속감을 가진 때로부터 시작된 것으로 보는 것이 그것이다.

두 번째의 문제는 이처럼 개체의식, 개인의식, 의식, 대상적 사고의 차원에서 인류의 역사를 바라보는 것은 바로 역방향의 관점이라는 점이다. 그것은 지금 여기를 바탕으로 역방향으로 고조선을 고찰하기 때문에 고조선 이전의 선사문화와의 관계를 드러낼 수 없다는 뜻이다. 역방향의 관점과 더불어 순방향의 관점에서 인류의 역사를 바라볼 때 비로소 인류의 역사에서 발전해온 인류의 다양한 문화, 다양한 사상과 선사문화의 관계가 드러나게 된다.

역방향의 관점에서 인류의 역사를 살펴보면 현대의 국가사회가 인류의 사회에서 가장 발달한 사회로 평가하게 된다. 그러나 현대사회는 계층간의 불평등이 가장 심화된 사회인 것과 달리 무리사회는 사유재산제와 계급의 분화가 이루어지지 않았기 때문에 당연히 평등이라는 개념 자체도 필요하지 않았던 사회라는 점에서 현대사회보다 미개한 사회라고 할 수 없다.

무리사회를 벗어나서 정착을 시작한 마을사회에서부터 사유재산제가 시작되었으며, 고을나라 사회에 이르면서 더욱 발달한 사유재산제와 권력에 의한 계층이 형성되면서 개인과 개인 사이의 평등은 사라지게 된다.

그리고 그것이 더욱 강화되면서 국가사회가 형성되고 오늘날에 이르면서 빈부의 격차와 소수의 권력층이 다수의 대중을 지배하는 계층분화가 더욱 심화되면서 그로 인하여 야기되는 온갖 문제들로 인류 자신은 물론 자연과 더 아나가서 우주에 심각한 영향을 끼치고 있다. 결국 인류사회는 역사가 시작된 이래 발달한 만큼 많은 문제를 안고 있다.

인류의 역사가 발달과 더불어 그만큼 문제를 안고 있다고 할 수 있는 까닭은 인류의 역사를 보는 관점의 문제이다. 앞에서 살펴 본 인류가 사용한 도구나 사회의 변화 과정을 중심으로 인류사를 보는 관점 곧 역사관은 인류의 역사를 개체적 존재로서의 인간의 육신을 중심으로 단순하게 그들의 집적에 의하여 나타나는 사회 현상 중심으로 이해한 점에서 한계를 갖는다.

그러면 현재를 중심으로 역방향으로 고조선을 고찰하는 역사관, 고조선으로부터 현재까지의 직선적 시간의 흐름을 중심으로 세계를 이해하는 역사관, 세계관의 문제점이 무엇인지를 구체적으로 살펴보자.

인간을 육신이나 육신과 외부 사물과의 관계의 반영으로 나타나는 의식을 중심으로 이해하면 그 본질을 파악할 수 없다. 몸과 의식은 모두 형이하적 측면에서 인간을 이해한 결과이다. 그러나 인간의 인간다움은 형이상적 차원에서 드러나는 본래성에 있다.

불교의 전적들에서 몸과 의식을 자신으로 여기는 사고를 상相에 잡힌 사고라고 하기도 하고, 환상幻相 또는 가짜 나라고 하며, 형이상적 존재인 본성을 참 나라고 하기도 한 것은 바로 육신과 육신의 기능으로서의 의식을 자신으로 여기지 말 것을 주문한 것이다.[27]

인간의 껍데기와도 같은 육신과 의식을 바탕으로 인류사를 이해하는 방법 역시 한계를 갖지 않을 수 없다. 그것은 인류의 역사를 무리사회로부터 국가사회로의 과정만을 중심으로 이해하면 역사의 과정이 그대로

---

27 『圓覺經』文殊菩薩章 第一, "一切衆生 從無始來 種種顚倒 猶如迷人 四方易處 妄認四大 爲自身相 六塵緣形 爲自心相 譬彼病目 見空中華 及第二月 善男子 空實無華 病者妄執 由妄執故 非唯惑此虛空自性 亦復迷彼實華生處 由此 妄有輪轉生死 故 名無明."

계층 간의 불평등이 심화가 되면서 지배를 하는 계층과 지배를 받는 계층, 강한 계층과 약한 계층 사이에 벌어지는 끝없는 살육과 침략, 침탈의 전쟁을 통한 약육강식弱肉强食의 연속으로 이해할 수밖에 없게 됨을 뜻한다.

만약 인류의 역사를 보는 이러한 관점을 그대로 유지하면 인류의 역사는 진행이 될수록 점점 타락과 퇴보의 역사가 될 수밖에 없다. 지금도 국가와 국가 사회에 이전에는 볼 수 없는 더욱 치열한 생존 경쟁만이 있을 뿐이고 소수가 다수를 지배하고 통제하는 불평등과 불균형이 갈수록 심화되고 있지 않는가!

이제는 인간을 육신이나 의식이 아닌 본래성의 관점에서 보아야 한다. 인간의 본래성은 우주와 더불어 일체이고, 만물과 더불어 일체이다. 인간의 삶이 원시인의 혈거穴居와 같은 자연 안에서 이루어지는 삶이거나 오늘날의 빌딩숲에서 살거나를 막론하고 그 본래성은 같다. 그러므로 인간의 육신을 중심으로 그 근원인 아담과 이브를 찾아가듯이 시간의 관점에서 근원을 찾아가는 것은 한계를 갖는다.

바로 이점에서부터 철학, 사상은 출발한다. 아담과 이브 이전의 근원적인 존재를 찾아가는 것이 철학이다. 현대로부터 출발하여 인간의 근원을 찾기 위하여 아담과 이브를 찾아가는 것이 역사학이라면 아담과 이브를 넘어서 그들의 근원으로 향하는 것이 바로 철학, 사상이다.

그것은 현재에서 과거를 추구함으로써 미래를 밝히고자 하는 형이하학과 달리 형이상학이 사상, 철학이기 때문에 형이상학적 관점에서 형이하를 추구하는 방향을 설정해야함을 뜻한다.

한 민족이나 국가의 사상, 철학이 국가사회를 이끌어가는 치국이념이 되고, 그 나라를 이끌어가는 역사이념이 되어 그 나라가 역사가 전개된다. 그런 점에서 한 개체나 무리, 집단의 사상이나 철학이나 언제나 존재하지 않을 수 없다. 다만 그것이 정교하고 체계적인 이론체계를 갖추느냐 그렇지 않느냐의 차이는 있을 수 있다.

형이상적인 측면에서 보면 역사도, 철학도, 개인의 삶도, 사상도 모두 본래성이라는 근원적 존재의 자기 현현顯現이다. 어느 민족이나 국가를 막론하고 그리고 어느 우주의 어느 행성에 존재하거나를 막론하고 그들의 삶과 역사는 모두 본성이라는 근원적 존재의 다양한 자기 현현에 불과한 것이다.

그런 점에서 보면 역사의 전개 과정을 마디를 지을 수 있는 하나의 틀을 생각할 수 있다. 지금을 기준으로 시간상으로 거꾸로 추적해가는 방법이 아니라 인류 최초의 인간이라고 여겨지는 아담과 이브 이전의 존재 곧 그들의 창조주로 불리는 하나님으로부터 시작해보자는 것이다. 그것을 도道라고 하던지 하느님이나 법신불法身佛이라고 하던지 신神이라고 하던지 상관이 없다. 왜냐만 그것은 단지 하나의 차원을 각각 달리 부르는 개념일 뿐이기 때문이다.

그것은 형이상적 관점, 철학적 관점에서 시작하여 그것을 바탕으로 역사를 이해하는 것으로 도생역성을 바탕으로 한 역생도성의 관점에서 인류의 역사를 이해하는 방법[28]이다. 인류의 역사 또는 한국의 역사를 그 근원인 이른바 신으로부터 시작하면 신과 인간이 하나가 되어 구분이 되지 않는 소위 신정의 시대가 있고, 이어서 인간이 스스로를 자각하여 신과 인간을 구분하여 양자가 공존하는 시대가 존재하며, 그 이후에 비로소 인간이 중심이 되어 살아가는 시대로 구분할 수 있다. 그러므로 오늘날의 시대는 이전의 두 시대를 지나서 인간이 위주가 되어 살아가는

28 물건적 관점에서 이루어지는 순역의 합일과 사건적 관점에서 시간성을 중심으로 이루어지는 도역생성의 특성과 관계에 대하여는 이현중의 『한국사상과 방달方達의 인문학』, 충남대학교출판문화원, 2017, 249쪽에서 308쪽을 참고하기 바란다.

시대이다.

도생역성을 바탕으로 한 역생도성의 관점은 씨와 열매의 관계에 비유하여 나타낼 수 있다. 고조선으로부터 시작하여 오늘의 우리시대에 이르고 그것을 바탕으로 미래를 예측하는 것은 씨를 뿌려서 싹을 틔우고 꽃을 피워서 열매를 수확하는 방향이라고 할 수 있다. 그것이 역생도성의 관점이다.

그런데 씨는 본래 열매를 땅에 심은 것이다. 그렇기 때문에 씨와 열매는 같지만 단지 용도에 따라서 구분하여 달리 나타내었을 뿐이다. 이처럼 열매가 씨로 사용되면서 나타나는 현상이 바로 씨가 싹이 트고, 그것이 다시 꽃이 피어서 열매를 맺어가는 현상적인 과정이다.

만약 미래의 열매만을 완전한 존재로 여긴다면 씨나 싹, 그리고 꽃은 열매가 아니기 때문에 열매가 별개의 것으로 생각하게 된다. 그렇기 때문에 싹으로부터 열매에 이르기까지의 과정을 직선적인 관점에서 평가하여 발전이라고 평가하게 된다.

그러나 도생역성의 관점에서 본래 완전한 존재 곧 목적으로서의 열매가 씨로 심어진 것이다. 그것은 본래 싹과 꽃을 비롯한 모든 과정이 그대로 열매의 다양한 드러남임을 뜻한다. 그렇기 때문에 역사는 가치상의 우열을 통하여 발전의 문제로 접근하기 보다는 어떻게 다양하게 드러나느냐의 문제로 접근할 필요가 있다.

신의 시대와 신과 인간이 공존하는 시대에는 오늘날의 국가사회라는 개념이 존재하지 않았다. 오로지 인간이 위주가 된 시대가 되었을 때 비로소 국가사회라는 개념을 사용하게 된다. 따라서 고조선이라는 국사사회의 사상, 철학을 고찰하는 작업은 선사문화를 바탕으로 그것이 역사시대에 어떻게 드러나게 되었는지를 고찰하는 계대적繼代的 관점을 통하여 고찰하는 것이 필요하다.

3. 생성과 합일의 고조선 사상

앞에서 물건적 관점에서 순의 방향의 확충적 학문방법과 역의 방향의 탐구적 학문방법이 하나가 되어야 하며, 양자가 하나가 된 차원은 사건적 관점에서 도생역성의 생성과 역생도성의 생성을 통하여 상징적으로 나타낼 수 있음을 살펴보았다.

물건적 관점에서 순과 역이 합일된 연구방법은 형이상적 관점을 바탕으로 형이하의 세계를 밝히는 방법이다. 그것은 고조선사상 자체가 자연의 현상이 아니라 그 존재근거가 되는 근원의 세계를 나타내는 점에서 형이상적 차원에서 나타내지 않을 수 없다. 형이상의 세계를 현상적 관점에서 다양하게 드러내는 것이 바로 고조선사상이다.

고조선사상이 고조선사상인 것은 형이상의 세계가 고조선을 통하여 드러난 점에서 그러하며, 그것이 고조선의 사상이면서도 인류 더 나아가서 우주가 공유하는 것은 사상 자체가 분별이 없는 형이상의 세계를 나타내기 때문이다.

물건적 관점에서 순과 역이 합일된 차원에서 이루어지는 학문의 방법으로서의 원융적圓融的 방법, 회통적 방법, 합일적 방법은 사건적 관점에서는 도역倒逆으로 나타나는 생성이다. 그것은 고조선 철학이 고정된 물건적 존재가 아니라 그것을 나타내는 인간의 본래성을 통하여 이루어지는 세계의 생성임을 뜻한다.

생성의 관점에서 인류의 세계를 이해하면 역사 이전의 선사 역시 인류의 세계를 이해하는 중요한 요소가 된다. 왜냐하면 인간 본래성의 현현顯現은 반드시 문자를 통하여 기록된 역사적 사건으로 드러나는 것이 아니라 그림이나 다른 방법을 통하여 드러나기 때문이다. 그렇기 때문에 반드시 문자에 의하여 기록된 시간만을 인류의 시간이라고 할 수 없다.

도생역성의 관점에서 보면 인류사회가 마치 열매가 씨가 되어 싹이 트고 자라듯이 씨로 심어진 때를 선사시대라고 한다면 그것이 싹이 트고 자라는 시기가 역사시대라고 할 수 있다. 만약 물리적 시간을 중심으로 세계를 사건의 관점에서 탐구적 방법을 적용하면 현재로부터 끝없이 과거로 향하여 역시시대의 끝에 도달하고 다시 선사시대에 이르게 된다. 그러면 선사이전에는 인류가 어디에 있었는가?

시간상으로 역사를 거슬러 올라가면 현재로부터 역시시대의 출발점을 거쳐서 선사시대로 돌아간다. 그리고 선사시대의 시작점으로부터 다시 더 나아가면 시간을 넘어선 시간성時間性의 세계로 도약하게 된다.

그것은 열매라고 할 수 있는 인류의 이상理想을 씨로 심었던 때라고 할 수 있다. 이는 역사적인 관점에서 그 시위時位가 어디에 있는지를 말하는 것이 아니다. 다만 열매를 열매로 인식하고 그것을 씨로 심어서 가꾸기 시작하였다는 점이 중요하다.

시간성은 시간의 속성이 아니라 시간을 넘어선 시간의 존재근거를 나타낸다. 시간성은 그 본성에 의하여 탈자脫自하여 타자화他者化함으로써 시간으로 자신을 드러낸다. 시간은 실체가 아니지만 그것을 현상의 측면에서 객관화, 대상화하여 하나의 원기元氣, 일기一氣, 일심一心과 같은 다양한 개념을 통하여 상징적으로 나타낸다.

하나의 다양한 드러남으로서의 현상의 관점에서 보면 순역합일順逆合一의 세계가 전개된다. 그것은 순의 관점에서 도, 본성이라는 하나의 근원이 현상에서 만물로 다양하게 드러나는 동시에 만물은 그 하나의 근원으로 수렴됨을 뜻한다.

생성의 관점에서 보면 고조선사상은 인류공통의 문화, 사상이 점차 다양화하여 나타난 하나의 문화, 사상이다. 그러므로 고조선문화, 고조선 철학은 고조선이라는 특수한 나라의 문화, 사상이지만 그것은 인류의 공통문화, 공동사상의 고조선을 통하여 드러남, 나타남이라는데 그 의미가 있다.

도역의 생성을 중심으로 고조선 철학을 살펴보는 것은 시간성을 바탕으로 그것이 전개되는 시간의 관점에서 고조선문화, 고조선철학을 고찰함을 뜻한다. 그것은 선사문화를 통하여 인류공통의 문화, 사상을 도출하고 그것을 바탕으로 역사시대를 거치면서 서로 다르게 나타나는 문화, 사상을 비교하여 연구하는 것이 필요함을 뜻한다.

순역합일의 관점에서 보면 고조선문화, 고조선철학은 다른 문화, 다른 철학과 둘이 아니라 하나이다. 그러므로 고조선철학과 중국철학 그리고 서양철학의 근원이 하나임을 알고, 서로의 문화, 철학을 비교하여 연구하는 것이 필요하다.

고조선문화, 고조선철학은 시간적으로는 시간을 넘어서 시간성의 자기 전개이기 때문에 그 시작점인 선사문화를 바탕으로 공통성을 추출하고 그것을 바탕으로 역사시대에 전개되는 다양한 흐름을 이해하며, 공간적으로는 한국과 중국 그리고 서구로 전개되는 신도(天道)문화, 인도문화, 지도地道문화를 서로 비교하여 연구하는 것이 필요하다. 그러면 고조선사상의 고찰은 오로지 한국 사람들의 과거적 본성과 미래적 이상을 찾는 문제인가?

물건적 관점에서 보면 선사시대부터 시작된 인류공통의 선사문화가 역사시대를 거치면서 다양화하는 역사적 전개과정을 통하여 현대 인류의 다양한 문화, 다양한 철학이 형성되었다. 따라서 다양한 지역의 다양한 민족, 다양한 국가에 의하여 형성된 여러 문화, 여러 사상, 여러 철학은 하나의 다양한 표현이다.

그것은 고조선사상을 고찰하기 위하여 동아시아의 선사문화를 고찰하고 그것이 고조선 문화와 중국문화, 당우唐虞문화로 다른 길을 걷기 시작하면서 서로 영향을 주고받으면서 발전한 것을 보아도 알 수 있다.

오늘날 우리에게 고조선 철학의 고찰이 절실하게 필요한 근본적인 원인은 동아시아의 전통문화가 서양의 문화와 만나면서 중국과 일본의 경우를 통하여 파악할 수 있듯이 이미 서구화, 과학화, 유물론화唯物論化되면서 그 전통을 상실했기 때문이다.

중국은 유불도儒佛道 삼가三家를 비롯하여 다양하게 전개되어 왔던 전통문화를 버리고 맹자孟子가 우려했던 묵적墨翟의 전체주의에 빠져서 헤어나지 못하고 있다. 그리고 일본은 명치유신을 통하여 서구문화를 수용하면서 맹자孟子가 우려했던 위아주의爲我主義 곧 자본주의에 빠져 있다.[29]

동아시아의 전통문화, 전통사상은 유물론적 차원, 과학적 차원, 물질적 차원을 넘어서 형이상의 차원을 제시하고 있음에도 불구하고 중국은 자기 나라의 전통사상을 버리고 전체주의적 관점에서 서양의 유물론적 사상, 문화를 수용하여 공산당 일당의 독재정치를 하고 있을 뿐만 아니라 세계의 패자가 되기 위하여 미국과 다투고 있다.

일본은 명치유신 이래로 서양의 유물론적 세계관, 가치관, 인간관에 바탕을 둔 서구문화, 서구문물을 수용하여 세계 2위의 경제대국을 이룬 후에도 여전히 다른 나라를 침략하여 지배하고자 하는 패권주의적인 사고를 버리지 않고 있다. 일본은 중국과 달리 양주楊朱의 노선을 따라서 극도의 자기중심의 이기주의로 나아갔다.

공산주의, 사회주의와 자본주의, 민주주의는 모두 서구의 과학적 세계

29 『孟子』 滕文公下, "聖王不作, 諸侯放恣, 處士橫議, 楊朱 墨翟之言盈天下. 天下之言不歸楊, 則歸墨楊氏爲我, 是無君也, 墨氏兼愛, 是無父也. 無父無君, 是禽獸也. 公明儀曰 庖有肥肉, 廏有肥馬, 民有飢色, 野有餓莩, 此率獸而食人也. 楊墨之道不息, 孔子之道不著, 是邪說誣民, 充塞仁義也. 仁義充塞, 則率獸食人, 人將相食. 吾爲此懼, 閑先聖之道, 距楊墨, 放淫辭, 邪說者不得作. 作於其心, 害於其事, 作於其事, 害於其政. 聖人復起, 不易吾言矣."

관, 유물론적 세계관을 바탕으로 탄생하여 발달해온 문화, 사상을 대변한다. 오늘날의 우리사회도 자본주의, 민주주의를 수용하여 비약적인 발전을 하였지만 그 이면에 있던 유물론적 세계관, 인간관이 갖고 있는 한계가 겉으로 드러나면서 극심한 혼란을 겪고 있다.

오늘날 우리가 민주주의, 자본주의와 사회주의, 공산주의의 양 극단을 넘어서서 현대에 인류가 지향해야 할 새로운 사회, 이상적인 문화, 온 인류가 함께 살아갈 수 있는 공존共存과 공생共生의 철학을 제시하기 위해서는 동아시아의 선사先史문화, 천문天文문화, 인문人文문화를 바탕으로 서양의 지문地文문화, 과학문화, 과학적 종교를 원융적圓融的 관점에서 재창조해야 한다.

제이부

신석기 시대와 선사문화

세계는 본래 실체적 존재가 아니기 때문에 그 어떤 것으로도 대상화하여 나타낼 수 없을 뿐만 아니라 어떤 사태, 사건으로도 고정하여 나타낼 수 없는 점에서 혼돈混沌이라고 말한다. 그러나 그것은 질서秩序에 반대 개념으로서의 무질서를 나타내는 것이 아니라 카오스와 코스모스를 넘어서 있음을 뜻한다.

세계 자체가 본래 세계라고 규정할 수 있는 대상적 존재가 아니기 때문에 그것을 다양한 관점에서 다양하게 드러낼 수 있다. 동서東西와 고금古今을 막론하고 세계를 구분하고 그 결과로 드러나는 요소들의 관계를 통하여 세계를 드러내는 분합分合의 기준, 틀로 사용하는 것은 시간과 공간이라는 범주다.

예로부터 시간과 공간은 인간이 세계를 인식하는 범주이자 존재의 존재 범주로 여겨졌다. 그것이 이른바 세계관의 관점에서는 절대시간과 절대공간으로 나타나고, 인간관의 관점에서는 시간의식과 공간의식으로 나타났다.

공간을 중심으로 세계를 나타내면 물건, 만물이 된다. 만물을 중심으로 세계를 이해하면 세계는 이미 존재하는 만물로 구성되어 있다는 실재론實

在論이 된다. 그것은 세계를 고정화된 어떤 것들의 총체로 인식하는 것이다. 그렇기 때문에 물건의 관점에서 보면 세계는 유有의 세계이다.

그러나 있음의 불변의 세계와 달리 시간의 관점에서 보면 세계는 일종의 거대한 변화의 과정, 사태의 연속이다. 변화의 연속으로서의 세계에는 이것과 저것이라는 구분되어 나타낼 수 있는 물건이 없기 때문에 물건의 세계와 달리 무無의 세계라고 할 수 있다.

시간과 공간이 인간이 세계를 분합하는 하나의 도구라고 할 때 그것이 갖는 의미가 무엇인지가 중요하다. 시간과 공간이라는 범주는 인류의 문명을 진화론적 관점에서 연구하는 하나의 도구이다.[1]

시간의 측면에서 보면 인류문명은 인간이 탄생한 250만 년 전부터 시작하여 현대에 이르기까지 이어지는 과정을 사건을 중심으로 나열하게 된다. 그리고 공간적 측면에서 보면 인간과 동물, 식물을 비롯한 만물들 그리고 그들의 존재하는 공간이라는 물건을 중심으로 인류문명을 설명한다.

인간 자신을 연구하는 도구 역시 시간과 공간이다. 시간적 관점에서 인간을 나타내면 감각지각, 분별, 인식, 의지와 같은 여러 작용들 곧 사건들로 나타낼 수 있다. 그것을 대상화하여 나타내어 의식, 마음, 정신이라고 한다.

공간적 관점에서 인간을 나타내면 이 사람과 저 사람으로 구분되어지고, 저 사람이 아닌 이 사람의 다양한 의식과 언행으로 드러나는 주체를 육신이라고 한다. 이 때 육신은 실체가 아니라 마음을 대상화하여 나타낸 것이다. 그것은 사건을 객관화하여 나타낸 것이 물건임을 뜻한다.

1 과학적 관점에서는 시간과 공간이 하나의 범주이지만 동아시아의 학문에서는 시간성과 공간성이라는 범주가 중심이다. 그것은 각각 천도天道와 지도地道로 나타내기도 한다. 그렇기 때문에 동아시아의 세계관은 오로지 시공時空만을 통해서는 그 전모를 파악할 수 없다.

진화론은 시간과 공간의 관점에서 인간을 나타내는 방법이다. 그것은 인간의 육신과 의식을 대상으로 할 때 진화론이 성립될 수 있음을 뜻한다. 진화론적 관점에서 인류의 문명을 고찰할 때 제기되는 것이 정신적인 측면 곧 정신문명이다.

19세이 이후 학자들은 선사시대의 정신문명을 종교적 관점에서 샤머니즘[2]으로 규정하였다. 오늘날 샤머니즘은 암각화, 동굴벽화와 같은 선사미술을 이해하는 유용한 도구로 활용되고 있다. 대부분의 고고학자들이나 민속학자들은 선사시대의 유물과 유적 그리고 작품들을 샤머니즘을 통하여 설명하고 있다.

지금까지 샤머니즘을 연구해온 학자들은 천문학 즉 과학이나 민속학의 관점에서 이해하였다. 그것은 학자들이 지금까지 형이하적인 차원에서 인류의 문명을 고찰하였음을 뜻한다. 현대의 과학자들은 유물일원론의 세계관과 인간관을 주장하듯이 인간의 정신도 일종의 육신이라는 물질의 부수현상으로 이해한다. 인류문명을 연구하고 샤머니즘을 연구하는 학자들 역시 물질적 차원에서 연구하여 왔다.

엘리아데는 종교적 관점에서 선사시대 이래의 인류의 공동문명을 샤머니즘으로 규정하였다. 그는 성聖과 속俗이라는 이분법적인 세계관을 바탕으로 샤머니즘을 거룩함(聖)의 현현顯現으로 규정하였다.

그는 "고대사회의 인간은 가능한 한 거룩한 것 안에서 혹은 거룩한 대상들에 가까이 다가가서 살고자 하는 경향을 지녔다. 그들에게 거룩한 것이란 곧 힘에 해당했고, 궁극적으로는 현실에 해당했기 때문이다. 거룩한 것은 존재(being)로 가득 차 있다. 거룩한 힘은 현실을 의미하며, 동시에 영원성과 유효성을 의미한다. 거룩함과 세속의 대비는 종종 현실

2 엘리아데 지음, 이용주 옮김, 『세계종교사상사1』, 이학사, 21쪽에서 179쪽 참조.

성과 비현실성 혹은 사이비似而非 현실성 사이의 대립으로 표현되었다. 따라서 종교적 인간이 마음 깊이 존재하기를 소망하며, 현실에 참여하고 힘으로 충만하기를 소망한다는 점을 이해하기는 쉽다."[3]고 하였다.

엘리아데는 시간과 공간이라는 실체적 존재를 중심으로 세계에 접근한다. 그것은 창조주에 의하여 사물이 창조되면서 시간과 공간이 창조되었음을 논하는 그의 주장[4]을 보면 알 수 있다. 시간이 창조주創造主에 의하여 창조된 실재적 존재이기 때문에 제의祭儀를 통하여 최초의 창조에 참여하는 거룩한 시간과 종교적 의미가 없는 세속적인 시간으로 구분하고 있다.

공간 역시 창조주에 의하여 창조된다. 그런데 시간이 창조주에 의하여 창조된 시간에 참여하는 거룩한 시간과 그렇지 않는 세속적인 시간으로 구분하듯이 공간 역시 카오스와 코스모스로 구분하여 이해한다.

공간은 유일하게 현실적이며 현실적으로 존재하는 공간으로서의 거룩한 공간과 거룩한 공간을 둘러싸고 있는 형태가 없는 넓은 공간으로 구분한다. 거룩한 세계인 코스모스는 신에 의하여 성현聖現된 세계이며, 이와 달리 카오스는 낯설고 혼돈에 찬 공간, 유령과 마귀와 이방인들이 사는 공간이다.[5]

코스모스는 한 해를 나타내기도 한다. 이는 시간과 공간이 하나임을 뜻한다. 코스모스는 제의에 의하여 무한히 반복된다. 그것은 한 해의 끝에서 가는 해를 죽음으로 끝내는 정화의 과정을 거쳐서 새로운 해가 시작되는 의식이다.

형이하의 관점에서 시공을 중심으로 세계를 이해하면 이것과 저것,

---

3 엘리아데 지음, 이동하 옮김, 『聖과 俗』, 학민사, 2009, 13쪽.

4 엘리아데, 앞의 책, 62쪽.

5 엘리아데, 앞의 책, 20쪽에서 30쪽.

이 사건과 저 사건이 구분된다. 그것은 물건적 관점에서 세계를 시공을 중심으로 이해하면 상하나 좌우의 직선적直線的이고 일차원적一次元的인 관점에서 근본과 지말, 형이상과 형이하, 성聖과 속俗, 신과 만물과 같은 이분법적인 관점에서 가치상의 우열을 가진 둘로 나누어서 이해할 수밖에 없음을 뜻한다.

창조주와 창조물, 성스러운 존재와 속된 존재, 완전한 존재와 불완전한 존재라는 이분법적인 사고를 통하여 세계를 이해하면 신神 역시 이분법적으로 이해하게 된다. 그것은 신석기 시대를 여신女神의 시대로 그리고 청동기 이후의 시대를 남신男神의 시대로 규정하는 것[6]을 보면 알 수 있다.

신은 물건과 같은 존재가 아니기 때문에 남과 여라는 구분을 할 수 없다. 남과 여의 구분은 오로지 육체를 가진 존재를 대상으로 할 수 있을 뿐이다. 『주역』에서는 "음陰과 양陽으로 구분하여 나타낼 수 없는 것을 말하여 신神이라고 한다."[7]고 하였다. 그것은 분별하여 나타낼 수 없는 차원을 어쩔 수 없이 언어로 나타내기 위하여 신神이라는 개념을 사용하였음을 뜻한다.

신이라는 개념이 음과 양을 통하여 음으로 작용하고 양으로 작용하는 작용원리를 도道라고 말한다는 언급을 한 후에 결론적으로 말한 것임을 참조할 필요가 있다. 도라는 형이상의 세계는 형이하의 만물의 근원이다. 그러나 그 본성은 신이라는 개념을 통하여 표현하고 있는 것처럼 고정되지 않아서 무엇이라고 규정할 수 없다.

신으로 표상한 세계는 고정된 어떤 것이 아니다. 그렇기 때문에 분별의 세계를 대상으로 하는 유무有無, 시비是非, 선악善惡, 성속聖俗, 남녀를 통하

6 아리엘 골란 지음 정석배 옮김, 『선사시대가 남긴 세계의 모든 문양』, 푸른역사, 2004, 27쪽에서 33쪽.

7 『周易』 繫辭上篇 第五章, "陰陽不測之謂神."

여 나타낼 수 없다. 그럼에도 불구하고 남신과 여신으로 나타내고자 한다면 그 의미는 남과 여라는 분별에 중심이 있지 않다. 남신은 남자의 속성을 통하여 신을 상징적으로 나타낸 개념이며, 여신은 여자의 속성을 통하여 신을 상징적으로 나타낸 개념일 뿐이다.

'남신'과 '여신'은 다른 존재가 아니라 각각 남자와 여자라는 물질적 존재인 육신의 기능을 통하여 신의 본성을 상징적으로 나타낸다. 여자는 아이를 잉태하여 출산할 뿐만 아니라 기르는 존재이다. 이러한 여자의 특성을 통하여 신의 작용성, 창조성을 나타낸 것이 여신이라는 개념이다. 그리고 남신은 생명의 근원을 제공하여 여자로 하여금 잉태하게 하는 남자의 기능을 통하여 신의 주재성을 상징적으로 나타낸다.

성과 속을 구분하여 양자를 중심으로 샤머니즘을 연구하는 민속학자들과 달리 동아시아 사상에서는 세계를 형이상과 형이하로 구분하여 근본과 지말의 일체적인 관계로 이해하였다. 그리고 인간도 정신/영혼과 육신/물질의 이원론적인 이해가 아니라 본래성이라는 세계와 인간의 구분이 없는 일체의 차원이 마음과 육신이라고 고정하여 나타내는 다양한 작용과 그 결과로서의 언행으로 드러남을 밝히고 있다.

물건적 관점에서 세계를 이해하여 성과 속, 신과 사물, 형이상과 형이하를 구분하여 나타내는 것은 개체적 존재가 비록 현상의 측면에서는 둘인 것처럼 생각되지만 본래 하나의 다양한 드러남임을 나타내기 위함이다.

물건적 관점에서 겉으로 드러나는 다양한 세계의 근저에 있는 하나의 세계를 찾아가는 것이 과학적인 학문 활동이다. 이와 달리 형이하의 시공의 차원에 머무는 과학과 달리 형이상의 차원에 도달하고자 하는 것이 동양의 여러 사상에서 제시하고 있는 수도론修道論이다.

물건적 관점에서 물건의 본질로서의 성스러운 세계, 신, 창조주를 찾고자 하는 샤머니즘이나 그것과 달리 형이상의 차원에서 자신의 본성을 찾아가는 방향을 추구하는 불교와 도교의 수도론修道論을 막론하고 창조주, 성스러운 세계, 깨달음의 세계, 성단成丹의 세계만을 고집하면 고요함에 빠져서 허무해진다. 그것은 개체로서의 자기의 안락함에 빠져서 주변의 다른 존재들과 함께 살아갈 수 없음을 뜻한다.

현대의 학자들이 규정하고 있는 샤머니즘은 인간과 세계를 형이하의 관점에서 곧 시간과 공간, 물질과 정신의 관점에서 이해한 점에서 인류문명의 본질을 규정한 것이라고 할 수 없다. 왜냐하면 세계는 시공이라는 형이하적 요소 곧 물질만으로 구성된 것이 아니라 형이상적 요소인 성품, 도道라는 요소가 있으며, 인간 역시 정신, 육신과 더불어 그 근원인 본래성이 있기 때문이다. 따라서 인류문명은 시공의 관점에서 규정할 수 있는 요소와 시공을 초월한 관점에서 접근해야할 요소가 있으므로 양자를 구분하여 나타내어야 한다.

인간의 본래 지평으로서의 본래성의 차원에서 보면 정신과 육신은 매 순간 다양하게 드러나는 일종의 현현태일 뿐으로 실재하는 것이 아니다. 그렇기 때문에 인류문명의 고찰도 단순하게 시공의 차원에서 연구하는 것과 더불어 본래성의 차원에서 연구하는 것이 필요하다.

본래성의 차원에서는 인간과 동물, 식물이나 생명이 없는 존재로서의 물질과도 일체이다. 그렇기 때문에 인간과 세계의 구분이 없을 뿐만 아니라 시간과 공간이라는 범주를 통하여 규정할 수 없다.

육신과 정신의 관점에서 보면 진화進化하지만 본래성의 차원에서 보면 인류의 탄생 이전이나 탄생 이후 그리고 선사시대와 역사시대를 막론하고 본질적으로 아무런 차이가 없다. 그것은 발전이나 진화라는 개념이 성립될 수 없는 차원이 인간 본래성의 차원임을 뜻한다.

인간 본래성의 차원에서 보면 선사시대와 역사시대의 구분이 없다. 그것은 인간 본래성을 현상적 측면 곧 시공의 관점에서 나타낸 것이 인간의 정신과 육신일 뿐으로 인간 본래성의 차원에서 보면 정신과 육신이 없다고 하는 것과 같다.

인간 본래성이 형이하의 차원에서 정신과 육신으로 나타나기 때문에 인류문명 역시 본래성의 차원에서 선사시대와 역사시대를 막론하고 동일한 하나의 시대로 함께 고찰해야 한다. 그것은 선사와 역사의 구분이 없고, 시간과 공간, 나와 남의 구분이 없는 무분별의 차원을 근본으로 하여 선사와 역사, 시간과 공간, 인류와 세계를 분별하여 인류문명의 연구가 이루어져야함을 뜻한다.

신도神道, 천도天道를 중심으로 세계를 나타내고 있는 『정역』에 의하면 세계는 무극无極과 태극太極 그리고 황극皇極의 세 차원에서 각각 천문天文과 지문地文 그리고 인문人文의 세 세계로 구분하여 나타낼 수 있다. 그것은 삼극三極과 삼문三文의 세계가 바로 세계의 형이상적 측면과 형이하적 측면임을 뜻한다.[8]

그런데 「정역」에서는 삼극의 관계를 도역생성을 통하여 나타내고 있다. 그것은 세계를 형이상의 차원에서 셋으로 구분하여 나타내지만 양자가 구분되면서 하나임을 나타낸다. 삼극은 셋이면서 하나이다.

도역생성의 관계는 삼극이 현상화한 삼문의 관계에서도 그대로 적용된다. 삼문은 셋이면서 하나이다. 삼극과 삼문의 관계 곧 형이상과 형이하의 관계 역시 도역생성의 관계라고 할 수 있다.

인류문명 역시 도역생성의 관계를 통하여 나타낼 수 있다. 도생역성의 관점에서 보면 인류의 문명은 시간과 공간을 막론하고 하나이다. 그것은 선사시대와 역사시대, 어느 나라, 어떤 민족을 막론하고 인류가 본래성의

---

8 삼문三文의 특성과 학문의 관계에 대하여서는 이현중의 『한국사상과 방달方達의 인문학』, 충남대학교출판문화원, 2018, 309쪽에서 406쪽을 참고하기 바란다.

차원에서는 일체임을 뜻한다.

그러나 역생도성의 관점에서는 선사시대와 역사시대를 구분할 수 있고, 역사시대에서도 고대와 중세 그리고 현대를 구분할 수 있을 뿐만 아니라 세계의 여러 민족, 여러 국가의 다양한 문명을 구분할 수 있다.

그런데 도역생성은 일체의 두 측면이다. 그것은 본체를 두 측면에서 작용으로 나타낸 것이 도역생성임을 뜻한다. 그렇기 때문에 형이상과 형이하를 구분할 수 없는 본래의 세계를 작용을 중심으로 두 측면에서 나타낸 것이 도생역성과 역생도성이다.

도생역성을 바탕으로 역생도성을 이해하는 양자가 일체인 관점에서 양자를 이해하는 방법으로 보면 인류의 문명은 모두 하나의 근원인 인간 본래성에 의하여 형성되었기 때문에 가치상의 우열이나 시비是非, 선불선善不善의 문제가 없이 하나이다.

그러나 인간 본래성이 마음과 육신으로 드러나는 과정과 결과는 다양하다. 그렇기 때문에 본래성이라는 하나가 드러나는 현상의 측면에서는 서로 다른 만물을 논하지 않을 수 없다. 그것은 현상의 다양한 문명을 모두 동일한 가치로 수용하는 것이 필요함을 뜻한다.

인간과 세계를 구분할 수 없는 하나의 차원에도 머물지 않을 때 비로소 세계를 다양하게 드러내는 삶, 온 우주와 함께 살아가는 삶이 전개된다. 그것을 동아시아의 여러 사상에서는 접화군생接化群生, 하화중생下化衆生, 도제천하道濟天下와 같이 표현하였다.

그것은 시간적 관점에서 세계가 고정됨이 없이 끊임없이 변화함을 뜻한다. 그렇기 때문에 세계는 신이라거나 물건이라는 구분, 성스러움과 속됨이라는 구분이 없이 변화의 과정일 뿐이다. 매 순간이 분별심이 없는 무분별의 차원에서 인연에 따라서 분별하여 세계를 드러내는 분별화의 과정을 삶이라고 규정한다.

이에 지금부터는 형이하의 물건적 차원이 아닌 형이상의 본래성의 차원에서 선사문화를 고찰하며, 사건적 관점에서 끊임없이 다양하게 세계를 창조하는 관점에서 선사문화를 고찰하고자 한다.

먼저 암각화의 고찰을 통하여 선사문화의 특징을 살펴보고 이어서 홍산의 옥기를 통하여 선사문화를 고찰한 후에 마지막으로 즐문토기를 중심으로 선사문화를 고찰하고자 한다. 이를 통하여 한반도와 동북아지역의 선사문화의 특징을 밝히고자 한다.

1. 한국암각화와 선사문화

기존의 학자들이 사용한 한국의 암각화나 세계의 암각화를 이해하는 방법은 과학적인 탐구방법이다. 그것은 신과 현상, 성과 속, 신의 세계와 인간의 세계, 법칙과 현상이라는 이원론적인 세계관과 정신과 육신이라는 인간관을 바탕으로 암각화의 연구가 이루어져왔음을 뜻한다.

동양에서는 본체와 작용 그리고 현상이라는 삼원론적인 세계관을 바탕으로 세계를 이해하였을 뿐만 아니라 인간관 역시 육신과 정신의 이면에서 본래성이라는 근원적인 세계가 있음을 밝히고 있다.

본래성은 인간의 관점에서는 나와 남의 구분이 없는 일체의 세계이고, 사람과 동물이 일체일 뿐만 아니라 사람과 사물이 일체이며, 사람과 세계가 일체이다. 그렇기 때문에 오늘날의 이분법적인 눈으로 암각화를 이해하면 아무런 질서가 없어서 혼돈混沌 속에 있다고 오해할 수 있다.

이분법적인 사고의 문제는 나눈 양자를 언제나 가치상의 우열을 논한다는 점이다. 성聖과 속俗을 나누고, 신과 인간을 나눌 때 양자를 가치상의 우열의 관계로 이해한다. 그렇기 때문에 신과 인간의 관계를 일방적인 숭배의 관계로 이해한다.

성과 속의 이분법적인 구조를 통하여 선사문화를 이해하는 샤머니즘에 의하면 선사先史 시대의 사람들이 숭배崇拜의 대상인 신을 죽이는 행위로서의 포경捕鯨이나 토템의 대상을 살해하는 행위를 설명할 방법이 없다. 그것은 사실적 관점에서 신을 살해하거나 먹는 행위로 이해할 것이 아니라 숭배의 지극한 형태인 대상과 하나가 됨을 뜻한다. 이는 자신을 버려서 상대방과 하나가 되는 것으로 상대를 가장 존경하는 겸손의 지극한 표현이다.

본래성의 세계를 나타내는 개념이 신이다. 개체적 측면에서 신을 나타내면 개체의 본성으로서의 본래성이며, 본래성을 전체적 측면에서 나타내면 신神, 신성神性, 신명神明이다. 그러므로 신과 본래성의 차원에서 보면 사람과 사물은 물론 만물이 일체여서 서로의 구분이 없다. 그렇기 때문에 신의 관점에서 보면 만물이 그대로 신의 나타남이라는 점에서 그 어떤 것도 신이 아님이 없다.

모든 사물에 정령이나 혼이 깃들어 있기 때문에 숭배한다는 것은 여전히 이분법적인 사고를 바탕으로 신과 만물의 관계를 이해하는 경우이다. 우리가 공간적 관점에서 신과 만물을 객관적인 존재로서 이해하는 것과 같이 시간 역시 인간과 구분하고, 신과 구분하여 이해하면 근대의 고전역학적古典力學的 세계관에 의하여 선사문화를 이해하는 오류를 범한다.

선사문화의 이해는 본래성을 중심으로 이해할 때 비로소 올바로 이해할 수 있다. 그것은 본래성을 바탕으로 할 때 비로소 시간과 공간을 올바로 이해할 수 있음을 뜻한다. 세계가 신의 창조라고 하는 것은 본래성을 매개로 하여 시공의 세계가 전개되고 그것이 만물로 드러남을 뜻한다. 그렇기 때문에 본래성을 중심으로 할 때 비로소 시간상의 세 마디인 과거와 미래 그리고 현재가 성립할 수 있고, 공간을 나타내는 상하와 좌우의 방위가 성립될 수 있다.

샤먼이라는 개념이 가리키는 존재는 이 세상과 저 세상 곧 신들의 세계를 연결해주는 존재가 아니다. 이 세상과 저 세상이 둘이 아님을 알고, 둘이 아니게 살아가는 존재를 나타내는 개념이 샤먼이다. 그렇기 때문에 훗날의 성인聖人, 부처, 각자覺者, 구세주救世主는 곧 샤먼의 다른 표현에 불과하다고 할 수 있다.

샤먼의 형상은 신이라는 대상적 존재에 의하여 잠식당하는 상태인 트랜스 상태에 빠져서 자신의 의식을 잃고 신이라는 다른 존재의 의식의 대변자 노릇을 하는 사람을 나타내지 않는다. 그런 점에서 오늘날의 영매靈媒나 체널러와 같은 이른바 무당巫堂과 선사문화에서 인류의 지도자 역할을 하였던 샤먼은 서로 다르다고 하지 않을 수 없다.[9]

가) 반구대 암각화

한국의 암각화 가운데서 가장 오래된 선사시대의 암각화는 반구대 암각화이다. 학자들은 반구대의 암각화가 신석기 말기에 제작된 것으로 이해한다. 장석호는 지금으로부터 5300년 전에 제작된 것으로 이해한다.[10]

암각화가 있는 주변의 환경을 보면 피라미드형의 산이 있고, 그 산을 휘돌아서 아홉 굽이의 태화강太和江 물이 흐르고 있다. 바위산과 물이 만나는 위쪽에 움푹하게 들어간 평평한 바위의 면에 그림이 있다.

반구대가 산에 있고, 그 앞에서 물이 흐르고 있어서 계절의 변화와

9 사실은 오늘날의 무당은 샤먼의 의식만을 갖고 있을 뿐으로 覺者, 지혜로운 자로서의 샤먼의 경지에서 사람들을 이롭게 하는 역할을 하지 못하고 있다.

10 장석호 지음, 『이미지의 마력 대곡리 암각화의 세계』, 역사공간, 2017, 44쪽에서 53쪽.

매일의 시간의 흐름에 따라서 바위그림들이 다양하게 드러난다. 비가 많이 오는 계절에는 물이 불어나서 바위그림이 물속에 잠겨 나타나지 않았다가 비가 오지 않는 계절이 되어 물이 빠지면 바위그림이 나타난다.

그리고 하루 중에도 햇빛이 바위그림의 측면을 비추는 때와 정면을 비추는 때 그리고 해가 지면서 물에 햇빛이 반사가 되어 그것이 바위그림에 반영되어 나타나는 때 마다 그림의 형상이 달리 나타난다.

그것은 세계가 고정된 것이 아니라 끊임없이 새롭게 창조되어 가는 변화의 과정임을 그대로 보여준다. 산도, 그 아래의 물이 흐르는 계곡도, 그리고 흐르는 물도, 그것을 비추는 햇빛도, 고정되지 않고 항상 변화하기 때문에 그 가운데 존재하는 바위그림도 고정되지 않고 변화하여 다양한 모습을 나타냄으로써 사라졌다가 다시 나타나는 삶과 죽음을 반복하면서 끊임없이 새롭게 나타나는 생명이 가득 찬 세계를 나타낸다.

암각화가 그려진 바위의 벽면은 아래의 물과 위의 바위산 그리고 하늘의 중심에 놓여있다. 이는 암각화를 새긴 사람들의 세계관을 그대로 보여준다. 그들은 바위그림에 자신들의 세계관을 나타내었으며, 바위그림 자체도 자신의 세계관을 잘 드러낼 수 있는 자연적인 요건을 갖춘 장소를 선택하여 바위그림을 그렸던 것이다.

바위그림을 중심으로 그 위의 산이 상징하는 세계와 바위그림의 세계 그리고 바위그림 아래의 평평한 바위가 상징하는 아래의 세계라는 세 차원의 세계가 그대로 반영되어 있다. 그것은 고정됨이 없는 변화의 세계가 하늘과 땅 그리고 그것을 인식하는 인간의 세계라는 세 차원의 세계를 구분하여 대상화하는 작업, 곧 세 차원의 세계를 창조하는 작업이 바위그림을 그리는 행위를 통하여 이루어짐을 뜻한다. 그러면 반구대 암각화에 그려진 그림들을 구체적으로 살펴보자.

반구대의 암각화에는 253점의 그림이 그려져 있다.[11] 그 가운데 고래가 가장 많고 거북이와 같은 물고기들과 호랑이를 비롯한 육지 짐승들의 그림이 있으며, 사람과 배 그리고 그물과 작살과 같은 도구를 그린 그림들도 있다.

그림의 제작은 기법에 따라서 다섯 층으로 나누기도 한다.[12] 그러나 이미 그려진 그림 위에 덧그림을 그리더라도 이전과 그림과 조화를 이루면서 그리기 때문에 전체의 내용을 하나의 유기적인 관계를 가진 것으로 이해하는 것이 필요하다. 그러면 암각화를 어떻게 이해할 것인가?

지금까지 반구대 암각화의 이해는 당시의 생활상을 구체적으로 그린 것이라는 사실적 관점을 비롯하여 샤먼이 트랜스가 된 상태에서 본 세계를 그린 것이라는 주장과 그밖의 다양한 주장이 있다.[13] 이러한 주장들은 그림을 그렸던 화가의 심성 내면을 중심으로 이해한 것이 아니라 작자를 제외하고 그가 대상화화여 나타낸 그림만을 대상으로 이해하고 있는 점에서 아무리 다양한 관점에서 이해를 하더라도 동일한 방법이다.

오늘날은 인식 주체로서의 나와 대상으로서의 세계 물질을 둘로 보는 유물론적 인간관을 바탕으로 모든 학문이 이루어지고 있다. 인식주체인 나 역시 육신을 나로 여기고 육신을 중심으로 인간을 이해하기 때문에 물질에 의하여 구성된 육신과 물질에 의하여 구성된 나 밖의 만물 역시 구분할 수 없는 하나일 수밖에 없다.

그럼에도 불구하고 나와 물질을 구분하여 나와 세계를 논하기 때문에 반구대의 암각화를 그린 화가 곧 샤먼과 바위그림을 구분하여 이해한다. 우리는 이미 앞에서 반구대의 위치 자체가 고정되지 않을 뿐만 아니라

11 장석호 지음, 『이미지의 마력 대곡리 암각화의 세계』, 역사공간, 2017, 44쪽에서 53쪽.

12 장석호, 앞의 책, 194쪽에서 198쪽.

13 장석호, 앞의 책, 224쪽에서 225쪽.

그 안의 바위그림 역시 고정되지 않아서 매 순간 다양하게 드러남을 살펴보았다.

그러면 바위그림을 통하여 고정된 세계가 있고, 그것을 내가 바라보고 그 이미지를 그리는 것인가? 아니면 샤먼이 있어서 자신을 버리고 다른 신령한 영靈의 안내를 받아서 다른 세계를 여행하는가?

오늘날의 무당들은 의례를 행하면서 나무를 꽂고 그것에 9줄이나 19줄 또는 29줄을 그은 후에 그것을 넘는 퍼포먼스를 한다. 그리고 접신接神이 된 순간에는 자신의 기억은 사라지고 오로지 자신이 의지하는 신의 말과 뜻을 전달하는 도구로 전락하게 된다. 과연 샤먼은 옛날에도 그랬던 것일까?

샤먼을 그린 암각화나 동굴의 벽화를 보면 모두 사슴의 뿔이나 새의 깃털 또는 새의 머리로 장식을 하고 있을 뿐만 아니라 사지와 몸뚱이를 모두 다른 동물들의 몸으로 나타내고 있다. 이는 무엇을 나타내는가?

먼저 반구대의 암각화의 왼편에 보이는 위쪽의 사람과 아래쪽의 사람을 살펴보자. 학자들은 위쪽의 사람은 부족의 구성원들을 대신하여 그들의 간절한 염원을 담아서 기도하는 것이라고 이해한다. 이처럼 기도를 하는 사람의 마음은 겸손하다. 그것은 나와 남을 구분하는 분별심分別心을 버리고 오로지 마음이 하나로 집중되어 있음을 뜻한다.

기도를 할 때의 그 사람의 마음의 상태를 나타내는 것이 아랫부분의 사람의 형상이다. 왼쪽의 아랫부분의 사람은 두 손과 두 다리를 활짝 펴고 누워있는 형상으로 그리고 있다. 그것은 바로 사람의 처음 태어날 때나 죽을 때를 막론하고 빈손과 빈발이듯이 마음이 텅 비어서 아무런 분별이 없음을 나타낸다.

나와 동물, 나와 세계, 나와 신을 구분하는 그 어떤 분별이 없는 마음의 상태를 나타낼 때 사람의 모습과 동물의 모습을 혼합하여 만든 이른바 하이브리드 형상[14]으로 나타내거나 수륙에서 모두 살아갈 수 있는 물고기나 동물을 통하여 나타내게 된다.

거북이나 고래는 물고기이지만 육지에서도 활동하거나 육지동물과 같은 삶을 산다. 그것은 바다에서의 삶을 버리고 육지에서의 삶을 시작함을 통하여 두 삶이 하나인 본래성의 세계를 상징한다. 마찬가지로 샤먼의 머리를 장식하는 사슴의 뿔은 자라서 베어내면 또 다시 자라나는 현상을 통하여 죽음과 부활이 계속되는 생사를 넘어선 형이상의 세계를 상징한다.

반구대 암각화 전체가 나타내는 내용은 윗면과 아랫면에서 그리고 있는 샤먼의 세계를 나타낸다. 암각화를 통하여 나타내고 있는 샤먼의 차원, 샤먼의 세계는 사람과 자연의 구분이 없는 하나의 세계, 끊임없이 다양하게 창조되어 드러나는 살아 있는 세계이다.

그것은 반구대의 암각화가 단순하게 반구대라는 특정한 공간에 한정된 곳에서 그림으로 존재하는 죽어 있는 물건이 아니라 반구대를 통하여 세계가 끊임없이 다양하게 창조되어 드러나는 것을 세계의 본성을 상징적으로 나타내고 있음을 뜻한다.

우리가 반구대를 보고, 그 주변의 산과 물굽이를 보고, 바위그림을 보는 것은 오늘날의 물건적 사고일 뿐만 아니라 고정된 공간과 그 사이를 메우고 있는 물체를 감각지각하고 그 결과 감각자료를 중심으로 사고를 하고 그 결과를 형상하화는 현대적인 사유를 바탕으로 반구대의 바위그림을 살펴보면 결코 그 생명이 드러나지 않는다.

반구대의 바위그림은 사실 샤먼으로 명명된 특정한 직업의 사람을 통하여 사람의 삶을 나타내었지만 그것은 모든 사람의 삶의 본질을 나타

---

14 장석호, 앞의 책, 323쪽에서 347쪽.

낸다. 사람을 매개로하여 이루어지는 세계의 창조, 사람의 통하여 드러나는 세계의 현현 그것을 나타내는 것이 반구대의 암각화이다.

샤먼이라는 우주의 중심, 세계의 중심과 그가 서 있는 자리로서의 반구대를 통하여 나타내는 세계의 현현顯現, 그것이 고래와 호랑이, 사슴 그리고 돼지와 거북이와 같은 여러 동물을 통하여 그리고 사람이 사용하는 그물과 배를 통하여 나타나고 있다.

배는 고래를 잡는 도구이기도 하지만 살아 있는 고래를 잡아서 죽음에 이르게 할 뿐만 아니라 고래의 주검을 옮기는 도구인 점에서 삶의 세계와 죽음의 세계를 이동하는 도구를 상징한다. 그것은 나와 남이라는 분별심이 없는 세계가 살아 있는 세계, 생명의 세계이며, 나와 남을 구분하여 자기중심의 이기적인 세계가 바로 죽음의 세계임을 뜻한다.

그 점은 살아있는 고래를 죽음에 이르게 하는 도구로서의 그물과 작살을 통해서도 이해할 수 있다. 그물은 고래로 하여금 죽음에 이르게 하는 도구이다. 그물 안에 갇혀서 자유롭게 움직이지 못하는 것은 분별심分別心에 빠져서 이것과 저것을 구분하여 가치를 부여하고 집착하여 고통 속에서 살아가는 현대인들의 삶을 그대로 빗대어 나타낸 것이라고 할 수 있다.

살아있는 고래의 생명을 앗아가는 화살촉 역시 그물과 함께 차안此岸의 특성을 나타낸다. 날카로운 화살촉은 고래의 살과 살을 찢어서 죽음에 이르게 한다. 마찬가지로 인간의 분별심은 나와 남을 구분하고, 인간과 동물을 구분하며, 인간과 자연을 구분하여 생명들이 통하지 못하게 할 뿐만 아니라 결국은 죽음에 이르게 한다.

그러나 분별이 그대로 죽음이 아니고, 죽음이 그대로 죽음으로 고정되지 않는다. 죽음이 다시 새로운 생명을 낳듯이 분별은 새로운 세계, 새로운 생명을 창조創造한다. 그것이 바로 샤먼의 긍정적인 의미이다. 샤먼은 세계와 하나가 되어 세계를 끊임없이 새롭게 창조하는 흐름에 합류하여 살아간다.

그것은 인간의 삶이 그대로 세계와 하나가 되어 끊임없이 세계를 창조하는 과정임을 나타낸다. 바위그림도 오늘에 이르기까지 기존의 그림에 더하여 계속 그려지고 있을 뿐만 아니라 이미 그려진 바위그림도 고정된 것이 아니라 시간에 따라서 보는 사람에 따라서 다양하게 변화한다.

반구대암각화는 샤먼에 의하여 하나의 세계가 다양하게 드러남을 세 차원으로 나타내고 있다. 그 세 차원은 훗날 원형圓形과 방형方形 그리고 각형角形을 통하여 나타내거나 하늘(天)과 땅(地) 그리고 인간(人)으로 문자화하여 나타낸 세 세계[15]이다. 그것을 공간적 관점에서 나타내면 상중하가 되는 동시에 가운데와 좌우가 된다.

상중하의 삼차원의 관계를 하나의 차원에서 나타내면 가운데를 중심으로 그 좌우에 각각 서로 다른 동물들을 배치하여 그림을 그릴 수 있다. 그림의 형상을 중심으로 이해하면 바다동물 그 가운데 고래 중심의 그림이 그려진 왼편과 바다동물과 육지동물이 섞인 가운데 그리고 육지동물이 중심이 된 오른편으로 구분할 수 있다.

그런데 왼쪽의 고래는 모두 위를 향하고 있으며 오로지 한 마리만이 아래를 향하고 있을 뿐이다. 그리고 오른쪽의 육지의 동물들은 투시법透視法에 의하여 내장이 드러난 형태로 그리고 있다. 이는 육지동물이 표상하는 세계로서의 땅의 세계, 만물의 세계가 비록 형상의 측면에서는 이것과 저것으로 구분되지만 그 본질이 하나임을 나타낸다.

그것은 암각화의 왼쪽 부분의 고래 중심의 그림에서는 위를 향하는

15 홍산紅山의 옥기玉器에서는 원방각을 통하여 천지인天地人의 공간적 세계를 상징적으로 나타내고 있으며, 『주역周易』에서는 문자를 통하여 천지인의 삼재적三才的 세계로 규정하고 있다.

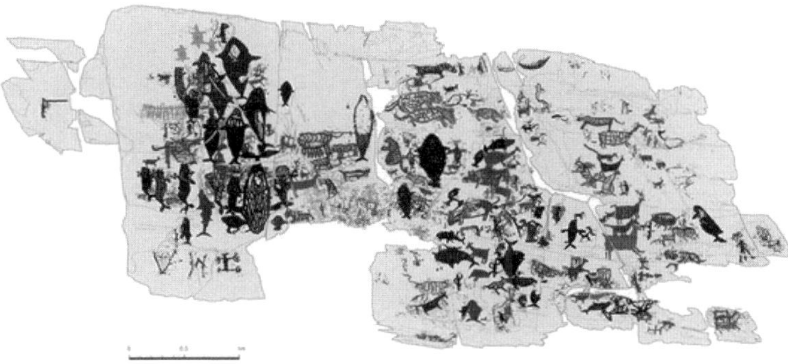

고래를 통하여 나타내고 있다. 고래는 물속의 동물이지만 육지의 포유류 동물이다. 그럼에도 불구하고 고래가 물에서 육지를 향하고, 다시 육지에서 하늘을 향하는 세 가지 형태의 모습으로 형상화하여 하늘과 땅 그리고 바다를 일관하는 존재로 그려지고 있다. 그러면 반구대 암각화의 내용을 좀더 구체적으로 살펴보자.[16]

위의 도면에서 하늘을 향하는 고래의 모습은 살아 있는 생명들이 지향하는 이상理想을 나타낸다. 그것은 이상을 지향하는 활동이 생명 현상임을 나타낸다. 이와 반대로 아래로 향하는 고래의 모습이 있다. 그것은 하늘을 향하는 방향과 반대인 점에서 이상을 향한 작용과 반대의 작용 곧 죽음을 뜻한다. 그것은 생명 현상이 미래적 이상을 향하는 작용과 과거적 본성을 향하는 작용의 두 측면으로 드러남을 상징한다.

그것이 육지동물이 중심이 되어 나타나는 오른쪽의 동물에서는 안과 밖의 구분이 없는 투명한 그림을 통하여 상징되고 있다. 내외가 하나여서

16 반구대 암각화(울산대 반구대 암각화연구소 2018년 도면)

경계가 있으면서도 없는 상태를 통하여 시간상의 영원한 세계가 공간상의 내외 곧 이것과 저것이 둘이면서도 하나인 상태로 표현이 되고 있는 것이다.

중간 부분에서는 육지동물들이 모두 좌우의 방향을 향하고 있음에도 불구하고 오로지 한 마리의 호랑이가 하늘을 향하는 자세를 통하여 나타내고 있다. 호랑이는 좌우로 이동하는 육지동물이다. 그렇기 때문에 네 발로 길 뿐으로 하늘을 날거나 두 발로 서서 걷는 사람과 다른 활동을 한다. 그럼에도 불구하고 반구대의 암각화에서는 마치 사람처럼 두 발을 들고 서 있는 모습으로 그리고 있다. 그것은 사람과 동물이 하나가 된 상태를 상징적으로 나타낸다.

학자들은 샤먼이 사슴의 뿔로 머리를 장식하고 곰의 팔로 팔을 나타내는 등의 동물의 형상과 사람의 형상이 합성된 것을 하이브리드 형상이라고 말한다. 하이브리드 형상은 구석기 시대부터 그려졌으며, 오늘날에도 유럽과 아프리카, 중앙 유라시아, 오스트레일리아 등 세계의 전 지역에서 지속적으로 그려져 왔고 또 제작되어 왔다.[17] 하이브리드 형상 가운데는 새와 동물, 그리고 사람들이 함께 결합된 경우도 있고, 또 더 복잡한 경우에는 파충류에 어패류까지 결합된 형상도 있다. 특히 선사 및 고대 하이브리드 형상 가운데는 이종異種의 동물뿐만 아니라 사람도 그의 중요한 구성 요소로 채택되었다는 점이 주목된다.[18] 그러면 반구대 암각화의 하이브리드 형상은 어떻게 이해할 것인가?

학자들은 사람에 새의 깃이나 사슴의 머리가 결합된 것과 같은 하이브리드 형상은 샤먼의 상태 또는 세계를 나타낸다고 이해한다. 샤먼이

17 장석호 지음, 앞의 책, 330쪽.

18 장석호 지음, 앞의 책, 328쪽.

그가 속한 사회 구성원들의 안녕과 풍요로운 삶, 그리고 온전한 평화를 위하여 간절히 기도하고 있은 모습을 나타낸 것이라는 것이다. 따라서 반구대 암각화는 선사시대의 사람들이 샤먼의 기도하는 모습을 새겨서 기념하고자 그렸다는 것이다.[19] 그러면 사람의 형상과 동물의 형상이 결합된 하이브리드 형상과 달리 동물과 동물이 결합된 형상이나 동물의 투명한 내장을 그린 것과 같은 경우는 어떻게 이해할 것인가?

그것은 샤먼을 어떻게 이해할 것인가의 문제와 연관된다. 민속학자들은 샤먼이 접신의 상태에서 영계 여행을 하면서 자신이 속한 사회의 구성원들의 병을 치료하거나 죽은 영혼을 영계로 안내하는 등의 역할을 한다고 이해한다.

그것은 인간 자체를 오늘날의 유물론적인 관점에서 육신과 그 기능인 영혼/정신을 중심으로 샤먼을 이해한 결과이다. 인간은 시간과 공간을 초월한 형이상적 차원의 본래성을 본성으로 한다. 본래성은 시간상으로 영원하여 과거와 미래의 구분이 없을 뿐만 아니라 공간상으로 이것과 저것의 구분이 없어서 일체이다.

샤먼은 본래성을 자각한 존재를 나타낸다. 그렇기 때문에 하이브리드 형상을 한 샤먼은 그가 다른 영혼과 접신한 것을 나타내는 것이 아니라 본래성의 차원에 머묾을 상징적으로 나타낸다. 따라서 암각화의 내용 역시 샤먼이 접신한 상태에서 여행하는 영계를 나타내는 것이 아니라 인간과 자연, 사물의 구분이 없는 본래성의 세계를 상징적으로 나타낸다. 그러면 반구대의 바위그림이 나타내고 있는 세계관과 인간관은 무엇인가?

우리는 앞에서 반구대 바위그림은 왼쪽과 중심 그리고 오른쪽의 세

19 장석호 지음, 앞의 책, 352쪽.

부분으로 구분하여 이해하였다. 그리고 왼쪽의 부분은 물속 동물인 고래 그림이 대부분이고, 가운데 그림은 물속 동물과 육지 동물이 반반이며, 오른쪽은 육지 동물이 대부분임은 이미 살펴본 바와 같다.

그것은 공간상으로 세계를 세 차원으로 구분하여 나타낸 것이다. 하나의 중심을 바탕으로 좌우로 나타내는 동시에 하늘을 향하는 고래와 아래를 향하는 고래를 통하여 그리고 하늘을 향하는 사람과 좌우를 향하는 동물과 하늘을 향하는 호랑이를 통하여 상하의 세계를 나타내고 있다. 이를 통하여 상하와 좌우로 드러나는 공간의 세계를 나타내고 있음을 알 수 있다.

그런데 상하는 고래와 사람 그리고 호랑이를 통하여 그들이 향하는 방향을 통하여 나타내듯이 그 중심점이 있다. 이는 상하를 구분하는 중심점이 있고, 좌우를 구분하는 중심점이 있음을 뜻한다. 이 상중하와 좌중우를 나타내면 세 요소가 있다. 결국 공간상으로 세 세계를 바탕으로 바위그림이 조성되어 있음을 알 수 있다.

그리고 고래 안의 작살과 배 그리고 배에 연결된 고래, 고래를 가두고 있는 그물을 통하여 고래를 사냥하였음을 알 수 있다. 이는 고래를 통하여 시간적 관점에서 생사의 반복을 나타내고 있음을 나타낸다. 상하와 좌우로 구성된 바위그림 전체가 나타내는 것은 삶과 죽음이라는 시간의 반복이다.

그것은 반구대의 위치와 시간에 따라서 달라지는 바위그림의 형상들을 통하여 고찰한 바와 같다. 반구대가 위치하는 산과 물 그리고 계곡이 계절에 따라서 그리고 하루에도 시간에 따라서 고정됨이 없이 변화하듯이 바위그림의 내용 자체도 고정됨이 없는 변화하는 세계를 나타내고 있다.

하늘 향하는 고래와 땅을 향하는 고래는 시작과 끝을 나타낸다. 땅에서 하늘을 향하는 고래의 도약은 땅에서 시작하여 하늘에서 끝나는 행위를 나타낸다. 그와 반대로 하늘에서 시작하여 땅을 향하는 고래는 땅으로는 하락을 나타낸다. 그러므로 고래를 중심으로 고래의 삶은 도약과 하강으로 나타나는 삶과 죽음의 연속이다.

공간적인 상하와 좌우를 연결하고, 시간적인 삶과 죽음을 연결하며, 아침과 저녁을 연결하고, 낮과 밤을 연결하여 시간이 반복되어 영원으로 이어지고, 공간이 연결되어 하나가 되어 경계가 없는 무한에 이르는 것을 상징적으로 나타내는 그림은 배와 그물이다.

작살은 연결된 줄을 통하여 고래와 사람을 연결하여 고래의 죽음이 사람의 삶으로 이어짐을 나타낸다. 그리고 사람들이 포획한 고래를 배와 연결하여 끌고 바다를 향해하여 포구에 이르는 것은 고래와 사람이 하나임을 상징한다. 이러한 작살과 배는 고래의 죽음과 사람의 삶을 연결하는 점에서 삶의 세계와 죽음의 세계가 하나로 연결되었음을 상징하는 그림이라고 할 수 있다.

예로부터 죽은 사람이 배를 타고 강을 건너서 돌아가고, 태어날 때도 강을 건너서 온다는 표현하는 것 역시 강을 매개로 하여 탄생과 죽음이 하나임을 상징하는 것이라고 할 수 있다. 이처럼 공간상의 상하와 좌우, 시간상의 낮과 밤 그리고 삶과 죽음을 하나로 연결하는 매체로서의 배는 양자를 구분하는 분별심이 본래 하나임을 뜻한다.

반구대 암각화 가운데는 하늘을 향하여 서 있는 육지동물이 안에 있는 그물을 그린 그림이 있다. 반구대 암각화 가운데서 그물은 주면을 벗어난 왼쪽의 고래 위에 그려진 것과 주면의 왼쪽에 있는 육지동물과 함께 그려진 것이 있다.

혹자는 그물이 아니라 우주의 두 생명을 상징하는 우보로스 곧 머리와 꼬리가 서로 연결되어 하나가 된 두 마리의 뱀으로 이해하기도 한다. 두 마리의 뱀이 서로 얽혀서 하나가 된 상태라고 하거나 그물이라고 하거나를 막론하고 그것이 상징하는 의미는 변하지 않는다.

그것을 그물로 이해할 경우 그물은 시간과 공간이 서로 얽혀서 하나인 세계 자체를 나타낸다. 그리고 그 가운데 있는 동물은 시공에서 살아가는 생명체를 상징한다. 그것을 두 마리의 뱀으로 이해할 경우에도 양자를 시간과 공간을 상징하는 것으로 이해하면 시공이 하나가 된 세계 자체를 상징적으로 표현한 것이라고 할 수 있다.

시공이 하나가 된 세계는 물리적 세계를 그대로 가리키지 않는다. 왜냐하면 사람과 동물은 형상 곧 물질적 측면에서는 서로 달라서 하나라고 할 수 없다. 뿐만 아니라 산과 바위 그리고 물과 바람 그리고 시간과 같은 사물이 사람과 같을 수 없다. 그렇다면 공간적인 측면에서 사물과 사람이 하나임을 나타내는 것이 아니라 사물로 드러나기 이전의 근원적인 세계를 상징적으로 나타낸 것임을 알 수 있다.

그것은 하나라고 규정할 수 있는 분별마저도 넘어선 세계라는 점에서 무분별의 세계이자 매 순간 끊임없이 순간으로 드러나는 영원을 나타낸다. 그것은 영원한 현재로 표현할 수 있다. 영원하기 때문에 현재와 다르며, 현재이기 때문에 영원과 다르다. 그러므로 암각화는 형이하적인 물리적 시간과 형이상적인 시간성이 하나가 된 세계를 상징적으로 나타내고 있음을 알 수 있다.

그것은 훗날 문자화하여 신神, 신명神明으로 규정한 개념이라고 할 수 있다. 이는 무명無名, 무언無言, 여여부동如如不動과 같이 다양한 개념으로 나타내지만 분별과 무분별이라는 상대성을 벗어나고, 절대성마저도 벗어난 차원을 나타낸다.

반구대의 암각화는 세계 자체를 그림을 통하여 상징적으로 나타내고 있다. 그렇기 때문에 암각화의 사람을 오늘날의 관점에서 나와 남, 나와 세계를 구분하고, 하늘과 땅, 성과 속, 신과 사물을 구분하여 신의 차원과 사물의 차원을 매개하는 존재로서의 샤먼, 무당으로 이해하거나 숭배의 대상으로서의 여신이나 신으로 이해하는 것은 옳지 않다.

반구대 암각화가 상징하는 내용은 두 측면에서 이해할 수 있다. 그 하나의 시간의 측면이며, 나머지 하나는 공간의 측면이다. 시간적 측면에서는 암각화가 그려진 곳과 배경을 이루는 산과 앞의 강 그리고 햇빛이 하나가 되어 만들어 내는 변화의 세계이다.

그것은 태양이 뜨고 지는 하루안의 시간의 흐름에 따라서 암각화의 모습이 고정되지 않고 다양한 모습으로 변화하고, 계절의 변화에 따라서 주변의 풍광과 어우러져서 다양한 모습으로 드러내는 것을 통하여 항상 변화하여 고정되지 않는 역동적인 생명의 세계를 나타내고 있다.

공간적 측면에서는 사람과 동물이 결합이 되고, 동물과 동물이 결합된 하이브리드 형상을 통하여 나타내고 있다. 그것은 단순한 결합이 아니라 우리가 사고에 의하여 세계를 나누고, 그것을 언어와 문자를 통하여 달리 나타냄으로써 마치 서로 무관한 물건이 있는 것처럼 나타내지만 사실은 다양하게 드러나는 사물 자체가 하나의 다양한 드러남임을 그대로 보여준다. 그러면 앞에서 살펴본 내용을 종합적으로 정리하여 보자.

반구대의 암각화에 나타난 세계관은 시간적 측면에서 끊임없이 다양한 사건으로 드러나는 생성의 세계이며, 공간적 측면에서는 만물이 하나인 합일의 세계이다. 반구대 암각화의 내용은 한마디로 생성과 합일의 세계를 상징적으로 나타내고 있는 하이브리드 세계라고 할 수 있다.

나) 천전리 암각화

울산시 울주군 두동면 천전리 산20번지의 대곡천변에 있는 천전리 암각화는 국보 제147호로 천전리 각석으로 불리기도 하고, 병풍처럼 앞으로 약간 기울어져서 병풍처럼 세워진 바위에 그림을 그렸기 때문에

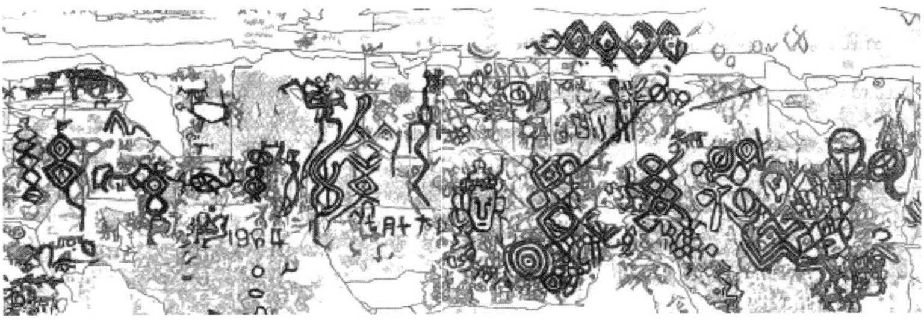

병풍바위 그림이라고 부르기도 한다.

천전리 암각화의 크기는 길이가 9.5m이며, 높이는 2.7m로 동쪽을 향하여 서 있다. 천전리 암각화는 앞으로 비스듬하게 기울어져 있어서 바위그림이 비와 눈을 피할 수 있도록 조성되어 있다. 그리고 암각화 앞에는 평평한 바위가 있어서 여러 사람이 앉아 있을 수 있는 공간이 확보되어 있다.

바위 뒤에는 산이 있고, 바로 앞에는 물살이 세게 흐르는 계곡이 있고, 그 앞으로는 높은 산이 있다. 암각화 앞의 계곡에는 공룡 발자국 화석이 산재해 있다. 앞의 높은 산은 암각화가 그려진 벽에 그림자를 드리워서 암각화는 산위로 뜨는 햇빛에 의하여 잠깐 동안 보이다가 하루 중 대부분을 그늘 속에 서 있다.

천전리의 각석도 반구대의 암각화와 마찬가지로 앞뒤의 산과 바위 그리고 앞을 흐르는 물과 매일 뜨고 지는 태양에 의하여 그 모양이 끊임없이 바뀐다. 그것은 바위그림 자체가 고정되지 않고 때에 따라서 다양하게 드러날 뿐만 아니라 그것을 바라보는 사람과 상호 작용하여 항상 새로운 모습을 보여주고 있음을 뜻한다. 두 암각화가 모두 자연의 일부가 되어 나타났다가 사라지고, 사라졌다가 다시 나타나는 생사를 반복하는 현상을 통하여 자연이 언제나 살아있음을 보여주고 있다.

천전리의 암각화는 반구대 암각화가 사람과 바다동물 그리고 육지동물과 배와 닻, 화살촉과 같은 도구들을 통하여 그림을 이루고 있는 것과 달리 추상적인 도형이 중심이 그림이 제작되었다. 그러면 천전리 암각화의 내용을 살펴보자.[20]

천전리 암각화는 자연물의 물상을 그린 상단부분과 원과 마름모꼴 그리고 사각형과 같은 추상적인 기하문이 중심이 되는 아랫부분으로 구분할 수 있다. 이 두 부분은 그 아래의 명문과 세선각화의 부분이 역사시대에 제작된 것과 달리 선사시대에 제작된 점에서 구분된다. 따라서 천전리 암각화는 세 부분으로 구분하여 이해할 수 있다.

반구대 암각화와 천전리 암각화를 비교하여 보면 반구대 암각화가 구체적인 사람과 사물의 형상을 통하여 세계가 하나임을 나타내고 있는 것과 달리 천전리 암각화에서는 사람과 동물을 합성하여 나타내고 있을 뿐만 아니라 동물도 반드시 쌍으로 나타내고 있고, 그것을 다시 추상화하여 원과 삼각형, 마름모꼴과 같은 여러 기하학적인 도형들을 통하여 나타내고 있다.

먼저 천전리 암각화에 그려진 사람의 형상을 보면 동물의 몸에 사람의 얼굴이 합성된 그림을 볼 수 있다. 일부 학자들은 사람의 관심이 동물로부터 사람 자신으로 옮겨간 것으로 구석기 시대부터 인면이나 가면을 조형하였는데 그것이 이 점을 보여준다고 하였다. 얼굴모양의 조각상은 일종의 신상이나 샤먼[21]으로 그것이 동물을 숭배하던 인상체계에서 조상신을 숭배하는 것과 같은 인신숭배로 변화하였다는 것이다.[22]

---

20 천전리 각석 (장석호 도면, 2003년)

21 이하우, 『한국암각화의 제의성』, 학연문화사, 2011, 250쪽에서 251쪽.

22 이하우, 앞의 책, 254쪽.

그런데 동물의 형상과 사람의 형상이 합성된 형상은 형상 자체를 중심으로 이해하면 샤먼이 도움을 받는 동물의 영혼으로 장식한 것을 나타낸 것이라고 이해할 수 있다. 몽골의 샤먼은 머리에 사슴의 뿔로 장식하고, 두 손과 두발을 곰의 발로 나타내고 있다. 이를 하나의 상징체계 곧 문자와 같은 의미를 담은 형식으로서의 그림문자로 이해하면 사람과 동물이 하나여서 구분할 수 없음을 나타낸다. 사람과 동물이 일체여서 구분할 수 없는 하나의 세계는 사람과 동물의 서로 다른 모습이 아니라 공통적인 특성을 나타낸다.

두 번째로 동물에 대한 그림들이 쌍으로 그려지고 있다. 이는 사슴의 암컷과 수컷의 모습이 서로 다르고, 남자와 여자의 모습이 서로 다르지만 하나의 공통적인 요소를 갖고 있음을 나타낸다. 그것은 서로 다른 형태의 사물의 본성이 같음을 나타내기 위하여 동물을 쌍으로 그렸음을 뜻한다. 그러면 사람과 동물이 합성된 그림과 동물의 쌍의 그림을 통하여 나타내고자 하는 내용은 무엇인가?

그것은 사람과 동물의 서로 다른 모습이나 동물과 동물 그리고 사람과 사람의 서로 다른 모습에서 찾을 수 있는 것이 아니다. 이를 파악하기 위해서는 추상적인 도형이 상징하는 것이 무엇인지를 고찰할 필요가 있다.

천전리 암각화의 여러 가지 추상적인 도형들 가운데서 가장 중심이 되는 도형은 원이다. 왜냐하면 원을 바탕으로 변형된 형태의 그림들이 가장 많기 때문이다. 그리고 원과 함께 네모와 세모를 비롯하여 양자가 서로 합성된 도형들이 그려져 있다.

그런데 원은 선을 서로 이어서 하나가 되게 함으로써 선이 나타내는 시작과 끝을 없앴다. 그것은 시작과 끝이 없이 반복되는 자연, 세계 자체를 나타낸다고 할 수 있다. 원이 시간을 나타내는 도상으로 활용되고 있음을 알 수 있다.

원은 시간의 관점에서 끊임없이 변화하지만 그 시종이 없는 영원한 세계를 나타낸다. 그것이 겹쳐서 작은 원으로부터 점점 커지는 밖으로 향하는 원들의 집합을 통하여 끊임없이 생성되는 세계의 본성을 상징적으로 나타내고 있다.

여러 개의 겹쳐진 원이나 구름을 나타내는 것과 같은 물결모양 역시 원으로부터 파생된 형태라고 할 수 있다. 그리고 빗살무늬 역시 원으로부터 파생된 형태의 문양이라고 할 수 있다. 그것은 영원한 시간의 세계를 상징하는 그림들이다.

원으로 표상된 세계를 물건적 관점에서 다양한 생명들의 장으로 나타낸 것이 사각형이다. 사각형을 구성하는 네 변은 각각 좌우와 상하를 상징한다. 그러므로 상하와 좌우는 시간의 세계를 상하로 나누고 그것을 다시 좌우로 나누어서 공간의 세계로 나타낸 것이다.

시간의 세계를 나타내는 원과 공간의 세계를 나타내는 사각형으로부터 양자를 합하여 나타낸 것이 삼각형이다. 삼각형은 원과 사각형이 결합하여 형성된 도형이다. 그것은 시간과 공간이 하나가 된 세계를 나타내는 것이 삼각형임을 뜻한다.

삼각형은 상하와 좌우에 그 중심이 되는 점을 더한 셋이 만나서 형성된 도상이다. 그것은 공간적 관점에서는 상하와 좌우의 중심이 되는 세계를 나타내는 동시에 원의 관점에서는 원이 형성되는 중심점, 구심점을 나타낸다.

원형이 표상하는 시간의 중심은 현재이며, 사각형이 표상하는 상하와 좌우의 중심이 되는 가운데는 다른 곳이 아닌 바로 여기이다. 지금 여기는 시간과 공간을 문제로 삼아서 양자를 규정하고 그 의미를 드러나는 인간이다. 그러므로 원과 사각형의 중심을 잡아서 그것을 나타낸 삼각형은 바로 인간의 세계를 나타낸다.

삼각형의 변형이 마름모꼴이다. 마름모꼴은 삼각의 두 개가 합하여 형성된 것이다. 이는 삼각형 둘이 만나서 형성된 것이다. 그것은 사람과 사람이 만나서 형성된 세계로서의 사회를 나타낸다고 할 수 있다. 그러면 원형이 겹쳐서 나타나는 동심원 형태는 무엇을 상징하는가?

동심원은 원형이 나타내는 시간의 세계가 끊임없이 변화하는 현상으로 드러나는 역동적인 세계임을 나타낸다. 그것은 시간의 세계가 과거에서 미래를 향하여 흐른다고 표현하듯이 고정되지 않고 다양하게 드러나는 세계임을 나타낸다. 그러면 원과 사각형 그리고 삼각형과 마름모를 비롯한 여러 도상들이 모여서 형성된 천전리 암각화는 무엇을 나타내는 것일까?

시간과 공간의 세계 그리고 인간의 세계로 구분하여 나타내기 이전의 세계 자체를 나타낸다. 그것은 세계는 시간의 세계도 아니고, 공간의 세계도 아니며, 인간의 세계도 아니어서 그 어떤 것으로 규정할 수 없기 때문에 셋으로 나타내었음을 뜻한다.

그 점은 추상적인 도상에 이어서 문자를 통하여 나타내고 있는 부분과 자연물의 형상을 중심으로 나타내고 있는 부분을 통하여 확인할 수 있다. 자연물은 추상적인 도상이나 문자와 같이 인공적인 것이 아니어서 양자와 구분된다고 할 수 있다.

그런데 자연물이라는 것도 인간이 스스로 그렇게 규정한 것일 뿐으로 자연물이라고 할 수 있는 것이 고정되게 존재하는 것은 아니다. 단지 인간이 스스로 추상과 구상, 자연과 인공의 분별을 통하여 셋을 구분하여 나타내었을 뿐이다.

앞에서 천전리의 암각화를 고찰하였다. 반구대의 암각화를 한마디로 나타내면 사람과 동물의 형상을 합성한 하이브리드 형상이듯이 천전리의 암각화는 삼각형과 원형 그리고 사각형을 합성한 하이브리드 추상이다.

그것을 통하여 암각화를 나타내는 방법이나 매개가 구상에서 추상으로 변화하였을지라도 나타내고자 하는 내용은 이것과 저것으로 구분하여 나타낼 수 없는 하나의 세계를 일관되게 나타내고 있음을 알 수 있다.

구상과 추상을 막론하고 하이브리드 형태를 띤다는 것은 공간적 관점에서 인간과 사물 그리고 자연이 일체임을 뜻한다. 그것은 물건적 관점에서 세계가 다양한 사물로 나타나지만 하나로 연결되어 있음을 나타낸다.

물건적 관점에서 보면 온 우주의 모든 존재가 서로 다른 다양한 모습을 띤 일체의 세계, 생명의 세계임은 시간적 관점에서 암각화와 주변의 자연이 하나가 되어 부동의 암각화가 다양한 모습으로 변화하여 나타나는 것을 통하여 확인할 수 있다.

첫째는 암각화가 어느 한 시대에 제작된 후에 그대로 보존되어 온 것이 아니라 시대에 따라서 여러 세대에 의하여 제작되어 왔다. 반구대의 암각화가 제작기법에 따라서 시기를 구분하면 넷이나 다섯 차례로 구분할 수 있고, 천전리 암각화 역시 상단의 사람과 동물모양이 중심이 된 부분과 그 아래의 기하학적 도형이 중심이 된 부분들 그리고 하부의 명문銘文과 세선각화細線刻畫로 구분할 수 있다. 이는 두 암각화가 모두 어느 한 때 제작된 것이 아니라 어느 시점에서 출발하여 오랜 세월동안 제작이 계속되어 왔음을 뜻한다.

그것은 문자가 형성된 이후 인류의 역사가 계속되는 동안이 끊임없이 다양한 의미가 부여되면서 변화하거나 사용되지 않는 문자가 역사에서 사라지듯이 암각화 역시 오늘날에 이르기까지 자연과 하나가 되고, 그것을 관찰하고 의미를 찾고자 하는 사람들에 의하여 생명이 부여되면서 여전히 살아 있음을 뜻한다.

둘째는 우리는 암각화를 그것이 있는 주변과 구분하여 이해할 뿐만 아니라 두 암각화를 구분하여 별개의 것으로 이해한다. 그러나 두 암각화는 본래 주변의 자연과 분리되는 둘이 아니라 하나할 뿐만 아니라 반구대 암각화와 천전리 암각화도 둘이 아니다.

암각화는 그림이 그려진 바위와 하나가 되고, 바위가 있는 산과 하나가 되며, 앞에 흐르는 물과 하나가 되고, 산을 덮고 있는 하늘과 하나가 되며, 그림을 찾는 사람과 하나가 되고, 새와 하나가 되며, 별과 하나가 되어 그것이 생성된 때부터 지금에 이르기까지 그리고 지금 이 순간에도 여전히 생명 활동을 계속하고 있다.

2. 홍산紅山의 옥기와 선사문화

1980년대 중반 이후 발굴이 시작된 요하 일대의 신석기 유적지에서는 많은 고고학적 유물들이 발굴되었고, 지금도 발굴되고 있다. 기원전 7000년경의 소하서小河西지역의 신석기 유적을 비롯하여 홍륭와興隆洼, 사해査海, 부하富河, 조보구趙寶溝 지역에서 유적과 유물이 발굴되었으며, 동석병용시대의 홍산 지역의 유물은 기원전 4500년경의 유적지로 추정하고 있다.[23]

이 지역은 옛 고조선이 있었던 곳일 뿐만 아니라 고구려가 있었던 곳이다. 홍산 지역을 중심으로 발굴되고 있는 유물과 유적에 대하여 중국의 학자들은 그 지역이 곧 그들의 문화의 시원을 나타내고 있는 곳이라는 주장을 하고 있고, 한국의 학자들은 그곳이 바로 고조선의 강역이었던 곳이기 때문에 한국 문화의 시원을 찾을 수 있는 부분이라고

23 우실하, 『동북공정너너요하문명론』, 소나무, 2010, 100쪽에서 212쪽.

주장하고 있다.

홍산 지역의 신석기시대의 유물과 유적의 소속을 중국이냐 한국이냐 따지는 문제는 먼저 유물과 유적의 특징을 바탕으로 그 본질을 밝히는 문제와 더불어 중국문화와 한국문화의 본질이 무엇이고 서로 다른 점 곧 특징이 무엇인지를 밝혀는 두 가지 문제가 전제가 된다. 그 두 가지 문제가 해결되어야 양자를 비교하여 판단을 할 수 있기 때문이다.

그럼에도 불구하고 중국학자들의 주장은 오늘 자신들이 점유하고 있는 영토내의 유물과 유적이기 때문에 그것이 자신들의 소유라는 잘못된 사고를 갖고 있다. 그들은 현대의 상황을 바탕으로 과거를 그대로 투영하여 이해하려는 점에서 현대적 관점에서 과거를 조작하는 것이라고 하지 않을 수 없다.

그들은 과거에 유물이 출토된 지역이 고조선과 고구려라고 인정하지 않는다. 만약 그렇게 인정하면 스스로 억지논리를 펴는 것임을 알기 때문이다. 그러므로 고조선을 세운 구성원 곧 민족의 시원, 조상을 자신들의 입장에서 중국민족과 관련된 존재로 바꾸어서 제시하고 있다.

사상 또는 철학 자체는 인위적으로 바꿀 수 없는 특징을 갖는다. 고조선의 사상, 사유체계와 당시의 중국민족이 세웠던 도당陶唐의 사유체계, 사상이 서로 다른데 그것이 어떻게 같아질 수 있겠는가?

중국의 사상, 사유체계와 한국의 사유체계, 사상은 그대로 전승이 되어 오늘날에도 여전히 각각 다른 특성을 보인다. 그러므로 홍산지역을 비롯하여 근처에서 발굴되는 유물과 유적들은 일단은 전 지역을 발굴할 때까지 입장을 보류하고 오로지 발굴된 유물과 유적을 중심으로 그들의 문화, 사상의 특징을 찾는 것이 먼저 해결해야 한다. 그렇지 않고 하나의 틀을 정해놓고 그것에 유물을 맞추어서 해석하려고 하는 것은 그릇된 태도이다.

그런데 중국의 학자들은 황제黃帝라는 존재를 중심으로 중국과 한국을 비롯한 이른바 동북아 지역의 문화의 시원이 홍산 문화임을 주장하고 있다. 이러한 주장의 옳고 그름은 잠시 보류하고 그들이 동북아사회의 공동문화가 있었음을 인정하는 점에서부터 출발하고자 한다. 그러면 홍산 문화의 특징이 무엇인가?

그것을 살펴볼 수 있는 가장 직접적인 자료는 문자에 의한 기록이다. 그러나 아직 발굴 범위가 협소하고 그 유물의 양이 많지 않아서 문자에 의한 기록이 나타나지 않았다. 따라서 보다 많은 자료가 발굴될 때까지는 이미 발굴된 유물을 중심으로 홍산문화의 특징이 무엇인지 살펴보자.

홍산 지역에서 출토된 신석기시대의 유물들의 연대는 B.C.7000년에서부터 B.C.3000년에 이른다. 홍산 문화를 세계의 다른 문명의 유적과 비교하면 세계에서 가장 빠르다. 따라서 홍산 지역의 유물이 인류의 시원과 관련하여 세계의 비상한 관심의 대상이 될 수밖에 없다.

사람은 사유하는 존재이다. 자신은 물론 자신에 속한 세계와 자연 그리고 그것과 자신의 관계에 대하여 끊임없이 사유하고 그 결과를 현실에 적용하면서 살아가는 존재가 인간이다. 그런 점에서 하나의 문화, 문명을 형성한 집단에 속한 사람들이 그들의 사상이나 철학이 없을 수 없다.

홍산 지역의 유물을 남긴 사람들 역시 그들의 삶 속에서 자신들의 사유체계와 사상을 형성하였을 것이다. 사람의 사고나 사유체계 또는 사상이나 철학은 추상적이다. 그러므로 그것을 파악할 수 있는 가장 직접적인 자료는 문자를 매개로 하여 그들 스스로 자신들의 사유세계를 나타낸 전적들이다.

그러나 홍산 지역에서는 아직은 문자를 통하여 체계적으로 사유체계를 나타내고 있는 기록들은 발견되지 않고 있다. 그러므로 현재는 그동안 출토된 유물이나 유적을 중심으로 홍산 문화의 세계관이나 가치관, 인간관을 살펴볼 수밖에 없다.

홍산 문화에서 발견되는 특징은 첫째는 여신상女神像의 출토이다. 여신상은 가슴이나 둔부를 부각시킨 여자의 모습을 한 조각품을 일컫는 말이다. 여자의 모습을 가진 조각품이 숭배의 대상이 되었기 때문에 여신상으로 규정한 것이다. 여신상은 유럽과 아시아 그리고 남북아메리카 지역에서 고르게 출토된다.

여신상과 대응하여 사용되는 개념이 남신男神, 남신상男神像이다. 기독교에서는 하느님 아버지, 거룩한 아버지(聖父)와 같이 신을 남성의 관점에서 이해한다. 학자들은 역사시대에 들어서면서 남성적 관점에서 신을 표현한 것과 달리 선사시대에는 여성적 관점에서 신을 나타내었다고 주장한다.

고조선의 사상에서는 신神이라는 개념이 세계 자체의 무규정적無規定的 특성을 나타내기 위하여 사용되고 있다.[24] 그것은 신이 형이상적 차원과 형이하적 차원을 아우르는 개념임을 뜻한다. 여신과 남신은 신의 특성을 인간의 관점에서 남과 여의 특성을 통하여 상징적으로 나타낸 것이다. 따라서 남신과 여신이라는 개념을 막론하고 여성과 남성이라는 구분과는 관련이 없다.

그리고 신은 물리적 세계를 창조하는 존재가 아니다. 그것은 세계를 물건적 관점에서 이해한 것에 불과하다. 세계는 물건이 아닐 뿐만 아니라 그렇다고 하여 물건이 아닌 것도 아니다. 세계 자체는 물건이 아니지만 물건으로 화化하여 자신을 드러내기 때문이다. 그렇기 때문에 단순하게

24 고조선 사상을 신화를 통하여 나타내고 있는 단군신화에서는 천신天神인 환인桓因과 그의 아들 환웅桓雄을 언급하여 부자의 관계를 통하여 나타내면서도 웅녀와 결혼한 남편으로 나타내고 있다.

물건을 만들어내듯이 창조의 개념을 이해하여 어미가 새끼를 낳듯이 여신이 인간을 낳았다고 여기는 것은 논리적으로 타당하지 않는 사고다. 그러면 여신상은 무엇을 상징하는가?

여성이 자식을 출산하는 현상을 통하여 세계 자체의 생성작용을 상징적으로 나타낸 것이다. 그러므로 여성이라는 물리적 존재로서의 육신에 의하여 이루어지는 출산을 나타내는 것이 아니다.

세계 자체가 하나의 상태에 머물지 않고 끊임없이 생성한다는 것은 시간의 관점에서 세계의 본질이 시간성임을 나타낸 것이다. 그러므로 세계의 본성을 시간성의 관점에서 생성작용으로 나타낸 것이 여신상이다.

두 번째는 홍산 지역에서 여신과 관련된 유적지가 원형圓形과 방형方形을 통하여 구성되었다는 점이다. 여신을 숭배하는 제의를 진행하는 곳이 원방의 형태를 띠고 있음은 여신상에 의하여 표상된 시간성時間性이 공간적 관점에서 시의성時義性, 공간성空間性으로 표상되었음을 뜻한다.

세 번째는 홍산 문화의 특징은 옥기玉器의 출토이다. 홍산 지역에서 발굴된 유물의 특징은 다른 신석기 지역과 달리 옥기가 발견되는 점이다. 이 옥기들은 여신과 원방형의 제의祭儀 터가 나타내는 상징적인 의미를 보다 구체적으로 고찰할 수 있는 자료가 된다.

홍산 지역에서 출토된 옥기를 보면 다양한 모습을 띠고 있다. 그 가운데는 사람의 전체 모습이나 얼굴 또는 머리와 같은 육신의 일부를 나타내기도 한다. 그리고 동물이나 물고기의 형상을 나타내기도 하고 곤충의 형상을 띄고 있기도 한다.[25]

자연물의 형상을 그대로 옮겨서 나타내고 있는 옥기들은 그것을 제작하

---

25 박선희, 「복식과 제의문화로 본 홍산문화와 고조선문명」, 신용하 외, 『왜지금고조선문명인가』, 나남, 2019, 394쪽에서 400쪽.

여 사용하는 사람들의 생각이나 사유세계가 잘 드러나지 않는다. 왜냐하면 자신들의 생각이나 사유세계를 드러내기 보다는 자연물의 형상을 나타내어 그것을 장식품이나 일상의 실용적인 측면에서 사용하고자 제작하였기 때문이다.

그런데 자연물의 형상을 나타내고 있는 옥기들과 달리 추상적인 모습을 띠고 있는 옥기들이 있다. 이는 실용적인 목적보다는 주로 제의에 사용되기 위하여 제작되었다고 여겨진다.[26] 제례나 장례는 사자死者와 생자生者의 관계를 중심으로 이루어지는 의식이기 때문에 의식에 사용되는 옥기들은 주로 생사가 하나가 된 세계, 근원의 세계를 나타내기 마련이다. 따라서 추상적 형상을 가진 옥기들을 통하여 홍산 문화를 일으킨 사람들의 사유세계, 사상이 무엇인지를 추출할 수 있다.

그러나 아직은 홍산 지역에서 출토된 유물을 중심으로 그들의 문화에 나타난 사유체계나 사상, 철학을 체계적으로 조명한 연구 성과는 없다. 이에 지금부터는 홍산 지역의 유물을 통하여 그들 문화의 사상적, 철학적 특성이 무엇인지를 고찰하고자 한다.

이를 위하여 홍산 지역에서 발굴된 추상적인 형상을 띤 옥기들을 중심으로 그 형상이 상징하는 의미를 고찰함으로써 그것을 통하여 그들의 세계관과 인간관을 밝히고자 한다.[27]

---

26 박선희, 「복식과 제의문화로 본 홍산문화와 고조선문명」, 신용하 외, 『왜지금고조선문명인가』, 나남, 2019, 401쪽.

27 우실하 교수는 홍산의 옥기가 원방각의 형태를 띠고 있음에 주목하여 그것이 천지인을 상징하고 있을 뿐만 아니라 원방각형의 옥기들이 샤먼의 위계를 나타내고 있다고 주장하였다. 그 구체적인 내용은 우실하, 『고조선문명의 기원과 요하문명』, 지식산업사, 2019, 515쪽에서 534쪽을 참고하기 바란다.

가. 옥기의 유형과 상징의미

홍산 지역에서 출토된 옥기들 가운데서 추상적인 형상을 띤 옥기들은 그 형상에 따라서 대략 세 부류로 나눌 수 있다. 그 형상은 원형圓形과 방형方形 그리고 각형角形의 세 가지이다. 일부의 옥기들은 사각형인지 원형인지를 구분할 수 없도록 마모가 되어 있는 것들도 있다. 그러나 대부분의 옥기들은 그 형상을 구분할 수 있다.

원방각圓方角의 형상은 옥기의 외형과 내형에서 동시에 나타난다. 다만 모든 옥기들의 내형은 원형으로 통일되어 있다. 외형에 따라서 하나의 원형과 방형 그리고 각형으로 구성된 세 가지 형태의 옥기가 있다.

그리고 원방각圓方角의 두 형태가 상하로 결합하여 형성된 네 가지 형태의 옥기가 있다. 마지막으로 원방각의 세 형태가 상하와 좌우로 각각 결합하여 형성된 두 가지 형태의 옥기가 있다. 따라서 원방각圓方角에 의하여 구성된 옥기들은 모두 아홉 가지의 형태로 구분하여 이해할 수 있다. 그러면 원방각형은 무엇을 상징하는가?

우리는 앞에서 반구대의 암각화가 상징적으로 나타내는 시간의 흐름을 통하여 드러나는 변화의 세계, 시간성의 세계를 나타내기 위하여 천전리 암각화에서 원을 사용하고 있을 뿐만 아니라 사건의 변화를 물건적인 변화로 나타내기 위하여 방형을 사용하였으며, 시간과 공간의 변화 그리고 그것을 인식하는 자신을 표현하기 위하여 각형을 사용하여 상징적으로 나타내었음을 확인하였다.

옥기들의 외형을 구성하고 있는 원圓과 방方은 세계를 하늘과 땅으로 구분하여 나타낸다. 그것은 문자 이전에 도형을 통하여 하늘과 땅이 상징적으로 표현되었고, 그것을 다시 문자에 의하여 천원지방天圓地方[28]으

28 『周髀算經』, "方屬地、圓屬天, 天圓地方"

로 표현하기도 하고, 천현지황天玄地黃과 같이 색깔을 통하여 상징적으로 나타내기도 하였음을 뜻한다.

천현지황은 『주역』의 중지곤괘重地坤卦 문언文言에서 나타난다. 중지곤괘의 상육효上六爻의 효사爻辭에서 "용龍이 들판에서 싸우니 그 피가 검고 누렇다.〔玄黃〕"[29]고 하였다. 이에 대하여 문언에서 "대저 현황이라고 하는 것은 천지가 섞인 것으로 천현天玄이면서 지황地黃이다."[30]라고 하였다.

천天은 시간의 세계를 나타내고, 지地는 공간의 세계를 나타낸다. 그러므로 천현은 시간의 세계, 천의 세계를 색깔을 통하여 상징적으로 나타낸 것이고, 지황은 공간의 세계, 지의 세계를 색깔을 통하여 상징적으로 나타낸 것이다. 그러면 왜 시간과 공간의 세계를 검고 누렇다고 하였는가?

천현의 현玄은 깊이를 알 수 없음, 시작과 끝을 알 수 없음을 나타내는 개념이다. 그러므로 천현은 시간의 세계가 시작과 끝을 알 수 없음을 나타내는 개념이다. 그리고 지황의 황黃은 눈이 잘 띄어 쉽게 드러나는 색이다. 따라서 지황은 공간의 세계를 채우고 있는 물건이 다양하게 가득 차 있음을 뜻한다. 그러면 왜 시간의 세계를 원을 통하여 나타내었는가?

원을 구성하는 원주 위의 모든 점들은 원의 중심에서 같은 거리에 있다. 그것은 중심점을 밖으로 확산하면 원주가 되고, 원주를 수축하면 구심점, 중심점이 됨을 뜻한다. 원주상의 모든 점들은 시간상의 시종을 나타낸다.

원을 형성하는 중심점은 시종이 없는 세계 곧 시간時間의 본질, 근원으로

29 『周易』 重地坤卦 上六, "上六, 龍戰于野, 其血玄黃."

30 『周易』 重地坤卦 文言, "陰疑於陽必戰. 爲其嫌於无陽也, 故稱龍焉, 猶未離其類也, 故稱血焉. 夫玄黃者, 天地之雜也, 天玄而地黃."

서의 시간성의 세계를 나타낸다. 원은 형태를 갖고 있지만 중심점은 겉으로 드러나지 않는다. 이는 시간성의 본성을 그대로 나타낸다. 시간성은 시간적 위상이 없는 점에서 공空이자 무無이다. 그러나 장차 그것이 원으로 나타난다. 따라서 장차 시간으로 화化할 근원인 점에서 시간성이다.

시간의 근거로서의 시간성을 표상하는 중심점을 확산하면 원주가 된다. 원주상의 모든 점들은 시종의 시간을 나타낸다. 그런데 원주를 구성하는 점들은 서로 구분되지 않고 이어져 있다. 따라서 원주상의 모든 점들은 그 자리가 끝이면서 시작이 되는 종시의 세계를 나타낸다. 원을 구성하는 모든 점들이 시종의 세계를 나타내는 동시에 종시의 세계를 나타내는 것이다.

그것은 원이 시종의 순환과 더불어 순환을 넘어서 있는 세계를 나타냄을 뜻한다. 시종은 시간의 세계를 나타내며, 종시는 시간의 근원이 되는 시의성時義性의 세계를 나타낸다. 시의성은 시간성을 매 시간의 측면에서 나타낸 개념으로 시간의 존재근거, 존재의의를 뜻한다. 따라서 가운데의 원이 나타내는 시간성이 시간을 나타내는 원주에서는 시의성으로 나타난다.

시의성의 관점에서 보면 시작과 끝으로 규정된 시종의 시간은 없다. 그러나 시작과 끝이 없는 종시가 시종의 시간으로 드러나는 점에서 보면 시종의 시간은 있다. 시간은 현상적 측면에서는 있지만 시의성의 차원에서는 없기 때문에 있다거나 없다고 할 수 없다.

원주는 서로 연결된 선이지만 분석적 관점에서 보면 점들이 모여서 형성된 것이다. 그것은 점을 중심으로 원주를 이해하면 점의 반복이 원으로 나타남을 뜻한다. 다만 점의 위치는 계속 변화한다. 시위時位가 달라지면서 반복되어 나타나는 점이 원을 형성한다. 그러면 홍산 유적지에서 발굴된 하나의 원형으로 구성된 옥기는 어떤 형태인지 살펴보자.[31]

위의 옥기를 보면 안쪽의 원과 바깥쪽의 원으로 구성되어 있다. 내원은 모든 옥기들이 공통적으로 갖고 있다. 어떤 사람들은 실용의 측면에서 실이나 끈을 묶어서 지니고 다니기 편리하도록 구멍을 만들었다고 이해하기도 한다.

그러나 상징성을 중심으로 옥기를 이해하면 원형의 옥기를 구성하는 내원은 구심점을 나타낸다. 원주를 구성하는 구심점은 시간의 측면에서는 시위가 없기 때문에 드러나지 않는 시간성을 나타낸다. 그러나 원주를 구성하는 점들을 중심으로 원을 이해하면 시간성은 매 순간 시간의 근거로서의 시의성으로 나타남을 상징적으로 표현하고 있다.

매 순간의 시간은 시의성의 나타남이다. 그것은 매 순간이 항상 영원의 드러남임을 뜻한다. 그렇기 때문에 일상적으로 우리가 감각지각의 대상으로 있는 것처럼 착각하고 있는 물리적 시간은 없다. 그것은 물리적 시간의 세 양상인 과거와 미래 그리고 현재가 없음을 뜻한다.

과거는 이미 지나갔기 때문에 없고, 미래는 아직 오지 않아서 없으며, 현재는 매 순간 나타나지만 고정되지 않기 때문에 현재 아닌 것이 없을

---

31 遼寧省文物考古硏究所, 『牛河梁紅山文化遺址發掘報告書(1983-2003年度)下』 圖版 九0.

뿐만 아니라 그 어느 것도 현재라고 할 수 없는 점에서 없다고 하지 않을 수 없다.

영원의 드러남, 시의성의 나타남으로서의 시간은 현재이지만 과거와 미래를 포함한 현재인 점에서 물리적 시간과 달리 영원하며, 영원함이 드러남으로서의 현재인 점에서 시의성과 달리 현재이다. 이처럼 본질적 시간, 본래적 시간으로서의 영원한 현재를 상징적으로 나타내는 것이 원형의 옥기이다. 그러면 방형의 옥기가 나타내는 지방의 내용은 무엇인가?

지방地方의 지地는 공간의 세계를 나타내는 개념이다. 그리고 방은 공간의 세계의 특성, 본질을 나타내는 개념이다. 방형은 시간을 나타내는 원형과 비교하여 이해하면 그 특성이 보다 분명하게 드러난다. 원을 구성하는 원주 위의 모든 점은 다른 점과 이어져서 구분을 할 수 없다. 이와 달리 방형은 네 선이 만나서 형성된 도형이다.

원이 하나의 점이 다른 점으로 계속 나타남을 표상하고 있는 것과 달리 방형은 점이 서로 모여서 네 선을 이루고, 네 선이 모여서 비로소 하나의 방형을 이룸을 나타낸다. 그것은 방형이 공간의 세계의 특성인 온갖 사물이 모여서 형성된 세계, 개체적 존재들이 모여서 형성된 집단의 세계를 나타냄을 뜻한다.

과거와 미래 그리고 현재가 모여서 시간이 되고, 만물이 모여서 현상의 세계가 벌어지며, 하늘과 땅 그리고 인간의 천지인天地人이 모여서 세계가 형성되고, 시간과 공간이 모여서 우주가 형성됨은 모두 공간적 세계의 특징을 나타낸다.

방형을 구성하는 기본 요소는 상하와 좌우 그리고 동서남북이다. 선을 통해서는 상하와 좌우를 나타내며, 선과 선이 만나는 네 점을 통해서 동서남북의 네 방향을 나타낸다. 위와 아래를 나타내는 두 직선과 왼쪽과 오른쪽을 구성하는 두 직선은 구분되면서도 서로를 포함하고 있다.

방형을 구성하는 상하의 두 직선은 수직의 관계이지만 좌우의 두 직선은 수평의 관계이다. 상하를 구성하는 두 직선이 상하의 관계를 통하여 가치상의 우열을 나타낸다면 좌우를 구성하는 두 직선은 수평적인 평등의 세계를 나타낸다고 할 수 있다.

좌우의 직선이 수평적인 평등관계를 이루는 분별을 나타내고, 상하의 두 직선은 가치적 우열을 나타내는 분별을 나타낸다고 할 수 있다. 좌우의 두 직선이 무분별을 통하여 분별을 나타내고, 상하의 두 직선이 분별을 통하여 무분별을 나타낸다.

그리고 네 직선이 만나서 형성되는 네 점이 나타나는 동서남북은 각각 서로 독립적인 관계를 형성한다. 네 점이 표상하는 분별의 관계는 상하도 좌우도 아닌 일종의 확장의 관계이다. 밖을 향하여 끊임없이 확장하는 성질을 상징적으로 나타낸 것이 네 점이 나타내는 동서남북이라고 할 수 있다.

방향을 구성하는 상과 하, 좌와 우는 서로 대대관계를 이룰 뿐만 아니라 상하와 좌우 역시 대대관계를 이룬다. 상이 있으므로 하가 있고, 하가 있으므로 상이 있어서, 상과 하는 서로의 존재 근거가 된다. 마찬가지로 상하를 나타내는 위와 아래의 두 직선이 서로 마주보면서 수평적인 관계를 나타내고 있는 것과 달리 좌우를 구성하는 두 직선은 서로를 마주면서도 상하의 관계를 나타내고 있다. 네 직선이 만나서 형성되는 네 점의 표상하는 동서남북이라는 공간적 위상 역시 대대적이다. 홍산 유적지에서 발굴된 하나의 방형으로 구성된 옥기는 다음과 같다.[32]

32 遼寧省文物考古研究所 編著, 『紅山遺址發掘報告書(1983-2003年度)下, 圖版 七七.

시간성을 표상하는 내원內圓을 확장하여 사방으로 펼치면 방형의 도상이 나타난다. 그것은 시간의 관점에서 시의성이 나타난 영원한 현재를 나타내는 원을 상하좌우로 확장함으로써 하여 마주보는 네 직선에 의하여 과거와 미래라는 물리적 시간에 일어나는 사건이 고정되어 이것과 저것이라는 물건으로 드러남을 뜻한다.

방형을 이루는 좌우의 직선은 각각 과거와 미래라는 물리적 시간을 나타내는 선이다. 그것은 시작과 끝이라는 시종의 관계로 나타난다. 시종의 관계를 나타내는 사건은 근본과 지말이라는 관계를 통하여 물건으로 나타낼 수 있다.

그런데 시종을 나타내는 좌우의 직선은 본래 서로 연결되어 종시의 관계를 나타낸다. 그것을 나타내는 것이 상하의 관계를 나타내는 두 직선이다. 이 두 직선은 좌우의 두 직선을 나타내는 시종의 두 점을 위 또는 아래로 확장함으로써 형성된다.

그것은 시간상의 사건을 나타내는 두 점을 고정하고 확장함으로써 각각의 근본과 지말을 구성하는 이것과 저것이라는 물건이 형성됨을 상징적으로 나타낸다. 그리고 상하의 관계를 통하여 물건이 본말이라는 가치상의 우열을 통하여 상징적으로 나타남을 보여주고 있다.

좌우의 두 직선이 시간상의 한 시점을 나타내기 때문에 양자의 사이를 나타내는 선이 길어질수록 그것을 구성하는 점들이 많아진다. 그리고 좌우의 직선을 구성하는 본말을 나타내는 상하의 두 직선 역시 상하로 확장되어 나타난다.

원형과 방형을 비교하여 이해하면 방형의 옥기가 상징하고 있는 시의성을 고정하여 나타낸 공간성은 그 특성이 근본과 지말이라는 본말의 관계가 중심이 되어 형성되었으며, 본말의 관계는 끊임없이 확장되는 특성을 갖는 동시에 좌우의 직선이 수없이 구분되듯이 영원히 반복되는 특성을 갖고 있음을 알 수 있다.

그런데 원형과 방형은 모두 하나의 구심에 의하여 형성된다. 그것은 원형과 방형의 옥기가 모두 내면의 원을 바탕으로 하고 있음을 통하여 확인할 수 있다. 방형을 확장하면 원이 되고, 원을 수축하면 방형이 된다. 그러면 원형과 방형은 어떤 관계인가?

원형을 바탕으로 방형이 나타나고, 방형을 바탕으로 원형이 나타난다. 그것은 원형과 방형을 막론하고 하나의 구심점에 의하여 구성되는 점에서는 일체적이지만 양자가 구분되는 점에서는 서로 다름을 뜻한다.

원형과 방형이 상징하는 시간성과 공간성의 관계를 파악하기 위해서는 지금까지 원형과 방형이라는 대상에 가려져서 드러나지 않았던 근본적인 문제에 접근해야 한다. 그것은 방형과 원형을 통하여 시간성을 나타내고, 공간성을 나타내는 주체가 무엇인지를 나타내는 것이 필요함을 뜻한다. 그러면 천원과 지방은 인간을 떠나서 독립적으로 존재하는가?

인간과 무관하게 객관적으로 존재하는 시간과 공간의 세계를 상정하는 실체적 세계관에서는 마치 절대시간과 절대공간이 있는 것처럼 여긴다. 그러나 세계를 시간과 공간으로 구분하여 그 존재근거인 시간성과 공간성을 도출하고 그것을 바탕으로 세계를 이해하는 것은 인간이다.

만약 시간과 공간을 문제로 삼는 인간이 없다면 천원과 지방이 존재할 수 없을 뿐만 아니라 설사 인간을 떠나서 객관적인 천지가 존재한다고 하여도 그것은 인간에게 아무런 의미가 없다. 인간과 무관한 천지를 인간이 소중하게 여길 까닭이 없다.

사실 하늘을 원으로 인식하고 땅을 방으로 인식하고 그것을 표상하는 것은 인간이다. 인간이라는 존재가 없다면 천원이나 지방도 존재할 수 없다. 그것은 천원과 지방이 존재하고 그것을 인간이 인식하는 것이 아니라 인간이 자신을 중심으로 천원과 지방으로 세계를 나타내어 세계가 세계로 존재하게 함을 뜻한다.

천지를 원방으로 규정하여 천원과 지방으로 존재하도록 하는 인간을 표상하는 도형이 각형이다. 각형은 세 선이 만나서 형성되는 도형으로 그 안에는 세 선과 세 점이 존재한다. 방형이 표상하는 공간이 일차적이라면 공간은 원이 표상하는 시간과 만나서 비로소 입체적인 사차원이 된다.

각형은 시간과 공간의 관계를 나타낸다. 세 선은 원과 방이 표상하는 시간과 공간의 세계 그리고 시간과 공간을 규정하는 인간을 나타낸다. 그러므로 각형은 인간과 시공의 천지가 병립하게 됨으로써 비로소 세계가 형성됨을 표상한다.

그들은 시간과 공간의 세계를 나타내는 천지와 더불어 인간을 병립시켜서 삼재라는 세계를 구성하는 세 요소로 인식하였다. 『주역』에서는 "주역이 표상하는 내용이 광대하여 모든 것을 다 나타내고 있음"을 밝힌 후에 "천도와 지도 그리고 인도가 있음"을 밝히고 이어서 그것을 나타내기 위하여 육효를 구성하였기 때문에 육효가 표상하는 내용이 삼재三才의 도道[33]임을 밝히고 있다.

시간과 공간 그리고 인간의 세 요소를 중심으로 세계를 인식하는 특성

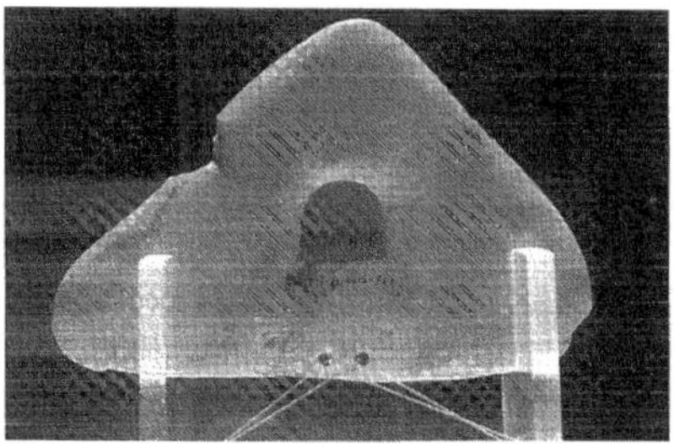

은 『노자』에서도 드러난다. 그는 만물의 근원인 도를 제시하고 이어서 도로부터 하나의 세계, 혼돈混沌의 세계가 나타남을 언급하고 이어서 무無의 세계로부터 비로소 유有의 세계인 천지가 전개됨을 논한 후에 다시 셋이 있어야 비로소 만물의 세계가 전개됨을 밝히고 있다.[34] 그러면 조양시의 건평박물관에 소장된 각형 옥기를 살펴보자.[35]

원형, 방형의 옥기와 마찬가지로 각형의 옥기도 중앙에 원을 나타내는 원형을 갖고 있다. 중심부의 원형을 바탕으로 형성된 외형은 세 선과 세 점에 의하여 구성된 각형이다. 각형을 구성하는 선과 점을 중심으로 상징하는 의미를 살펴보면 다음과 같다.

각형의 세 선이 만나서 형성되는 세 점은 천지인의 세계에 존재하는 만물을 표상한다. 천天과 지地가 만나고, 천天과 인人이 만나고, 인人과 지地가 만나서 형성된 수많은 세계를 나타내는 것이 각형의 세 점과 그것을 구성하는 세 선이다.

---

33 『周易』 繫辭下篇 第十章, "易之爲書也, 廣大悉備, 有天道焉, 有地道焉, 有人道焉. 兼三材而兩之, 故六, 六者非它也, 三才之道也."

34 『道德經』 第四十二章, "道生一, 一生二, 二生三, 三生萬物"

35 우실하, 『고조선문명의 기원과 요하문명』, 지식산업사, 2019, 527쪽, 자료 10-9.

각형을 통하여 천지와 인간, 시간과 공간으로 표현된 세계가 인간과 둘이 아님을 알게 된다. 천을 표상하는 선과 지를 표상하는 선이 만나서 하나의 점이 되듯이 천과 지가 일체이며, 천을 표상하는 선과 인人을 표상하는 선이 만나서 하나의 점이 되듯이 천天과 인人이 일체이며, 지地를 표상하는 선과 인人을 표상하는 선이 만나서 하나의 점이 되듯이 지地와 인人이 일체이다. 그러므로 천과 지地 그리고 인人은 일체이다.

각형에는 세 선이 표상하는 천지인으로 구분되어지는 세계와 세 점이 표상하는 천지인이 일체인 세계가 동시에 표상되어 있다. 천지인이 구분되어지면서도 일체인 세계를 나타내는 삼각형은 천지와 인간의 관계를 통하여 인간의 천지간의 위상을 상징적으로 나타내고 있음을 알 수 있다.

인간의 세계를 표상하는 삼각형을 통하여 세계가 만물로 드러나는 다양한 세계와 만물의 하나인 세계가 있음을 알 수 있다. 그러한 세계는 세 선과 세 점이 만나서 비로소 삼각형을 이루듯이 별개의 것이 아니라 하나의 세계를 이루는 둘임을 알 수 있다. 둘로 나타난 하나의 세계 그것을 표상하는 것이 각형이 나타내는 내용이다. 그러면 구심점을 중심으로 각형이 상징하는 내용이 무엇인가?

원형, 방형과 마찬가지로 각형의 구심점도 원이다. 그것은 시의성, 공간성이 인간에 있어서는 인간의 본래성임을 나타낸다. 시간과 공간의 존재근거인 시간성, 공간성이 바로 인간의 세계 있어서 인간의 존재근거인 본래성임을 뜻한다.

노자는 도라는 근원적 세계, 무無의 세계로부터 유有의 세계인 천지가 드러나지만 그것을 문제로 삼아서 그 본질을 밝힐 수 있는 인간이 있어야 비로소 만물의 세계가 전개됨을 밝히고 있다. 이는 비록 인간을 천지와 만물의 차원 곧 유有의 차원에서 논하고 있지만 인간의 인간다움은 유有의 세계에 한정되지 않는 점에서 한계를 갖는다.[36]

나. 옥기玉器에 표상된 세계관과 인간관

앞에서 원형의 옥기가 하늘을 상징하며, 하늘은 곧 시간의 세계를 나타내고, 방형의 옥기는 땅을 나타내며, 땅은 공간의 세계를 나타내고, 각형은 천지의 관계를 나타내는 사람의 세계를 나타냄을 살펴보았다. 그러면 홍산紅山의 옥기에서 나타나는 세계관과 인간관이 무엇인지 살펴보자.

원방각의 세 도상을 통하여 세계를 상징적으로 나타내고 있는 옥기는 공간적 관점에서 천지인의 구조를 중심으로 세계를 나타내고 있다. 그것은 세계 자체가 그러한 구분이 있음을 나타내는 것이 아니다. 인간이 하나의 관점과 일정한 범주를 중심으로 세계를 구분하여 나타내었을 뿐이다. 그러면 홍산의 사람들이 옥기를 통하여 나타내고자 한 내용은 무엇인가?

그들은 원방각의 형상 가운데 둘을 서로 결합하거나 셋을 결합한 형태의 옥기를 통하여 자신들의 세계관과 인간관을 상징적으로 나타내었다. 그것은 천지인의 공간적 구조를 중심으로 천天과 지地, 천天과 인人, 인人과 지地, 천天과 천天의 관계를 통하여 세계관과 인간관을 나타낸 것이다. 그러면 먼저 원방각의 세 도상 가운데 두 가지 도상을 결합하여 구성한 옥기를 중심으로 그것이 나타내는 내용이 무엇인지 살펴보자.

원방각형 가운데 둘이 합성되어 형성된 옥기는 다음의 네 가지 형태로 분류된다. 첫 번째의 유형은 윗부분이 각형이고, 아랫부분이 방형인 옥기이며, 둘 번째 유형은 윗부분이 각형이고, 아랫부분이 원형인 옥기이고, 세 번째의 유형은 윗부분이 원형이고, 아랫부분이 방형인 옥기이며, 네

36 그것은 시간성을 시의성으로 그리고 시의성을 공간성으로 그리고 다시 공간성이 나타난 공간의 관점에서 물건적 접근을 통하여 인간을 이해할 때 한계가 있음을 뜻한다. 중국사상, 중국문화의 장점과 단점이 모두 여기에서 출발한다.

번째 유형은 윗부분과 아랫부분이 모두 원형인 옥기이다.

첫 번째 유형의 윗부분의 각형과 아랫부분의 방형으로 구성된 옥기는 인물人物이 합일合一된 세계를 나타낸다. 왜냐하면 각형은 인간의 세계를 표상하고, 방형은 땅의 세계, 공간의 세계, 물건의 세계를 표상하기 때문이다.

그런데 인간은 공간 안에서 살아가는 존재이기 때문에 양자의 관계는 공간이 근본根本이라면 인간은 지말支末이라고 할 수 있다. 이처럼 각형과 방형을 상하로 결합하여 양자가 본말 관계임을 나타내고 있는 것이 첫 번째 유형의 옥기이다.

각형과 방형을 통하여 나타내고자 하는 내용이 무엇인지는 양자의 관계를 보다 구체적으로 고찰함으로써 드러난다. 인간과 공간, 인간과 사물의 합일은 인간의 몸이나 마음, 공간이나 사물을 통하여 이루어지지 않는다. 그것은 현상적인 천지인의 세계가 합일되는 차원은 현상이 아닌 근원의 차원에서 이루어짐을 뜻한다.

각형과 원형을 막론하고 그 본질을 나타내는 것은 내면의 원형이다. 각형의 내면에 있는 원형은 각형의 본질을 나타내며, 방형의 내면에 있는 원형은 방형의 본질을 나타낸다. 내면의 원형이 표상하는 본질을 통하여 외형이 표상하는 양자의 합일이 이루어진다.

인간의 본성은 본래성이며, 공간의 본질은 공간성이다. 이 때 인간의 본성을 나타내는 각형의 내면과 공간의 본질을 나타내는 방형의 내면이 모두 원형이다. 그것은 인간과 공간, 인간과 물건을 막론하고 시간성을 존재 근거로 함을 뜻한다. 시간성이 인간에 있어서는 인간의 본성이 되고 지地의 세계, 공간의 세계에 있어서는 공간의 본질이 된다. 그러면 각형과 방형이 상하로 결합된 옥기는 무엇을 상징하는가?

각형과 방형에 의하여 결합된 옥기는 인간의 본래성을 매개로 하여

이루어지는 지인地人합일, 인물人物합일의 세계를 나타낸다. 지금까지 살펴본 내용을 상징적으로 나타내고 있는 각형과 방형에 의하여 구성된 첫 번째 유형의 옥기는 흑룡강성 태래현太來縣 광승향廣升鄕 동옹근산東翁根山 유지에서 출토되었다.[37]

다음에는 두 번째 유형의 옥기가 상징하는 내용을 살펴보자. 두 번째 유형의 옥기는 각형이 위에 있고, 원형이 아래에 있다. 이는 각형이 상징하는 인간과 원형이 상징하는 천의 세계의 합일을 나타낸다. 신神과 인간이 합일된 세계, 천天과 인간이 합일된 세계를 나타내는 것이 두 번째 유형의 옥기이다.

각형이 표상하는 인간의 세계와 원형이 표상하는 하늘의 세계는 인간을 통하여 드러난 하늘의 세계를 나타낸다. 그것은 인간을 표상하는 각형과 하늘을 표상하는 원형이 상하의 관계로 나타난 것을 통하여 확인할 수 있다.

37 遼寧省文物考古研究所, 『牛河梁紅山文化遺址發掘報告書(1983-2003年度)下』 圖版 二六五.

만약 하늘을 표상하는 원형이 위에 있고, 인간의 표상하는 각형이 아래에 있다면 그것은 세계의 구조를 나타내고 있을 뿐으로 양자가 서로 작용을 하지 않는 상태라고 할 수 있다. 그런 점에서 보면 상하의 관계로 나타나는 하늘과 인간의 상호 작용을 나타내는 것이 두 번째 유형의 옥기이다.

하늘의 작용이 인간에서 나타나고, 인간의 작용이 하늘에 나타남으로써 양자가 하나가 된 세계가 바로 각형과 원형을 상하로 결합하여 형성된 옥기가 상징하는 내용이다. 두 번째 유형의 옥기가 상징하는 천인합일의 세계는 훗날 중국유학을 비롯하여 중국문화에서 추구하는 대명제가 되었다.

천인합일은 시간적 측면에서는 응연의 천인합일과 이연의 천인합일의 두 측면으로 나타낼 수 있다. 각형과 원형을 통하여 상징적으로 나타내는 천인합일은 이미 이루어진 천인합이라는 측면에서 보면 이연의 천인합일이다. 그것은 현대적 개념에서는 존재론적 측면에서의 천인합일이라고 할 수 있다.

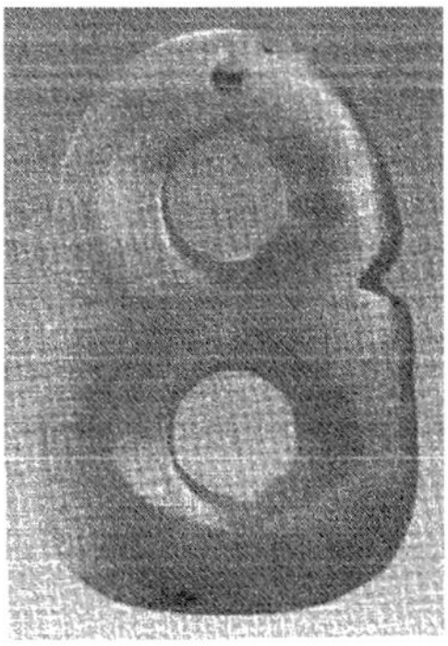

그러나 원형이 위가 되고, 각형이 아래가 되어 하늘이 위에 있고, 인간이 아래에 있는 상태는 하늘과 인간의 관계를 나타낼 뿐으로 서로 작용하지 않는 세계를 나타낸다. 그것이 바로 응연의 천인합일이다. 이는 하늘과 인간이 서로의 위치를 지킬 뿐으로 서로 작용하지 않기 때문에 양자가 하나가 되어 서로 작용하는 것이 필요함을 나타낸다. 현대적 개념으로 나타내면 그것은 당위론적 측면에서의 천인합일이라고 할 수 있다. 앞에서 살펴본 각형과 원형으로 구성된 옥기는 다음과 같다.[38]

세 번째 유형의 옥기는 윗부분은 원형이고, 아랫부분은 방형으로 구성된다. 원형은 천天의 세계, 시간의 세계를 나타내고, 방형은 지地의 세계, 공간의 세계, 물건의 세계를 표상한다. 그렇기 때문에 원형과 방형이 결합된 옥기는 천지의 합일을 표상한다.

그런데 상하의 관계를 통하여 상징적으로 나타내는 양자의 합일은 상하의 관계를 뒤바꾸어서 나타낼 때 비로소 완성된다. 그것은 양자가 합일함으로써 이루어지는 작용을 통하여 합일이 상징적으로 표현됨을

38 遼寧省文物考古研究所, 『牛河梁紅山文化遺址發掘報告書(1983-2003年度)下』 圖版 三一八.

뜻한다. 따라서 위의 옥기는 천지의 구조를 나타내고 있을 뿐으로 아직은 천지합일이 이루어지지 않을 상태를 나타낸다.

『주역』에서는 천의 세계를 나타내는 건괘乾卦와 지의 세계를 나타내는 곤괘坤卦를 통하여 천지비괘와 지천태로 천지의 구조와 작용을 나타내고 있다.

천지의 구조를 나타내는 천지비괘는 하늘이 위에 있고, 땅이 아래에 있어서 양자가 작용을 하지 않고 있다. 따라서 장차 합일이 필요한 세계를 나타내고 있는 것이 천지비괘天地否卦[39]이다. 인간의 관점에서는 학문을 통하여 수기의 과정을 나타내는 괘가 천지비괘이다.

천지의 작용을 나타내는 지천태괘地天泰卦[40]는 땅이 위에 있고, 하늘이 아래에 있다. 그것은 하늘과 땅이 하나가 되어 하늘의 작용이 땅에서 나타나고, 땅의 작용이 하늘에서 나타남을 뜻한다. 그러므로 시간적으로 나타내면 천지의 합일이 이미 이루어진 세계 곧 이연의 천지합일을 나타낸다.

이 유형의 옥기는 천지의 관계를 나타내고 있는 천형적인 옥기이다. 천지의 관계를 나타낼 때 천현이지황이라고 하기도 하고, 천원지방으로 나타내기도 함은 앞에서 살펴본 바와 같다. 천현지황, 천원지방을 도상을 통하여 나타내고 있는 전형적 옥기가 바로 이 유형의 옥기이다.[41]

각방원의 세 도형 가운데서 두 가지가 결합되어 형성된 옥기의 네

39 『周易』 天地否卦 彖辭, "彖曰 否之匪人, 不利, 君子貞, 大往小來. 則是天地不交而萬物不通也, 上下不交而天下无邦也. 內陰而外陽, 內柔而外剛, 內小人而外君子, 小人道長, 君子道消也."

40 『周易』 地天泰卦 彖辭, "彖曰 泰, 小往大來, 吉亨 則是天地交而萬物通也, 上下交而其志同也. 內陽而外陰, 內健而外順, 內君子而外小人, 君子道長, 小人道消也."

41 중국문물신식중심, 『중국고대옥기예술상』, 중국미술출판사, 2003, 45쪽 도판, 우실하, 『고조선문명의 기원과 요하문명』, 지식산업사, 2019, 530쪽에서 재인용.

번째 유형은 위부분과 아랫부분이 모두 원형에 의하여 구성된 옥기이다. 원형의 옥기는 천의 세계, 시간의 세계를 상징적으로 나타낸다. 따라서 두 개의 상하의 구조를 갖는 원형을 결합하여 형성된 옥기는 시간과 시간이 합일된 세계를 나타낸다.

이 유형의 옥기는 상하의 옥기의 외형이 모두 원형일 뿐만 아니라 내면의 두 개의 구멍도 역시 원형이다. 이처럼 내형과 외형이 모두 네 개의 원형으로 구성되어 있다. 그것은 시간성과 그것이 현상에서 나타난 시의성 곧 공간성 그리고 공간이 모두 하늘임을 나타낸다.

시간적 관점에서는 천지비는 선천을 나타내고, 지천태는 후천을 나타낸다. 그것은 천이라는 시간의 세계를 둘로 나누어서 앞의 시간과 뒤의 시간을 각각 나타낸 개념이다. 이 때 두 원을 구성하는 중심점이 모두 원이라는 점을 주목할 필요가 있다.

내원이 표상하는 시의성이 나타난 것이 선천과 후천이다. 그렇기 때문에 선천과 후천이라는 시간의 관점에서 보면 양자가 구분되어 실재하는 것처럼 느껴진다. 우리가 하루를 구분하여 낮과 밤으로 나누고, 다시 낮은 오전과 오후로 구분하여 나타내지만 본래 오전과 오후 그리고 낮과 밤의 구분은 없다.

낮과 밤은 지구에 나타난 해와 달의 영향을 중심으로 구분하여 나타낸 것일 뿐이다. 따라서 낮과 밤이라는 시간은 자연현상을 기준으로 구분하여 나타낸 것일 뿐으로 실재하지 않는다. 그렇다고 하여 없는 것은 아니다.

선천과 후천은 모든 시간을 둘로 나누어서 나타낸 구분이다. 이처럼 둘로 나누어 나타내는 기준은 현재이다. 현재는 과거와 미래를 구분하는 기준이 되는 동시에 과거와 미래가 하나가 된 것을 나타낸다. 이 현재가 바로 시의성이 나타난 본질적 시간으로서의 영원한 현재이다.

위의 원형이 나타내는 선천, 과거와 아래의 원형이 나타내는 후천, 미래가 모두 시의성이 나타난 시의성의 현현으로서의 영원한 현재이다. 그러므로 네 번째 유형의 옥기는 시간성이 공간적 시간으로서의 물리적 시간에서 시의성으로 드러나는 동시에 영원한 현재로 드러남을 표상하고 있다. 네 번째 유형의 옥기의 모양을 살펴보면 다음과 같다.[42]

앞에서 네 유형의 두 가지 형태를 결합하여 구성된 옥기가 상징하는 의미를 살펴보았다. 각방角方, 각원角圓, 원방圓方, 원원圓圓의 네 유형의 옥기들이 표상하는 내용은 시의성時義性을 인간을 중심으로 나타낸 인간성이다. 그것은 네 유형의 옥기들이 모두 전체의 외형을 인간을 상징하는 각형으로 나타내고 있음을 보면 알 수 있다. 각형의 틀 안에서 상하를 구성하는 두 도상을 결합하여 구성된 것이 네 유형의 옥기들이다.

네 유형의 옥기들이 표상하는 내용은 인간을 매개로, 인간에 의하여, 천인합일, 천지합일, 지인합일이 이루어짐을 나타낸다. 그것은 천천합일을 표상하는 두 개의 원형에 의하여 구성된 네 번째 유형의 옥기를 통하여 종합적으로 나타고 있다.

네 번째 유형의 옥기가 표상하는 천천의 합일은 천지인의 합일에 의하

---

42 遼寧省文物考古研究所, 『牛河梁紅山文化遺址發掘報告書(1983-2003年度)下』 圖版九二.

여 천지인의 본질이 그대로 드러난 세계를 표상한다. 그것은 천지인이 합일하여 천도, 지도, 인도 없는 하나의 세계, 하나마저도 없는 세계를 나타낸다.

각방형의 두 형상을 결합하여 구성된 옥기는 그 외형이 모두 각형을 이루고 있다. 각형과 방형이 결합된 옥기도 외형은 하나의 각형이며, 각형과 원형이 결합하여 형성된 옥기도 그 외형은 각형이고, 천지의 합일을 나타내는 원형과 방형의 외형도 각형이며, 원형과 원형으로 구성된 옥기의 외형도 하나의 각형이다.

그것은 네 유형의 옥기가 모두 인간을 바탕으로 형성된 세계임을 나타낸다. 각형의 본질을 나타내는 내원이 나타내는 인간성을 통하여 드러난 세계가 바로 네 유형의 옥기를 통하여 나타내고 있는 세계이다.

다음에는 세 가지의 도상을 결합하여 구성된 옥기를 살펴보자. 세 가지의 도상에 의하여 구성된 옥기는 각방원의 셋을 결합하여 상하의 구조로 나타낸 옥기와 각방원의 셋을 좌우의 구조로 결합하여 옥기로 구분할 수 있다.

각방형 각각을 결합하여 구성된 옥기는 두 개의 도상이 결합되어 형성된 옥기의 외형이 모두 삼각형인 것과 달리 원방각 각각의 모습을 그대로 보여주고 있다. 그리고 셋이 결합하는 순서도 원방각圓方角이 아니라 각방원角方圓의 순서로 결합을 하고 있다. 맨 위에 각형이 있고, 이어서 방형이 있으며, 마지막으로 원형이 놓여 있다. 물론 옥기를 뒤집으면 원방각이 될 수도 있다. 그러나 각방원의 상태가 안정적으로 짜임새가 있는 구도를 보이는 점에서 각방원이 본래의 모습이라고 추정할 수 있다.

각방원의 세 형상이 결합하여 형성된 옥기는 천지인이 합일合一된 세계를 나타낸다. 그것은 각형과 방형 그리고 방형과 원형이 각각 지천태의 구성을 보이고 있음을 통하여 확인할 수 있다. 각형과 방형의 결합은 인물합일, 인간과 공간의 합일을 지천태의 관점에서 나타내고, 방형과 원형의 결합은 천지의 합일을 지천태의 관점에서 나타내고 있다.

현상적 측면에서 천지인이 각각 세계를 구성하는 세 요소로 역할을 하고 있다. 그렇기 때문에 두 개의 원형을 통하여 나타낸 선천과 후천이 합일된 세계가 공간적 관점에서 천지인의 구조로 표상되고 있음을 알 수 있다.

각형의 본질을 나타내는 내원은 각형의 관점에서는 인간성을 나타내고, 방형의 관점에서는 공간성, 물성物性을 나타내며, 원형의 관점에서는 시의성時義性을 나타낸다. 그것은 각각 천지인의 본질인 천성天性과 지성地性 그리고 인성人性이다.

그런데 원방각의 하나의 형상으로 구성된 옥벽과 둘로 구성된 옥벽 그리고 셋으로 구성된 옥벽을 보면 그 외형이 서로 다른 특성을 보인다. 하나의 형상으로 구성된 옥벽은 당연히 원방각 가운데서 하나의 형상을 띤다. 그러나 두 개의 형상으로 구성된 옥벽의 외형은 모두 삼각형이다. 그리고 세 개의 형상으로 구성된 옥벽은 그대로 원방각의 형상을 띠고 있다. 그러면 이것은 무엇을 나타내는가?

원방각형의 어느 하나로 구성된 옥기는 천과 지 그리고 인을 구분하여 별개의 존재로 인식하는 대상적 사고의 세계, 분별의 세계를 그대로 드러낸다. 이 세계는 인과의 세계, 물건이 가득 찬 사물의 세계, 공간의 세계를 나타낸다.

그러나 각형의 외형을 바탕으로 그 안에서 두 개의 형상에 의하여 구성된 옥기는 인간의 안에서 이루어진 하나의 세계를 나타낸다. 천과 지가 합일하고, 천과 인이 합일하고, 천과 천이 합일하고, 지와 인이 합일하는 것은 모든 것이 합일한 상태를 나타낸다.

육신의 기능인 의식을 통하여 드러나는 세계에는 합일이 없다. 그것은

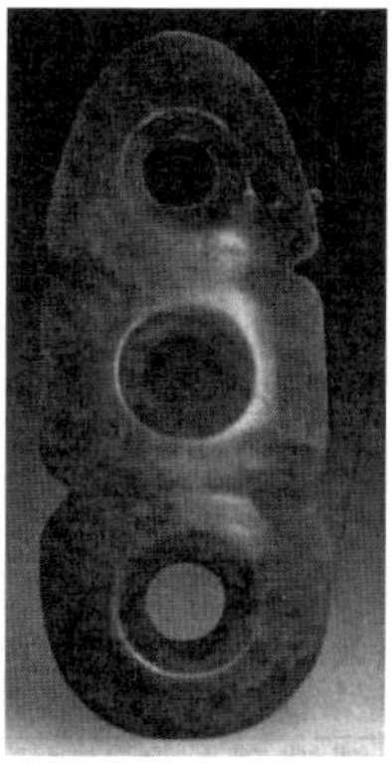

의식이 본래 대상적 사고, 분별적 사고를 하기 때문에 그 세계에는 합일이 없음을 뜻한다. 그렇다면 천지인이 합일한 세계는 인간의 육신을 나타내는 것도 아닐 뿐만 아니라 그렇다고 하여 의식의 세계, 사유의 세계를 나타내는 것도 아니다. 그것은 사람과 사람이 하나인 세계 곧 본래성의 세계를 나타낸다.

인간의 본래성을 통하여 드러난 세계는 천지가 하나가 되고, 천인이 하나가 되며, 지인이 하나가 된 세계 곧 천지인이 하나가 된 세계이다. 그러한 세계는 만물이 일체인 세계이다. 그것이 바로 도의 세계, 형이상의 세계, 근원의 세계, 신의 세계라고 할 수 있다. 사실 다양한 개념들을 통하여 그 세계를 나타내고 있지만 아무런 분별을 용납하지 않는 세계이다. 무無라고 할 수도 있고, 공空이라고 할 수도 있는 세계이다. 각방형이 상하로 결합하여 형성된 옥벽을 제시하면 다음과 같다.[43]

천지인이 합일된 세계를 천지인이라는 현상적 측면에서 나타낸 것이

43 우실하, 『고조선문명의 기원과 요하문명』, 지식산업사, 2019, 532쪽, 자료 10-11.

앞에서 살펴본 각방원의 세 가지 형상을 상하의 구조를 통하여 나타낸 것이다. 이와 달리 천지인이 합일된 세계를 나타내는 다른 형태의 옥기가 있다. 그것은 세 개의 원형이 중심이 되어 그 밖을 방형으로 나타내고 있는 옥기이다.

각방원을 상하로 나타내고 있는 옥기와 달리 이 옥기는 좌우로 결합되어 있다. 그리고 모든 옥기들이 외형을 중심으로 구성된 것과 달리 내형이 중심이 되고 있다. 중앙의 세 개의 내원을 좌우로 나란히 결합하고 그 밖을 장방형으로 나타내고 있다. 방향의 좌우는 동물의 머리나 사람의 머리로 장식하고 있다.

학자들은 원의 형태를 중심으로 세 개의 원의 좌우에 동물의 머리가 장식되어 있기 때문에 쌍수수삼공기雙獸首三孔器라고 하기도 하고, 동물을 곰으로 보아 쌍웅수삼공기雙熊首三孔器라고도 하며, 좌우에 사람의 머리가 장식되어 있는 경우에는 쌍인수삼공기雙人首三孔器라고도 한다.[44]

이 옥기가 상징하는 의미를 살펴보면 세 개의 원형은 원방각으로 나누어서 나타내기 이전의 세계가 하나의 세계임을 표상한다. 그것은 하나나 둘 또는 셋이 모여서 형성된 어떤 형태의 옥기를 막론하고 그 안에 원형이 들어 있음과 같다. 따라서 이 옥기는 원형이 표상하는 시간성의 세계가 세계의 근원임을 나타낸다.

그리고 좌우에 사람이나 동물의 형태를 장식한 것은 원방각의 세 형태로 구성된 현상의 세계, 유有의 세계를 표상하고, 세 개의 원으로 구성된 옥기는 근원적인 세계, 하나의 세계, 무無의 세계를 표상한다. 따라서 두 형태의 옥기들은 공간성의 세계와 현상의 세계, 유와 무의 세계가 일체임을 표상한다.

44 우실하, 『3수분화의 세계관』, 소나무, 2012. 204쪽에서 205쪽.

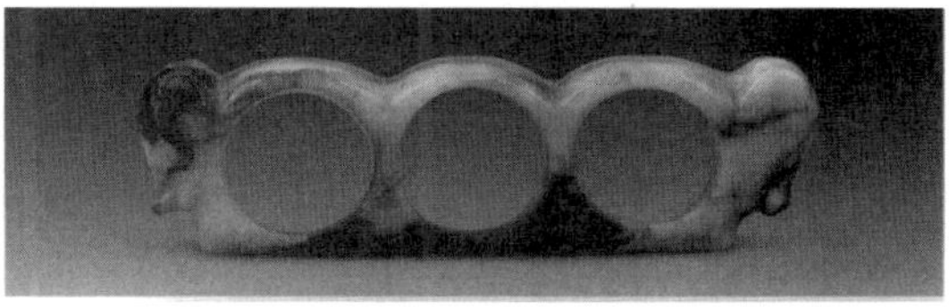

그것은 세 개의 원이 수평적으로 결합된 옥기나 원방각의 세 형태가 수직적으로 결합하여 형성된 두 옥기가 표상하는 내용을 통해서도 드러난다. 세 개의 원형으로 구성된 옥기는 셋이면서 하나인 세계를 표상하고, 세 개의 형태를 모두 취하여 형성된 옥기는 하나이면서도 셋인 세계를 표상한다. 세 개의 원형에 의하여 구성된 옥기의 모습은 다음과 같다.[45]

마지막으로 원방각의 세 개의 형상을 모두 사용하여 구성된 옥벽은 무, 공, 합일의 세계를 바탕으로 형성된 현상의 세계를 나타낸다. 여기서 유의할 점이 있다. 모든 옥벽의 내부에는 하나의 원형이 있다. 이는 어떤 상태, 어떤 의식, 어떤 세계의 어떤 존재를 막론하고 그 본질은 하나임을 뜻한다. 그것이 천을 상징하는 원형이라는 것은 원이 표상하는 세계 곧 시간성의 세계가 온 우주의 만물의 본질임을 나타낸다. 이런 점에서 보면 시간성을 본질로 하는 세계관이 옥벽에 표상되어 있음을 알 수 있다. 지금까지 홍산의 옥기를 고찰하는 과정에서 드러난 내용을 살펴보면 다음과 같다.

첫째는 내원이 표상하는 시간성의 세계가 다양하게 드러남을 나타낸다. 이는 하나이면서도 하나를 고집하지 않고 다양하게 드러나는 변화의 세계관을 표상한다.

---

45 遼寧省文物考古研究所, 『牛河梁紅山文化遺址發掘報告書(1983-2003年度)下』 圖版 二八四

둘째는 원방각의 세 형태를 기본으로 시간성을 표상하고 있음을 통하여 옥기들이 표상하는 내용이 시간성 자체가 아니라 그것을 공간적 관점에서 공간성空間性, 물성物性으로 나타낸 것임을 알 수 있다.

셋째는 외형이 표상하는 변화의 측면과 내원이 표상하는 근원이 하나로 결합되어 있음을 통하여 변화의 세계인 유有의 세계와 근원의 세계로서의 무無의 세계가 하나가 된 세계가 표상되고 있다.

넷째는 내원이 표상하는 공간성을 원방각의 형태를 통하여 상징적으로 나타내고 있다. 이는 변화의 세계가 시간상으로는 과거와 미래 그리고 현재의 세 양상으로 드러나는 동시에 공간적 측면에서는 천지인天地人이라는 세 세계로 드러나는 삼원적三元的 세계임을 나타낸다.

다섯째는 하나의 원과 방 그리고 각의 형태를 띤 옥기를 통하여 천지인과 과거, 현재, 미래의 세계를 구분하여 나타내면서도 각방角方, 각원角圓, 원원圓圓, 원방圓方을 통하여 삼자가 일체임을 나타내고 있을 뿐만 아니라 각방원角方圓을 결합하고 원원원圓圓圓을 결합하여 삼자가 일체임을 나타내고 있다. 이를 통하여 시간상으로는 과거와 미래 그리고 현재가 하나가 된 회통會通의 세계, 공간상으로 천지인이 하나가 된 합일合一의 세계가 표상되고 있다. 그러면 옥기를 통하여 표상된 인간관은 어떤지 살펴보자.

인간의 세계를 상징적으로 나타내고 있는 각형 옥기의 구조를 보면 시간의 세계를 나타내는 원형과 공간의 세계를 나타내는 방형이 결합되어 하나가 된 구조를 갖고 있다. 천지를 결합하여 합일시키는 존재가 양자를 나타내는 두 선의 끝을 연결하는 직선으로 표상되어 있다. 그것은 천지의 합일合一과 상분相分이 인간에 의하여 이루어짐을 나타낸다.

천지의 합일과 상분이 인간에 의하여 이루어짐은 천지의 본성이 곧 인간의 본성임을 뜻한다. 그것은 천지인을 표상하는 원방각의 중심이 모두 하나의 원으로 표상되었음을 통해서 확인할 수 있다. 내원이 표상하는 시간성이 천天의 근원인 천성天性인 동시에 지地의 근원인 지성地性이고 인간의 본성인 인성人性이다.

그러나 인간의 관점에서 보면 각형이 드러내고 있듯이 천지의 본성이 합일하여 형성된 것이 인간의 본성이다. 그것은 각방원이 일체임을 나타내는 각방角方, 각원角圓, 원원圓圓, 원방圓方의 외형이 모두 각형을 띠고 있음을 보아도 확인된다. 인간을 통하여 천지합일天地合一, 천인합일天人合一, 신인합일神人合一, 신물합일神物合一이 이루어진다. 그런 점에서 보면 홍산의 옥기에는 인간 중심의 세계관이 담겨 있음을 알 수 있다.

예로부터 시간은 수에 의하여 표상되었고, 시간의 근원이 되는 시간성 역시 수에 의하여 표상되었다. 그리고 시간을 나타내는 것이 역수曆數이다. 그러므로 역수를 통하여 시간성의 세계를 상징적으로 표상한다. 그러므로 『서경』과 『논어』에서는 "천의 역수가 네 몸에 있다."고 하여 천도가 역수원리임을 밝히고 있다. 그리고 천도인 역수원리가 인간의 본성임도 밝히고 있다.

바로 옥벽에서도 이미 시간성을 표상하는 원형이 모든 옥벽의 기준, 근본이 됨을 통하여 천지인의 본성이 시간성임을 밝히고 있다. 그것은 이 세계의 본질, 본성이 시간성임을 밝힌 것이다.

시간은 밝음과 어둠을 통하여 인식이 되기 때문에 일반적으로 시간성의 세계를 나타내기 위하여 빛을 상징적으로 사용한다. 하나님을 빛으로 나타내거나 법신불法身佛을 부처로 나타내고, 인간의 본성을 밝음으로 표현하는 것이 모두 그러한 상징적인 의미가 있다.

그리고 천지天地, 천인天人, 지인地人, 천천天天의 합일合一을 상징하는 옥벽이 모두 삼각형을 띠고 있듯이 합일은 인간의 본래성의 세계에서 이루어진다. 그것은 인간의 본래성이 천지의 본성과 다르지 않음을 뜻한다. 그러므로 인간의 본래성을 깨달았을 때 곧 천지의 본성을 깨닫게 된다. 이로부터 천지의 본성이 하나가 된 존재가 인간이라는 천지합일天地合一, 신인합일神人合一, 신물합일神物合一의 인간관을 볼 수 있다.

또한 원방각圓方角으로 나타낸 천지인의 세계가 하나의 상태에서 둘이 결합한 상태였다가 셋이 결합을 하였으면서도 각각의 형상을 그대로 유지한 것을 통하여 만물이 고정되지 않고 끊임없이 변화하는 변화의 세계관을 볼 수 있다. 그것은 시간을 나타내는 원형圓形이 종시의 세계를 나타내고, 있음과 공간을 나타내는 방형方形이 밖으로 확장하는 속성을 가지고 있음 그리고 각형角形 역시 고정되지 않고 여러 모양의 각형을 띨 수 있음을 통하여 이 점을 확인할 수 있다.

3. 암사동 즐문토기와 한국선사문화

한반도의 신석기 시대를 대표하는 유물은 토기土器이다. 신석기시대의 토기 가운데서 빗살무늬 토기로 명명된 토기는 신석기대를 대표하는 토기이다. 그렇기 때문에 빗살무늬토기를 통하여 신선기시대의 토기에 나타난 한국선사문화의 특징이 무엇인지를 고찰하고자 한다.

빗살무늬토기는 지역에 따라서 형태와 무늬가 다양하다. 그 가운데서 암사동의 토기를 중심으로 신석기시대의 토기를 고찰하고자 한다. 먼저 암사동에서 출토된 토기를 빗살무늬토기, 즐문토기로 명명된 것이 타당한 것인지를 살펴보자.

그것은 토기의 형태와 문양이 상징하는 의미를 어떤 관점에서 이해하느냐의 문제에서 시작하는 것이 필요하다. 고고학자들은 과학적 방법에 의하여 학문을 한다. 그렇기 때문에 토기의 형태와 무늬가 상징하는 의미 보다는 그것이 구체적으로 어떤 사물의 어떤 형태와 유사한가를 구분하여 이름을 짓게 된다.

암사동에서 출토된 토기는 위는 둥그렇고, 아래는 뾰쪽하여 옆에서 보면 역삼각형의 모습이고, 위에서 보면 원형이다. 그리고 토기를 엎어놓고 보면 한 점을 중심으로 형성된 원형의 모습을 띄고 있다. 따라서 암사동에서 출토된 토기는 원형과 삼각형이 결합하여 형성되었다고 할 수 있다.

반구대 암각화에서 나타내고 있는 생성의 세계, 변화의 세계는 인간과 자연, 인간과 사물의 구분이 없는 하나의 세계이다. 그것이 천전리 암각화와 홍산의 옥기玉器에서는 하나의 점을 확산하여 형성된 원을 통하여 상징적으로 표현되고 있다. 원형은 변화하는 세계, 끊임없이 생성되는 세계를 나타낸다.

원에 의하여 표상된 하나의 세계는 천전리 암각화에서는 삼각형이 겹쳐서 형성된 사각형, 마름모를 통하여 상하와 사방으로 규정된 공간적 세계로 표상되고 있다. 홍산의 옥기에서도 사각형을 통하여 반구대 암각화에서 표상된 생성의 세계가 공간의 세계, 이것과 저것으로 구분되는 만물의 세계로 표상되고 있다.

원과 사각형이 하나가 된 것이 삼각형이다. 그것은 만물의 세계, 공간의 세계를 나타내는 사각형을 둘로 나눈 것이다. 세계와 인간, 인간과 자연을 구분하여 인간을 바탕으로 원으로 표현된 하나의 세계와 만물로 표현되는 다양한 세계를 함께 나타내는 것이 삼각형이다.

천전리 암각화와 홍산의 옥기에서는 원과 사각형 그리고 삼각형을 중심으로 세계를 추상적으로 나타내고 있음을 살펴볼 수 있다. 이처럼 세계를 나타내는 원과 인간을 나타내는 삼각형을 중심으로 구성된 것이 신석기 시대의 토기이다. 그러면 암사동 토기를 바탕으로 토기의 표현에 표현된 무늬가 무엇을 상징하는지 살펴보자.

오늘날의 학자들이 신석기시대의 토기를 빗살무늬토기로 규정한 것은 토기의 표현에 새긴 무늬를 현상적 측면에서 빗살과 같다고 여겼기 때문이다.

그런데 앞에서 고찰한 바와 같이 신석기 초기 이전부터 시작되었다고 여겨지는 반구대 암각화를 보면 고래와 호랑이, 사슴과 거북이, 사람과 같은 만물을 통하여 주변의 자연과 하나가 된 세계를 상징적으로 나타내고 있다.

그것은 반구대 암각화가 상징적으로 나타내고 있는 세계가 인간과 자연, 인간과 세계, 인간과 동물, 인간과 사물을 구분할 수 없는 하나의 세계, 분별과 무분별을 넘어선 세계를 상징적으로 나타내고 있음을 뜻한다.

그러나 천전리 암각화에 이르러서는 그 내용이 자연물의 형상을 중심으로 표현되지 않고 추상화되고 있다. 그것은 천전리 암각화와 홍산의 옥기에 이르러서 비로소 인간과 자연, 인간과 세계, 인간과 사물을 구분할 수 없는 상태에서 하나의 세계로 그리고 더 나아가서 다양하게 구분하여 나타내기 시작하였음을 뜻한다.

원과 사각형, 마름모, 삼각형 그리고 빗금, 주름살과 같은 다양한 모습으로 세계를 구분하여 나타내고 있는 천전리 암각화와 달리 세계를 셋으로 구분하여 나타내고 있는 것이 홍산의 옥기에서 보이는 세계관이다.

반구대와 천전리의 암각화의 무늬를 바탕으로 암사동 토기에 새겨진 무늬를 이해하면 그것은 하늘에서 내려오는 비를 나타내는 무늬라고 해도 상관이 없고, 태양 숭배의 관점에서 표현된 햇살이라고 해도 상관이 없다.

토기의 표면에 새겨진 무늬를 보면 빗금처럼 이어진 윗부분과 삼각형의 연속이 된 중간 부분 그리고 다시 빗금으로 이어진 아래 부분으로 구분되어 있음을 알 수 있다. 그것은 원圓과 방方 그리고 각角으로 구분하여 세계를 이해하는 세계관의 상징적인 표현이라고 할 수 있다. 그러면 세 부분에 새겨진 무늬가 상징하는 것은 무엇인가?

반구대와 천전리의 암각화가 보여주듯이 암각화는 배경이 되는 자연과 별개로 존재하지 않는다. 주변의 경관과 하나가 될 때 비로소 암각화가 존재할 수 있다. 마찬가지로 토기는 언제나 그것이 땅이 되거나 아니면 부엌의 일부나 어떤 것이든 그 무엇인가의 위에 놓여서 존재한다는 것이다.

그것은 토기 자체가 하나의 세계 곧 땅과 어우러진 하나의 세계를 상징적으로 나타냄을 뜻한다. 암사동에 출토된 토기를 중심으로 무늬를 살펴보면 삼각형을 구성하는 무늬들이 삼각형의 두 변이 만나는 꼭지 모양이 연결된 것이거나 사각형을 이어서 새겼고, 윗부분에서는 위에서 아래로 비스름하게 사선을 내려 그어서 여러 줄을 긋고 있다.

토기의 겉모습을 구성하는 도형은 사각형이나 마름모 또는 삼각형이지만 그러한 도형이 모두 사선을 통하여 형성되고 있는 점에서 사선이 무엇을 상징하는지가 중요하다. 사선을 내리는 비로 여기거나 햇빛, 햇살로 여기거나를 막론하고 같은 의미를 갖는다.

햇빛은 밝음의 세계로 밝음과 어두음을 통하여 시간의 세계가 표상된다. 이 때 시간의 세계는 물리적으로 존재하는 어떤 것을 나타내는 것이 아니라 생성, 변화의 세계를 나타내는 개념이다.

일반적으로 말하는 태양숭배는 물리적인 사물로서의 태양을 신으로 여기고 숭배하는 어리석음의 표현이 아니다. 그것은 현대인과 선사시대의 사람들을 뇌라는 육신의 일부가 갖는 기능을 중심으로 비교하여 그들의 지능이 현대인의 지능보다 낮다는 것을 전제로 하여 이해한 결과이다.

그러나 인간의 본래성은 선사시대의 사람들이나 현대의 사람들을 막론하고 같다. 다만 그것을 표현하는 방법의 차이가 있을 뿐이다. 그렇기

때문에 선사 시대의 사람들이 현대인들보다 오히려 뛰어난 부분이 있다. 그것은 지식에 오염되지 않아서 순수함을 그대로 지니고 있음을 뜻한다.

선사 시대의 사람들이 사선斜線을 통하여 나타내고자 하는 것은 물리적인 태양을 숭배하는 것이 아니라 태양의 빛을 통하여 드러나는 생명의 현상 곧 변화의 세계에 대한 경외감의 표현이다. 그것은 선사 시대의 사람이 자신을 배제하고 자연을 경외하는 것이 아니라 자연과 인간의 구분이 없는 하나의 세계, 분별을 넘어선 세계 자체에 대한 경외감의 표현이다.

사선 무늬는 밝음을 상징한다. 그것은 밝음과 어두음으로 나타나는 시간의 세계를 표상한다. 따라서 원이나 삼각형 그리고 사각형은 시간의 세계를 나타내는 것이 아니라 시간으로 드러나는 근원, 자연과 사물 그리고 인간에게 공통적으로 내재된 무분별의 세계를 상징적으로 나타낸다.

그러나 반구대 암각화가 시간의 근원인 시간성을 그대로 표상하고 있듯이 암사동의 토기는 형태와 그것을 구성하는 사선을 통하여 시간성의 세계를 그대로 표상하고 있다. 그것은 홍산의 옥기에서 표상되는 것과 서로 다르다.

암사동의 토기가 원형을 중심으로 그 안에서 사각형과 삼각형을 표상하고 있는 것과 달리 홍산의 옥기에서는 사각형과 삼각형 그리고 원형의 내면에 모두 원형을 기본으로 하면서도 각각 원방각형의 외형이 중심이 되고 있다. 암사동에서 출토된 토기의 모양을 살펴보면 다음과 같다.[46]

지금까지 동북아지역의 선사문화를 암각화와 토기 그리고 옥기를 중심으로 살펴보았다. 그 과정에서 공통적인 특성과 더불어 다른 점도 있음을 알 수 있었다. 한반도 남부지역의 암각화에서는 시간성을 바탕으로 변화하는 세계관을 나타내고 있을 뿐만 아니라 그것을 표현하는 방법이 고래와 짐승 그리고 사람의 관계를 통하여 나타내다가 원형, 사각형, 마름모, 삼각형과 같은 추상적인 도형을 비롯하여 다양한 형태의 문양으로 나타내고 있음을 확인하였다.

그리고 암각화에서 시간성 자체를 중심으로 그것을 표현하고 있는 것과 달리 홍산의 옥기에서는 그것을 공간성으로 변화하여 공간성을 중심으로 상징적으로 나타내고 있음을 살펴보았다. 자연과 인간 그리고 동물과 식물이 구분되지 않는 하나의 세계를 나타내고 있는 암각화, 토기와 달리 홍산의 옥기들은 인간을 중심으로 세계를 이해하고 있는 점에서 앞의 세계관과 같으면서도 다른 관점이 드러나고 있다.

46 국립중앙박물관소장, 빗살무늬토기, 신석기, 강동구 출토.

제삼부

선사문화와 동아시아 상고사상

우리는 앞에서 홍산 지역의 옥기와 암사동의 토기 그리고 반구대와 천전리의 암각화를 통하여 한반도와 동북아 지역의 선사문화를 살펴보았다.

한반도와 옛 고구려 지역에서 나타난 선사문화는 시간성을 바탕으로 형성된 변화의 세계관이라는 공통성이 있다. 그것은 동아시아의 선사시대의 문화는 시간성을 중심으로 세계를 이해하는 점에서 출발하였다는 공통성이 있음을 뜻한다.

동아시아의 선사 시대의 사람들은 세계를 고정되지 않고 변화하는 세계, 생성의 과정의 연속, 생명의 연속으로 이해하였다. 그것이 만물에 정령이 깃들어 있음으로 표현되기도 하고, 토템을 숭상하고 토템과 하나가 되고자 하는 행위로 드러나기도 한다.

시간성을 바탕으로 세계를 생성, 변화, 생명의 연속으로 이해하였던 선사 문화는 역사 시대로 들어가면서 여러 방면에서 체계화되고, 정리되어 다양한 문화, 사상으로 드러난다.

동아시아에서는 시간성 자체를 그대로 계승하여 시간성과 그것의 작용으로 드러나는 시간의 세계가 중심이 된 문화와 그것을 대상화, 객관화하여 공간성을 중심으로 그것이 드러나는 공간의 세계, 물건의 세계가 중심이 되는 문화로 발전하였다.

동아시아의 상고시대의 사상은 선사시대의 두 흐름이 중심이 되어 발전해왔다. 선사문화의 두 흐름은 역학易學이라는 학문으로 규정된 독특한 문화를 형성하면서 발전해왔다.

중국의 상고사상은 홍산의 옥기를 통하여 살펴볼 수 있듯이 시간성을 공간성의 관점에서 나타내고 있다. 그것은 시간성을 공간성의 관점에서 나타낸 『주역』의 괘효사卦爻辭와 십익十翼을 통하여 확인할 수 있다. 『주역』은 공간성을 통하여 표현된 인도人道 중심의 역학易學이다.

고조선 사상은 시간성을 그대로 수용하여 발전하였다. 고조선의 사상을 살펴볼 수 있는 「소도경전」에서는 고조선의 사상과 중국상고의 사상이 역학易學이라는 공통점을 갖고 있으면서 서로 차이가 있음을 다음과 같이 밝히고 있다.

> 환역桓易의 체는 원圓이며, 용은 방方이다. 모양이 없음으로부터 실實을 알게 되니 이것이 하늘의 이치이다. 희역羲易의 체는 방方이며, 용은 원圓이다. 모양이 있는 것에서 그 변화를 아니 이것이 하늘의 체이다. 지금의 역易은 서로 체이면서 서로 용이니 스스로 원이면서 원하고, 스스로 방이면서 방하며, 스스로 각이면서 각이다. 이것이 하늘의 명命이다.[1]

위의 내용에서 환역은 고조선 사상을 나타낸 말이며, 희역은 복희伏羲로부터 시작되어 문왕文王, 주공周公, 공자孔子에 의하여 집대성되었다고 여기는 『주역周易』을 가리키는 말이다. 이를 통하여 동아시아 상고사상이

---

1 李陌, 『太白逸史』 蘇塗經典本訓, "桓易 體圓而用方 由無象以知實 是天之理也 羲易 體方而用圓 由有象以知變 是天之體也 今易 互體而互用 自圓而圓 自方而方 自角而角 是天之命也."

역학으로 발전하였음을 알 수 있다.

환역桓易의 환桓은 고조선 사상이 환인사상임을 나타내는 개념이며, 역易은 고조선 사상의 내용이 역도임을 나타내는 개념이다. 따라서 환역은 환인사상이 역학사상임을 나타낸다. 그리고 희역은 복희로부터 시작된 사상 곧 복희사상을 가리키는 희羲라는 개념과 그 내용이 역학사상임을 나타내는 역易이라는 개념이 결합하여 형성된 개념이다. 희역은 복희사상이 역학사상임을 나타낸다. 그러면 환역과 희역의 차이는 무엇인가?

고조선 사상을 나타내는 환역과 중국사상을 나타내는 희역의 차이는 원방각圓方角을 통하여 나타내고 있다. 그것은 시간성의 차원에서는 분별이 없기 때문에 시간성을 객관화하여 나타낸 공간성의 차원에서 비로소 분별이 가능함을 나타낸다.

공간성의 차원에서 세계를 나타내면 시의성을 나타내는 원과 공간성을 나타내는 방 그리고 인간성을 나타내는 각으로 구분하여 나타낼 수 있다. 공간적 관점에서는 세계는 원방각이 표상하는 천지인의 구조를 통하여 나타낼 수 있다. 그것은 원방각이 각각 천성天性과 지성地性 그리고 인성人性을 표상함을 뜻한다.

고조선 사상은 시간성 자체를 중심으로 세계를 이해하며, 중국사상은 시간성을 객관화한 시의성 곧 공간성을 중심으로 세계를 이해한다. 인용문에서는 고조선사상이 원을 체로 하고 방을 용으로 한다고 하였다. 그것은 고조선 사상이 시간성을 본체로 하고 공간성을 그 작용으로 하여 세계를 이해함을 뜻한다.

복희가 확립한 희역을 중심으로 형성된 중국사상, 중국문화는 방을 체로 하여 원을 용으로 한다. 그것은 공간성을 본체로 하여 시간성을 용으로 함을 뜻한다. 이처럼 중국역학, 중국사상이 공간성을 본체로 하고 시간성을 작용으로 함은 중대한 의미를 갖는다. 그러면 지금의 역易은 무엇을 의미하는가?

금역今易은 환역, 희역과 대응하여 사용된 개념이다. 그것은 오늘날이라는 개념을 통하여 현재를 나타내고, 역이라는 개념을 통하여 근원, 도를 가리킴을 통하여 파악할 수 있다. 금역은 본질적 시간인 영원한 현재를 중심으로 역학을 나타낸 것이다. 그러면 금역이란 무엇인가?

금역이 무엇인가를 방원의 관계를 통하여 파악할 수 있다. 앞의 인용문에서 복희역이 체방용원이며, 환역이 체원용방임을 밝히고 있다. 이 때 원과 방은 각각 시간성과 공간성을 나타낸다. 그것은 공간적 관점에서 천지인의 삼재를 통하여 나타내면 체원용방은 천도를 중심으로 지도를 나타내고, 체방용원은 지도를 중심으로 천도를 나타냄을 뜻한다. 천도를 중심으로 역도를 나타내는 것이 체원용방이며, 지도를 중심으로 역도를 나타내는 것이 체방용원이다. 그러면 방원을 호상체용하면서 양자의 각각을 유지함은 무엇인가?

『정역』에서는 방원을 통하여 선천과 후천을 구분하고, 양자의 근원이 원천임을 다음과 같이 밝히고 있다.

> 선천은 방을 체로하고 원을 쓰므로 27삭 만에 윤달이 든다. 후천은 원을 체로 하여 방을 쓰기 때문에 360일이 기일朞日이다. 원천原天은 무량하다.[2]

인용문을 보면 체방용원體方用圓은 선천先天이며, 체원용방體圓用方은 후천後天이다. 그것을 역수曆數의 관점에서 나타내어 선천은 윤달을 사용하고,

2 金恒, 『正易』, 先后天 正閏度數, "先天은 體方用圓하니 二十七朔而閏이니라. 后天은 體圓用方하니 三百六旬而正이니라. 原天은 无量이니라."

후천은 윤달을 사용하지 않아도 음양의 역이 일치가 됨을 밝히고 있다. 그리고 원천이 무량하다고 하여 선천과 후천의 근거가 원천임을 밝히고 있다. 그러면 원천의 세계는 무엇인가?

소도경전蘇塗經典에서는 『노자』에 보이는 무극과 『주역』에서 사용된 태극과 관련하여 원각방을 다음과 같이 논하고 있다.

> 원圓이 그 하나이니 무극無極이고, 방方은 그 둘이 되니 반극反極이며, 각角은 셋이 되니 태극太極이다.[3]

위의 내용은 단군신화에서 환인이 환웅과 환웅, 웅호, 단군으로 하나와 셋으로 드러나는 구조를 통하여 밝히고 있듯이 환웅을 상징적으로 표현된 시의성을 각각 천도와 지도 그리고 인도의 세 측면에서 나타내고 있다.

원을 무극으로 규정하고, 방을 반극으로 규정하여 무극으로 돌아가는 작용을 방方이 상징적으로 나타낸 것으로 규정하고 있다. 그리고 각角은 태극으로 규정하여 인간을 중심으로 육신으로부터 본래성을 향하고, 천지의 본성을 향해 이루어지는 작용을 중심으로 원방각圓方角을 이해하고 있음을 볼 수 있다. 그러면 금역은 무엇인가?

선천과 후천의 양자가 서로 체용이 되어 일체적이면서도 구분되는 세계는 원천이고, 무극과 태극의 양자가 하나가 되면서도 서로 구분되는 세계는 황극이다. 황극을 통하여 원천의 세계가 드러나고 그것이 무극과 태극의 형이상적 세계와 선천과 후천의 형이하적 세계로 드러난다. 따라서 금역은 황극을 중심으로 신명, 신도의 세계를 나타낸 것이다.

황극을 중심으로 무극과 태극을 삼극의 도로 밝히고 있는 전적은 조선

---

3 李陌, 『太白逸史』 蘇塗經典本訓, "圓者一也無極 方者二也反極 角者三也太極."

말기의 김항에 의하여 저작된 『정역』이다. 이를 통하여 한국문화의 근원인 고조선사상의 환역과 중국문화의 연원인 희역이 『정역』을 통하여 하나가 되어 드러났음을 알 수 있다.

『정역』에서는 원방각이 표상하는 내용을 원방을 중심으로 각각 무극과 태극 그리고 황극으로 규정하고, 무극과 태극을 중심으로 양자의 관계를 도생역성倒生逆成과 역생도성逆生倒成으로 구분하여 나타내고 있다.

『정역』의 도역생성을 중심으로 인용문의 내용을 이해하면 태극을 출발점으로 삼아서 무극을 향하는 역생도성의 방향을 중심으로 삼극을 논하고 있는 것이 그 내용임을 알 수 있다. 따라서 인용문의 내용은 원은 무극을 나타내고, 방은 태극의 역생도성을 나타내며, 각은 도역생성이 하나가 되고, 나누어지는 중심이 되는 황극을 나타냄을 알 수 있다.

동아시아의 선사문화는 시간성을 중심으로 신도, 천도로 발전하고, 공간성을 중심으로 지도, 인도로 발전하는 두 방향의 흐름이 상호 영향을 주고받으면서 동아시아의 문화를 형성하면서 발전해왔다.

신도, 천도는 수數와 언사言辭를 통하여 상징적으로 표현이 되고, 지도, 인도는 괘효卦爻와 언사言辭를 통하여 상징적으로 표현되었다. 『서경』에서는 그것을 역曆과 상象으로 구분하여 나타내고 있다. 신도, 천도는 고조선사상을 형성하면서 한국문화, 한국사상으로 발전하였고, 지도, 인도는 은말殷末 주초周初를 겪으면서 『주역』과 홍범구주洪範九疇에서 밝히고 있는 중국문화, 중국사상으로 발전하였다.

그것은 반구대와 천전리의 암각화를 통하여 상징적으로 표현되고 있는 시간성 중심의 문화가 고조선 사상으로 집대성되면서 발전하였고, 홍산紅山의 옥기玉器를 통하여 표현된 시간성을 공간성으로 객관화하여 표현하는 문화가 중국문화, 중국사상을 형성하면서 발전해왔음을 뜻한다.

신도, 천도는 수數 곧 역수曆數를 통하여 상징적으로 표현되고, 지도,

인도는 괘효卦爻의 상象과 언사를 통하여 상징적으로 표현된다. 신도, 천도 중심의 고조선 문화가 조선 말기에 『정역』으로 나타나고, 지도, 인도 중심의 중국문화는 은말殷末 주초周初에 『주역』으로 나타났다.

이에 지금부터는 선사문화가 동아시아에서 역학易學이라는 문화, 사상을 형성하면서 두 갈래로 변화하여 발전하는 과정을 살펴보고자 한다.

1. 선사문화와 역학易學

우리는 앞에서 신석기시대의 선사문화가 무엇인지 한반도의 암각화와 홍산의 옥기 그리고 암사동의 토기를 중심으로 살펴보았다. 지금까지 학자들은 선사시대를 샤머니즘으로 규정하여 선사문화를 종교적 관점에서 이해하고 있다.

그것은 인간이 무지無知한 상태에서 종교를 갖게 되고, 지혜가 발달하면서 종교로부터 벗어나서 철학을 하게 되며, 가장 지혜가 발달하면 철학을 벗어나서 과학에 이른다는 실증적이고 유물론적인 과학적 세계관, 인간관을 바탕으로 선사문화를 이해할 결과이다. 그러면 동아시아의 샤머니즘과 다른 지역의 샤머니즘이 서로 다른가?

동아시아의 상고사상을 나타내고 있는 여러 전적들에서는 선사시대의 문화, 문명을 전통사상으로 규정하고, 그것을 이론 체계화하는 집대성의 과정을 거쳐서 다양한 사상들이 형성되었음을 밝히고 있다.

소도경전蘇塗經典에서는 환웅桓雄의 시대에 우사雨師에 의하여 환역桓易이 형성되었으며, 복희伏羲 역시 우사로 그에 의하여 희역羲易이 형성되었음[4]

4 李陌, 『太白逸史』 蘇塗經典本訓, "易出於雨師之官也 時伏羲爲雨師 以養六畜也 於是 見神龍之逐日

을 밝히고 있다. 이는 환인의 시대에 하나였던 문화가 환웅시대에 이르러서 비로소 서로 다른 문화로 분화되기 시작하였음을 뜻한다.

『정역』에서는 신명을 원리적 측면에서 반고로 나타내고 반고에 의하여 역문화의 역사가 전개됨을 밝히고 있는데 그 내용은 다음과 같다.

> 아! 반고盤古가 화化하니 천황天皇은 함이 없으시고, 지황地皇은 덕德을 실으시니, 인황人皇이 흥작興作한다. 유소有巢가 이미 집을 지었으며, 수인燧人이 이어 불을 사용하였다. 신령스럽다, 복희伏羲가 괘卦를 긋고, 성스럽다, 신농神農이 논사農事를 시작하였다. 황제黃帝는 남두南斗 육성六星을 관찰하여 간지도수干支度數를 제정制定하였고, 신령스런 요堯임금은 갑진년甲辰年에 등극登極하였다. 제순帝舜은 선기옥형璇璣玉衡을 관찰하여 칠정七政을 행하였으며, 대우大禹는 현묘玄妙한 낙서원리洛書原理를 응용하여 나라를 구주九州로 나누어 다스렸다. 은묘殷廟에서 탕湯임금의 덕德을 볼 수 있으며, 기자箕子도 이에 성인聖人이시니 주周나라의 덕德이 이로부터 시작된다. 주周나라의 건국建國은 문왕文王과 무왕武王에 있으며, 문물文物제도制度의 완비는 주공周公의 덕德이다. 기린麒麟스럽다, 우리의 성인聖人공자孔子여! 건곤乾坤 중립中立하여 위로는 천시天時를 본받고 아래로는 성인의 도를 물려받아 오늘에 전하였다. 아아, 오늘인가, 오늘인가. 육십삼六十三과 칠십이七十二와 팔십일八十一은 일부一夫에서 하나가 된다.[5]

日十二變色 乃作桓易 桓卽與羲同 義也 易卽古龍本字也."

5 金恒, 『正易』 「十五一言」 第一張, "嗚呼라 盤古化하시니 天皇无爲시고 地皇載德하시고 人皇作이로다. 有巢旣巢하시고 燧人乃燧로다. 神哉라 伏羲劃結하시고 聖哉라 神農耕市로다. 黃帝甲子星斗요 神堯日月甲辰이로다. 帝舜七政玉衡이오 大禹九州玄龜로다. 殷廟에 可以觀德이오 箕聖乃聖이시니 周德在玆하야 二南七月이로다. 麟兮我聖이여 乾坤中立하사 上律下襲하시니 襲于今日이로다. 嗚呼라 今日今日이여 六十三七十二 八十一은 一乎一夫니라."

위의 내용을 보면 동북아의 상고 시대를 유소有巢, 수인燧人, 복희伏羲, 신농神農, 황제黃帝, 요堯, 순舜, 우禹, 탕湯, 기자箕子, 문왕文王, 무왕武王, 주공周公, 공자孔子까지의 성통聖統을 중심으로 밝히고 있음을 알 수 있다.

그리고 십사十四 성인聖人의 성통聖統이 공자에 의해 완결되었음을 밝히고, 그것이 일부一夫에 의해 계승繼承되었으며, 일부를 통하여 역수원리를 중심으로 역도가 천명闡明되었음을 밝히고 있다.

육십삼六十三, 칠십이七十二, 팔십일八十一은 건책도수乾策度數인 이백일십육二百一十六을 나타내는 것으로 이를 통하여 일부가 건책乾策 성통聖統에 참여한 건책乾策 성인聖人임을 밝힌 동시에 그 내용이 원역原曆과 윤역閏曆, 윤역閏曆 그리고 정역正曆의 사역四曆의 변화에 의해 표상되는 역수원리임을 밝힌 것이다.

상고 시대의 역사를 역수원리의 관점에서 성통사聖統史를 중심으로 밝힌 것은 역도의 내용이 역수원리이며, 역수원리에 근거하여 성인이 탄강하고, 성인에 의해 역학이 형성되었음을 밝힌 것이다. 그렇기 때문에 『정역』에서는 "역도는 역수원리이며, 역수원리가 없으면 성인이 없고, 성인이 없으면 역학이 없다."[6]고 하였다.

그런데 성인은 역도에 근거하여 인류 역사상에 탄강하기 때문에 주어진 천명에 따라서 건책乾策 성통聖統에 참여한 성인과 곤책坤策 성통聖統에 참여한 성인으로 구분할 수 있다. 건책 성통에 참여한 성인은 인류 역사상에 탄강하여 신도神道, 천도를 중심으로 역도를 천명闡明하였으며, 곤책 성통에 참여한 성인은 인도人道를 중심으로 역도를 천명하였다.

곤책 성통에 참여한 성인에 의해 인도를 중심으로 역도가 천명됨으로써

---

6 金恒, 『正易』 「大易序」, "聖哉라 易之爲易이여 易者는 曆也니 無曆이면 無聖이오 無聖이면 無易이라 是故로 初初之易과 來來之易이 所以作也시니라."

『주역』이라는 역경이 저작되었으며, 건책 성통에 참여한 성인에 의해 신도, 천도 중심으로 역도가 천명됨으로써 『정역』이라는 역경이 저작되었다. 그리고 『주역』을 중심으로 인도 중심의 역학인 괘효 역학이 형성되었으며, 『정역』을 중심으로 신도, 천도 중심의 간지干支역학, 도서圖書역학易學이 형성되었다.[7]

성인은 시대를 이끌어가는 중추적 존재로, 성인에 의해 형성된 역학은 모든 학문의 근거가 되는 근원적 학문이다. 그리고 시대라는 시간 속에서 국가라는 사회가 존재한다. 건책 성인이 중추가 되어 흘러가는 역사는 신도, 천도를 중심으로 형성된 역학이 역사 정신이 되어 전개되는 역사이며, 그러한 사회는 신도, 천도가 중심이 되어 형성된 역학이 근간이 되어 형성된 사회이다. 반면에 곤책 성인이 중추가 되어 흘러온 역사는 인도가 중심이 되어 형성된 역학이 역사 정신이 되어 전개되는 역사이며, 그러한 사회는 인도가 중심이 되어 형성된 역학이 근간이 되어 형성된 사회이다.

성통이 건책 성통에 참여한 건책 성인과 곤책 성통에 참여한 곤책 성통으로 구분되며, 건책 성인과 곤책 성인에 의해 신도, 천도 중심으로 역학과 인도 중심의 역학이 형성되었다는 것은 신도, 천도를 중심으로 사명을 부여받은 국가와 인도 중심의 사명을 부여받은 국가가 서로 구분되었음을 뜻한다.

건책 성통에 참여한 성인인 김일부一夫에 의해 『정역』이 저작되었으며, 그것을 바탕으로 신도神道, 천도天道 중심의 역학이 형성되고, 그것이 역사 정신이 되어 흘러온 역사를 가진 국가 사회는 한국韓國이다.

그리고 곤책 성통에 참여한 성인인 복희와 문왕, 주공, 공자에 의해

7 간지역학干支易學과 도서역학圖書易學은 괘효역학卦爻易學과 구분하기 위하여 사용한 개념으로, 간지도수干支度數를 통하여 표상된 신명원리神明原理, 신도神道를 중심으로 역도易道를 연구하는 학문이며, 도서역학圖書易學은 하도河圖와 낙서洛書를 중심으로 역도를 연구하는 학문이다.

『주역』이 저작되고, 『주역』에서 밝힌 인도를 중심으로 역학이 형성되고, 그것이 역사 정신이 되어 흘러온 역사를 가진 국가 사회는 중국中國이다.

『주역』에서는 전통문화를 은나라 말기에서 주나라 초기에 문자화하여 형성된 것이 『주역』임을 다음과 같이 밝히고 있다.

> 역易이 일어남은 은殷나라 말기에서 주周나라 덕이 창성한 때이다. (사건의 측면에서는) 문왕文王과 주왕紂王의 일이다.[8]

인용문의 내용을 보면 오늘날 우리가 만나는 『주역』의 텍스트가 담고 있는 내용들이 은나라 말기에서 주나라 초기에 문왕文王과 주왕紂王의 관계를 배경으로 형성되었음을 알 수 있다. 이를 바탕으로 훗날의 학자들은 당시 천자였던 주왕이 제후였던 문왕을 유리羑里에 유폐를 시키자 문왕이 감옥監獄에 갇혀 있으면서 육효六爻 중괘重卦를 나열하고 괘효사卦爻辭를 달아서 『주역』을 완성하였다는 주장을 제기하였다.[9]

그러나 『주역』의 괘효卦爻와 괘효사卦爻辭를 통하여 표현되고 있는 내용은 비록 은나라 말기에서 주나라 초기의 때에 형성되었지만 오랜 전부터 전해 내려왔던 내용이다. 그것은 괘효사가 은나라 때 행하여졌던 점사占辭들을 활용하여 구성되었지만 그것이 상징적으로 나타내고자 했던 내용들은 오래전부터 전해 내려왔던 내용이었음을 뜻한다.

『주역』은 은나라 말기에서 주나라 초기에 형성된 괘효와 괘효사와 이에 대하여 그것이 상징하는 의미를 밝히고 있는 여러 편의 글들(十翼)로

8 『周易』 繫辭下 第十一章, "易之興也, 其當殷之末世, 周之盛德邪 當文王與紂之事邪 是故 其辭危. 危者使平, 易者使傾, 其道甚大, 百物不廢. 懼以終始, 其要无咎, 此之謂易之道也."

9 고회민 저, 숭실대동양철학연구실역, 『중국고대역학사』, 숭실대학교출판부, 1990, 52쪽에서 61쪽.

구분할 수 있다. 여기서 앞의 글들이 바탕이 되어 뒤의 이른바 십익十翼이 형성된 점에서 양자의 특성이 서로 다르다고 할 수 있다.

후대의 학자들은 전자를 경經으로 그리고 후자를 전傳으로 구분하여 규정하였다. 경經은 근본적인 전적을 가리키며, 전傳은 경經에 대하여 부연하여 설명하고 있는 전적을 가리킨다. 따라서 양자를 경과 전으로 구분하여 이해한 까닭은 괘효와 괘효사의 내용이 바탕이 되어 십익이 형성되었음을 나타낸 것이라고 할 수 있다. 그러면 괘효와 괘효사가 나타내는 내용은 무엇인가?

십익十翼에서는 다양한 측면에서 『주역』이라는 텍스트가 형성되었던 과정, 목적, 그리고 저자, 내용에 대하여 논하고 있다. 먼저 설괘說卦에서 밝히고 있는 『주역』의 저작 내용과 목적을 살펴보면 다음과 같다.

> 옛날에 성인이 역易을 지음은 장차 성명性命의 이치에 순응하도록 하기 위함이다. 그러므로 천도天道를 세워서 말하기를 음陰과 양陽이라고 하고, 지도地道를 세워서 말하기를 유柔와 강剛이라고 하며, 인도人道를 세워서 말하기를 인仁과 의義라고 하였다. 삼재三才가 모두 양지兩之 작용을 하기 때문에 역은 육획六劃에 의하여 괘卦로 드러난다. 음과 양으로 나누어져서 강유로 질운迭運 작용을 한다. 그러므로 역이 여섯 위位에 의하여 그 형식을 갖추게 된다.[10]

인용문의 내용을 보면 역에 관한 많은 내용들이 제시되어 있다. 첫째는 역을 저작한 주체가 성인聖人이라는 점이다. 그것은 사람 가운데서도 사람답게 살아가는 사람으로서의 성인이 다른 사람들에게 사람다운 길을

---

10 『周易』 說卦 第二章, "昔者聖人之作易也, 將以順性命之理. 是以立天之道曰陰與陽, 立地之道曰柔與剛, 立人之道曰仁與義. 兼三才而兩之, 故易六畫而成卦, 分陰分陽, 迭用柔剛, 故易六位而成章."

안내하기 위하여 역을 저작하였음을 나타낸다.

역易이라는 개념은 일차적으로 역학易學이라는 이론체계 또는 학문, 원리 곧 역도易道를 가리킨다. 계시繫辭에서는 괘효가 상징적으로 나타내고 있는 내용을 삼재三才의 도道로 밝히고 있을 뿐만 아니라 역도易道, 변화變化의 도道로 밝히고 있다.

역이라는 개념은 역도를 나타내고 있는 상징체계를 가리키기도 하고, 역도의 이론체계를 가리키기도 하며, 그것을 나타내고 있는 괘효와 괘효사를 가리키기도 하여 다양한 관점에서 역도와 관련된 모든 것을 가리킬 때 사용되고 있다. 따라서 역이라는 개념은 역학易學, 역문화易文化, 역사상易思想을 가리키기도 하고, 때로는 그것을 담고 있는 『주역』과 같은 텍스트를 가리키기도 하는 점에서 다양한 의미로 사용되고 있음을 알 수 있다.

둘째는 성인이 역을 지은 목적은 성명의 이치에 순응하도록 하기 위함이다. 그것은 역의 내용이 사람답게 살아가는 삶의 원리를 밝히기 위하여 저작되었음을 밝힌 것이다. 성명, 성명의 이치는 사람을 형이상과 형이하의 두 측면에서 나타낸 것이다.

성性은 형이상의 측면을 나타내고, 명命은 형이하의 측면을 나타낸다. 계사에서는 "형이상적 존재를 도道라고 하고, 형이하적 존재를 기器라고 한다."[11]고 하였다. 그리고 "양으로도 드러나고, 음으로도 드러남을 도道라고 하며, 계속됨을 선善이라고 하고, 선이 완성된 것을 성性이라고 한다."[12]고 하여 도가 만물에 있어서 근원인 성性임을 밝히고 있다. 이로부터 사람의 본성을 가리키는 성性(道)과 본성이 드러난 현상적 측면으로서의 마음과 육신을 가리키는 명命(器)을 밝히고 있는 것이 『주역』임을 알 수

11 『周易』 繫辭上篇 第十二章, "形而上者를 謂之道오 形而下者를 謂之器오."

12 『周易』 繫辭上篇 第五章, "一陰一陽之謂道니 繼之者善也오 成之者性也라."

있다.

그것은 역도, 변화의 도 자체를 밝히기 위하여 『주역』이 저작된 것이 아님을 뜻한다. 도 자체의 차원이 아니라 그것이 드러난 현상의 관점에서 곧 개체적 존재의 관점에서 역도를 밝히고 있다. 성과 명을 구분하여 양자의 관계를 중심으로 역도, 변화의 도를 나타낸 것이 그 점을 나타낸다.

셋째는 『주역』이 역도를 삼재라는 현상적 구조를 중심으로 삼재의 도로 제시하고 있을 뿐만 아니라 삼재의 도 가운데서 성명, 성명의 이치를 밝히고자 하였음은 『주역』이 개체적 관점, 현상적 관점, 물건적 관점에서 역도를 밝히고 있음을 나타낸다.

『주역』은 개체적 관점에서 천도나 지도가 아닌 인도를 제시하고 있다. 그것은 성명의 이치를 밝히기 위하여 음양을 통하여 천도를 밝히고, 강유를 통하여 지도를 밝히며, 인의를 통하여 인도를 밝혔음을 논하고 있음을 보면 알 수 있다.

계사에서는 성인이 밝힌 도의 내용을 인仁으로 제시하고 있다. 그리고 십익을 저작한 것으로 여겨지는 공자孔子의 사상을 나타내고 있는 『논어』와 공자의 사상을 계승한 『맹자』의 내용 역시 인의仁義가 중심이다.

넷째는 인용문의 끝부분에서 천도의 음양이 본체가 되어 지도인 강유로 드러남을 밝히고 있다. 이는 음양에 의하여 강유작용이 이루어지며, 그 내용이 인의임을 나타낸다. 따라서 『주역』에서 천도와 지도를 밝히고 있지만 그것은 인도인 성명원리를 밝히려는 것임을 알 수 있다. 그러면 성인에 의하여 작역作易은 어떤 과정을 통하여 이루어지는가?

그것은 역도가 어떻게 밝혀지는가의 문제와 관련되어 있다. 왜냐하면 성인이 후세의 사람들로 하여금 성명, 성명의 이치에 순응하게 하려는 목적에서 역서易書를 저작하였음은 성인 역시 성명을 순응하기 위한 과정이 있었음을 뜻하기 때문이다. 설괘의 제일장에서는 그 점을 다음과 같이 밝히고 있다.

> 옛 성인이 역을 지음에 그윽이 신명神明에 참여하여 시초蓍草를 낳았으며, 삼천양지參天兩地의 구조를 수數에 의하여 나타내었고, 음양의 변화를 보고 (그것을 나타내는) 괘卦를 세웠으며, 강유로 발휘하는 것을 보고 (그것을 나타내기 위하여) 효爻를 낳았다. 도덕道德에 화순和順하여 의리로 다스리니, 궁리窮理하고, 진성盡性하며, 지명至命한다.[13]

인용문의 내용을 보면 성인이 역을 지을 수 있었던 것은 신명에 참여함으로써 가능함을 알 수 있다. 그러면 신명은 무엇인가?

신명의 신은 음과 양을 통하여 헤아릴 수 없는 세계 곧 분별을 통하여 나타낼 수 없는 세계를 가리키는 개념이다. 그것은 분별이 없는 세계, 하나의 세계를 나타내는 개념이 신임을 뜻한다. 신을 중심으로 세계를 나타내면 변화가 없는 고요한 세계이다.

그러나 분별하여 나타낼 수 없는 무분별의 세계가 항상 고요함에 정체되어 있는 죽음의 세계는 아니다. 그것은 세계가 고요하면서도 그 상태를 계속 유지하지 않고 끊임없이 변화함을 뜻한다.

세계가 고요한 상태에서 벗어나서 변화하는 특성을 나타내는 개념이 명明이다. 명은 분별分別을 뜻한다. 그것은 부동不動의 상태에 머물지 않는 창조성, 활동성을 나타내는 개념이다. 따라서 신명은 분별을 넘어선 무분별의 세계이면서도 그 상태를 고집하지 않고 분별을 통하여 자신을 드러냄을 나타내는 개념이다. 그러면 신명에 참여함은 무엇인가?

---

13 『周易』 說卦 第一章, "昔者聖人之作易也애 幽贊於神明而生蓍하고 參天兩地而倚數하고 觀變於陰陽而立卦하고 發揮於剛柔而生爻하니 和順於道德而理於義하며 窮理盡性하여 以至於命하니라."

신명은 인간과 세계가 하나가 되어 구분될 수 없는 본래의 세계를 나타낸다. 신명을 개체적 관점에서 나타내면 덕德이 된다. 그러므로 천지의 근원을 체득함으로써 신명한 덕에 통하게 된다.[14] 계사繫辭에서는 복희에 의하여 팔괘가 생성되었음을 밝히면서 그것을 "신명한 덕에 통하여 만물의 정위를 나타냄."[15]으로 나타내고 있다. 그러면 신명한 덕에 통하는 구체적인 방법은 무엇인가?

계사에서는 천지의 본성을 자각함으로써 신명한 덕에 통함을 다음과 같이 밝히고 있다.

> 역易은 생각함이 없고, 함이 없어서 고요하여 움직임이 없으면 마침내 천하의 연고에 느껴 통한다.[16]

인용문의 내용을 보면 무사無思, 무위無爲하여 적연부동寂然不動하면 저절로 감통感通하게 됨을 밝히고 있다. 이 때 무사, 무위는 마음과 육신의 두 관점에서 인위적인 사고와 행위가 없음을 나타낸다.

그것은 사고와 언행의 주체로서의 마음과 육신을 실체로 여기지 않음을 뜻한다. 마음이나 육신을 자신으로 여기지 않을 때 비로소 적연하여 부동의 상태에 이르고, 적연하여 부동의 상태에 이르면 저절로 감통感通하게 된다.

무사, 무위하여 적연부동한 상태는 나와 남, 나와 세계, 나와 사물의 분별이 없는 상태를 가리킨다. 이러한 상태를 나타내는 다양한 개념들이

14 『周易』繫辭下篇 第六章, "子曰乾坤은 其易之門邪인저 乾은 陽物也오 坤은 陰物也니 陰陽이 合德하여 而剛柔_有體라 以體天地之撰하며 以通神明之德하니"

15 『周易』繫辭下篇 第二章, "於是에 始作八卦하여 以通神明之德하며 以類萬物之情하니라."

16 『周易』繫辭上篇 第十章, "易은 无思也하며 无爲也하여 寂然不動이라가 感而遂通 天下之故라."

형이상의 도, 성품, 신명이다. 따라서 분별심의 차원, 분별의식의 차원을 넘어섰을 때 비로소 신명의 세계가 드러남을 나타내는 것이 신명에 참여함임을 알 수 있다.

그런데 신명에 참여한 후에 시초蓍草를 생산했다고 하였다. 그것은 신명의 세계를 상징적으로 나타내는 것이 시초의 원리임을 뜻한다. 시초원리는 무분별의 세계를 상징적으로 나타내는 하나의 체계이다. 그것은 삼천양지參天兩地라는 삼양三兩의 구조에 의하여 상징적으로 나타낸다. 이 때 사용되는 매개가 수數이다.

계사繫辭에서는 역도, 변화의 도를 표상하는 체계를 구성하는 수를 천지天地의 수數로 규정하고 있다.[17] 천지의 수는 각각 일一, 삼三, 오五, 칠七, 구九와 이二, 사四, 육六, 팔八, 십十의 기우奇偶의 수이다. 천수天數는 기수奇數이고, 지수地數는 우수偶數이다. 다만 천지의 수를 기수를 중심으로 나타내면 삼천양지參天兩地이고, 우수를 중심으로 나타내면 삼지양천三地兩天이다.

그런데 천지의 수를 나타내는 기우를 구분하는 기준을 나타내는 수가 오五이다. 이 오五를 중심으로 천지의 수를 구분하여 일一, 이二,삼三, 사四와 육六, 칠七, 팔八, 구九 그리고 오와 십으로 구분하여 나타낼 수 있다. 그리고 십十은 오五의 배수이기 때문에 오로 나타낼 수 있다.

천지의 수를 삼양의 구조를 통하여 구성한 상징체계를 계사에서는 신도神道, 변화變化의 도를 표상하는 상징체계로 밝히고 있다. 그것은 신명의 세계를 상징적으로 나타내는 것이 천지의 수에 의하여 구성된 상징체계임을 뜻한다.

천지의 수를 통하여 표상된 내용을 다시 괘효卦爻를 통하여 상징적으로 나타낼 수 있다. 그것은 신명의 세계를 다시 도덕道德의 세계로 나타냄을

17 『周易』 繫辭上篇 第九章, "天一地二天三地四天五地六天七地八天九地十이니 天數五오 地數五니"

뜻한다. 인용문에서 삼양의 구조를 중심으로 수에 의하여 상징적으로 나타낸 신명의 세계의 내용을 음양의 변화를 중심으로 나타내기 위하여 괘卦를 세웠으며, 음양이 강유로 발휘하기 때문에 그것을 나타내기 위하여 효爻를 사용하였음을 밝히고 이어서 괘효卦爻가 표상하는 내용을 밝히고 있다. 그러면 신명에 감통하여 그 내용을 수를 통하여 나타내는 것과 그것을 다시 도덕으로 나타내는 것이 어떤 의미를 갖는가?

신명한 덕에 감통한 성인이 있다면 그가 천하의 지도자가 되어 천하를 다스리는 왕이 된다.[18] 그렇기 때문에 신명의 세계를 다시 도덕으로 밝히는 까닭은 천하를 다스리는 원리를 밝히고자 함임을 알 수 있다. 십익十翼에서는 천하의 왕이 64괘 가운데서 하나의 괘가 표상하는 내용에 근거하여 천하를 다스렸음을 다음과 같이 밝히고 있다.

> 옛날 복희伏羲가 천하의 왕王이 되어 천하를 다스릴 때 위로는 하늘에서 상象을 보고 아래로는 땅에서 법칙을 보았으며, 조수鳥獸의 문채文彩와 땅의 마땅함을 보고 가까이는 사람의 몸에서 취하고 멀리는 만물에서 취하여 비로소 팔괘八卦를 그어서 그것을 표상하였다. 팔괘는 신명神明한 덕德에 통하여 만물을 그 정위情僞에 따라서 구분하여 표상한 것이다. 노끈을 매어서 그물을 만들어서 짐승을 사냥하고 물고기를 잡았으니 이는 중화이괘重火離卦䷝의 원리原理에서 취한 것이다. 복희伏羲가 죽자 신농神農이 나타나 나무를 깎아서 보습을 만들고 나무를 구부려서 쟁기를 만들어 밭을 갈고 김을 매어서 농사를 짓는 이로움으로 천하를 가르쳤으니 이는 풍뢰익괘風雷益卦䷩의 원리原理에서 취한 것이다. 정오正午에 시장을

18 『周易』, 繫辭下篇 第二章, "古者에 包犧氏之王天下也에 仰則觀象於天하고 俯則觀法於地하며 觀鳥獸之文與地之宜하여 近取諸身하고 遠取諸物하여 於是에 始作八卦하여 以通神明之德하여 以類萬物之情하니라."

열어서 천하의 백성들을 모이게 하고 천하의 재화財貨를 모아서 서로 교환함으로써 각각 필요한 물건을 얻어가도록 하였는데 이는 화뢰서합괘火雷噬嗑卦䷔의 원리原理에서 취한 것이다. 신농이 죽자 황제黃帝와 요순堯舜이 이어서 변화 원리에 통하여 백성들로 하여금 게으르지 못하도록 하였으며 신명한 덕으로 교화하여 백성들로 하여금 도덕적 세계에서 머물도록 하였다. 역수는 궁극에 이르면 변하는 것으로 변하기 때문에 막힘이 없이 두루 통하고 두루 통하는 까닭에 항구하다. 그러므로 천도를 자각하여 그것에 순응順應하면 하늘로부터 도와서 이롭지 않음이 없다. 이처럼 황제와 요순이 의상衣裳을 드리워서 무위정치无爲政治를 행하였으니 이는 중천건괘重天乾卦䷀와 중지곤괘重地坤卦䷁의 원리原理를 취한 것이다.[19]

인용문에서 언급되고 있는 복희伏羲, 신농神農, 황제黃帝, 요堯, 순舜은 상고시대에 천하를 통치했다고 전해지는 전설상의 사람들이다. 그들이 실제로 존재했었는지 그리고 존재했더라도 성인의 덕을 가진 사람이었는지는 논외로 하고서라도 그들이 통치의 근거로 중괘重卦를 들고 있음을 주목할 필요가 있다.

십익을 저작한 사람들은 상고시대의 통치자들이 주고받았으면서 계승해왔던 통치원리를 괘효원리로 밝히고 있다. 그것은 선사시대부터 상고시대에 이르기까지 신명원리, 신도, 역도, 변화의 도로 규정한 역도를

19 『周易』, 繫辭下篇 第二章, "古者包犧氏之王天下也애 仰則觀象於天하고 俯則觀法於地하며 觀鳥獸之文과 與地之宜하며 近取諸身하고 遠取諸物하야 於是애 始作八卦하야 以通神明之德하며 以類萬物之情하니 作結繩而爲網罟하야 以佃以漁하니 蓋取諸離하고 包犧氏沒커늘 神農氏作하야 斲木爲耜하고 揉木爲耒하야 耒耨之利로 以敎天下하니 蓋取諸益하고 日中爲市하야 致天下之民하며 聚天下之貨하야 交易而退하야 各得其所케하니 蓋取諸噬嗑하고 神農氏沒커늘 黃帝堯舜氏作하야 通其變하야 使民不倦하며 神而化之하야 使民宜之하니 易이 窮則變하고 變則通하고 通則久라. 是以自天佑之하야 吉无不利니 黃帝堯舜이 垂衣裳而天下治하니 蓋取諸乾坤하고"

바탕으로 형성된 괘효원리가 인도人道인 통치원리로 작동하여왔음을 뜻한다.

2. 역학易學과 신도神道사상

우리는 앞에서 중국의 상고시대의 문화를 나타내고 있는 전적들을 통하여 선사문화가 신명으로 규정되고, 그것이 다시 성명性命을 중심으로 인도로 발전하였음을 살펴보았다. 그러면 지금부터는 신명과 그것을 이론체계화한 신도사상이 무엇인지 살펴보자.

신명은 반구대와 천전리의 암각화에서 상징적으로 표현된 인간과 자연, 인간과 사물, 인간과 동물이 구분되지 않고 하나인 세계, 무분별의 세계를 나타내는 개념이다. 십익에서는 "음과 양을 통하여 분별하여 나타낼 수 없음을 가리켜 말한다."[20]고 하여 신이 음과 양이라는 분별을 넘어선 세계를 가리키는 개념임을 밝히고 있다.

분별을 넘어선 무분별의 세계는 시간의 관점에서는 변화의 현상을 넘어서 있기 때문에 "고요하여 움직임이 없음(寂然不動)"[21]이라고 표현한다. 이 때 무분별은 분별과 대응하여 사용되는 개념일 뿐으로 무분별의 세계나 고요하여 움직임이 없는 세계가 그대로 신의 세계가 아니다.

신의 세계는 분별과 무분별, 움직임과 고요함을 넘어서 있다. 그것은 신의 세계가 분별을 넘어선 무분별의 측면만이 있는 것이 아니라 무분별이 분별로 드러나는 측면을 갖고 있음을 뜻한다. 십익에는 "신이라는

20 『周易』, 繫辭上篇 第五章, "極數知來之謂占, 通變之謂事, 陰陽不測之謂神."

21 『周易』 繫辭上篇 第十章, "易은 无思也하며 无爲也하여 寂然不動이라가."

개념은 만물을 오묘하게 함이 말이 된 것이다."[22]라고 하여 신의 세계는 부동의 측면만이 있는 것이 아니라 무분별의 상태에서 분별의 세계로 자신을 드러나는 측면이 있음을 밝히고 있다.

신의 창조적 측면, 변화적 측면을 나타내는 개념이 명明이다. 신이 적연부동함을 나타낸다면 그와 달리 변화로 드러남을 나타내는 개념이 명明이다. 그것은 인간의 관점에서는 지혜로 드러나는 작용을 가리킨다.

십익에서는 신명을 원리적 측면에서 나타내어 신도로 규정하고 있다. 풍지관괘風地觀卦의 단사彖辭에서는 신도에 대하여 다음과 같이 논하고 있다.

> 천天의 신도神道를 관찰하니 사시四時가 어긋나지 않는다. 성인이 신도神道로 가르침을 베풀자 천하가 감복한다.[23]

인용문을 보면 신도神道를 천天과 관련하여 논하고 있다. 천天은 시간의 세계를 나타낸다. 따라서 인용문의 앞부분의 내용은 신도가 천의 세계, 시간의 세계에서 사시로 드러남을 밝힌 것이다. 수택절괘水澤節卦䷻의 단사彖辭에서는 "천지가 마디를 지음으로써 사시가 이루어진다."[24]고 하였다. 이를 통하여 천지를 마디지어서 시간으로 드러나는 원리가 신도임을 알 수 있다.

신, 신명을 물건적 관점에서 나타내면 둘을 통하여 양자가 하나를 나타내면서도 둘임을 통하여 나타내지 않을 수 없다. 계사에서 음과

---

22 『周易』 說卦篇 第六章, "神也者는 妙萬物而爲言者也이니."

23 『周易』 風地觀卦 彖辭, "觀天之神道 而四時不忒하니 聖人以神道設敎하여 而天下服矣이니라."

24 『周易』 水澤節卦 彖辭, "天地節而四時成, 節以制度, 不傷財不害民."

양이라는 개념을 통하여 양자를 통하여 나타낼 수 없는 세계를 신으로 규정하면서도 음과 양으로 작용하는 것이 도임을 밝히고 있다. 그것은 천도와 지도를 통하여 양자가 하나가 된 신, 신명의 세계를 나타내고 있음을 뜻한다.

둘의 합일을 통하여 적연부동의 세계, 무분별의 세계, 무규정적無規定的 세계를 나타내고, 둘을 통하여 분별의 세계, 변화의 세계, 생성의 세계를 나타낸다. 신과 명이라는 개념을 통하여 분별과 무분별을 넘어서 있으면서도 양자로 드러나는 세계를 나타내는 것과 같다. 그러면 신도의 세계를 표상하는 형식은 무엇인가?

계사에서는 천지의 도를 통하여 구성된 체계를 가리켜서 도를 드러내고, 신묘神妙한 덕德을 행함이라고 하였다. 그것은 신도를 상징적으로 나타내는 체계가 천지의 수에 의하여 구성된 체계임을 밝힌 것이다.

공자는 이에 대하여 변화의 도를 아는 자는 신의 행하는 바를 알 수 있다고 하여 신도를 변화의 도로 나타낸 것이 천지의 수에 의하여 구성된 체계임을 밝히고 있다. 송대宋代의 주희朱熹는 천지의 수에 의하여 구성된 체계를 하도河圖와 낙서洛書로 규정하고 있다.

주희는 한대漢代를 거치면서 형성된 하도와 낙서의 수가 구九와 십十 사이에서 확정이 되지 않아서 도상이 확정되지 않았던 것을 하도의 수는 십十으로 그리고 낙서의 수는 구九로 하여 두 도상을 확정하였다. 다만 두 도상이 상징적으로 나타내는 내용이 무엇인지는 구체적으로 밝히지 않았다. 그러면 계사에서는 하도와 낙서를 어떻게 언급하고 있는지 살펴보자.

> 천일天一, 지이地二, 천삼天三, 지사地四, 천오天五, 지육地六, 천칠天七, 지팔地八, 천구天九, 지십地十이니, 천수天數는 다섯이며, 지수地數도 다섯으

로 다섯 위를 서로 얻어서 각각 합하여지니 천수天數는 25이고, 지수地數는 30으로 무릇 천지의 수는 55이다. 이것이 변화를 이루고 귀신鬼神을 행하는 근거이다. 대연大衍의 수는 50으로 그 작용은 49이다. 나누어서 둘이 되어 둘을 상징하고, 하나를 걸어서 셋을 상징하고, 손가락 사이에 끼워서 사시四時를 상징하며, 하나를 새끼손가락에 돌려서 윤달을 상징한다. 5년에는 다시 윤달을 넣는다. 그러므로 다시 새끼손가락을 움직여서 건다. 건책乾策이 216이고, 곤책坤策이 144이니 무릇 360으로 기일에 해당되며, 상하편의 책수가 11520으로 만물의 수에 해당된다. 그러므로 네 번 운영하여 역易이 이루어지며, 18변하여 괘가 이루어진다. 팔괘八卦는 소성小成이므로 팔괘를 바탕으로 그것을 인신引伸하며, 그 무리를 따라서 확대하면 천하의 가능한 일들을 마친다. 도를 드러내고, 신묘한 덕을 행함이니 그러므로 신과 더불어 수작을 할 수 있고, 신과 더불어 도울 수 있다. 공자가 말하였다. "변화의 도를 아는 사람은 신의 하는 바를 안다."[25]

위의 내용을 보면 천지의 수는 일에서부터 십까지의 수를 각각 천수와 지수로 구분하여 나타낸 것으로 천수는 기수奇數이며, 지수는 우수偶數이다.

천지의 수를 밝힌 후에 천지의 수가 다섯의 위치에서 하나가 됨을

25 『周易』繫辭上篇 第九章, "天一地二天三地四天五地六天七地八天九地十이니 天數五요 地數五이니 五位相得하야 而各有合하니 天數二十有五요 地數三十이라 凡天地之數는 五十有五이니 此所以成變化하야 而行鬼神也라. 大衍之數는 五十이니 其用은 四十有九라 分而爲二하야 以象兩하고 掛一하야 以象三하고 揲之以四하야 以象四時하고 歸奇於扐하야 以象閏하나니 五歲애 再閏이라 故로 再扐而後애 掛하나니라. 乾之策이 二百一十有六이오 坤之策이 百四十有四_라 凡三百有六十이니 當期之日하고 二篇之策이 萬有一千五百二十이니 當萬物之數也하니 是故로 四營而成易하고 十有八變而成卦하니 八卦而小成하야 引而伸之하며 觸類而長之하면 天下之能事가 畢矣리니 顯道하고 神德行이라 是故로 可與酬酌이며 可與祐神矣니 子曰 知變化之道者는 其知神之所爲乎인저"

밝히고 있다. 이는 천지의 수가 각각 일정한 법칙에 의하여 한 자리에서 하나가 됨으로써 하나의 도상이 형성됨을 밝힌 것이다. 천수의 합은 25이고, 지수의 합은 30으로 천지의 수를 모두 더 하면 55수가 된다.

그리고 이어서 도상의 성격을 밝히고 있다. 천지의 수에 의하여 구성된 도상이 변화를 이루고 귀신을 행하는 근거라는 것이다. 공자는 이 부분을 정리하여 "변화의 도를 아는 사람은 신의 행하는 바를 알 수 있다."고 거듭 밝히고 있다. 이를 통하여 천지의 수를 통하여 구성된 도상이 변화의 도, 신도를 표상하는 형식임을 알 수 있다.

또한 대연의 수를 밝히는 곳에서는 천지의 수가 합덕하여 형성된 도상이 표상하는 내용이 무엇인지를 밝히고 있다. 이 부분을 통하여 천지의 수가 표상하는 성격을 확인할 수 있다. 그것은 "사시를 표상함", "윤달을 표상함", "오년에 다시 윤달을 넣음"과 같은 부분을 통하여 역수와 관련된 변화임을 알 수 있다.

대연의 수를 언급한 후에 『주역』의 64괘를 구성하는 중천건괘重天乾卦와 중지곤괘重地坤卦를 책수策數로 나타내어 건책수乾策數인 216과 곤책수坤策數인 144가 합덕하여 하나가 된 64괘가 표상하는 내용이 360일의 기수朞數임을 밝히고 있다. 이를 통하여 천지의 수를 통하여 표상되는 변화의 도가 역수변화와 관련이 있음을 알 수 있다.

대연의 수가 오십五十이라는 점으로부터 변화의 근거가 무엇인지를 파악할 수 있는 동시에 천지의 수가 구성되는 법칙의 대체를 파악할 수 있다. 우선 천지의 수 가운데서 오五와 십十을 합하면 십오十五가 되고, 양자를 곱하면 오십五十이 된다. 『주역』에서는 이 오십을 대연의 수로 규정하고 있다.

오와 십은 64괘를 구성하는 음효陰爻와 양효陽爻의 성격을 밝히고 있는 9와 6이라는 수를 통하여 그 성격을 확인할 수 있다. 중천건괘와 중지곤괘에서 밝히고 있듯이 음양의 효는 각각 용육用六과 용구用九를 표상한다.

『주역』이 본체인 천도를 밝히고 있지 않기 때문에 본체를 나타내지 않았다. 그러나 용구와 용육을 통하여 본체가 오五와 십十임을 알 수 있다. 그러므로 『주역』의 음양의 효爻는 체십용구體十用九와 체오용육體五用六의 용구와 용육을 나타낸 것이다. 이로부터 음양의 효의 본체인 십과 오를 상승하여 합덕함으로써 대연의 수인 오십이 형성됨을 알 수 있다.

그것은 천지의 수가 다섯의 위에서 서로 합덕됨을 밝힌 부분과 관련하여 이해하면 천지의 수 가운데서 오와 십이 합덕하여 대연의 수가 형성됨을 알 수 있다. 그렇다면 나머지 일一에서 사四까지의 수와 육六에서 구九까지의 수數가 합덕하여 하도와 낙서라는 도상이 형성됨을 알 수 있다. 그러면 하도와 낙서가 표상하는 신도, 변화의 도와 괘효가 표상하는 내용은 어떻게 다르며, 양자는 어떤 관계인가?

> 옛 성인이 역경을 저작할 때 그윽이 천지의 본성인 신명을 자각하여 그것을 하도와 낙서로 표상하였는데 그것은 천지의 수에 의하여 삼천양지參天兩地를 내용으로 하는 역수원리로 표상한 것이다. 역수원리의 내용인 일월陰陽의 변화원리를 보고 그것을 표상하는 괘상卦象을 세웠으며, 괘상이 세워짐으로써 음양이 체가 되어 작용하는 강유원리를 나타내는 효상爻象이 형성되었다. 그러므로 역수와 괘상을 통하여 표상된 역수원리의 내용인 도덕원리에 화순하여 만물을 의롭게 다스리고자하는 뜻을 세우고 역경에 표상된 이치를 궁구하여 자신의 본래성을 자각하고 그것을 통하여 본래성과 일체화된 역수원리를 자각함으로써 자신에게 주어진 역사적 사명을 자각하게 된다.[26]

26 『周易』, 說卦篇 第一章, "昔者聖人之作易也에 幽贊於神明而生蓍하고 參天兩地而依數하고 觀變於陰陽而立卦하고 發揮於剛柔而生爻하니 和順於道德而理於義하며 窮理盡性하여 以至於命하니라"

위의 내용을 살펴보면 크게 성인에 의하여 역도가 역수와 괘효를 통하여 표상되어지는 과정과 군자가 역경을 어떻게 활용할 것인지를 밝히고 있는 두 부분으로 나누어 볼 수 있다.

그런데 역도를 표상형식을 통하여 나타내기 이전에 그 내용으로서의 역도를 자각함을 밝히지 않을 수 없다. 그것은 인용문에서는 신명에 참여함으로 나타내고 있다. 앞에서 복희가 괘를 만드는 과정을 통하여 설명한 것처럼 신명한 덕으로 언급된 것이다. 이를 통하여 신명, 신명한 덕은 동일한 존재를 가리킴을 알 수 있다.

신명한 덕, 신명은 삼천양지라는 수數를 통하여 하도와 낙서를 통하여 나타내고, 다시 그것을 바탕으로 괘효를 통하여 상象으로 나타내었음을 알 수 있다. 그러면 하도와 낙서를 구성하는 수 곧 앞에서 천지의 수로 규정한 것이 무엇인지를 살펴보자.

천지의 수를 밝히고 있는 부분에서 그것에 의하여 구성된 도상 곧 하도와 낙서의 내용이 변화를 이루고, 귀신을 행하는 소이라고 하였다. 그리고 이어서 "변화의 도를 알면 신의 행하는 바를 알 수 있다."고 하였다. 『주역』에서 신에 대하여 음양의 근원, 음양의 합덕체로 언급하고 있고 그것이 만물의 존재근거임을 밝히고 있다. 그리고 음양의 합덕체를 천지의 근원으로서의 신명한 덕으로 밝히고 있다. 따라서 신은 신명의 다른 이름임을 알 수 있다.

그런데 신명을 원리적 관점에서는 신도로 밝히고 있다. 풍지관괘風地觀卦䷓에서는 "천지의 신도를 관함으로써 사시가 어긋나지 않는다."고 하였다. 먼저 복희가 팔괘를 만들면서 천지와 조수鳥獸를 관했다는 부분과 이 부분을 함께 살펴보자. 그리고 그것을 신명한 덕에 통함으로 규정하고 있음을 상기해보자. 결국 천지와 조수를 관했다고 함은 신명한 덕에 통함이고, 그것은 곧 천지라는 물리적 세계를 보는 것이 아니라 신도를 관觀함을 뜻한다. 그러면 신도는 무엇인가?

앞에서 천지의 수에 의하여 구성된 체계를 언급하면서 그것이 바로 신이 행하는 바 곧 신의 작용원리이자 변화를 이루는 근거라고 하였다. 이는 변화의 도가 변화원리이면서 신도임을 뜻한다. 변화의 도가 바로 신도인 것이다. 그러면 신도를 보면 곧 사시가 어긋나지 않음을 무엇을 뜻하는가?

사시는 시간을 나타낸다. 그러므로 사시가 어긋나지 않는다는 것은 물리적 시간의 문제가 신도라는 근원적 존재와 관련이 있음을 알 수 있다. 『주역』에서는 형이상적 존재를 도라고 하고, 형이하적 존재를 기라고 한다고 하였다. 이를 통하여 신도神道도 역시 도이기 때문에 그것을 바탕으로 사시라는 물리적 시간의 세계가 존재하기 때문에 신도가 바로 물리적 시간의 존재근거임을 알 수 있다.

그러데 사시가 어긋나지 않음은 물리적 시간의 관점에서 보면 천체 현상과 시간을 나타내는 책력이 일치함을 뜻한다. 이것은 현상적 관점에서 현재의 천체 상황을 나타내는 것이 아니다. 왜냐하면 지금은 달이 지구를 공전하는 시간을 나타내는 음력과 지구가 태양을 공전하는 시간을 나타내는 양력이 서로 어긋나서 윤달을 사용하여 그것을 인위적으로 맞추어야 하기 때문이다.

신도의 세계가 사시가 어긋남이 없다는 것은 현상적 관점에서 신도를 상징적으로 나타낸 것이다. 그것은 신도의 세계가 음력과 양력이 하나가 된 세계, 더 이상 윤달이라는 인위적인 조작을 할 필요가 없는 세계임을 나타낸다. 일 년의 기수를 중심으로 살펴보면 음력와 양력이 어긋남이 없는 기수는 360일력日曆이다. 『주역』에서 이미 건곤의 책수를 각각 216과 144로 규정하고, 그것을 합한 360이 바로 기수朞數라고 하였다. 그러면 신도의 세계는 어떤 세계인가?

360일이 기일朞日이라는 것은 신도의 세계의 성격을 말해준다. 360일의 세계는 물리적 시간의 세계, 형이하적 세계이다. 그리고 신도는 형이상의 세계이다. 그러므로 신도는 360의 역曆을 통하여 상징적으로 나타내는 개념임을 알 수 있다.

그것은 일차적으로 도道의 세계를 나타내는 점에서는 형이상적 세계이다. 그리고 만물의 존재근거인 점에서 만물의 본질로서의 덕이다. 그렇기 때문에 신도를 신명한 덕이라고 하였다. 또한 일체적인 점에서 음과 양으로 헤아릴 수 없다고도 하였다.

『주역』에서는 괘를 구성하는 근거로 대연大衍의 수數를 논하고 있다. 십익에서는 64괘가 천도와 지도를 표상하는 중천건괘와 중지곤괘로 집약이 된다고 밝히고, 중천건괘와 중지곤괘를 작용도수를 중심으로 나타낸 건책수와 곤책수의 합인 360이 기수임을 밝히고 있다.

그리고 중천건괘와 중지곤괘가 64괘의 내용을 집약적으로 나타내고 있음을 밝히면서 음양이 합덕함으로써 비로소 강유剛柔의 체體가 있다고 하였다. 이처럼 음양이 합덕된 신, 신명이 본체가 되어 강유의 작용이 이루어짐을 밝히면서도 신도의 내용은 밝히지 않고 있다.

그것은 『주역』이 공간적 관점 곧 삼재의 관점에서 인도를 드러내기 위하여 만들어졌음을 뜻한다. 이를 구체적으로 말하면 『주역』은 인간의 길흉吉凶을 나타내려고 한 것이지 신도, 천도를 나타내려기 위하여 저작된 것이 아니다. 그러므로 진정한 의미에서의 변화는 표상하지 않고 있다.

이제 동북아사회를 이끌어 왔던 사상들의 연원淵源이 『주역』에서는 복희伏羲, 신농神農, 황제黃帝, 요순堯舜으로 이어지는 이른바 성인이라는 사람들을 통하여 전하여진 성인의 도의 내용인 신도임을 알 수 있다. 따라서 동북아사상의 연원, 근원은 신도임을 알 수 있다. 그러면 천도의 내용은 무엇인가?

『논어』에서도 요가 순에게 치국治國의 대경大徑을 전하여 주었음을 밝히고 있는데 그 내용은 다음과 같다.

> 천天의 역수가 네 몸에 있으니 진실로 그 중심을 잡으라. 사해四海가 곤궁하면 천록天祿이 영원히 끊어질 것이다.[27]

위의 내용은 공간적 관점 다시 말하면 천지인天地人의 삼재적三才的 관점에서 신도를 언급하고 있다. 신도를 천의 역수曆數로 규정하고 그것이 인간의 본래성임을 나타내고 있다. 신도가 모든 존재의 근원이기 때문에 인간에 있어서는 인간의 본래성이 된다.

인간의 인간다운 삶은 본래성을 주체로 살아감이다. 그것을 인용문에서는 집중執中으로 규정하고 있다. 집중의 삶을 국가사회의 차원에서 나타내면 치국治國의 원리가 된다. 그것을 나타내는 것이 마지막 부분이다. 이를 통하여 신도를 천의 역수원리로 규정하고 있음을 알 수 있다. 그것은 천도의 내용이 역수원리임을 밝힌 것이다.

역수曆數는 『서경』의 홍범洪範에서 밝히고 있는 바와 같이 연월일시年月日時와 같은 시간의 단위를 나타낸다. 그러므로 역수에 의하여 표상되는 세계는 공간이 아닌 시간의 세계이다. 물론 시간의 세계와 공간의 세계는 상즉의 관계이지만 공간의 세계보다 시간의 세계가 근원적이다.

천의 세계 곧 역수를 통하여 표상된 시간의 세계가 바로 천의 세계이다. 그러므로 천도는 시간의 전개법칙이 아니라 형이상적 존재로서의 시간성의 원리이다. 그것은 역수를 구성하는 법칙이 아니라 역수의 변화를 통하여 상징적으로 나타내는 원리이다.

---

27 『論語』, 堯曰篇,"天之曆數가 在爾躬하니 允執其中하라 四海困窮하면 天祿永終하리라!"

시간성은 시간의 본성을 나타내는 개념이다. 그것은 형이상적 존재이다. 『주역』에서는 시간성의 세계를 종시終始로 그리고 시간의 세계를 시종始終으로 구분하여 육효六爻가 구성되는 원리를 다음과 같이 밝히고 있다.

> 크게 종시원리를 밝히면 그것을 근거로 시종의 여섯 시위가 형성된다.[28]

종시는 마치면 다시 시작하여 그침이 없는 시간성의 세계,[29] 시종이 없는 세계를 나타낸다. 그러므로 종시원리가 바로 시간성의 원리이자 역수원리인 동시에 그것이 바로 신도임을 알 수 있다.

『서경』에서는 요가 순에게 치국이념을 전하여 주었듯이 순舜이 우禹에게 역시 치국이념을 전하여 주고 있다. 그런데 그 내용이 앞에서 살펴본 내용과 같이 역수원리, 시간성의 원리, 천도를 중심으로 다음과 같이 밝히고 있다.

> 천지의 역수曆數가 내 몸에 있으니 너는 마침내 원후元后에 오를 것이다. 인심人心은 위태롭고 도심道心은 은미하니 오직 순수하고 한결같아야 그 중도中道를 잡을 수 있을 것이다. 사해가 곤궁해지면 천록天祿이 영원히 끊어질 것이다.[30]

---

28 『周易』 重天乾卦 彖辭, "大明終始, 六位時成, 時乘六龍以御天."

29 『周易』 山風蠱卦 彖辭, "終則有始, 天行也."

30 『書經』 大禹謨篇, "天之曆數가 在汝躬하니 汝終陟元后하리라. 人心惟危하고 道心惟微하니 惟精惟一이라사 允執厥中하리라. 四海困窮하면 天祿永終하리라."

위의 내용은 요가 순에게 전하여준 치국이념과 같다. 다만 집중의 방법이 마음을 통하여 이루어지는 심법心法임을 밝히고 그 방법을 제시하고 있는 점에서 자세하게 설명하고 있을 뿐이다.

복희가 괘를 그을 수 있었던 근거도 신도일 뿐만 아니라 요와 순 그리고 우禹가 치국의 대법으로 삼았던 것도 모두 신도, 종시원리, 역수원리이다. 그것을 『논어』와 『서경』에서는 공간적 관점에서는 천도天道로 규정하고 있다.

3. 신도神道와 인도人道

하도와 낙서가 나타내는 내용은 천도와 지도로 그것을 통하여 신도를 상징적으로 나타내고 있음을 앞에서 살펴보았다.

천지의 수에 의하여 구성된 도서圖書를 통하여 나타내고 있는 천지의 도를 근거로 형성된 것이 괘효卦爻를 통하여 나타내고 있는 인도人道이다. 『주역』에서는 신도를 객관화하여 물건적 관점에서 삼재三才의 도道로 나타내고 있는데 그 내용을 살펴보면 다음과 같다.

> 역易의 글됨이 광대하여 모든 것을 갖추고 있다. 천도天道가 있으며, 인도人道가 있고, 지도地道가 있다. 삼재三才가 모두 양지兩之 작용을 한다. 그러므로 육六이다. 육은 다른 것이 아니라 삼재의 도이다.[31]

31 『周易』 繫辭下篇 第十章, "易之爲書也, 廣大悉備, 有天道焉, 有地道焉, 有人道焉. 兼三才而兩之故六, 六者非它也, 三才之道也."

인용문의 내용을 보면 『주역』이 육효에 의하여 구성된 중괘를 통하여 삼재의 도를 상징적으로 나타내고 있음을 알 수 있다. 삼재의 도는 역도를 천지인天地人의 삼재三才를 중심으로 천도와 지도 그리고 인도로 표상한 것이다.

『주역』은 육효에 의하여 구성된 64개의 중괘가 일정한 나열됨으로써 형성된다. 그리고 64괘가 나열됨으로써 상징적으로 드러내는 원리와 하나의 중괘가 구성하는 원리는 같다. 그렇기 때문에 먼저 육효에 의하여 중괘가 구성되는 원리를 살펴보는 것이 필요하다. 계사에서는 육효 중괘의 구성원리를 밝히고 있는데 그 내용은 다음과 같다.

> 역易의 글됨이 시초始初에 근원을 두고 종말終末을 구함을 그 바탕으로 삼는다. 육효가 서로 섞임은 오직 때에 따라서 물物을 나타냄이다. 그 초효初爻는 알기가 어렵지만 상효上爻는 쉽게 알 수 있다. 본말이기 때문이다.[32]

인용문의 내용을 보면 시초에서 시작하여 종말을 밝히고자 하는 것이 역학의 근본문제임을 알 수 있다. 그것은 중천건괘의 단사彖辭에서 "종시원리를 크게 밝힘으로써 육위가 시위에 따라서 형성된다."고 밝힌 것과 같다. 육효六爻는 종시성으로서의 시간성을 대상화하여 물건적 관점에서 시의성時義性으로 나타낸 것이다.

그러나 시의성 역시 형이상적 존재이기 때문에 그것을 초효에서 상효에 이르는 여섯 효를 통하여 상징적으로 나타내지 않을 수 없다. 이처럼

---

32 『周易』 繫辭下篇 第九章, "易之爲書也, 原始要終以爲質也. 六爻相雜, 唯其時物也. 其初難知, 其上易知本末也."

종시성을 상징적으로 나타내는 여섯 개의 효는 그대로 시초에서 종말에 이르는 여섯 시위를 나타낸다.

여섯 시위는 물건적 관점에서는 초효와 상효가 표상하는 근본根本과 지말支末의 관계로 나타난다. 육효가 서로 섞임은 중괘를 구성함이고, 물物을 나타냄은 물건화, 대상화하여 나타냄을 뜻한다. 그렇기 때문에 초효와 상효를 시간적 관점에서 시초와 종말로 나타내는 동시에 물건적 관점에서 근본과 지말로 나타내고 있다. 그러면 육효가 상징적으로 나타내는 내용은 무엇인가?

육효가 상징하는 내용은 삼재의 도이다. 그것은 구체적으로는 음양원리인 천도와 강유원리인 지도 그리고 인의원리인 인도이다. 그럼에도 불구하고 설괘說卦에서는 역도의 내용을 성명性命의 원리로 제시하고 있다. 그것은 『주역』이 삼재의 도를 제시하고 있는 목적이 인도를 밝히기 위함임을 나타낸다. 그러면 성명의 이치는 무엇인가?

성性은 육신이나 의식을 넘어선 차원을 나타낸다. 모든 사람이 일체일 뿐만 아니라 모든 생명체가 일체여서 생사의 유무有無와 공간적 위상의 유무有無를 막론하고 모두 하나이다. 그것이 다양하게 분화하여 사람과 다른 생명체로 드러남을 나타내는 개념이 명命이다. 그러므로 성명의 이치는 형이상의 도와 형이하의 기器 곧 만물의 관계를 나타내는 개념이다.

성과 명을 둘로 보고 살아가는 존재는 소인小人이며, 성과 명이 하나임을 알고 하나로 살아가는 존재는 성인과 군자이다. 그렇기 때문에 오로지 양효陽爻로 구성된 중천건괘를 통하여 성性의 적연부동寂然不動하여 한결같음을 나타내고, 오로지 음효陰爻로 구성된 중지곤괘를 통하여 성이 다양하게 드러나는 생명활동(命)을 상징적으로 나타낸다.

중천건괘의 육효를 보면 초효에서 상효에 이르기까지 곧 시초에서 종말에 이르기까지 모두 양효陽爻이다. 그것은 본래성本來性, 인성人性, 본성

本性의 영원함, 분별이 없음을 상징적으로 나타낸다. 그리고 중지곤괘의 육효는 초효에서 상효에 이르기까지 언제나 셋으로 나누어지는 것을 통하여 다양하게 드러나는 현상의 특성을 통하여 명命을 상징적으로 나타낸다.

육효의 관점에서는 양효는 성性의 한결같음을 나타내고, 음효는 명命의 다양함, 변화, 생성을 상징적으로 나타낸다. 하나의 중괘의 관점에서 그것을 구성하는 양효와 음효 그리고 64개의 중괘의 관점에서 그것을 구성하는 근본인 중천건괘와 중지곤괘는 각각 성性과 명命을 상징적으로 나타낸다고 할 수 있다.

그것은 물건적 관점에서 구분하여 나타내면 천도를 나타내는 중천건괘와 지도를 나타내는 중지곤괘를 통하여 성명의 이치를 상징적으로 나타내고 있는 점에서 삼재의 도를 바탕으로 인도가 제시되고 있음을 뜻한다.

지금까지 살펴본 내용을 통하여 중국사상의 연원이 『주역』에서 밝히고 있는 삼재의 도에 있음을 알 수 있다. 삼재는 천지인의 공간의 세계이다. 그것은 중국의 사상이 공간적 관점에 바탕을 두고 형성되었음을 뜻한다.

공간적 세계는 감각지각이 가능한 세계 곧 우리가 가장 가깝게 느껴지고 실재적으로 느껴지는 세계이다. 그런 점에서 보면 중국 사람들의 특징이 현실적이라고 하는 말도 그러한 점을 나타내고 있다고 할 수 있다.

공간적 세계의 근원은 시간에 있고, 시간의 근원은 시간성에 있다. 그러므로 공간적 세계의 근원은 시간성에 있다. 그것을 나타내는 것이 바로 천의 역수가 네 몸에 있다는 표현이다. 그것은 시간성이 바로 모든 존재의 본질, 본성임을 뜻한다.

네 몸에 있다는 것은 인간의 관점에서 표현한 것으로 천의 역수원리인 천도 곧 시간성의 원리로서의 신도가 인간의 본래성임을 뜻한다. 당연히 신도는 만물의 본질이기도 하다. 신도가 바로 모든 존재의 근원이기 때문이다.

세계를 공간적 관점에서 이해한다는 것은 개체적 존재를 중심으로 세계를 이해하려는 것이다. 이러한 접근방법은 개체적 존재의 개성, 가치, 특성을 드러내는데 그 목적이다. 그렇기 때문에 공간적 관점에서 세계를 이해하고자 할 때 가장 근본적인 문제는 합일合一, 회통會通, 합덕合德, 성도成道와 같은 일체화가 문제가 된다. 왜냐하면 본래의 세계는 일체도 아니고 다양한 것도 아니지만 그것을 분석하여 나타낼 때 일체성 중심, 무無중심, 시간성 중심의 분석이 전제가 되고, 이어서 그것을 바탕으로 다양성 중심, 유有중심, 공간성 중심의 분석이 가능하기 때문이다.

시간성, 곧 역수원리로서의 천도를 공간적인 삼재의 관점에서 삼재의 도로 나타내고 있는 『주역』의 근본문제는 이미 천도와 지도 그리고 인도를 구분하였기 때문에 개체적 존재로서의 인간이 천도와 합일하는 일이다. 그렇기 때문에 하늘과 인간, 땅과 인간을 구분하여 나타낸 『주역』의 문제는 천지와 인간의 합일인 천인합일天人合一을 통하여 삼재가 성도成道하여 합덕合德하는 것이다.

『주역』에서 군자와 소인의 삶을 구분하고, 길吉과 흉凶을 논하고 있을 뿐만 아니라 길흉이 고정된 것이 아니라 변한다고 하면서 하늘에 따라서 인사人事에 응함을 강조하는 것은 바로 개체적 존재로서의 인간과 천지가 하나가 되는 것이 초점임을 뜻한다.

천지와의 합일, 천인합일天人合一이 문제가 되기 때문에 그 방법으로서의 수양修養, 수기修己가 문제가 된다. 『주역』에서 궁리窮理, 진성盡性, 지명至命을 언급[33]하고, 입지立志를 언급하고 진덕수업進德修業, 숭덕광업崇德廣業

33 『周易』 說卦 第一章, "順於道德而理於義, 窮理盡性以至於命."

을 언급하고, 도제천하道濟天下를 언급하는 까닭이 여기에 있다.

그런데 수양, 수기, 학문을 통하여 천인합일이 이루어야 한다면 아직은 개체적 존재로서의 인간과 천지가 합일이 된 상태는 아니다. 그렇기 때문에 수양, 수기, 학문에 초점이 있을 때 자연스럽게 인간의 세계를 떠나서 하늘의 세계, 천국, 그리고 이 세상 사람과 다른 세계의 존재로서의 신선神仙, 선인仙人, 천인天人, 천선天仙, 신인神人을 언급하게 된다.

인간과 다른 세계, 다른 세계에 살아가는 인간을 목표로 하게 되면 천인합일은 이 세상에서 이룰 수 없고 오로지 하늘이라는 다른 세계, 천국天國, 정토淨土, 불국토佛國土, 대라천大羅天과 같은 다른 세계에서 이루게 된다.

그리고 아직 천인합일을 이루지 못한 인간으로서의 소인, 중생과 천인합일을 이룬 부처, 성인, 군자. 대인, 신선, 천선은 별개의 존재가 된다. 당연히 그러한 구분 이후에 가치가 부여되면서 인간은 불완전하고, 불선不善하고, 아름답지 못하며, 부족한 존재가 되고 만다.

만약 인간과 인간이 살고 있는 이 세계가 그처럼 불완전하고, 불선하며, 아름답지 않다면 이 세계와 인간을 없애버리면 모두 천상天上이 될 것이다. 뿐만 아니라 본래 인간과 그 세계가 불완전하다면 아무리 수양이나 수기, 학문을 하여도 완전해질 수 없을 뿐만 아니라 인위적인 수양이나 수행, 학문, 수기를 통하여 변화하는 것이라면 다시 변화할 수 있는 점에서 영원한 존재, 영원한 세계가 아니다.

수기나 수양, 학문, 수련이 필요한 것은 인간의 본래성이 아닌 몸이나 마음의 측면이다. 그렇기 때문에 수행은 수신이나 수심修心 또는 용심用心을 중심으로 이루어지지 않을 수 없다. 결국 수행이 문제가 됨은 인간을 본래성이 아닌 마음이나 육체를 위주로 이해하게 됨을 뜻한다.

중국의 사상이 유가儒家와 불가佛家 그리고 도가道家, 도교道敎를 막론하고 모두 『주역』의 사상을 바탕으로 형성되었음은 주지의 사실이다. 그러므로 중국유학이나 중국불교 그리고 중국도교는 당연히 삼재의 도를 바탕으로 형성되지 않을 수 없다.

삼재는 천지인의 공간세계이다. 이러한 삼재의 세계를 바탕으로 도를 언급하고 인간을 이해할 때 당연히 시공의 위를 가진 마음이나 육신을 중심으로 이해하지 않을 수 없다. 형이상의 도, 자성自性, 본성, 근원을 찾는 문제마저도 형이하의 몸과 마음을 중심으로 출발하지 않을 수 없다. 중국도교와 중국불교에서 수행이나 수련을 통하여 깨달음을 얻거나 이 세계가 아닌 다른 세계로의 초월이나 비상을 논하는 것은 바로 이 점을 보여준다.

또한 천인합일의 문제와 더불어 송대宋代 이후에 유불도 삼교三教의 회통, 불교의 교종과 선종의 회통과 같은 회통과 합일의 문제가 언제나 중국사상의 근본문제가 되어 왔다는 것은 중국사상의 기반이 삼재 곧 공간적 세계임을 분명하게 보여준다.

삼재의 관점에서 유불도 삼가를 이해할 때 성리학자性理學者들이 보여주었고, 일부의 불교도佛教徒들이 보여주었듯이 극단적 관점에서 유가儒家만이 정통이고 나머지는 모두 이단異端이라는 관점을 견지하거나 반대로 오직 유가나 불가의 어느 하나의 관점에서 다른 이론을 포용하고 수용하여 삼가를 회통시키고자 하는 노력을 하게 된다. 그러면 성리학을 통하여 중국유학의 물건적 특성, 인도적 특성에 대하여 살펴보자.

남송南宋의 주희朱熹에 의하여 집대성된 성리학은 당말唐末에 이르러서 불교와 도교에 비하여 상대적으로 세력이 약화된 유학을 부흥하려는 의도에서 공맹의 유학을 새롭게 재해석하여 형성된 학문이다.

성리학의 특징은 한마디로 인간의 본성과 사물의 본질인 이理가 하나라는 성즉리性卽理를 주장한다. 이 때 이理는 "형이상자를 도道라고 한다."는 십익의 내용을 이理로 바꾸어서 표현한 것이다. 이 때 이理와 더불어 본체를 형성하는 것이 기氣이다. 기氣는 "형이하자를 일러 기器라고 한다."는 부분의 기器를 기氣로 바꾸어 형상을 구성하는 본체를 나타내는 개념으로 사용하였다. 그러므로 성리학의 본체론은 곧 이기론理氣論이다.

그런데 이理와 기氣의 관계를 나타내면서 불상리不相離, 불상잡不相雜이라고 하였다. 불상리는 이理와 기氣 양자가 서로 떨어질 수 없는 일체임을 나타내고, 불상잡은 이와 기가 서로 섞일 수 없는 둘임을 나타낸다. 만약 불상잡이나 불상리의 어느 일면을 주장하면 옳지만 불상리, 불상잡을 동시에 주장하면 양자가 모두 옳을 수 없는 모순관계를 형성하게 된다.

이理와 기氣의 관계를 자세하게 나타내기 위하여 이가 형이상적 존재이고, 기가 형이하적 존재이기 때문에 형이상적 존재가 형이하적 존재의 근원이라는 점에서 이선기후理先氣後를 주장하였다. 이를 인간과 관련하여 이해하면 형이상적 측면에서는 인간의 본성이 곧 사물의 본질로서의 이理와 같기 때문에 성즉리性卽理가 된다.

그런데 현실의 측면에서 보면 같은 성품에도 불구하고 선善과 불선不善의 문제가 야기된다. 한마디로 나타내면 현실의 측면에서는 본성대로 살아가는 군자君子와 본성을 거스르면서 살아가는 소인小人이 있다는 것이다.

현실의 측면은 곧 수기, 학문을 통하여 자신을 다스리는 문제를 발생시킨다. 그렇기 때문에 현실적 관점에서 보면 기氣가 강하고 오히려 이理는 약하다는 기강이약氣强理弱을 주장하게 된다. 기강이약 때문에 본성을 주체로 살아가고자하는 수기의 문제, 학문의 문제가 발생하는 것이다.

이 때 이선기후와 기강이약은 동시에 옳은 수 없는 모순 관계를 형성한다. 주희도 이러한 문제를 인지하고 있었다. 그렇기 때문에 이러한 모순이 오로지 인간의 관점에서 기인한다고 생각하였다. 그래서 합간合看과 이간

離看이라는 두 관점[34]을 제시하였다.

합간合看은 현실적 관점, 형이하의 관점에서 이기理氣를 일체화하여 보는 것이고, 이간離看은 원리적 관점에서 양자를 구분하여 보는 것이다. 그러나 이러한 간법看法 역시 주희라는 개인의 생각일 뿐으로 그것을 수용하지 않는다면 일종의 생각, 주견主見을 표현한 것에 불과할 뿐으로 그것이 진리라고 할 수 없다.

더구나 합간하고 이간하는 주체는 누구인가 하는 근본적인 문제는 전혀 해결이 되지 않은 상태이다. 사실 합간하고 이간하는 차원은 이성적 차원, 분별심에 의하여 자신의 의견을 제시한 것이 불과하다. 그러므로 그의 주장의 진리성은 전혀 확보되지 않는다.

그것은 그의 주장인 성즉리를 중심으로 살펴보아도 알 수 있다. 합간과 이간은 오로지 그의 마음의 차원의 문제일 뿐이다. 그리고 주희의 주장인 성즉리에 의하여 심즉리心卽理는 되지 않는다. 다시 말하면 그의 말이 곧 진리가 되지 않는다.

성리학은 사물의 차원에서 출발하여 형이상의 도, 리理의 세계를 향하지만 리理를 목표로 할 뿐으로 여전히 사물의 차원에 머물러 있다. 그렇기 때문에 이연已然의 관점에서는 성즉리가 되어 천인합일이지만 응연應然의 관점에서는 천인합일이 되지 못하고 있다. 그 점은 성즉리는 인정하면서도 심즉리를 인정하지 않음을 통하여 알 수 있다.

『주역』에서는 세계를 형이상과 형이하로 구분하여 각각 도道와 기器로 나눈 후에 기器로부터 출발하여 도를 향하는 방향을 역逆으로 그리고 도로부터 출발하여 기器에 이르는 방향을 순順으로 규정하고 있다.

---

34 『朱子語類』 卷74, "一陰一陽之謂道 陰陽何以謂之道 曰當離合看" 및 卷94, "明道云 陰陽亦形而下者而曰道 只此兩句截得上下分明 截字莫是斷字誤 曰正是截字 形而上形而下 只就形處離合分別 此正是界至處. 若止說在上在下, 便成兩截矣"

인간의 삶을 역방향에서 논하면 수양, 수기, 수도가 되고, 순방향에서 논하면 실천, 제도의 문제가 된다. 그러나 양자는 본래 하나를 둘로 구분하여 나타낸 것이다. 그렇기 때문에 삶을 논하면서 어느 일면만을 논하면 전모를 드러낼 수 없다.

주희의 이기론理氣論이 갖는 모순은 역방향과 순방향에서 각각 이기理氣를 고찰하였기 때문에 빚어지는 현상이다. 그렇기 때문에 순과 역이 하나가 된 차원 곧 순과 역으로 구분하여 나타내기 이전의 순역이 합일된 차원에서 이기론을 논하는 것이 해결방법이다.

성리학이 역방향에 머물러 있음은 수양론인 거경궁리론居敬窮理論을 통하여 살펴볼 수 있다. 주희는 『대학』의 격물치지格物致知를 바탕으로 사물을 대상으로 사물에 나아가서 그 본질인 이理를 궁구하여 그것을 바탕으로 나의 앎을 지극하게 하여 마음의 전체대용全體大用을 밝히는 것[35]을 궁리로 제시하였다.

그런데 순역의 관점에서 보면 거경궁리의 거경居敬은 순방향에서 수양을 언급한 것이라면 궁리窮理는 역방향에서 수양을 언급한 것이다. 그렇기 때문에 양자는 본래 일체이면서도 구분된다. 그럼에도 그는 거경과 궁리가 병진竝進해야 함[36]을 주장하였을 뿐으로 거경을 바탕으로 이루어지는 궁리를 논하지 않았다.

역방향에서 격물치지를 이해한 주희와 달리 왕양명은 격물치지를 치양

---

35 朱晦菴, 『大學章句』, “所謂致知在格物者 言欲致吾之知 在即物而窮其理也 蓋人心之靈莫不有知 而天下之物莫不有理 惟於理有未窮 故其知有不盡也 是以大學始教 必使學者即凡天下之物 莫不因其已知之理而益窮之 以求至乎其極 至於用力之久 而一旦豁然貫通焉 則衆物之表裡精粗無不到 而吾心之全體大用無不明矣 此謂物格 此謂知之至也”

36 『朱子語類』 卷第九 學三 論知行, “學者工夫, 唯在居敬窮理二事. 此二事互相發. 能窮理, 則居敬工夫日益進; 能居敬, 則窮理工夫日益密. 譬如人之兩足, 左足行, 則右足止; 右足行, 則左足止. 又如一物懸空中, 右抑則左昂, 左抑則右昂, 其實只是一事.”

지致良知로 이해하였다. 그것은 주희가 역방향에서 사물을 중심으로 격물치지를 이해한 것과 달리 왕양명은 순방향에서 본성을 중심으로 격물치지를 이해하였음을 뜻한다.

그러나 주희와 왕양명의 격물치지론은 모두 한계를 갖는다. 그것은 본래 하나를 두 방향에서 각각 나누어서 어느 일면을 중심으로 나타낸 것이기 때문에 양자를 합일시켜서 이해하는 것이 필요함을 뜻한다. 만약 심즉리라면 성즉리는 동시에 이루어진다. 그러나 성즉리라고 하여도 심즉리가 이루어지지 않으면 성즉리라고 할 수 없다. 결국 양명의 관점과 주희의 관점이 일체인 경지에 이르러서야 비로소 완전해진다.

순역은 물건적 관점에서 세계를 이해한 결과이다. 이는 주희와 왕양명을 막론하고 삼재라는 사물적 관점에서 세계를 이해하고 공맹의 유학을 이해하였기 때문에 빚어지는 현상임을 뜻한다.

삼재三才의 관점에서 보면 나와 남을 구분하지 않을 수 없다. 나와 사물을 구분해서 일체를 주장하는 것은 아직 본래의 차원이 아니다. 오히려 사물과 나는 본래 둘이 아니기 때문에 회통會通, 합일合一, 일체一體라는 것마저도 필요가 없다.

공자孔子의 제자들은 그에 대하여 "무의毋意, 무필毋必, 무고毋固, 무아毋我"[37]라고 하였을 뿐만 아니라 공자 자신도 "무가무불가無可無不可"[38]를 언급하였다. 그것은 공자의 유학이 물건적 관점 곧 삼재적三才的 관점을 바탕으로 이론체계화 하였음을 보여준다.

무아無我는 모든 존재가 실체가 없음을 뜻한다. 무아를 바탕으로 할

37 『論語』 子罕第九, "子絶四, 毋意, 毋必, 毋固, 毋我."

38 『論語』 微子, "逸民伯夷叔齊虞仲夷逸朱張柳下惠少連 子曰 不降其志 不辱其身 伯夷叔齊與 謂柳下惠少連 降志辱身矣 言中倫 行中慮 其斯而已矣 謂虞仲夷逸 隱居放言 身中淸 廢中權 我則異於是 無可無不可."

때 비로소 "옳음도 없고, 옳지 않음도 없음"을 주장할 수 있다. 무아는 내가 없음이 아니라 사람으로서의 나도, 대상 사물도 모두 고정되지 않고 끊임없이 변화함을 나타낸다.

공자가 학문을 논하면서 "안으로 살펴보라."[39]고 강조한 것은 곧 대상적 사고, 분별심에 의하여 모든 존재를 실체로 여기고, 나와 남을 구분하여 보는 사고를 버릴 것을 주장한 것이다.

그것은 사물을 부정하거나 분별심, 대상적 사고 자체를 부정한 것이 아니다. 왜냐하면 분별심, 대상적 사고와 그 결과로 나타나는 사물 역시 본래성의 작용의 결과이기 때문이다. 그러므로 공자의 내성內省은 어떤 사물이나 사고를 막론하고 그것에 머물러서 집착하지 말 것을 나타낸다.

도를 천지인의 삼재의 세계를 통하여 표상한 것은 도 자체의 나타남이 모든 존재자 자체의 관점에서 보면 다시 말하면 사물 그 자체의 관점에서 보면 지금 여기 나타나 있음으로서의 지금 여기의 나로 나타남을 밝히기 위함이다.

도라는 근원 자체의 나타남, 지금 여기 나타나 있음으로서의 사물은 모든 존재가 완전하고 아름답다. 모든 존재가 자유롭고 평화롭다. 모든 존재가 그대로 우주의 중심이고 근원이다. 따라서 지금 여기의 나 그대로 자신으로 살아가는 것이 중요하다.

참 나를 찾을 필요도 없고, 그것을 찾기 위하여 수행을 하거나 수기, 학문을 할 필요가 없다. 단지 본래 그러함을 느끼고 경험하고 체험하면서 자신으로 살아가기 위하여 수기, 학문을 논할 뿐이다. 그것을 나타내기 위하여 도의 세계, 역도의 세계를 공간적 관점에서 삼재의 도를 통하여 나타낸 것이다. 그러면 이어서 혜능惠能의 선불교禪佛敎를 중심으로 중국불

39 『論語』 里仁, "子曰 見賢思齊焉, 見不賢而內自省也."

교의 특성을 살펴보자.

불교가 중국에 들어와서 중국화함으로서 나타난 것이 선종이라는 종파이다. 중국불교를 한마디로 나타내어 종파불교라고 하는 것은 중국불교의 특성이 공간적임을 그대로 보여준다. 종파는 공간적 관점에서 다양하게 구분되고 나누어짐을 뜻한다. 그렇다고 하여 종파라는 것이 가치상의 저열함을 나타내는 것은 아니다. 단지 그 관점을 들어서 지적하고 있을 뿐이다.

선종 역시 중국화된 불교라는 점에서 중국의 전통사상인 유학의 영향을 받아서 형성되었다. 특히 유학의 인성론人性論을 수용하여 불성佛性이 곧 인성人性이며, 그것이 바로 지금 여기의 나의 본성임을 나타내는 자성自性이라는 개념으로 표현되고 있다.

여러 학자들은 혜능에 이르러서 비로소 중국선이 형성되었음을 주장하고 있다. 혜능의 사상을 살펴볼 수 있는 자료는 단경壇經이다. 제자들이 그의 언행을 기록한 단경을 보면 내 본성으로서의 자성自性이 곧 인성人性이며, 인성이 곧 불성佛性이라고 하였다. 그러므로 자성을 떠나서 불성을 추구할 필요가 없으며, 자성을 떠나서 부처를 구할 수가 없는 것이다.

자성은 지금 여기에 있는 나의 본성이다. 그러므로 자성을 깨달으면 부처이고, 자성을 미혹하면 중생이다. 그러나 자성이 깨달음을 통하여 없었다가 갑자기 나타난 것도 아니고, 깨닫지 못했다고 하여 있던 것이 없어지는 것도 아니다. 그렇기 때문에 자성은 각불각覺不覺을 넘어서 있다. 그런 점에서 보면 부처와 중생이 따로 없다. 단지 자성이 부처의 삶으로 드러나고, 중생의 삶으로 드러날 뿐이다.

불국정토나 서방정토 역시 자성의 세계를 가리키는 개념이다. 자성의 세계에서 사는 사람은 모든 곳이 정토이다. 그러나 정토를 모르고 사는 사람은 모든 곳이 예토이다. 그러므로 정토와 예토가 따로 있는 것이 아니라 부처의 세계가 정토이고, 중생의 세계가 예토이다.

중국의 학자들은 혜능 이후의 선을 조사선祖師禪으로 규정하여 달마達磨에서 혜능에 이르기까지 인도에서 발생하여 중국화하는 과정에서 발아한 여래선如來禪과 구분하고 있다.[40] 그들은 여래선과 조사선을 구분하여 중국 불교가 우월함을 드러내고자 한다.

그런데 선종이 불교의 한 종파이고, 조사선이 선종이라면 석가모니에 의하여 제기된 가르침을 바탕으로 하지 않을 수 없다. 만약 석가모니의 가르침을 능가하는 것이 혜능의 조사선이라면 그것은 혜능의 가르침에 의하여 형성된 종교일 뿐으로 불교라고 할 수 없다.

그렇다고 하여 석가모니와 혜능을 막론하고 깨달음을 얻은 사람을 부처라고 하고, 부처의 가르침이 바로 불교라고 한다면 여래선과 조사선을 구분하여 조사선이 여래선보다 수승하다고 할 수 없다. 불교의 불佛이 불성佛性을 가리키고, 교敎가 불성의 작용을 가리키는 개념으로 이해한다면 그 자리에는 모든 것을 포함하여 벗어나는 것이 없다. 그렇기 때문에 그 자리에는 어떤 분별도 없어서 내도와 외도, 교종과 선종, 남종과 북종은 물론이고 여래선과 조사선의 구분이 있을 수 없다.

설사 교종과 선종, 내도와 외도의 어느 일면에 집착하는 것을 부수어서 자유롭게 해주기 위하여 방편상 분별을 했다면 가치상의 우열을 논하여 다른 일면을 배척하지 않을 것이다. 왜냐하면 어떤 사람이 다른 사람을 위하여 분별한다면 비록 분별을 할지라도 자신은 분별에 집착하지 않기 때문이다.

현대중국의 불교학자들이 여래선과 조사선을 구분하여 혜능의 선종이 우월함을 드러내고자 한다. 그러나 혜능 자신은 여래청정선如來淸淨禪[41]을

---

40 洪修平, 孫亦平 共著, 노선환, 이승모 共譯, 『如來禪』, 서울, 운주사, 2002, 63쪽.

언급하고 있다. 그럼에도 불구하고 후대의 학자들이 굳이 혜능惠能과 신수神秀를 구분하고 각각 남종의 조사선祖師禪과 북종의 여래선如來禪을 비교하여 남종의 수승함을 나타내려는 것은 혜능 자신의 뜻과도 어울리지 않는다.

그들은 혜능이 자성을 깨닫는 돈오성불, 견성성불을 주장하였다고 한다. 그런데 견성하고, 성불하는 주체는 자성自性인가 아닌가 하고 묻지 않을 수 없다. 자성이 아니라고 하면 혜능의 주장이 무너지고, 자성이라고 하면 굳이 견성성불, 돈오성불을 논할 필요가 없다.

그리고 혜능과 신수를 구분하는 돈오와 점수가 둘인가? 돈오와 점수의 주체는 무엇인가? 자성인가 식성인가? 자성이 견성하고, 성불하며, 돈오하고 점수한다면 양자를 구분할 필요가 없을 뿐만 아니라 돈오와 점수의 가치상의 우열을 가릴 필요가 없다.

돈오는 한 순간에 이루어지는 경험, 체험이다. 그러나 그 순간의 체험, 경험은 그냥 일어나는 것이 아니라 오랜 기간의 준비 과정을 거쳐서 이루어진다. 그렇기 때문에 돈오를 위해서는 오랜 기간의 수행의 과정인 점수가 필요하다.

그런데 돈오와 점수를 막론하고 모두 자성의 작용이다. 자성의 작용을 역방향에서 나타내면 점수이고, 순방향에서 나타내면 돈오이다. 따라서 돈오와 점수를 구분하여 둘이라고 할 수 없지만 그렇다고 하여 하나라고 할 수도 없다.

만약 깨달음과 닦음이 둘이라면 닦아서 깨달을 수 없을 뿐만 아니라 그렇기 때문에 닦을 필요가 없다. 그러나 닦음이 없으면 깨달음이 없고, 깨달음이 없으면 닦음이 있어도 닦음이라고 할 수 없다.

41 法海集記,『宗寶本 壇經』, "何故 無所從來 亦無所去 無生無滅 是如來淸淨禪"

불교와 외도, 교종과 선종, 남종과 북종의 구분은 무아無我를 주장하는 불교 자체의 관점이 물건적 관점에서 접근하기 때문에 나타나는 현상이다. 근본불교의 삼법인三法印에서 밝히고 있듯이 제법무아諸法無我는 제행무상諸行無常의 측면과 함께 논의되어야 한다.

그것은 물건적 관점에서 제법무아가 사건적 관점에서 제행무상으로 표현되었기 때문에 양자를 함께 고찰하는 것이 필요함을 뜻한다. 혜능의 선불교를 자성을 중심으로 이해하며 지금 여기의 나의 본성이라는 개체성을 전제로 접근하기 때문에 실체적 관점에 빠지게 된다.

혜능의 특성을 논할 때 신수神秀의 게송과 함께 언급되는 게송이 있다. 그의 스승인 홍인弘忍은 혜능의 게송이 당 안에 들어왔고, 신수의 게송은 문 앞에 이르렀으나 아직은 당 안에 들어오지 못한 것으로 평가[42]하였다. 먼저 신수의 게송을 보자.

몸은 깨달음의 나무	身是菩提樹
마음은 맑은 거울 받침대	心如明鏡台
항상 부지런히 털고 닦아	時時勤拂拭
티끌과 먼지가 묻지 않게 하라.	勿使惹塵埃

위의 내용 가운데서 기승의 구를 보면 몸과 마음을 보리와 일체로 보고 있음을 알 수 있다. 그러나 전결의 부분을 보면 보리와 몸 그리고 마음을 둘로 보고 있음을 알 수 있다. 혜능의 게송을 보면 다음과 같다.

깨달음에 본래 나무가 없고	菩提本無樹

42 法海集記, 『敦煌本 壇經』, "汝作此偈 見即來到 只到門前 尚未得入."

밝은 거울 또한 받침대가 없다. 明鏡亦無臺
불성은 항상 청정하니 佛性常淸淨
어느 곳에 티끌과 먼지가 있는가? 何處有塵埃

위의 내용을 보면 불성은 나무와 거울과 같은 존재가 아니어서 영원할 뿐만 아니라 항상 깨끗하여 완전한 존재임을 나타내고 있다. 이 때 불성은 개체적 존재의 본질, 본성을 가리킨다. 개체적 존재의 본질을 부처의 관점에서 부처의 성품으로 규정한 것이다.

개체적 존재를 문제로 삼는 것은 세계를 물건의 관점에서 이해하는 것이다. 그리고 이를 바탕으로 사태를 중심으로 이해할 때 그것이 변화할 수 있는 존재인지 아니면 항상한 존재인지가 문제가 된다.

만약 개체적 존재가 항상하다면 그것은 수행이나 수기, 학문과 같은 문제가 발생하지 않는다. 수행이나 수기, 학문이 문제가 된다는 것 자체는 개체적 존재의 변화를 전제로 한다. 물론 변화의 원인은 인간의 일정한 행위를 전제로 한다.

돈오頓悟와 점수漸修, 수행과 무수無修, 조사선祖師禪과 여래선如來禪의 구분은 기본적으로 공간적 관점에서 개체적 존재가 존재함을 전제로 한다. 개체적 존재가 없다면 수행이 필요가 없고, 수행이 필요가 없다면 돈오와 점오, 돈수와 점수가 문제가 될 수 없다.

만약 개체적 존재가 없어서 무아라면 닦아서 여래의 경지를 추구하는 여래선이나 여래도 조사도 초월하고자 하는 조사선도 필요가 없다. 점수나 돈수는 고사하고 수행 자체가 무슨 필요가 있겠는가?

여래의 경지, 조사선의 경지를 말할 때 불이不二를 말하고, 분별심을 제거하라고 한다. 이 또한 개체적 관점, 공간적인 관점일 뿐이다. 금강경에서 "모든 상相을 갖고 있는 것은 허망하다. 만약 상相이 상相이 아님을 알면 곧 여래如來를 본다."[43]고 하였다.

그리고 여래, 부처와 중생이라는 것도 역시 하나의 상相에 불과함을 논하고 있다. 그렇다면 본래 분별심도 없고, 불성도 없어서 보살과 부처의 경지라는 것도 없다. 그럼에도 불구하고 수행의 경지를 말하고, 깨달음을 말하고, 깨달음의 경지를 말하는 것도 분별심이고, 상相에 잡힌 것이다.

신수가 점수漸修를 말하고 혜능이 무수無修를 말했다고 하여 양자가 차이가 있는 것은 아니다. 왜냐하면 양자가 모두 자성自性의 발현일 뿐이기 때문이다. 그럼에도 불구하고 양자를 구분하여 가치상의 우열을 가리는 것은 여전히 분별의 차원을 벗어나지 않고 있음을 뜻한다. 양자를 비교하여 혜능의 우월성을 나타내려는 후대의 학자들의 사고 역시 분별심을 벗어나지 못하고 있다.

혜능이 제자들에게 중생들을 제도할 때 사용해야할 36대법은 모두 분별심을 타파하려는 것이다. 유有와 무無, 각覺과 불각不覺, 부처와 중생, 정토淨土와 예토穢土와 같은 모든 대립적인 개념들은 공간적 관점, 공간의식의 관점, 분별심의 관점에서 언급되는 것이다. 다시 말하면 분별심을 전제로 하는 것이다.

분별심에 의하여 형성된 것이 상이다. 그러므로 분별심을 인정하는 것은 상을 인정하는 것이 된다. 물론 『원각경圓覺經』에서도 모든 분별심의 근거도 역시 원각묘심圓覺妙心[44]이라고 하였다. 그러면 이것이 차원, 경지의 저열함과 시비에 있어서의 그름을 나타내는가?

그렇지 않다. 분별심은 분별심으로 보면 그릇된 것이지만 개체적 존재의 존재의의, 가치를 드러내는 것이다. 분별심을 통하여 개체적 존재가

---

43 『金剛經』 如理實見分, "凡所有相 皆是虛妄 若見諸相非相 即見如來."

44 『圓覺經』 普賢菩薩章, "一切衆生 種種幻化 皆生如來 圓覺妙心."

있음을 인식하게 되고, 분별심을 통하여 개체적 존재의 가치를 인지하고, 분별심으로 인하여 개체적 존재의 근거인 무아無我를 알게 된다.

수행은 불완전함을 완전하게 해주는 것이 아니라 불성이라고 부르거나 인성이라고 부르거나를 막론하고 완전한 본래의 자리를 드러내는 것, 경험하고 체험하는 것일 뿐이다. 분별심에 의하여 시비를 가리는 것도 지혜의 작용이다. 분별심은 끊임없이 자신을 자각自覺하고 체험하게 해주는 지혜의 작용이다.

분별심을 통하여 자비慈悲를 느끼고 자비를 실천하게 해준다. 분별심을 통하여 남의 고통과 아픔을 느낌으로써 하나이면서도 또 다른 나를 느끼게 된다. 나와 다른 나를 느낌으로써 내가 고정되지 않고 다양함을 그리고 무한함을 느낀다. 그리고 나는 영원함을 느낀다.

점수漸修, 돈수頓修, 무수無修, 돈오頓悟, 점오漸悟가 하나이다. 조사선祖師禪과 여래선如來禪도 하나이다. 왜냐하면 그것을 논하는 그 자리는 둘이 아니기 때문이다. 어찌 불성이 하나라거나 둘이라고 할 수 있겠는가! 그럴 때 비로소 시공을 초월하여 하나인 세계, 영원의 세계, 시간성의 세계를 알게 된다.

사실 세계 자체에는 아무런 문제가 없다. 모순矛盾도 없고, 돈오頓悟도 점수漸修도, 조사선祖師禪도 여래선如來禪도 그리고 선禪도 없다. 모든 순간의 삶 자체가 그대로 여래선이고 조사선이어서 그러한 개념 자체도 없다.

부처와 중생, 본각本覺과 시각始覺, 불성佛性과 무명無明, 돈오와 점수, 닦음과 닦지 않음, 무아無我와 윤회輪回와 같은 문제는 결국 시간성을 공간적 관점에서 물건화物件化하여 접근하기 때문에 빚어지는 현상이다. 그러므로 분별심 자체가 문제가 있는 것은 아니다. 그러면 두 게송을 어떻게 이해할 것인가?

두 게송을 살펴보면 신수神秀의 게송이 없다면 혜능의 게송은 존재할 수 없다. 왜냐하면 혜능이 신수의 게송을 보고 게송을 지었기 때문이다. 그것은 신수의 게송이 드러나는 한계를 지적하기 위하여 혜능의 게송이 지어졌음을 뜻한다. 그렇다면 양자는 어느 하나만으로는 완전할 수 없다. 만약 혜능의 게송이 나타내는 불성佛性, 자성自性의 세계에 머물러 있으면 여전히 하나의 세계에 갇혀있게 된다. 그렇기 때문에 다시 그곳에서도 벗어나서 활발하게 작용하는 측면을 나타내지 않을 수 없다.

그것은 역방향에서 신수의 게송이 저작되었기 때문에 이에 대응하여 순방향에서 혜능의 게송이 저작되었음을 뜻한다. 그러므로 순역이 합일된 차원에서 양자의 게송을 이해하면 양자가 가치상의 우열이 없이 중도中道의 세계, 실상實相의 세계를 그대로 드러내고 있음을 알게 된다.

혜능의 게송이 나타내는 자성의 세계를 바탕으로 신수의 게송을 이해하면 그것은 매 순간 자성이 인연에 따라서 다양하게 드러남으로써 모든 존재를 이롭게 함을 나타낸다. 그렇기 때문에 그대로 수행이면서 제도이고, 삶이다.

신수의 게송 역시 혜능의 게송이 나타내는 작용을 통하여 이해하면 일상의 다양한 삶으로 드러나면서도 그 어떤 것에도 얽매임이 없어서 자유롭고, 작용하면서도 작용하지 않아서 언제나 고요한 부동不動의 자성自性을 나타내고 있다. 그러면 다음에는 이어서 중국도교를 통하여 중국사상의 물건적 특성, 인도적 특성에 대하여 살펴보자.

중국의 도교수련에 관한 전적들을 보면 사람과 사람 사이에 은밀하게 전해왔기 때문에 각각 사용하는 개념이 명확하지 않을 뿐만 아니라 분파分派와 사람에 따라서 개념의 의미나 수행의 방법이 서로 다르다.

그러나 대체적인 관점에서 보면 연정화기鍊精化氣, 연기화신鍊氣化神, 연신환허鍊神還虛, 연허합도鍊虛合道의 과정을 통하여 설명하고 있다. 우선 도교에서는 사람의 구조를 정기신精氣神의 세 요소를 통하여 설명을 한다.

그리고 그 방법은 독맥督脈으로부터 시작하여 임맥任脈을 유통을 시켜서 정이 기가 되고, 기가 신이 되는 과정을 거치게 된다. 연기화신이 되면 이른바 내단內丹이 형성되는데 그것은 육신과 다른 또 다른 자신으로서의 양신陽神이라고 한다.

양신이 출신을 하여 우주에 활보를 하면서 연허합도鍊虛合道의 수행을 마치게 되면 양신이 도 자체와 하나가 되어 수련이 완성된다고 한다. 그것은 인간을 심신의心身意라는 세 요소에 의하여 이해하고 삼자가 하나가 됨으로써 그 내용인 정기신精氣神이 변화하여 인간이 형성되기 이전의 무극無極의 상태로 돌아가는 일련의 과정을 나타낸다.[45]

도교의 인간관은 불교에서 육신과 마음을 환화幻化로 여기고 그 차원을 넘어서 견성성불見性成佛을 추구하는 것과 달리 정精을 수련하여 기氣로 화化하고, 기를 수련하여 신神으로 화하며, 신을 수련하여 도와 하나가 되는 방법을 취하는 점에서 심신의心身意를 실체적 관점에서 접근하는 점에서 차이가 있다.

성리학이 인간의 본성과 사물의 본질인 이理가 일체임을 나타내는 성즉리性卽理를 대전제로 하고 있음은 형이상과 형이하를 구분하여 각각 형이상의 도를 이理로 그리고 형이하의 기器를 사事로 이해하였던 화엄종의 전통을 바탕에 깔고 있다.

『주역』에서 형이상과 형이하를 구분하여 양자의 관계를 중심으로 세계와 인간을 이해하고자 했던 전통이 화엄종에서는 성性과 상相을 통하여 성상융회性相融會로 나타나고 그것이 선불교에서는 자성自性이라는 본성을 중심으로 성상융회의 관점에서 전개되었으며, 송대宋代에 이르러서는 성리학이 나타난 점에서 보면 성性과 상相을 구분하여 세계를 이해한 전통이

45 李道純 지음 김정제 옮김, 『중화집中和集』, 한국학술정보, 2009, 90쪽에서 96쪽.

그대로 계승되고 있음을 볼 수 있다.

도가의 이론을 계승하여 종교화한 도교 역시 심신의心身意를 실체적 관점에서 접근한 점에서 형상을 중심으로 도道와 기器, 성性과 상相, 이理와 사事의 이분법적인 구조를 통하여 세계를 이해한 전통을 그대로 계승하고 있다.

성性과 상相, 이理와 사事, 천天과 인人을 구분하여 이해하는 이분법적인 사고는 현상의 차원에서는 『주역』에서 제시된 삼재의 세계관을 그대로 수용하여 발전하였다. 천지인의 공간적 관점에서 도를 추구하다보면 도 자체를 문제로 삼기도 하고, 그것을 천지인의 관점에서 다시 말하면 천도, 지도, 인도의 관점에서 문제를 삼을 수도 있다.

우리가 지도地道를 문제로 삼을 때 그것은 만물 자체와 도와 관계를 밝히는 문제라고 할 수 있다. 그것은 삼극三極의 관점에서는 태극의 관점에서 도를 추구함을 뜻한다. 도를 태극이라고 규정한 것이 바로 그것이다. 이러한 관점에서 출발하는 사상이 도가道家, 도교道敎이다.

반면에 그것을 인도를 중심으로 추구하면 불성佛性의 문제가 된다. 그것이 자성自性으로서의 인성人性을 불성으로 이해하고 그 가운데서 도를 찾는 것이 선불교禪佛教 특히 조사선祖師禪이다. 이를 삼극의 관점에서 이해하면 황극皇極을 중심으로 도를 추구하는 이론체계라고 할 수 있다.

그리고 천도를 중심으로 도를 추구하는 경우가 있다. 공맹孔孟의 유학을 비롯하여 성리학의 경우가 그렇다. 천天이라는 근원을 바탕으로 인간을 비롯한 만물이 존재하기 때문에 오로지 천도에 순응하고자 하는 삶을 사는 것이 인간의 삶의 목표이다. 천인합일天人合一 그것이 유학에서의 최종목표이다.

그런데 태극의 관점에서 만물의 근원으로서의 도를 추구하는 『노자』를 보아도 도와 만물, 무위無爲와 유위有爲와 같은 분별심을 바탕으로 그것을 제거하여 무위자연無爲自然, 박樸으로 돌아갈 것을 강조하고 있고, 조사선에서도 무념無念, 무상無相, 무주無住를 중심으로 무아無我를 강조하고 있으며, 도교에서도 인선人仙, 지선地仙, 천선天仙의 단계를 나누고 천선이 되는 것을 최고의 경계로 추구하고 있으며, 유학儒學에서도 천도와 합일하는 천인합일天人合一을 최고의 경계로 여기고 있다.

그것은 중국사상이 유학과 불교 그리고 도교, 도가를 막론하고 개체적 관점, 공간적 관점, 인간이 중심이 되어 세계, 우주, 도와 합일하는 것을 최고의 문제로 추구함을 나타낸다. 그것은 중국사상이 개체적 존재의 가치, 의의를 드러내어 밝히는데 그 초점이 있음을 보여준다.

혹자는 소강절邵康節의 원회운세元會運世와 같은 이론을 들어서 그가 단순하게 공간적 관점에서 도를 추구하지 않으며, 그 역시 시간의 문제를 추구하고 있지 않느냐고 반문할 수 있다. 소강절의 학문의 특징을 파악하기 위해서는 역학易學과 역법曆法의 차이를 살펴보는 것이 필요하다.

역법은 천체물리학이라는 과학의 영역에 속한다. 그것은 물리적 천체를 보고 시간을 인식할 수 있는 단위로서의 역수를 연원일시로 나타내어 시간의 마디를 나타내는 역할을 한다. 따라서 역법은 과학의 법칙일 뿐으로 형이상적인 존재로서의 역도가 아니다.

그러나 역학은 시간의 근원으로서의 역도를 추구하는 형이상학이다. 그렇기 때문에 우주의 역사를 129,600년을 기준으로 원회운세元會運世의 마디를 지어서 나타내는 것 역시 역수를 통하여 시간을 연월일시로 마디를 지어서 나타내는 것과 다름이 없다.

그렇다고 하더라도 그가 주장하는 선후천학先后天學은 시간적 관점에서 학문을 논하고, 근원을 찾아가는 점에서 공간적 관점에서의 삼재의 도가 아닌 시간적 관점에서 삼극의 도를 추구하는 것이 아니냐고 반문할 수 있다. 그러면 소강절의 선후천론에 대하여 살펴보자.

북송北宋의 진단陳摶으로부터 전하여진 상수학象數學이 남송南宋에 이르러서 상象을 중심으로 한 주돈이周敦頤의 「태극도설太極圖說」과 수를 중심으로 한 소강절邵康節의 「선천학先天學」으로 발전하였다. 『주역참동계周易參同契』에서는 이미 계사에서 제시된 "변화의 현상에 태극이 있다. 그것이 양의를 낳고, 양의가 사상을 낳으며, 사상이 팔괘를 낳고, 팔괘가 길흉을 정한다."[46]는 내용을 토대로 건곤감리乾坤坎離의 사정괘四正卦를 바탕으로 내단술內丹術을 이론체계화 하였다.

소강절은 도교와 도가이론을 중심으로 형성된 상수학을 수용하여 유가적儒家的 관점에서 선천학先天學을 제시하였다. 그러면 먼저 소강절이 말하는 선천이란 무엇인지 살펴보자. 그가 도교의 도사道士인 진단陳摶으로부터 이지재李之才에게 전해져온 상수학象數學을 전해 받은 것으로부터 미루어보면 선천은 사람의 태어나면서 갖고 있는 본유의 요소와 관련이 있음을 알 수 있다.

사람이 태어날 때 갖고 있는 본유하고 고유한 특성은 본성이라고 할 수 있다. 그것은 세계의 관점에서는 변화하는 현상의 근거에서 그 원인자가 되는 존재가 있음을 뜻한다. 『주역』에서는 변화하는 현상의 원인을 태극太極으로 제시하여 "변화에 태극이 있다. 그것이 양의를 낳고, 양의가 사상을 낳으며, 사상이 팔괘를 낳고, 팔괘가 길흉을 정한다."[47]고 하였다.

태극은 형이상적 측면에서 근원을 나타내는 무극無極이나 인간의 본래성을 형이상적 측면에서 나타내고 있는 황극皇極과 달리 현상적 측면에서 사물의 근원을 가리키는 개념이다. 그것은 물체의 형상을 중심으로 형이

---

46 『周易』 繫辭上篇 第十一章, "易有太極, 是生兩儀, 兩儀生四象, 四象生八卦, 八卦定吉凶, 吉凶生大業."

47 『周易』 繫辭上篇 第十一章, "是故 易有太極, 是生兩儀, 兩儀生四象, 四象生八卦, 八卦定吉凶, 吉凶生大業."

상을 도道로 그리고 형이하를 기器로 규정하여 도와 만물을 구분하여 나타내고 있는 『주역』의 근본적인 사유구조이다.

현상적 측면에서 그 근본인 태극을 중심으로 세계를 이해하기 때문에 만물의 근원은 태극으로 여기지 않을 수 없다. 소강절은 "태극은 부동의 성性이다."[48]고 하여 태극이 변화하는 현상의 근원임을 밝히고 있을 뿐만 아니라 "마음이 태극이다. 또한 말하기를 도는 태극이다."[49]고 하였다.

그는 태극太極, 도道, 심心, 성性을 일체로 여겼다. 그것은 소강절의 학문이 물건적 관점에서 하나를 지향하는 역방향에 서 있음을 그대로 보여준다. 그는 『주역』과 『맹자』의 내용이 모두 하나의 근본인 태극에 있음을 다음과 같이 밝히고 있다.

> 그러므로 태극은 만물 이전에도 본래 이미 혼연히 이루어졌고, 만물이 생긴 이후에도 일찍이 훼손되지 않으며, 예부터 지금에 이르기까지 존재하지 않은 적이 없음을 안다. 만물의 품부받지 않음이 없음을 말하여 명命이라고 하고, 만물의 근본하지 않음이 없음을 말하여 성性이라고 하며, 만물의 주재되지 않음이 없음을 말하기를 천天이라고 하고, 만물의 생성되지 않는 것이 없음을 말하여 심心이라고 하지만 사실은 하나이다. 옛 성인이 궁리窮理진성盡性하여 명命에 이름이나 진심盡心지성知性하여 천天을 알고, 존심存心양성養性하여 천天을 받듦은 모두 이것에 근본根本한 것이다.[50]

---

48 邵伯溫, 『皇極經世書』 觀物外篇下, "太極不動性也"

49 邵伯溫, 『皇極經世書』 觀物外篇上, "道爲太極", "心爲太極"

50 邵伯溫, 『皇極經世書』 觀物內篇之一, "是故 知太極者 有物之先 本已混成 有物之後 未嘗虧損 自古及今 無時不存 無時不在 萬物無所不稟則謂之曰命 萬物無所不本則謂之曰性 萬物無所不主則謂之曰天 萬物無所不生則謂之曰心 其實一也 古之聖人 窮理盡性以至于命 盡心知性以知天 存心養性以事天 皆本乎此也"

인용문을 보면 소강절이 변화하는 현상의 근원인 태극과 변화의 현상을 바탕으로 태극에 관한 학문을 선천학先天學으로 그리고 변화하는 현상에 관한 학문을 후천학後天學으로 이해하였음을 알 수 있다. 그는 선천학과 후천학에 대하여 다음과 같이 밝히고 있다.

> 선천의 학문은 마음[心]이고, 후천의 학문은 그 자취이다. 유무有無, 생사生死에 출입하는 것이 모두 도道이다.[51]

위의 내용을 보면 선천학은 마음이 중심이고, 후천학은 그것이 나타난 작용이 중심임을 알 수 있다. 이 때 마음은 천지의 마음이자 성인聖人의 마음이다. 그것은 본성이 그대로 드러난 마음이라는 점에서 본성을 가리킨다고 할 수 있다. 그가 마음이라고 하였지만 "몸이 천지의 뒤에 있으나 마음은 천지의 앞에 있다. 천지가 나로부터 나오니 나로 말미암음을 어찌 다 말로 하겠는가!"[52]라고 한 것을 보면 그 점을 알 수 있다. 그러므로 본성本性에 관한 학문이 선천학이며, 그것을 주체로 이루어지는 사고와 언행과 같은 삶의 구성요소를 대상으로 하는 학문을 후천학으로 규정하고 있음을 알 수 있다.

그는 "천天은 하나를 중中으로 삼아 체용體用이 나누어지고, 사람은 마음으로부터 경륜經綸이 일어난다. 천인天人에 어찌 둘의 뜻이 있겠는가? 도道는 헛되이 행하여지지 않는다. 다만 인간에게 있다."[53]라고 하여 마음이 하늘에 있어서의 하나와 같음을 밝히고 있다.

---

51 邵伯溫, 『皇極經世書』 觀物外篇, "先天之學心也 後天之學迹也 出入有無生死者道也."

52 邵雍, 『擊壤集』, "身在天地後이나 心在天地前이니 天地自我出이라 自余何足言이리오"

53 邵雍, 『擊壤集』, 觀物吟, "天向一中分體用이요 人于心上起經綸이니 天人焉有兩般義리요 道不虛行只在人이라"

"천지의 마음은 만물을 낳는 근본이다."[54] 그러므로 천지의 마음과 하나인 인간의 마음은 물리적 천지와 만물의 존재근거가 된다. 그렇기 때문에 "사람의 몸은 천지가 있는 연후에 비로소 존재하지만 마음은 천지가 나타나기 이전부터 있어서 천지는 나로부터 나온 것이다."[55]라고 하였다.

그는 만물을 생성하는 근본인 천지의 마음을 태극太極이라고 한다. 그러므로 인간의 마음 역시 태극이다. 따라서 만물을 생성하는 근본으로서의 태극이 본체가 되어 만물의 생성이라는 작용이 이루어진다. 그렇다면 선천학先天學은 본체인 마음을 표상한 학문이며, 후천학後天學은 그 작용인 마음의 자취를 표상한 학문이라고 할 수 있다.

그는 복희와 문왕의 역학을 선후천론에 의하여 다음과 같이 구분한다. 문자가 없이 오직 팔괘八卦, 중괘重卦를 그려서 그 본체인 마음, 태극을 표상한 복희伏羲의 역학은 선천학이며, 복희가 그린 도상에 언사言辭를 붙여서 태극太極의 사상四象작용을 64가지의 중괘로 표상한 문왕文王의 역학은 후천학이다. 따라서 오늘날 우리가 『주역』이라고 부르는 전적은 후천학을 나타낸다.

소강절은 태극으로부터 팔괘가 형성되는 원리를 복희팔괘차서도伏羲八卦次序圖와 복희팔괘방위도伏羲八卦方位圖를 통하여 나타내었다. 그리고 육십사괘를 중심으로 복희육십사괘차서도伏羲六十四卦次序圖와 복희육십사괘방위도伏羲六十四卦方位圖를 제시하였으며, 문왕팔괘차서도文王八卦次序圖와 문왕팔괘방위도文王八卦方位圖 역시 제시하였다. 그는 선천팔괘도先天八卦圖를 다음과 같이 설명하고 있다.

---

54 邵伯溫, 『皇極經世書』 觀物外篇, "天地之心者는 生萬物之本也요"

55 邵雍, 『擊壤集』, "身在天地後이나 心在天地前이니 天地自我出이라 自余何足言이리오"

> 선천의 학은 심법心法이다. 그러므로 도圖가 모두 가운데로부터 시작된다. 온갖 변화, 온갖 일은 마음으로부터 일어난다. 도圖에 비록 문자文字가 없으나 내가 종일 말을 해도 이 도상圖象을 벗어나지 않는다. 대개 천지 만물의 이치가 그 가운데 모두 있다. 선천도先天圖는 중中을 중심으로 순환한다.[56]

위의 내용을 보면 선천학의 내용이 심법心法임을 알 수 있다. 인용문에서도 선천도는 중中을 중심으로 순환한다고 하였듯이 "천지의 근본은 중中으로부터 시작된다. 그러므로 건곤乾坤이 자주 변해도 중中을 떠나지 않는다. 사람은 천지의 중中에 거처하며, 마음은 사람의 가운데 거처한다."[57] 그러므로 선천학은 마음을 움직이는 용심법用心法이 중심문제라고 할 수 있다. 소옹邵雍은 문왕팔괘도에 대하여서도 언급하고 있는데 그 내용을 살펴보면 다음과 같다.

> 지극至極하도다, 문왕文王의 역易을 지음이여! 그 천지의 용用을 얻었음인가? 그러므로 건곤乾坤이 작용하여 지천태地天泰가 되고, 감리坎離가 작용하여 수화기제水火旣濟가 된다. 이로써 천시天時에 응應하고, 지방地方에 응應하였다. 왕王의 치경대법治經大法이 이로부터 다 드러난다."[58]

인용문을 보면 그는 문왕팔괘도가 작용이 위주가 됨을 밝히고 있다.

---

56 邵伯溫, 『皇極經世書』 觀物外篇, "先天之學은 心法也라 故로 圖皆自中起이니 萬化萬事는 生于心也라 圖雖無文이나 吾終日言而未嘗離乎是라. 皆天地萬物之理이 盡在其中矣라. 先天圖者는 環中也라."

57 邵伯溫, 『皇極經世書』 觀物外篇, "天地之本은 其起于中乎인져 是以로 乾坤屢變而不離乎中이니 人居天地之中하고 心居人之中이라."

58 邵伯溫, 『皇極經世書』 觀物外篇, "至哉라 文王作易也여 其得天地至用乎아 故로 乾坤交爲泰하고 坎離交而爲旣濟也 以應天之時也며 以應地之方也니. 王者之法이 其盡于是矣로다."

그리고 건곤이 작용하여 지천태地天泰가 된다는 것은 후천의 세계를 나타낸다. 그러므로 이를 통하여 문왕팔괘도를 후천의 세계를 나타내는 도상으로 이해하였음을 알 수 있다. 왕이 나라를 다스리는 대법이 모두 드러난다는 것도 바로 후천의 세계를 가리키는 언급이다.

소강절의 선후천론은 현상의 관점에서 그 근원인 태극太極을 중심으로 형성되었다. 그렇기 때문에 그의 역사관은 태극을 중심으로 그 작용을 시간에 적용한 결과라고 할 수 있다. 그것은 그가 비록 우주의 역사관을 설정하였지만 그것도 시간의식을 중심으로 형성된 것일 뿐으로 시간성의 차원 곧 역수원리의 차원에서 선후천을 밝힌 것이 아님을 뜻한다. 그의 선후천론의 특성은 수數와 상象의 관계를 나타내는 언급을 통하여 확인할 수 있는데 그 내용은 다음과 같다.

> 군자는 역경易經의 상象, 수數, 사辭, 의意를 완미玩味해야 한다. 의意가 있으면 반드시 언言이 있고, 언言이 있으면 반드시 상象이 있으며, 상象이 있으면 반드시 수數가 있다. 상이 있으면 말이 드러나고, 말이 드러나면 뜻이 드러난다. 상수象數는 물고기를 잡는 통발, 토끼를 잡는 그물과 같으며, 언의言意는 물고기와 토끼와 같다. 물고기와 토끼를 얻으면 통발과 그물은 잊어도 괜찮다. 그러나 통발과 그물을 버리고 물고기와 토끼를 잡고자 한다면 그것을 얻음을 볼 수 없다.[59]

위의 내용은 그가 왕필王弼의 득의망상론得意忘象論을 수용하여 수와 상 그리고 뜻과 말의 관계에 대하여 언급하고 있음을 알 수 있다.

---

59 邵伯溫, 『皇極經世書』 緒言 卷七下 後天周易理數第六, "君子於易玩象玩數玩辭玩意 有意必有言 有言必有象 有象必有數 象生則言彰 言彰則意顯 象數則筌蹄也 言意則魚兎也 得魚兎而忘筌蹄可也 捨筌蹄而求魚兎則未見其得也."

득의망상은 일면으로는 옳다. 그러나 그것이 역방향에서 그칠 뿐으로 순방향이 전제가 되지 않는 점에서 한계를 갖는다. 그것은 구체적으로 다음과 같은 두 가지 사항을 통하여 확인할 수 있다. 첫째는 물고기와 토끼라는 말과 뜻을 통발, 그물과 둘로 보는 이분법적인 사고 곧 분별심에서 이론이 전개되고 있다는 점이다. 사실 통발, 그물도 말과 뜻도 한자리에서 일어나는 현상이기 때문에 언음(得意)이 있을 수 없다. 둘째는 잊어도 좋지만 그 잊음마저도 없어야 한다. 만약 잊었다는 생각이 있다면 그것도 역시 여전히 얻거나 잃을 수 있는 형이하적 존재이기 때문이다.

소강절의 상수象數와 언의言意 그리고 이치의 관계를 보다 분명하게 나타내고 있는 부분은 다음과 같은 언급이다.

> 상象은 형形으로부터 이루어지며, 수數는 질質로부터 이루어지고, 名은 언言으로부터 형성되며, 의意는 그 用에서 이루어진다. 천하의 수는 이치로부터 이루어지니 이치를 어기면 술수術數에 빠진다. 세상 사람들이 수를 가지고 술수에 빠지기 때문에 이치에 들어가지 못한다.[60]

위의 내용을 보면 그가 수와 상 그리고 언의의 근원을 이理로 보고 있음을 알 수 있다. 이 때 이치에 들어간다거나 술수에 빠진다는 것은 나와 분리되어 객관적 대상으로 존재하는 이치를 상정하고 있음을 나타낸다. 이치나 도, 원리, 근원은 나와 별개의 존재가 아니다. 그렇기 때문에 본래 이치와 술수의 구분도 없다. 이치가 없다면 술수가 있을 리가 없기 때문이다. 단지 내가 어떤 차원에서 사용하느냐에 따라서 이치와 술수가

60 邵伯溫, 『皇極經世書』 緒言 卷七下 後天周易理數第六, "象起於形 數起於質 名起於言 意起於用 天下之數出於理 違乎理則入於術 世人以數而入於術 故 不入於理也"

달라질 뿐이다.

소강절은 우주의 역사를 원회운세元會運世라는 시간의 단위를 통하여 나타내고 있다. 원회운세를 일 년의 기수를 중심으로 이해하면 원元은 해에 그리고 회會는 월月에 해당된다. 그러므로 일 년에 12달이 있듯이 12회會가 일원一元이다. 또한 한 달이 30일日이듯이 1회가 30운運이다. 그리고 1일에 12시가 있듯이 12세世가 1운運이다. 1세는 30년으로 1운은 360년이다. 그리고 1회는 10,800년이며, 1원은 129,600년이다.

하늘은 자회子會에서 열리고(10,800년), 땅은 축회丑會(21,600년)에서 열린다. 그리고 사람은 인회寅會(32,400년)에서 열린다. 그는 중국의 역사를 분석하여 사회巳會는 가장 양陽이 왕성한 시기로 그 때는 요堯의 때라고 하였다. 그리고 소강절이 살았던 송대宋代는 오회午會의 시대라고 하였다. 그는 이러한 연보年譜를 통하여 중국의 역사를 황제왕패皇帝王霸의 네 단계로 이해하였다.

> 무위無爲로 정치를 행하던 때가 황皇이고, 은혜와 진실로 정치가 이루어진 때가 제帝이며, 공평과 정의로 정치를 행하던 때가 왕王이며, 지모와 무력으로 정치를 행하던 때가 패霸이다. 패 이하는 오랑캐의 정치이고, 오랑캐 이하는 금수의 정치이다.[61]

황皇은 복희伏羲, 신농神農, 황제黃帝의 삼황三皇을 가리키며, 제帝는 소호少昊, 전욱顓頊, 제곡帝嚳, 요堯, 순舜의 오제五帝를 가리키고, 왕은 탕왕湯王, 문왕文王, 무왕武王의 삼왕三王을 가리키며, 패霸는 제환공齊桓公, 진문공晉文

---

61 『皇極經世』 觀物外篇下, "用無爲則皇也 用恩信則帝也 用公正則王也 用智力則霸也 霸而下則夷狄 夷狄而下是禽獸也."

公, 송양공宋襄公, 초장공楚莊公, 진목공秦穆公의 오패를 가리킨다.

그런데 공자가 산시서刪詩書, 찬주역贊周易, 작춘추作春秋한 것을 보면 『주역周易』은 복희와 황제로부터 시작하였고, 『서경書經』은 요순으로부터 시작하였으며, 『시경』은 문왕과 무왕으로부터 시작하였고, 『춘추春秋』는 환공과 문공으로부터 시작하였다. 소강절은 이를 바탕으로 공자가 삼황과 오제를 조종祖宗으로 삼았고, 삼왕과 오패를 자손으로 삼았다고 평하였다.

소강절의 연보에 의하면 술회戌會에 폐물閉物이 되고, 해회亥會에 다시 새로운 세계가 열리는 개벽開闢이 이루어진다. 이러한 시간관은 중국의 역사가 점차 퇴보하는 역사임을 말하는 동시에 역사는 하나의 시대가 종말을 맞고 새로운 시대가 다시 시작하는 반복의 역사임을 나타낸다.

그러나 『정역』에서는 복희팔괘도伏羲八卦圖, 문왕팔괘도文王八卦圖와 더불어 정역팔괘도正易八卦圖를 제시하고 있다. 『정역』에서는 소강절이 근본으로 삼고 있는 태극의 세계는 선천先天이며, 오히려 무극無極의 세계가 후천임을 밝히고 있다. 그리고 복희팔괘도는 선천괘도이며, 정역팔괘도가 후천괘도임을 밝히고 있다.

소강절의 선후천론의 근본적인 문제는 태극을 본체로 하는 선천이 후천으로 드러난다면 선천과 후천이 다를 수가 없다는 점이다. 그것은 후천의 세계가 삼황의 시대로부터 금수의 시대에 이르기까지 타락의 역사로 갈 수가 없음을 뜻한다.

『정역』에서는 선천과 후천이 모두 원천原天이라는 근원적인 세계, 시간성의 세계를 바탕으로 이루어지는 현상세계, 시간의 세계임을 밝히고 있다. 그러므로 선천과 후천이 모두 원천의 나타남이다. 시간성에 의하여 이루어지는 자화自化로서의 시간화를 선천에서 후천으로의 변화를 통하여 나타낸다.[62]

선천에서 후천으로의 변화는 원역原曆, 윤역閏曆, 윤역閏曆, 정역正曆의 사역변화四曆變化를 통하여 상징적으로 나타낸다. 그것은 원역에 의하여 윤역이 시생하고, 시생한 윤역이 생장하여, 정역으로 장성하는 생장성의 세 단계로 구성된다. 그러므로 생장성이 모두 원역의 작용이다.

사역변화로 나타나는 생장성의 세 단계를 팔괘를 통하여 나타낸 것이 삼역팔괘도三易八卦圖이다. 정역팔괘도가 표상하는 후천세계는 신물神物, 신인神人, 천지天地, 천인天人이 합덕合德된 도덕적 세계이다. 그것은 형이하의 현상적 측면에서 이루어지는 음양의 분리 생장이 극단에 이르러서 그 차원이 전환됨으로써 인간의 본래성을 매개로 형이상의 세계와 형이하의 세계가 합덕된 세계이다.

복희팔괘도에 의하여 표상된 시생始生의 세계가 문왕팔괘도文王八卦圖에 의하여 표상된 인간의 본래성을 중심으로 구축된 도덕세계로 생장하여, 정역팔괘도에 의하여 표상된 형이상과 형이하의 세계가 합덕된 세계가 된다. 그러므로 삼역팔괘도를 중심으로 선후천변화를 살펴보면 형이하의 만물적 차원에서 형이상의 도덕적 차원으로의 변화가 바로 선후천변화임을 알 수 있다.

선후천변화는 일월의 역수변화를 통하여 나타나지만 그 내용은 인간의 본래성을 중심으로 이루어진다. "진실로 지인至人이 아니면 도는 헛되이 행하여지지 않는다."[63] 그것은 역수원리의 측면에서 시간성이 변하여 시간으로 화化하는 변화이자 시간이 변하여 시간성으로 화하는 변화가 본래성을 중심으로 이루어짐을 뜻한다.

선후천변화는 인간의 입장에서는 성인의 가르침을 통하여 군자가 길러

---

62 이현중, 『정역철학』, 학고방, 2016, 89쪽에서 134쪽.

63 『周易』 繫辭下篇 第八章, "苟非其人, 道不虛行."

지는 시대라면 후천은 군자에 의하여 성인이 제시한 인도가 실천되는 시대라고 할 수 있다. 이 때 성인과 군자는 본래성과 마음을 중심으로 세계를 인격화하여 상징적으로 나타낸 것이다. 그것은 선천이 역방향의 수행, 수기, 수도가 중심이 된 시대라면 후천은 순방향의 실천, 제도가 중심이 된 시대임을 뜻한다.

그러나 본래 선천과 후천을 막론하고 원천의 작용이다. 그것은 역방향과 순방향, 수도와 실천이 따로 있지 않을 뿐만 아니라 본래성과 마음 그리고 육신이 따로 있지 않아서 단지 매 순간 다양하게 생성됨을 뜻한다.

앞에서 살펴본 바와 같이 화엄종華嚴宗에서 성性과 상相을 중심으로 회상귀성會相歸性과 성기사상性起思想의 두 측면에서 성상융회性相融會를 제시하고 있고, 이理와 사事를 중심으로 이사무애理事無礙, 사사무애事事無碍의 사법계설四法界說을 제시하는 것[64]이 모두 형상을 바탕으로 형이상과 형이하를 구분하여 각각을 도道와 기器로 구분하고 양자의 관계를 근본根本과 지말支末의 본말本末로 규정하는 『주역』의 전통을 그대로 계승한 것이다.

송대宋代의 성리학의 본체론 역시 이理와 기氣를 중심으로 형성된 이기론理氣論이다. 주희는 이기理氣를 논하면서 양자가 『주역』으로부터 연원한 것임을 밝히고 있다.

중국도교가 『도덕경』을 바탕으로 형성되었지만 그 이론적인 체계가 『주역』을 바탕으로 형성되었음은 널리 알려진 사실이다. 뿐만 아니라 인간이 수련을 통하여 생사를 넘어서 신선神仙이 되고자 하는 수련이 중심이기 때문에 당연히 도교는 인도가 중심이다. 그리고 수련을 할 수 있는 인간의 구조를 신기정神氣精에 의하여 심신의心身意로 제시하고 있는 점에서 물건적物件的이라고 하지 않을 수 없다.

64 鎌田茂雄 著, 鄭舜日 譯, 『중국불교사』, 경서원, 1989, 214쪽에서 215쪽.

『주역』과 『서경』 그리고 『논어』를 비롯하여 중국사상을 나타내고 있는 전적들에서 밝히고 있는 내용들이 물건적 관점에서 공간성 곧 인간의 본래성을 중심으로 이상적인 인격체를 추구하는 수도론修道論이 중심이다. 따라서 중국사상, 중국문화는 인도人道가 중심이라고 하지 않을 수 없다.

제4부

고조선과 신도사상

앞에서 우리는 선사문화가 동아시아에서 두 방향으로 발전하였음을 살펴보았다. 그 하나는 시간성을 중심으로 세계를 이해하는 전통과 그것을 객관화한 시의성의 관점 곧 공간성의 관점에서 세계를 이해하는 방법이 그것이다.

선사시대의 샤머니즘으로 규정된 인류 공통의 문화, 문명은 역사시대에 이르면서 동아시아에서는 시간성 중심의 역문화易文化와 공간성 중심의 역문화易文化로 발전하였다. 그것은 반구대와 천전리 그리고 빗살무늬토기를 통하여 표현되고 있는 시간성을 중심으로 하는 문화와 홍산의 옥기에 표현되어 있는 공간성을 중심으로 하는 문화가 나누어져서 서로 영향을 주고받으면서 동아시아의 문화를 형성하고 발전하여 왔음을 뜻한다.

시간성의 세계가 천지의 수數라는 형식을 통하여 구성된 상징체계로 나타나고 그것을 중심으로 형성된 문화가 한국문화, 한국사상이다. 그리고 시간성이 대상화한 시의성 곧 공간성을 중심으로 형성된 문화가 중국문화, 중국사상이다.

선사시대의 샤머니즘이 동아시아에서는 신도神道, 천도天道를 중심으로 역도, 변화의 도로 표상되고, 그것이 문화의 중심이 되면서 역학易學이라는 학문이 형성되었다. 이 역학은 다시 신도, 천도 중심의 역학과 인도 중심으로 역학으로 분화分化하면서 발전하였다.

신도의 세계를 그대로 드러내거나 그것을 시간성의 관점에서 역수원리曆數原理로 드러내기도 하고 그것을 다시 공간성을 중심으로 삼재三才의 도道로 표상할 수도 있다. 역수원리는 시간의 세 양상으로 드러날 수 있는 근원으로서의 삼극三極을 중심으로 삼극三極의 도道로 표상된다.

시간성을 중심으로 세계를 이해하는 것은 한국문화, 한국사상의 전통이다. 시간성은 항상 자신의 상태를 벗어나서 시간으로 드러낸다. 그것은 한국 선사시대의 사람들이 세계를 인간과 자연 그리고 사물의 구분이 없는 일체가 한 순간도 고정됨이 없이 다양하게 변화하는 생명 현상으로 이해하였음을 뜻한다.

시간성을 바탕으로 한 세계는 반구대와 천전리의 암각화를 통하여 잘 표현되어 있다. 암각화는 굽이굽이 흐르는 냇가에 피라미드형의 산이 있고, 그 산의 아랫부분에 물과 맞닿는 바위절벽에 있어서 흐르는 물의 양과 시간에 따라서 달라지는 햇빛의 강도 그리고 주변의 소리와 어울려서 다양한 변화를 그대로 보여준다.

암각화가 자연과 조화를 이루면서 시간의 변화에 따라서 다양하게 드러날 뿐만 아니라 암각화의 내용 자체도 사람과 여러 동물들의 관계를 통하여 세 차원을 구분하여 삼자의 관계를 통하여 세계를 나타내고 있다.

반구대 암각화가 사람과 고래를 비롯한 여러 동물들을 통하여 세 부분으로 구분되는 구조를 통하여 세계를 나타내고 있는 것과 달리 천전리 암각화는 원圓과 삼각형 그리고 사각형을 중심으로 마름모형을 비롯한 변형된 여러 도형들 곧 추상적인 도상들을 통하여 상징적으로 나타내고 있다.

그것들은 홍산의 옥기들에 나타난 추상적 모형들과 대조를 이룬다. 천전리의 암각화에서 사용되는 도상들이 원圓을 기본으로 하여 다양한 추상적 형태를 띠고 있지만 홍산의 옥기들은 원방각의 형태가 중심이 되어 정형화되고, 조직화되어 나타난다.

홍산의 옥기들이 표상하는 내용들은 시간성을 표상하는 반구대와 천전리의 암각화들과 달리 그것을 대상화한 공간성이 중심이 된다. 그것은 시간성 자체를 대상으로 하지 않고, 그것을 문제로 삼는 인간을 중심으로 이해하였음을 뜻한다.

시간성은 천지의 수數나 역수曆數와 같은 이수理數를 통하여 상징적으로 나타낼 수 있다. 시간성을 대상화하여 공간성을 중심으로 나타내면 천지인天地人의 세계를 일관하는 삼재三才의 도가 된다. 『서경』에서는 신도의 세계, 신명의 세계를 표상하는 방법을 다음과 같이 나타내고 있다.

> 호천昊天을 공경恭敬하여 그 뜻을 따라서 역曆으로 나타내고, 상象으로 나타내어 백성들에게 시간을 알려주라.[1]

인용문에서 호천은 삼재적 관점에서 근원적 세계를 나타내는 개념이다. 그러므로 호천이라는 근원적 존재를 각각 역曆의 방법과 상象의 방법에 의하여 그 뜻을 밝힘으로써 그것을 드러내는 시간을 알려주라는 것은 사실은 호천이라는 근원적 존재를 표상하는 방법을 나타낸 것이라고 할 수 있다.

호천은 신명神明을 나타내는 개념이다. 호천을 역曆으로 드러내는 방법은 역수원리로 드러내는 방법을 가리킨다. 그리고 호천을 상象으로 드러

1 蔡沉集註, 앞의 책, 2쪽, "乃命羲和, 欽若昊天, 曆象日月星辰, 敬授人時."

내는 방법은 『주역』에서 "역易이라는 것은 상象이다."[2]라고 밝히고 있는 것과 같이 괘효卦爻의 상을 통하여 호천을 나타냄을 뜻한다.

마지막으로 백성들에게 시간을 알려주라고 하였다. 이는 백성들로 하여금 무엇을 해야 하는지를 알려주라는 것이다. 그것은 상과 역을 막론하고 시간을 바탕으로 표상됨을 뜻한다. 『주역』에서는 "종시終始의 세계를 크게 밝힘으로써 육효六爻가 시위時位에 의하여 구성된다."[3]고 하였다.

그러나 『주역』은 물리적 시간의 관점에서 사건을 그대로 나타낸 것이 아니라 그것을 물건으로 객관화하여 나타내고 있다. 신명, 신도를 공간적 관점에서 괘효卦爻의 상象을 통하여 삼재의 도를 나타낸 것이 『주역』이다.

한국사상의 연원을 상징적으로 나타내고 있는 단군신화檀君神話에서는 360의 역수曆數를 언급하고 있고, 『「천부경」天符經』에서도 일一에서 십十까지의 천지의 수를 언급하고 있을 뿐만 아니라 『정역』에서는 "역易이라는 것은 역曆이다."[4]고 하였다. 그것은 한국사상이 동아시아 선사문화의 내용인 신명, 신도를 역曆을 통하여 나타내고 있음을 뜻한다.

동북아사상의 연원인 신도를 바탕으로 그것을 그대로 계승하여 신도, 천도를 중심으로 발전시킨 것이 한국사상, 한국문화이고, 그것을 개체적 관점, 공간적 관점에서 계승하여 인도를 중심으로 발전시킨 것이 중국사상, 중국문화이다.

그러면 지금부터 신도神道, 천도天道 중심의 역학이 고조선에서 어떻게 발전하였는지를 살펴보자. 고조선의 철학을 고찰할 수 있는 가장 확실한 자료는 그것을 정리하여 문자로 기록한 문헌이다.

---

2 『周易』 繫辭下篇 第三章, "是故 易者象也, 象也者像也."

3 『周易』 重天乾卦 彖辭, "大明終始, 六位時成"

4 金恒, 『正易』 大易序, "易者曆也"

그러나 학계에서 인정하는 고조선의 철학을 이론체계화 하여 체계적으로 나타낸 전적이 많지 않다. 그동안 재야在野의 학자들이 관심을 갖고 연구하고 있는 상고시대의 역사에 관한 자료인 『규원사화揆園史話』, 『부도지符都志』, 『환단고기桓檀古記』는 학계에서 사료적 가치에 대하여 여전히 논란이 있다.

그런데 동아시아의 선사문화가 하나에서 분화分化하여 발전하였기 때문에 중국의 상고시대 사상에 관련된 자료를 참고 자료로 활용하여 한국 상고시대의 사상을 고찰할 수 있다. 다만 중국의 자료들은 자신들의 관점에서 자료를 정리하여 기록하였을 뿐만 아니라 자신들이 관심과 필요가 있는 부분만 기록을 남겨놓았기 때문에 한계를 갖지 않을 수 없다.

고조선이 존재했던 지역에서 출토되는 유물遺物, 유적遺蹟의 도움을 받는 것도 한계를 갖는다. 현재는 옛 고조선 영토의 일부가 중국의 영토이기 때문에 비록 그곳에서 유물이 발굴되더라도 자유롭게 자료의 도움을 받을 수 없다.

『삼국유사三國遺事』에 실려 있는 고조선의 건국에 관하여 기술하고 있는 단군신화檀君神話는 학계에서는 인정을 받고 있는 자료이다. 지금부터는 단군신화를 중심으로 고조선의 사상을 고찰하고자 한다.

단군신화와 더불어 필요에 따라서 중국의 사료도 사용할 것이다. 그리고 『환단고기』를 비롯하여 다른 자료들도 필요에 따라서 참고자료로 활용할 것이다. 중국의 자료와 단군신화를 비롯한 일부의 자료들은 문헌의 형태로 남아 있기 때문에 일반적인 연구방법을 적용하여 연구가 가능하다.

그러나 『환단고기』와 같은 자료들이 대종교大倧教, 동학과 관련된 자료들이고, 단군신화는 민속학적 자료이며, 그 밖의 고고학이나 민속학,

선사미술의 자료들 대부분이 사상에 관한 직접적인 자료가 아니기 때문에 자료의 성격에 따라서 다양한 방법을 적용하지 않을 수 없다.

고조선 사상의 연구에 있어서 중심 자료로 활용할 단군신화는 그 형식이 신화神話이다. 그렇기 때문에 민속적인 측면에서 가치를 인정할 수 있으나 역사와 사상의 측면에서 그 가치를 인정할 수 없다는 주장도 있다. 그리고 일부의 사학자들은 단군신화는 본래 신화神話가 아니라 사화史話임에도 불구하고 일제日帝가 사료적 가치를 부정하기 위하여 신화로 규정하였다고 주장하기도 한다.

그러나 고조선의 건국에 관한 설화를 무엇으로 이해하느냐는 어떤 관점에서 이해하느냐의 문제라고 할 수 있다. 고조선의 건국에 관한 설화說話는 역사적 관점에서 사화史話로 접근할 수도 있고, 그것이 상징하는 내용을 중심으로 사상적, 철학적 관점에서 접근할 수도 있다. 그러면 양자는 어떤 관계인가?

역사적 관점은 자연 현상 자체를 기술하는 일차 질서를 대상으로 하는 과학과 같이 객관적이고, 역사적 사실 자체를 대상으로 한다. 그러나 역사적 사실과 같은 일차 질서를 대상으로 연구하는 것이 아니라 일차 질서에 대하여 논한 이차 질서 너머를 대상으로 하는 학문이 사상, 철학이다. 그렇기 때문에 양자는 그 성격이 서로 다르다.[5]

단군신화를 역사적 관점에서 이해하면 곰을 토템으로 하는 부족과 호랑이를 토템으로 하는 두 부족이 있었으며, 외부에서 나타난 천신天神을 숭배하는 환웅족桓雄族이 새로 가담하여 곰 부족과 결합을 함으로써 단군

5 이 책에서 밝히고자 하는 작업은 사학적史學的 관점에서 일차 질서, 객관적 세계를 발굴하여 정리하고 제시하는 작업이 아니다. 엄밀하게 말하면 이 책에서 진행하는 작업은 이차 질서를 대상으로 하는 3차, 4차 질서가 대상이라고 할 수 있다. 그러므로 자료의 진위眞僞 여부나 어느 시대에 속한지와 같은 문제는 다른 학자들의 연구 성과를 활용하고자 한다.

족檀君族이 형성되면서 그들이 고조선을 건국하는 주체가 되었음을 나타내는 사실의 기록이라고 할 수 있다.

그런데 단군신화를 보면 환인桓因과 환웅桓雄을 천신天神, 천왕天王으로 규정하고 있을 뿐만 아니라 그들에 의하여 곰이 웅녀로 변화하고, 환웅이 남자로 변화하여 결혼을 함으로써 단군을 낳음을 밝히고 있다. 이 때 곰이 여자로 변화하는 것도 환웅의 권능權能에 의한 것이며, 단군檀君의 탄생 역시 환웅이 남자로 변화하여 웅녀熊女와 혼인을 함으로써 가능했던 것이다. 결국 모든 일은 천신天神에 의하여 이루어지는 점에서 신에 관한 내용을 밝히고 있는 신화라고 할 수 있다.

그리고 역사는 사실의 기록이지만 그것을 기록하는 과정에서 자신의 사고에 의하여 재구성하여 그 뜻을 나타낸다. 그렇기 때문에 비록 객관적인 사실이라고 말하지만 그것을 기록하는 사람이 스스로 인식을 하거나 그렇지 않거나를 막론하고 그 가운데는 이미 사상, 철학이 담겨지지 않을 수 없다.

만약 환웅 부족과 곰 부족이 서로 하나가 되어 고조선을 통치하는 단군을 통치자로 세웠음을 사실 그대로 나타내고자 했다면 굳이 환웅이 변화하여 남자가 되고, 곰이 여자가 되어 남녀가 혼인을 하여 단군을 낳았다고 표현할 필요는 없다. 다만 두 부족의 결합이 강함을 나타내기 위하여 결혼으로 표현하였다면 그것을 통하여 환웅의 본성이 홍익인간弘益人間임을 보다 분명하게 드러내는 효과는 있다고 할 수 있다.

그러나 환웅과 웅녀에 관한 내용 그리고 단군에 관한 내용을 유기적으로 연관시켜서 나타내고, 중요한 내용을 나타낼 때는 삼칠일三七日, 백일百日, 삼백육십일三百六十日과 같은 수를 통하여 나타내고 있음을 볼 때 단군신화가 객관적 사실만을 나타내고 있다고 볼 수 없다. 그러면 단군신화를 어떻게 이해할 것인가?

단군신화는 신화의 형식을 통하여 객관적 사실로 나타낼 수 없는 세계와 인간의 본질과 구조 그리고 관계를 상징적으로 나타내고 있다. 신화라는 형식이 갖는 특성은 사실적 세계를 넘어선 세계를 표현한다는 점이다. 그것은 감각지각이나 분별의식에 의하여 포착할 수 있는 일상의 차원을 넘어선 세계, 시공時空을 넘어선 근원적인 세계를 나타내는 형식으로 신화가 사용되고 있음을 뜻한다.

일상의 세계와 다른 시공을 넘어선 근원적인 세계는 언어를 통하여 표현할 수 없기 때문에 언어를 도구로 하여 근원적인 세계를 나타내고자 할 때는 일상적인 언어의 사용 방법과 다른 방법을 사용하지 않을 수 없다. 그것이 신들에 관한 이야기라는 형식으로서의 신화神話이다.

신화라는 형식적인 방법과 달리 도가와 불가에서 무無, 불不, 공空, 불不과 같은 부정적인 언어를 이용하거나 진제眞諦와 속제俗諦라는 두 명제의 관계를 통하여 점차 차원을 높여가는 방법을 사용하기도 한다.

그런데 단군신화는 신화의 형식과 더불어 일상의 세계를 넘어선 근원적인 세계를 담고 있는 다른 형식을 사용하고 있다. 그것은 삼칠일三七日, 백일百日, 삼백육십일三百六十日과 같은 수數이다. 수는 일반적으로 셈을 하는 단위로 사용된다. 다만 삼칠三七과 백百이라는 수의 뒤에 일日이 사용되고 있기 때문에 그것이 시간의 단위로 사용되고 있음을 알 수 있다. 그러면 시간의 단위로 사용되는 수가 상징하는 의미는 무엇인가?

환인桓因과 환웅桓雄의 본질을 밝히는 부분에서는 "수의천하數意天下 탐구인세貪求人世"라고 하여 수를 언급하고 있고, 환웅이 인간 세상에 내려와서 한 일을 "재세이화在世理化"라고 하여 변화를 언급하고 있으며, 환웅이 남자가 되는 것과 곰이 여자가 되는 것을 모두 "가화假化", "화위인化爲人"이라고 표현하였다. 이를 통하여 단군신화에서 사용되고 있는 수는 곰이 변變하여 사람으로 화化하는 변화와 관련이 있음을 알 수 있다. 그러면 변화와 관련하여 사용되는 수는 어떤 의미를 갖는가?

물리적 변화는 형체가 변화하는 것이다. 곰이 사람이 되었다고 할 때 곰의 몸이 변하여 여자의 몸으로 화하는 것이 그것이다. 만약 그러한 변화를 나타내고자 한다면 굳이 환웅이 남자로 변하고 곰이 변한 여자와 결혼을 하여 단군을 낳을 필요가 없이 스스로 단군으로 변화하면 될 것이다.

그리고 물리적 변화를 나타내는데 사용되는 수는 양을 나타낼 뿐으로 시간과 관련되어 사용되지 않는다. 그렇다면 단군신화에서 나타나는 숫자들은 물리적 변화가 일어나는 시간을 나타내는 것이 아니라 그 어떤 변화를 물리적 변화에 의하여 상징적으로 나타내고 있다고 할 수 있다.

물리적 형체의 변화는 반드시 시간을 전제로 한다. 그렇다고 하여 숫자를 통하여 물리적 시간의 변화를 나타낸다면 그것은 시간의 흐름을 나타낼 뿐이다. 그러므로 본질적으로 시공을 넘어서 어떤 존재를 상징적으로 나타내기 위하여 숫자를 상징적으로 사용하고 있음을 알 수 있다.

그것은 신화가 나타내는 세계가 시공을 넘어선 차원을 언어를 통하여 상징적으로 나타내듯이 수 역시 시공을 넘어선 세계를 상징적으로 나타내기 위하여 활용되고 있음을 뜻한다. 시간을 나타내는 형식을 통하여 상징적으로 나타낼 수밖에 없는 세계는 시간의 존재근거이자 시간의 본성인 시간성時間性이다. 따라서 단군신화에서 신화라는 형식과 수를 통하여 상징적으로 나타내고자 하는 세계는 시간성이다.

시간성은 시간이 갖는 속성을 나타내는 것이 아니라 세계의 변화성變化性, 창조성創造性, 생명성生命性, 창발성創發性을 나타내는 개념이다. 그것은 세계가 고정되지 않고 끊임없이 변화하여 다양하게 자신을 드러내기 때문에 어떤 틀에 의하여 대상화할 수 없는 창발創發의 연속이면서 생명이 춤추는 끊임없는 생성의 과정임을 나타낸다.

1. 환인과 신도神道

우리는 문자를 사용한 기록의 여부與否를 기준으로 선사시대와 역사시대를 구분한다. 그러나 선사시대와 역사시대의 구분은 인간이 분별의식에 의하여 만들어낸 방편상의 인위적인 구분일 뿐이다. 그것은 인류가 정의한 역사의 시작은 인간이 스스로를 다른 존재와 구분하여 인간으로 의식하는 분별의식이 생기기 시작하였던 시점을 기준으로 삼았음을 뜻한다.

의식은 언제나 현재를 기준으로 이루어질 수밖에 없다. 일반적으로 우리가 알고 있는 과거는 기억이나 기록의 형태로 남아 있으며, 미래 역시 일종의 희망希望, 기대期待에 불과하다. 그러나 기억이나 희망도 현재의 기억이고, 현재의 희망일 뿐이다.

현재를 기준으로 과거를 보면 당연히 과거는 불완전하고, 저급低級하고, 불선不善하다는 평가를 내릴 수밖에 없고, 미래는 현재에 비하여 더욱 가치가 있고, 의미가 있으며, 완전한 세계로 평가하게 된다.

오늘날의 우리는 물리적 현상을 중심으로 세계를 분석하고, 오늘날의 인류사회를 이해한다. 오늘날의 인류는 과거에 비하여 재화의 생산량이 많아지고, 과학기술이 발달하였으며, 교통수단 역시 비약적으로 발달하였고, 도시의 인구도 과거에 비하여 폭발적으로 증가하였을 뿐만 아니라 과학기술의 발달로 의학이 발달하면서 인간의 수명이 연장되어가고 있기 때문에 과거의 인류와 비교하여 발달하였다고 평가한다.

그런데 오늘날의 인류가 자본주의에 따라서 이윤추구를 위하여 인간이 삶을 영위하는데 직접적으로 필요가 없는 재화를 지나치게 많이 생산할 뿐만 아니라 그 과정에서 자연을 끊임없이 훼손하고 있다.

그것은 현대인들이 과거의 그 어떤 시대와도 비교할 수 없을 정도로 자연을 훼손하고, 소수의 사람들이 대부분의 재산과 지식, 자원을 독점獨占하여 불평등의 사회가 되었을 뿐만 아니라 시간이 흐를수록 빈부貧富의 격차가 더욱 심화深化되고, 소수의 사람들이 다수를 지배하는 참으로 이상한 사회가 되어 감을 뜻한다.

만약 과거의 사람들이 오늘날의 인류사회를 본다면 그들은 강자强者만이 생존하는 약육강식弱肉强食의 불평등하고, 불균형의 사회라고 말할 것이다. 그들의 눈에는 오늘날의 인류사회가 오히려 야만적이고 미개한 사회로 느껴질 것이다. 그러면 인류의 역사는 퇴보退步하였는가?

그것은 시간이 과거에서 미래를 향하여 흐르며, 그 반대로는 흐르지 않는다는 직선적인 시간관에 의하여 세계를 이해하기 때문에 일어나는 현상일 뿐이다. 그러나 과거는 이미 지나갔기 때문에 없고, 미래는 아직 오직 않아서 없으며, 현재는 과거와 미래의 구분이 없으니 역시 양자와 별개로 존재한다고 할 수 없다.

인류의 역사는 타락한 것도 아니며, 발전한 것도 아니다. 본래성의 차원에서 보면 인류의 역사는 시작도 없고 끝도 없다. 그것은 시공을 넘어선 인류의 본성, 역사의 본성이 끊임없이 다양하게 드러난 현상이 인류의 선사와 역사임을 뜻한다. 따라서 인류의 역사는 본성의 차원, 역사정신, 역사철학의 차원과 더불어 현상을 이해하는 것이 필요하다.

어느 시대 어느 집단이나 개체를 막론하고 그들의 삶의 과정, 역사는 본래성의 끊임없는 현현顯現이다. 오늘날의 우리가 어떻게 살아갈 것인가의 문제를 해결하기 위하여 지금의 여기를 기준으로 하여 이전과 이후를 구분하여 이전의 과거를 통하여 이후의 미래의 방향을 설정하는 작업을 진행하는 것도 역시 본성의 현현일 뿐으로 결코 약자를 희생하여 자신의 생존을 추구하려는 것이 아니다.

지금의 여기를 기준으로 과거를 구분하는 것은 인간으로서의 자신의 정체성을 찾고자 함이다. 그것은 지금 여기의 인간으로서의 내가 어떤 존재인지 그리고 본성이 무엇인지를 찾는 문제이다. 따라서 우리가 과거의 역사를 통하여 그 이면에 있는 사상, 철학을 고찰하는 작업은 분별의식이 아닌 인간의 본래, 근원으로부터 시작되어야 한다.

우리가 하나의 현상을 고찰할 때 일반적으로 접근하는 방법은 시간의 흐름과 공간적인 관계를 중심으로 분석하고 종합하는 방법이다. 그것은 씨를 심어서 싹이 트고 꽃이 피어 열매를 맺는 과정에 비유하여 나타내면 싹으로부터 꽃, 열매라는 인과의 관계로 나타나는 사건의 관점과 씨, 꽃, 열매라는 물건을 중심으로 현상을 이해함을 뜻한다.

그러나 우리가 목표로 하는 열매를 얻기 위한 과정으로서의 싹이 트고 자라서 꽃이 피는 과정은 그 이면에 열매가 씨로 심어지는 과정을 전제로 한다. 그것은 사건과 물건으로 나타나는 현상의 이면에서 작용하는 근원적인 세계를 대상으로 하는 사상, 철학이 전제로 할 때 비로소 역사의 현상이 존재할 수 있음을 뜻한다.

오늘날의 우리가 과거의 고조선의 사상을 고찰하는 작업은 씨가 심어지고 싹이 터서 자라온 과거로 거슬러 올라가는 작업에 불과한 것이 아니라 씨로 드러나기 이전의 이미 완전한 존재로서의 열매가 씨로 심어졌음을 확인하는 작업이다.

오늘날을 바탕으로 과거를 돌아봄은 씨가 심어지고 싹이 터서 자라는 완성의 과정이 아니라 본래 완전한 존재인 열매가 씨로 나타나고, 싹으로 나타나며, 꽃으로 나타나는 점에서 모든 과정이 열매의 다양한 드러남이라는 측면을 함께 고찰하려는 것이다. 그러면 왜 그러한 작업이 필요한가?

앞에서 살펴본 바와 같이 만약 씨가 심어져서 싹이 트고, 그것이 자라서 꽃이 피고, 열매는 맺는 현상을 중심으로 세계를 이해하면 오로지 열매를 얻고자 하는 목적이 중요할 뿐으로 씨를 심고 가꾸는 과정 자체의 완전함과 아름다움 그리고 가치를 놓치게 된다. 그것은 현상을 중심으로 세계를 분별하여 가치상의 우열優劣을 논하고, 시비是非를 논하면 인류는 공생共生하고, 공영共榮하지 못하고, 공멸共滅하게 됨을 뜻한다.

고조선의 역사를 헤아려보면 2,400여 년이 된다. 그리고 단군신화에서는 단군의 나이를 1,908세[6]로 나타내고 있다. 이를 통하여 단군이라는 개념이 한 사람을 가리키는 고유명사가 아니라 통치자를 통칭하는 보통명사로 이해할 수 있으며, 환인과 환웅이라는 개념 역시 고유명사가 아니라 통치자를 가리키는 보통명사로 이해할 수 있다.[7] 이런 점을 들어서 일부의 학자들은 고조선 이전에 환인桓因의 나라와 환웅桓雄의 나라가 있었다고 주장한다.[8]

그러나 우리는 고조선의 역사를 연구하는 것이 아니라 사상, 철학을 연구하려는 것이다. 우리는 환인과 환웅 그리고 웅호와 단군이라는 개념을 통하여 단군신화에서 나타내고자 하는 사상, 철학이 무엇인지를 밝히려는 것이다.

단군신화의 내용을 살펴보면 환인에 대한 언급으로 시작되고 이어서 환인의 아들인 환웅에 대한 부분이 언급되고 있고, 그 다음으로는 웅호熊虎가 사람이 되기를 원하여 환웅에게 기도祈禱를 한 결과 곰이 사람이 되어 다시 환웅과 결혼을 함으로써 단군을 낳았고, 단군이 고조선을 개국했다는 내용이다.

---

6 一然, 『三國遺事』, 古朝鮮, "壇君乃移於藏唐京, 後還隱於阿斯達爲山神, 壽一千九百八歲."

7 『환단고기』나 『부도지』, 『규원사화』를 보면 환인과 환웅 그리고 단군을 통치자를 지칭하는 보통명사로 사용하고 있다.

8 임승국은 『환단고기』를 근거로 고조선 이전에 환인桓因의 환국(桓國)과 환웅(桓雄)의 신시(神市)를 합하여 대략 9,213년의 역사를 주장한다.

환웅은 환인의 여러 아들 가운데 하나이다. 그것도 환웅은 아버지인 환인의 뜻을 정확하게 파악하여 그 뜻을 따르려는 아들이고, 환인은 아들인 환웅의 뜻을 알고 그의 뜻과 함께 하는 아버지이다. 따라서 환인과 환웅은 하나이면서도 구분되는 관계를 나타낸다.

하나의 동굴에서 살고 있는 웅호熊虎는 환웅과 하나가 되고자 하는 뜻을 갖고 있다. 그리고 그 뜻을 이루어 동물의 상태에서 벗어나서 사람이 되고, 다시 환웅과 혼인을 하여 단군을 낳음으로써 부모의 역할을 하였다.

다음에 이어지는 단군은 환웅과 웅녀의 자식이면서 환인의 손자이다. 이러한 내용을 통하여 단군신화가 천신인 환웅의 가족을 통하여 환인을 나타내고 있음을 알 수 있다. 이처럼 단군신화는 한마디로 나타내면 환인桓因에 관한 내용이기 때문에 환인이 어떤 존재인지를 파악하는 것이 선결문제이다.

먼저 글자의 의미를 중심으로 환인桓因이라는 개념을 살펴보자. 환인의 환桓은 빛을 뜻한다. 그리고 인因은 원인, 근원이라는 의미이다.[9] 환인을 다른 곳에서는 환인桓仁[10]으로 기록하기도 하였다. 이때의 인仁 역시 씨, 핵이라는 의미로 곧 근원을 뜻한다. 따라서 환인은 빛의 근원이라는 의미가 된다. 빛의 근원은 빛이라는 에너지로 나타나기 이전의 존재를 뜻한다.

빛이 나타남으로써 밝음과 어두움이 형성되면서 시간의 세계가 전개되고, 시간의 세계가 전개됨으로써 공간의 세계가 된다. 공간의 세계는 만물의 세계이다. 그것은 시간상의 사건을 대상화함으로써 만물의 세계가 전개됨을 뜻한다. 그런 점에서 보면 환인은 곧 만물의 근원을 나타낸다.

---

9 北崖子, 『揆園史話』 肇判記, "桓者卽光明也象其體也因者本源也萬物之藉以生者也."

10 李陌, 『太白逸史』 桓國本紀, "朝代記曰昔有桓仁降居天山."

물건적 관점에서 만물과 우주를 창조하고 길러주는 근원적인 존재를 신神이라고 한다. 단군신화에서도 환인桓因의 아들인 환웅을 천신天神으로 규정[11]하고 있다. 그러나 단군신화에서 사용되고 있는 신神이라는 개념은 책상이나 태양과 같이 공간적 위상을 가진 객체적 존재가 아니다. 그것은 공간의식의 차원에서 성립되는 개념으로 시간의식의 차원에서는 그 의미가 달라진다. 그 점은 환인이라는 개념을 살펴보면 드러난다.

환인을 음音을 중심으로 살펴보면 환桓은 하나를 뜻한다. 그리고 인因은 님을 가리킨다. 그러므로 환인은 ᄒᆞᆫ님, 하나님이 된다. 하나님이라는 개념은 고구려에서도 사용되었을 뿐만 아니라 조선시대에도 사용되었다. 기독교 선교사인 언더우드(L.H. Underwood)를 비롯한 기퍼드(D.L. Gifford), 헐버트(H.E. Hulbert) 등은 기독교의 유일신인 여호와를 우리말로 번역하는 과정에서 우리의 고유어인 하나님Hananim으로 번역하였다.

"그는 중국과 초기 한국의 종교를 탐구하는 동안에 옛 한국의 일부였던 고구려왕국(the Kingdom of Kokurei)에서는 하나님이라 불리는 유일한 신만을 섬겼다는 사실을 발견하였다. 그 말은 설명적인 용어로서 크고 유일한 하나(only One)를 가리키는 것이었다. 이것은 이제까지 하나님이라는 말의 사용을 한국인들이 이해하고 있었던 것에 대해 그가 발견한 것과 달랐다. 그러나 고구려시대의 의미가 원래의 의미이고 지금의 의미는 거기서 파생된 것이 틀림이 없으므로 언더우드는 이 본래에 담긴 속성을 가지고 이 말이 사용되어야 한다고 결론을 내렸다."[12]

11 一然,『三國遺事』, 古朝鮮, "時有一熊一虎, 同穴而居, 常祈于神雄, 願化爲人. 時神遺靈艾一炷, 蒜二十枚."

12 L. H. Underwood, 이만열역,『언더우드』, 기독교문화사, 1990, 136쪽, 최동환 해설,「삼일신고」, 서울, 지혜의나무, 2009, 115쪽에서 116쪽 재인용.

헐버트를 비롯한 선교사들은 "하나님Hananim이라는 단어는 하늘과 님의 합성어로 한자어 천주天主에 해당한다."[13]고 하였다. 하나님이라는 우리말은 조선 선조의 노계(蘆溪, 1561–1642)의 가사에서도 보인다.[14] 그러면 하나님을 음역한 환인은 어떤 존재인가?

하나님은 기독교의 유일신과 다르다. 그것은 환인이 의미상으로 빛의 근원을 의미하는 동시에 음의 측면에서 하나님을 가리킴을 통하여 확인할 수 있다. 하나님의 하나는 모든 것, 전체, 한결같음, 영원함, 하나, 일체, 근원과 같은 다양한 의미를 갖고 있다.

그런데 환인이 나타내는 하나님은 시간과 관련되어 있다. 하나님의 하나는 시간상으로 한결같음, 영원함을 나타낸다. 그리고 님은 근원을 나타낸다. 따라서 하나님은 물리적 시간의 근원, 존재근거, 본성으로서의 시간성을 나타낸다.

그것은 반구대의 암각화와 천전리 암각화 그리고 암사동 토기를 통하여 일관되게 상징적으로 표현되고 있는 신명神明을 가리키는 개념이다. 신명은 물건의 관점에서 이것과 저것으로 구분하여 나타낼 수 없는 하나의 세계(神)를 가리키는 동시에 매 순간 타자화他者化하는 현상화의 측면(明)을 갖고 있다.

시간성은 있음과 없음의 두 측면을 넘어서 있으면서도 양자를 포함하고 있다. 그것은 유무有無를 넘어선 점에서는 형이상적이지만 현상과 별개의 존재가 아니어서 현상적 존재로 현상화現象化함을 뜻한다. 그렇기 때문에 단순하게 형이상적 존재가 아니지만 그렇다고 하여 형이하적 존재도

13 류대영, 옥성득, 이만열, 『대한성서공회사』, 대한성서공회, 1994, 106쪽에서 114쪽, 최동환 해설, 「삼일신고」, 서울, 지혜의나무, 2009, 113쪽에서 재인용.

14 박인로, 『노계가사』, 1636년 목판본, 박성의 주해, 정음사, 1975, 117쪽, 최동환 해설, 「삼일신고」, 서울, 지혜의나무, 2009, 109쪽에서 재인용.

아니다.

시간성은 자신의 상태를 고집하지 않고, 자신의 상태에서 벗어나서(變) 다른 존재자로 나타난다.(化) 그것을 시간과 관련하여 나타내면 시간성의 시간화時間化, 시간성의 시간으로의 현현顯現이라고 할 수 있다.

그러나 시간의 차원에서 시간성은 시간의 본성인 점에서 시의성時義性이다. 우리가 시의성을 객관화하여 나타내면 만물의 세계로서의 공간의 세계가 전개된다. 이때 시의성은 공간의 본성인 공간성인 동시에 만물의 근거인 만물성이다.

사물의 본성으로서의 사물성은 인간에 있어서는 인간의 본성이다. 그것을 시간의 측면에서 나타내면 인간의 본래성이라고 할 수 있다. 시간성과 시의성, 시의성과 공간성, 공간성과 사물성, 사물성과 인간성은 하나의 세계를 지칭하는 다양한 개념이다. 그러면 시간성의 의미를 파악하기 위하여 환인을 표현하고 있는 단군신화의 다른 개념들을 살펴보자.

단군신화는 여러 형태로 나타난다. 다만 가장 체계적으로 나타내고 있는 내용은 『삼국유사三國遺事』에 기록되어 있다. 그러므로 여기서는 『삼국유사』의 내용을 중심으로 고조선의 사상을 고찰하고자 한다.

> 『위서魏書』에서 말하기를 지금으로부터 이천 년二千年 전에 단군왕검檀君王儉이 아사달에 도읍을 세우고 나라를 세워 조선朝鮮이라고 하였다. 그런데 그때가 (중국의) 요堯 임금이 즉위한 때와 같다. 『고기古記』에서는 (단군檀君의 건국建國에 대하여 다음과 같이) 말하였다. 옛날에 환인桓因의 아들 환웅桓雄이 있어서 수에 의하여 의미가 드러나는 천하를 통하여 인간의 세계를 구하기를 원하였다. 아버지가 아들의 뜻을 알고 아래로 삼위三危, 태백太白을 내려다보니 인간을 널리 이롭게 할 만하였다. 이에 천부인 세 개를 주어 가서 다스리도록 하였다. 환웅이 삼천의 무리를

> 이끌고 태백산의 정상에 있는 신단수神檀樹 아래 내려와 그곳을 신시神市라고 불렀다. 이분이 바로 환웅桓雄 천왕天王이다. 그는 풍백風伯과 우사雨師 그리고 운사雲師를 거느리고 곡식, 생명, 질병, 형벌, 선악을 주관하는 등 무릇 인간의 360여 가지 일을 다스림으로써 인간 세상을 이치理致에 의해 교화하였다. 그때에 곰 한 마리와 호랑이 한 마리가 같은 굴에 살면서 항상 신웅神雄에게 인간이 되기를 기도하였다. 이에 신웅神雄은 영험 있는 쑥 한 묶음과 마늘 스무 개를 주면서 "너희들이 이것을 먹고 백 일 동안 햇빛을 보지 아니 하면 곧 인간이 될 것이다."라고 하였다. 곰과 호랑이는 환웅이 준 마늘과 쑥을 받아서 먹었다. 그런데 곰은 몸과 마음을 깨끗하게 한 지 21일 만에 여자가 되었으나 호랑이는 계율을 지키지 못하였기 때문에 인간이 될 수 없었다. 웅녀熊女는 함께 혼인할 사람이 없으므로 매일 신단수 아래에서 아이 갖기를 기도하였다. 이에 환웅이 잠깐 인간의 모습으로 변화하여 웅녀와 혼인을 하여 아이를 낳고 그를 단군왕검檀君王儉이라고 불렀다. 단군檀君은 평양성平壤城에 도읍을 정하고 나라를 세워 조선이라고 불렀다.[15]

위의 내용을 보면 역사적 관점에서 사실을 기록한 부분과 형이상적 관점에서 세계관, 가치관, 인간관을 상징적으로 나타내고 있는 부분이 있다. 두 부분을 구분하여 이해하면 사실을 기록한 문헌을 인용하고 있는 부분은 역사적 관점에서 접근할 수 있고, 나머지 부분은 민속학적

---

15 一然, 『三國遺事』, 古朝鮮, "魏書云 乃往二千載 有檀君王儉 立都阿斯達 開國號朝鮮 與高同時 古記云 昔有桓因庶子桓雄 數意天下 貪求人世 父知子意 下視三危太伯 可以弘益人間 乃授天符印三箇 遣往理之 雄率徒三千 降於太伯山頂神壇樹下 謂之神市 是謂桓雄天王也 將風伯雨師雲師 而主穀主命主病主刑主善惡 凡主人間三百六十餘事 在世理化 時有一熊一虎 同穴而居 常祈于神雄 願化爲人 時神遺靈艾一炷 蒜二十枚曰 爾輩食之 不見日光百日 便得人形 熊虎得而食之 忌三七日 熊得女身 虎不能忌 不得人身 熊女子無與爲婚故 每於神壇樹下 呪願有孕 雄乃假化而婚之 孕生子 號曰檀君王儉 都平壤城 始稱朝鮮 又移都於白岳山阿斯達...御國一千五百年".

관점에서 신화로 이해할 수 있다.

처음부분의 『위서』의 내용을 인용한 부분과 마지막 부분에서 단군이 도읍을 정하고, 고조선을 세웠다는 내용은 역사적 사실을 기록한 부분이라고 할 수 있다. 그리고 그 부분을 제외한 나머지 내용은 사실적 관점과 다른 관점에서 기술되고 있는 내용이다.

그런데 역사적 사실이라는 것도 하나의 관점에서 세계를 나타낸 것이며, 형이상적 원리, 이치도 역시 하나의 관점에서 세계를 나타낸 것이다. 따라서 세계를 나타내는 다양한 관점을 어떻게 이해할 것인가의 문제가 단군신화를 이해하는 관건이라고 하지 않을 수 없다.

단군신화의 내용은 세계 자체를 나타내는 환인이라는 개념을 중심으로 전개되고 있다. 환인을 나타내기 위하여 환웅과 단군 그리고 웅호와 관련된 신화를 기술하는 동시에 이수理數를 통하여 환인이 무엇인지를 밝히고 있다.

처음에는 환인을 시작으로 그 내용을 전개하고 있지만 대부분의 내용은 환웅과 단군 그리고 웅호의 관계를 나타내는 내용들이 전개되고 있다. 단군신화의 처음 부분에서는 환웅이 어떤 존재이며, 무엇을 하는지를 나타내고 있고, 다음 부분에서는 웅호의 본성이 무엇이고, 그 본성에 의하여 무엇을 하는지를 나타내고 있으며, 마지막으로 단군이 어떻게 탄생하였고, 그가 무엇을 하는지를 나타내고 있다.

환웅을 언급하고 있는 처음 부분에서는 그를 천황天皇, 신웅神雄으로 규정하고 있음을 볼 때 그는 천신임을 알 수 있다. 그 다음 부분에서는 곰과 호랑이가 동굴에 살고 있음을 통하여 지상에서 살아가는 사물을 가리키는 개념임을 알 수 있다. 마지막 부분에서는 환웅이 남자가 되고, 곰이 여자가 되어 결혼을 하여 단군을 낳았다는 내용으로 보아서 단군이 인간을 상징함을 알 수 있는 동시에 인간에 관한 내용이 마지막 부분의 내용임을 알 수 있다.

천신인 환웅이 인간의 세상에 내려와서 인간의 세계를 다스렸으며, 곰은 여자가 되어 환웅과 결혼하였다. 그리고 환웅과 웅녀를 부모로 하여 단군이 탄생하였으며, 그가 조선이라는 국가 사회를 세우고 다스렸다는 것이 그 내용이다. 이러한 내용을 도식화하여 나타내면 다음과 같다.

上(天) : [神的 存在를 象徵하는 桓雄 = 인간세상을 탐냄]
↓ [神의 人間 志向性]
中(人) : [人間 世界, 最初의 人間이자 理想的 存在로서의 大人 檀君]
↑ [物의 人間 志向性]
下(地) : [物的 存在를 象徵하는 熊과 虎 = 인간이 되고자 함]

앞에서 구분한 세 부분의 내용은 서로 구분되면서도 일체이다. 그것은 환웅이 아버지가 되고, 웅녀가 어머니가 되어 단군이라는 아들을 낳았다고 하여 부모와 자식이라는 일체이면서도 구분되는 관계로 나타내고 있음을 보면 알 수 있다. 환웅과 웅녀의 관계도 부부 관계로 나타내고 있다. 그것은 환웅과 웅녀 역시 일체이면서 구분되는 관계임을 나타낸다.

그런데 곰이 웅녀가 되는 것도 환웅에 의하여 이루어졌으며, 웅녀가 환웅과 결혼하여 부부가 되는 것도 환웅에 의하여 이루어진다. 곰과 호랑이가 사람이 되기를 원하였던 대상도 환웅이고, 웅녀가 결혼할 수 있도록 기도를 했던 대상도 환웅이다. 그리고 단군이라는 아들이 탄생할 수 있었던 것은 아버지인 환웅으로부터 시작된 것이다. 따라서 환웅과 웅녀 그리고 단군은 셋이면서도 환웅이라는 하나로 집약됨을 알 수 있다.

환웅이면서 그것이 다시 환웅과 웅녀, 단군의 셋으로 나누어지는 하나이면서 셋의 관계를 나타내는 것이 위의 도표를 통하여 드러나는 내용이다. 이때 하나이면서 셋인 관계도 역시 동일한 하나의 두 측면이다. 그것은 환웅과 환웅, 웅호, 단군의 하나이면서 셋을 통하여 밝히고자 하는 내용이 환인임을 뜻한다.

단군신화는 환인桓因으로부터 시작된다. 환인의 여러 자식들이 있었으며, 그 가운데 하나가 환웅임을 밝히는 것으로 시작하고 있다. 그리고 아버지인 환인이 환웅의 뜻을 파악하고 환웅을 아래의 세계로 내려 보냈음을 밝히고 있다. 그것은 환웅을 통하여 환인이 어떤 존재인지를 밝히고 있음을 뜻한다.

앞에서 살펴본 바와 같이 환인이 음과 뜻의 두 측면에서 모두 시간성을 상징적으로 나타내는 개념이다. 그리고 환웅이 가진 뜻 곧 환웅의 본성은 "수에 의하여 밝혀진 천하를 통하여 인간의 세계를 구하기를 원함."으로 그것은 "널리 인간을 이롭게 함"이다. 따라서 환인과 환웅이 모두 시간성을 중심으로 표현되고 있음을 알 수 있다. 그러면 환인과 환웅은 어떤 관계인가?

환인은 시간성을 나타내며, 환웅은 시간성을 공간적 관점에서 나타낸 시의성을 나타낸다. 그것은 시간성을 공간적 관점 곧 물리적 시간의 관점에서 나타낸 것이 물리적 시간의 본성, 존재의미를 나타내는 시의성임을 뜻한다.

시간성과 시의성은 일체이면서도 구분된다. 시간성이 시의성을 총체적으로 나타내는 개념이라면 시의성은 시간성을 매 시간이라는 물리적 시위의 관점에서 나타낸 것이다. 그러면 양자는 구체적으로 무엇을 나타내는가?

환인과 환웅의 관계는 부모와 자식의 관계로 나타내고 있다. 그것은 부부가 자식을 낳아서 부모가 되었음을 나타내는 동시에 자식이 부모로부터 탄생하였음을 뜻한다. 그것을 공간상의 상하를 통하여 나타내는 부분이 "천상에서 인간세상으로 내려 왔다."는 표현이다.

부모가 자식을 낳고, 천상에서 지상으로 내려왔음은 시간성이 변하여 시간으로 화하여 시의성이 되었음을 상징적으로 나타낸다. 시간성이 시간으로 화하면서 시의성의 역할을 하게 된다. 이처럼 시간성의 시간화를 나타내는 것이 환인과 환웅의 부자 관계이다. 그러면 환인을 나타내는 환웅과 환웅, 웅호, 단군은 어떤 의미인가?

환인의 아들이면서 천상으로부터 지상으로 내려온 환웅은 시의성을 상징한다. 그것은 환웅도 환인과 마찬가지로 시간성을 상징하는 동시에 시간의 차원에서는 시의성을 상징함을 뜻한다.

환인은 시간성을 상징하는 개념으로 그것을 다시 형이하의 시간의 측면에서 나타내면 각각 환웅과 웅호 그리고 단군을 통하여 시의성과 공간성 그리고 인간성을 상징한다. 이로부터 환인이 표상하는 시간성의 세계가 환웅과 웅호 그리고 단군이 표상하는 시의성, 공간성, 인간성을 내용으로 함을 알 수 있다. 지금까지 살펴본 내용을 도표화하여 나타내면 다음과 같다.

단군신화의 내용			
ᄒᆞᆫ님, 하나님 = 환인桓因			
합일	환인(아버지)		환웅(아들)
생성	환웅桓雄	단군檀君	웅호熊虎
현상	신	인간	사물
세계	천天	인人	지地
관계	아버지	자녀	어머니
상징	시의성時義性	인간성人間性	공간성空間性

위의 도표에서 살펴볼 수 있는 것과 같이 하나님을 상징적으로 나타내고 있는 환인이 단군신화의 내용이다. 환인을 하나님의 본성에 의하여 이루어지는 생성을 중심으로 나타내면 환웅과 웅호, 단군으로 나타난다. 환인은 시간성을 나타내며, 환인의 아들인 환웅은 시의성을 나타낸다. 시의성은 시간이라는 현상을 중심으로 시간성을 나타낸 것이다.

시의성을 나타내는 환웅을 구분하여 나타내면 시의성을 나타내는 환웅과 공간성을 나타내는 웅호 그리고 인간성을 나타내는 단군으로 구분하여 나타낼 수 있다. 그것은 하나님이 시간성으로 나타나고, 현상의 시간의 측면에서는 시의성과 공간성 그리고 인간성으로 다양하게 드러남을 뜻한다.

시의성이 드러난 물건의 세계는 시간의 세계를 나타내는 천과 공간의 세계를 나타내는 지 그리고 인간의 세계를 나타내는 인으로 구분하여 나타낼 수 있다. 시간의 세계는 사건의 세계이며, 공간의 세계를 물건의 세계이고, 인간의 세계는 인륜의 세계이다. 시간의 세계를 나타내는 개념이 신이며, 공간의 세계를 나타내는 개념이 사물이고, 인간의 세계를 나타내는 개념이 사람과 사람의 관계를 나타내는 인간이다.

사물의 세계 곧 시간과 공간의 세계로부터 그 근원을 찾아가는 방향은 생성과 달리 합일의 과정이다. 단군신화에서는 합일을 하나의 동굴속에서 함께 살아감으로 표현하기도 하고, 남녀의 결혼으로 표현하기도 하였다.

사물의 차원에서는 하나의 동굴에서 살아감이나 결혼을 하여 하나의 공간에서 살아감으로 나타내지만 형이상의 차원에서는 합일로 나타낸다. 단군신화에서 합일의 최종 단계는 환웅이다.

웅녀가 환웅과 결혼함은 시의성의 세계와 합일함을 뜻한다. 그것은 천상에서 내려온 환웅이 다시 천상으로 돌아감으로 본래의 세계인 환인의 세계로 돌아감이다. 이처럼 하나님은 시간적 측면에서 환웅과 단군 그리고 웅호로 드러나는 생성의 측면과 공간적 측면에서 단군과 합일하고, 환웅과 합일하는 합일의 측면을 갖고 있다.

2. 환웅桓雄과 시간성 그리고 재세이화在世理化

우리는 앞에서 단군신화의 내용이 환인이 표상하는 하나님이며, 그 내용이 시간성임을 살펴보았다. 그리고 환인의 내용은 환웅과 웅호 그리고 단군의 관계를 통하여 나타내고 있음도 살펴보았다. 따라서 환인 곧 하나님의 의미를 파악하기 위해서는 환웅과 웅호 그리고 단군이 표현하는 내용을 차례로 고찰하는 것이 필요하다.

그러면 지금부터는 단군신화의 내용을 파악하기 위하여 그 구성 형식부터 살펴보자. 단군신화의 구성 형식을 살펴보면 수와 언어의 두 요소로 분석하여 이해할 수 있다. 먼저 내용상 세 부분으로 구분되는 처음 부분을 보면 환웅의 뜻을 "수로 밝힌 천하를 통하여 인간의 세계를 구하고자 함"으로 밝히고 있다.

또한 환웅이 풍백風伯, 우사雨師, 운사雲師를 데리고 내려와서 곡식, 생명, 질병, 형벌, 선악을 주관했다고 하면서도 인간의 360여 가지 일을 다스렸다고 하여 360의 수를 나타내고 있다. 그리고 환인은 환웅이 천신임을 증명하는 증표로 천부인天符印 3개를 주었다고 하여 역시 3이라는 숫자를 통하여 표현하고 있다. 또한 환웅이 3천의 무리를 거느리고 내려왔다고 하여 환웅에 관한 내용을 언급할 때 그 본질을 수로 나타내고 있다.

두 번째 부분에서도 역시 숫자를 발견할 수 있다. 신웅神雄이 사람이 되고자 원하였던 곰과 호랑이에게 영험 있는 쑥 한 묶음과 마늘 스무 개를 주었다고 하여 20과 1이라는 숫자를 언급하고 있고, 그들에게 "너희들이 이것을 먹고 백 일 동안 햇빛을 보지 아니 하면 곧 인간이 될 것이다." 라고 하여 100이라는 숫자를 언급하고 있다. 그리고 다시 곰이 몸과 마음을 깨끗하게 한 지 21일 만에 여자가 되었다고 하여 21이라는 숫자를 언급하고 있다.

끝 부분에서는 숫자가 하나도 사용되지 않고 오직 언어로 구성되어 있다. 이것도 역시 상징하는 의미가 있다. 처음 부분은 환웅에 관한 내용을 나타내고 있고, 둘째 부분에서는 웅호에 관한 내용을 나타내고 있으며, 마지막 부분에서는 단군에 관한 내용을 기술하고 있다. 이를 통하여 환웅과 웅녀에 관한 내용은 수와 언어를 통하여 나타내고 있고, 단군에 관한 내용은 언어를 중심으로 그 내용을 나타내고 있음을 알 수 있다.

다음에는 각 부분의 내용을 나타내고 있는 특징적인 개념들을 살펴보자. 첫째 부분에서 환웅이 인간 세계에 내려와서 세계를 다스리는 행위를 "재세이화在世理化"라고 하여 이치理致에 의한 교화敎化라고 하였다. 그것은 곧 세상을 가르쳐서 화하게 함의 의미이다. 그것은 환웅에 관한 전체의 내용의 특성을 한마디로 나타내어 화化로 규정한 것이다.

두 번째 부분에서는 곰이 환웅의 가르침에 따라서 사람이 되는 것을 "화위인化爲人"이라고 하여 역시 화化로 규정하고 있을 뿐만 아니라 환웅이 웅녀와 결혼한 것을 "가화이혼지假化而婚之"라고 하여 역시 화化로 규정하고 있다.

그러나 세 번째 부분에서는 수를 사용하고 있지 않을 뿐만 아니라 화化라는 개념도 역시 사용하고 있지 않다. 이는 첫째 부분과 둘째 부분의 내용을 나타내는 환웅과 웅호의 관계를 부모로 나타내고 셋째 부분의 내용을 나타내는 단군을 자식으로 나타낸 것을 통하여 유추할 수 있다. 부모가 자식을 낳아서 기르듯이 첫째 부분과 둘째 부분의 내용의 결과를 나타내는 것이 셋째 부분의 내용이라고 할 수 있다.

앞에서 살펴본 바와 같이 비록 세 번째 부분에서 수數와 화化라는 개념을 사용하지 않았을지라도 그 내용상 앞의 두 부분의 결과를 나타내는 점에서 단군신화 전체의 내용을 나타내는 특징은 곧 숫자와 화化라고 할 수 있다. 그러면 숫자와 화化라는 개념이 공통으로 나타내는 단군신화의 내용은 무엇인가?

일반적으로 숫자는 계산의 수로 사용이 된다. 그런데 단군신화의 내용을 보면 숫자가 표상하는 내용이 무엇인지를 알 수 있는 단서가 있다. 바로 "불견일광백일不見日光百日"과 "기삼칠일忌三七日"이라는 내용이다. 이를 통하여 숫자가 바로 역수曆數 곧 시간을 나타내고 있음을 알 수 있다.

그런데 화化라는 개념은 변變과 결합하여 변화變化로 사용된다. 이 때 변화는 두 측면에서 이해할 수 있다. 그 하나는 시간적 관점에서 사건의 변화이며, 나머지 하나는 공간적인 측면에서 물건의 변화이다. 물론 둘이 무관한 것이 아니다. 왜냐하면 시간상의 두 점을 전제로 할 때 비로소 두 시점의 모습을 비교하여 물건적 변화를 언급할 수 있어서 공간적 관점에서 물건의 변화와 시간적 측면에서의 사건의 변화는 일체적인 관계이기 때문이다.

사건의 변화로 나타나는 시간의 흐름은 수 이른바 역수曆數를 통하여 나타낸다. 이로부터 단군신화의 전체의 내용은 역수의 변화를 중심으로 그 내용을 표상하고 있음을 알 수 있다. 그러므로 그것이 공간적 측면에서 물건의 변화이거나 시간의 측면에서 사건의 변화이거나를 막론하고 변화를 나타내고 있음을 알 수 있다.

단군신화를 구성하는 역수는 변화원리인 천도天道를 표상하는 형식이다. 『서경』과 『논어』에서는 "천의 역수원리가 너의 몸에 있다."[16]고 하여 천도인 역수원리가 인간의 본래성임을 밝히고 있고, 『주역』에서는 "한번은 음으로 한번은 양으로 작용하는 (음양작용 원리가) 도道이다. 작용이 계속되는 것이 선善이며, 이루어진 것이 성性이다."[17]고 하여 도가 인간의 본래성임을 밝히고 있다. 따라서 단군신화의 내용은 천도인 역수원리를 상징적으로 나타내고 있음을 알 수 있다.

단군신화의 내용이 변화원리를 나타내고 있음은 화化라는 개념을 통하여 확인할 수 있다. 첫째 부분과 둘째 부분에서 수를 언급하면서 재세이화在世理化, 원화위인原化爲人, 가화이혼지假化而婚之와 같이 화化라는 개념을 함께 사용하고 있다.

변화원리를 나타내는 환인과 구성요소를 나타내는 환웅, 웅녀, 단군이 언급되는 세계는 상중하의 관계를 이루는 천지인의 세 세계이다. 이는 첫 번째 부분에서 "하시삼위태백下視三危太伯", "강어태백산정신단수하降於太伯山頂神壇樹下"와 같이 천신天神인 환웅桓雄의 세계를 천상天上으로 그리고 곰과 호랑이의 세계를 아래로 표현하고 있을 뿐만 아니라 "변득인형便得人

---

16 『論語』堯曰篇, "堯曰 咨爾舜 天之曆數在爾躬, 允執其中. 四海困窮, 天祿永終 舜亦以命禹."

17 『周易』繫辭上篇 第五章, "一陰一陽之謂道. 繼之者善也, 成之者性也."

形", "웅득여신熊得女身", "부득인신不得人身", "웅녀자무여위혼고熊女子無與爲婚故", "주원유잉呪願有孕 웅내가화이혼지雄乃假化而婚之", "잉생자孕生子"라고 나타내고 있음을 통하여 확인할 수 있다. 그러면 단군신화에서 밝히고 있는 변화원리, 역수원리는 무엇인가?

『서경』에서는 일 년의 기수朞數를 요堯의 366일과 순舜의 365와 1/4일을 언급하고 있고, 『주역』에서는 공자孔子의 말을 통하여 360일을 언급하고 있다. 이와 더불어 두 전적에서는 윤달을 사용하여 일 년의 책력冊曆을 구성하는 방법에 대하여 논하고 있다.

그런데 일월성신日月星辰의 운행을 관찰하고 그것을 바탕으로 시간의 마디를 지어서 연원일시와 같은 단위를 통하여 객관화하여 물리적 시간으로 나타내는 것은 백성들에게 시간을 알려서 농사를 짓는데 지침으로 삼고자함이다.

『서경』에서 왕도정치를 논하면서 아홉 가지의 중심 주제를 나타내는 홍범구주洪範九疇를 설정하고, 그 중심에 황극皇極이 있으며, 그것을 바탕으로 역수曆數와 인사人事를 논하고 있다. 이처럼 역수는 여러 단위를 통하여 연원일시를 비롯한 여러 단위를 통하여 시간을 마디를 짓는 점에서 과학적 작업으로서의 책력 구성 작업이다.

그러나 단군신화에서는 역수의 구성 법칙을 밝히고 있는 것이 아니라 그것을 통하여 역수의 존재근거인 시간성, 시간성의 원리를 밝히고 있다. 시간성을 공간적 관점에서 나타내면 천도라고 할 수 있다. 천도는 신도神道를 떠나서 논의가 될 수 없다. 왜냐하면 신도를 객관화하여 나타낸 것이 천도이기 때문이다. 단군신화에서는 신도와 천도의 관계를 환인과 환웅을 통하여 상징적으로 나타내고 있다.

환인과 환웅이 동일한 하나의 다른 표현임을 나타내는 것이 아버지와 아들이라는 관계이다. 아버지와 아들은 생물학적 측면에서도 서로가 서로의 존재근거가 되는 일체이면서 아버지가 아들을 낳고 기르듯이 형이상적 측면에서 아버지와 아들의 본래성은 일체이다.

환인과 환웅의 관계는 환인이 환웅의 뜻을 파악하여 그를 천상에서 지상으로 내려 보내고, 환웅은 환인의 명을 받아서 천상에서 지상으로 내려옴을 통하여 나타내고 있다. 이는 아버지와 아들의 관계가 본래성의 차원에서는 일체이지만 현상적 측면에서는 계대관계로 나타나는 것과 같다.

환인은 시간성 자체를 나타내지만 환웅은 시간성을 시간이라는 현상적 관점에서 나타낸 시의성時義性을 표상한다. 시간의 세계에서 나타낸 시간성이 시의성이라면, 시의성의 원리적이고 총체적인 표현이 시간성이다. 그러면 환인과 환웅이 표상하는 내용을 파악하기 위하여 단군신화의 내용을 구체적으로 살펴보자.

단군신화의 내용을 살펴보면 환인의 아들이 환웅이다. 그렇다면 아버지인 환인과 아들은 환웅의 본성은 같다고 하지 않을 수 없다. 그리고 인간세계에 내려와서 인간세계를 다스릴 존재도 환웅인 천신天神일 뿐만 아니라 곰과 호랑이를 사람으로 변화할 수 있는 권능權能을 가진 존재도 환웅이며, 단군 역시 환웅이 남자로 변하여 웅녀와 결혼을 함으로써 아버지가 되지 않았다면 사람으로 태어날 수 없었을 것이다. 그러므로 단군신화의 내용이 비록 천상의 환인桓因, 환웅과 지상의 곰과 호랑이 그리고 그 사이에 인간인 단군으로 구분하여 나타내고 있지만 결국은 하나의 존재인 환인 즉 환웅으로 나타낼 수 있다.

단군신화의 내용인 변화는 환웅에 의하여 이루어진다. 그것은 신도를 상징하는 환인의 구체적인 내용이 환웅의 변화를 통하여 상징적으로 나타내고 있음을 뜻한다. 그렇기 때문에 재세이화在世理化, 가화이혼지假化而婚之, 화위인化爲人이라고 하여 화化만을 언급하고 있을 뿐으로 변變을 언급하고 있지 않다. 결국 환웅이 변하여 교화敎化가 이루어지고, 환웅이 변하여 사람으로 화하게 되는 것이다. 따라서 단군신화에서 밝히고 있는 변화의 의미를 파악하기 위해서는 환웅이 어떤 존재인지를 파악해야 한다. 그러면 환웅은 어떤 존재인가?

단군신화에서는 환인이 파악한 환웅의 뜻을 "수로써 천하를 의미지어서 인간의 세계를 구하고자 함"으로 밝히고 있을 뿐만 아니라 스스로 삼위태백을 내려다보고 "널리 인간을 이롭게 할 만하다."고 판단하고 있다. 이는 아버지인 환인과 아들인 환웅이 모두 "널리 인간을 이롭게 하고자 하는 뜻을 갖고 있음"을 나타낸다. 만약 환인이 환웅의 뜻에 동의를 하지 않았다면 그를 내려 보내지 않았을 것이다. 그러면 환인이라는 개념이 가리키는 내용은 무엇인가?

먼저 음音을 중심으로 환인桓因을 이해하면 일상에서 사용되는 우리말을 그대로 한자로 표현한 것이 환인이라고 할 수 있다. 이 때 환桓은 하나를 나타내며, 인因은 님을 나타낸다. 그러므로 환인은 고조선 이후 사용되어 왔던 하나님이라는 우리말을 한자로 나타낸 것이라고 할 수 있다. 환인을 환인桓仁으로 표기한 부분도 있다. 이때의 인仁도 인因과 마찬가지로 근원, 씨라는 의미이다. 이는 환인을 우리말의 한자적 표현으로 이해하였음을 보여주는 것이다. 환인桓因, 환인桓仁은 하나이면서 모든 것(桓)이자 모든 것의 근원(因)을 나타낸다.

의미를 중심으로 환인桓因[18]을 살펴보면 환桓은 빛을 가리키며, 인因은

18 崔柄憲은 「檀君認識의 歷史的 變遷」에서 桓因에 대하여 다음과 같이 말하고 있다. 李承休의 『帝王韻紀』에서는 桓因을 上帝桓因이라고 하였고, 一然의 『三國遺事』에서는 帝釋이라고 하였다. 그런데 본래 桓因은 산스크리트어의 Sakrodvendra의 音寫로 釋帝桓因陀羅, 釋迦提婆因陀羅이다. 인드라(因陀羅)를 意譯하여 帝로 나타내었으며, 석가라(Sakra)를 音譯한 것이 桓이다. 이렇게 보면 桓因과 帝釋은 모두 인드라를 나타내는 것임을 알 수 있다. 이는 다시 말하면 하느님, 또는 天神을 상징하는 桓因이라는 한국 고유의 개념이 있었으며, 그것을 佛教의 관점에서 재해석한 것이 帝釋이라는 것이다.

원인을 가리킨다. 그러므로 환인桓因은 밝음의 원인으로 빛 그 자체를 가리킨다. 현대과학에 의하면 빛은 파동과 입자의 속성을 모두 갖고 있다. 그것은 빛이 입자와 파동을 구분할 수 없는 상태에 있다가 관찰자에 의하여 관찰되는 순간 질량의 상태로 나타남을 뜻한다. 따라서 빛의 근원을 나타내는 환인은 우주의 근원, 만물의 근원을 나타내는 개념이라고 할 수 있다.

빛은 밝음으로 나타난다. 그렇기 때문에 현상적 측면에서는 밝음과 상대적인 어두음을 통하여 세계를 사건적 관점에서 마디를 짓는다. 그것이 세계를 시간적 관점에서 사건으로 이해하는 방법이다. 그 마디를 나타내는 것이 환웅과 웅호 그리고 단군이다. 따라서 환인의 내용은 환웅과 환웅, 웅호, 단군의 관계를 통하여 파악할 수 있다.

환인이 천신天神인 환웅으로 나타나고, 환웅이 다시 웅호로 나타나는 지물地物과 단군으로 표현된 인간으로 드러남은 모든 변화의 근원이 하나인 님 곧 하나의 근원으로부터 이루어짐을 뜻한다. 시간적으로 모든 존재는 나타난 하나-님이라는 점에서 모두가 일체일 뿐만 아니라 공간적으로 천신과 지물, 인간이 하나-님의 구성요소라는 점에서 역시 하나-님의 분신分身이라고 할 수 있다.

그런데 밝음으로 드러나는 작용의 본체인 환인에는 어둠이 없는 것은 물론 어둠과 상대적인 밝음도 없다. 왜냐하면 환인은 빛으로 드러나는 점에서 밝다고 할 수 있지만 작용으로 드러나기 이전에는 밝음이 없기 때문이다.

환인에게 밝음이 없음은 환인이 명明과 암暗의 상대적인 세계를 넘어서 있음을 뜻한다. 그것은 명암을 함께 갖고 있음을 나타내는 동시에 명암이 하나여서 없음을 뜻한다. 그것이 하나-님으로 표현되었다.

하나님의 하나는 현상의 수많은 사물이 하나의 근원으로부터 나타났음을 나타낸다. 그것은 다양한 사물이 본래 하나임을 통하여 고유명사를 통하여 나타낼 수 있는 사람, 사물, 자연, 세계와 같은 실체적 존재, 독립하여 자존하는 물건적 존재가 없음을 나타낸다. 그리고 하나님의 님은 현상의 다양한 사물이 하나의 근원으로부터 나타났음을 나타낸다.

환인은 상대적인 세계를 넘어서 있기 때문에 있다거나 없다고 할 수 없지만 상대의 세계를 안고 있다. 그것은 환인이 스스로 존재근거를 갖고 있는 자유自由로운 존재임을 뜻한다. 하나-님은 자신이 존재하기 위하여 다른 존재를 필요로 하지 않는 완전한 존재이기 때문에 항상 자신을 끊임없이 확장한다.

하나님의 자기 확장은 자신을 벗어나서 다른 존재로 자신을 드러냄이다. 하나님이 하나의 상태를 고집하지 않고 변變하여 다른 존재로 항상 자신을 새롭게 드러냄(化)을 결과를 중심으로 객관화하여 나타내면 세계가 자신을 끊임없이 새롭게 창조함이라고 할 수 있다.

환인의 자신을 고집하지 않고 타자화他者化하여 드러냄은 그의 본성이라고 할 수 있다. 하나님의 본성은 "수를 통하여 의미가 드러난 천하를 통하여 인간의 세계를 구하고자 하는 뜻"이며, "널리 인간을 이롭게 하고자 하는 마음"이다. 그것을 물건적 관점에서 대상화하여 나타내면 자비慈悲, 인仁, 조건이 없는 사랑이라고 할 수 있다.

하나-님이 스스로 변하여 화합으로써 현상의 다양한 사물이 드러나기 때문에 변화이지만 자타自他의 구분의 없기 때문에 변화가 아닌 변화이다. 그것은 하나님을 논하고 변화를 논하는 지금 여기의 나를 떠나서 과거나 미래의 변화를 논하거나, 내가 아닌 하나님, 나와 무관한 하나님 또는 여기가 아닌 다른 곳에 있는 하나님을 말하는 것이 아니다.

하나님은 시간상으로는 과거와 미래가 하나가 된 지금을 나타내고, 공간상으로는 천상이나 지하가 아닌 양자가 하나가 된 여기 그리고 천상의 성인, 부처나 지옥의 아귀, 마귀를 나타내는 것이 아니라 나를 나타낸다.

과거와 미래가 하나가 된 현재는 시간성이 그대로 드러난 현재이며, 이곳과 저곳이 하나가 된 여기는 천성天性과 지성地性이 하나가 되어 그대로 드러난 여기이고, 성인과 소인, 부처와 중생이 하나인 나는 신성神性과 물성物性이 하나가 되어 그대로 드러난 나이다.

그러면 시간성과 시의성을 중심으로 환인과 환웅, 웅호, 단군이라는 개념이 상징적으로 나타내고 있는 의미를 살펴보자. 시간성은 시간과 달리 시간의 존재근거인 점에서 시간이 형이하적 존재라면 시간성은 형이상적 존재이다. 그렇기 때문에 시간이라는 물리적 존재의 근원이 시간성이라고 할 수 있다. 시간성이 시간의 근원이기 때문에 시간과는 근본과 지말支末처럼 일체적 관계이다.

지말支末을 중심으로 근본을 나타내면 시간성은 시간의 차원에서는 시의성時義性이 된다. 그것은 시간의 의미, 본성이라는 뜻을 갖는다. 시의성은 시간의 양상에 따라서 미래의 근원인 미래성과 과거의 근원인 과거성 그리고 현재의 근원인 현재성으로 구분하여 나타낼 수 있다. 그러면 환웅과 웅호 그리고 단군이 상징하는 의미는 무엇인가?

환웅은 미래성을 상징하고, 웅호는 과거성을 상징하며, 단군은 현재성을 상징한다. 미래성은 환웅이 천하를 구하기를 원하는 뜻으로 나타낸 것과 같이 웅호를 향하여 자신을 드러내는 것을 본성으로 한다. 그것은 미래성의 특성이 과거를 향하는 과거 지향성임을 뜻한다.

미래성의 본성인 과거 지향성에 의하여 이루어지는 과거화 작용을 단군신화에서는 이화理化로 나타내고 있다. 이화理化는 미래성의 본성인 과거 지향성에 의하여 이루어지는 과거화 작용 곧 시간성에서 벗어나서 시간으로 화化하는 작용을 나타내는 개념이다.

과거성은 웅호가 사람이 되고자 원하였을 뿐만 아니라 결국은 환웅과 결혼을 하여 어머니가 되었듯이 미래를 향하는 미래 지향성을 본성으로 한다. 그것은 현상적 측면에서는 과거에서 미래를 향하는 시간의 흐름으로 나타내기도 하고, 근원으로 돌아가는 원시반본原始反本, 회광반조廻光返照, 견성성불見性成佛과 같은 다양한 관점에서 나타낼 수 있다.

과거성의 본성인 미래 지향성에 의하여 이루어지는 작용을 단군신화에는 원화위인原化爲人, 주원유잉呪願有孕과 같이 원願함으로 나타내고 있다. 그것은 맹자가 입지立志로 표현하고, 불교에서 서원誓願으로 그리고 하이데거가 선구적先驅的 결단決斷으로 나타낸 미래를 향한 강한 바람, 근원적인 바람으로 나타내고 있다.

환웅은 인간의 세계를 구하고자 하는 뜻을 갖고 있었을 뿐만 아니라 환인의 명령에 따라서 인간의 세계로 내려와서 세상을 다스렸다. 그리고 웅호는 사람이 되고자 하는 뜻을 세웠고, 웅녀는 환웅과 만나서 결혼을 하였다. 이는 미래성과 과거성이 그 본성에 의하여 하나가 됨을 뜻한다.

미래성과 과거성이 하나가 됨은 환인의 본성에 의하여 이루어진다. 그것은 환인이 상징하는 무분별無分別의 세계가 본성에 의하여 환웅과 웅호가 상징하는 두 측면의 시의성으로 드러남을 뜻한다.

미래성과 과거성이 만나서 하나가 됨으로써 현재성이 되면서 물리적 시간의 세계가 전개된다. 그것은 환웅과 웅녀가 결혼을 하여 단군을 낳고, 단군이 조선이라는 나라를 세워서 다스렸음을 통하여 표현되고 있는 것과 같다.

현재성을 상징하는 단군을 중심으로 시간성을 이해하면 미래성의 본성에 의하여 이루어지는 과거화 작용과 과거성의 본성에 의하여 이루어지는 미래화 작용이 만나서 현재라는 물리적 시간으로 현현顯現하면서 현재성이 된다.

현재성의 현현으로서의 현재를 나타내는 개념이 조선朝鮮이다. 조선이라는 나라로 상징되는 현상의 세계 그것은 시간의 세계이자 사건의 세계이다. 그렇기 때문에 환웅이 인간의 세계로 내려와서 행하는 이화理化와 단군이 나라를 세우고 다스림을 구분하여 나타내었다.

현상 세계로서의 시간의 세계, 사건의 세계를 다스림은 단군에 의하여 이루어진다. 그것은 현재성을 바탕으로 전개되는 시간의 세계에서 비로소 현상의 세계가 성립됨을 뜻한다. 환인으로 표상된 무분별의 세계, 시간을 초월한 영원한 세계가 조선이라는 물리적 시간으로 나타난 세계는 웅호에 의하여 표현되듯이 사건의 연속으로 나타나는 일생, 삶과 같은 변화의 세계이다.

현재의 세계가 바로 현상의 세계이다. 이 현상의 세계는 미래성과 과거성이 하나가 되어 이루어지는 미래화와 과거화의 두 측면을 갖고 있다. 과거성에 의하여 이루어지는 미래화 작용은 수도修道, 수행修行, 수양修養이라는 다양한 개념을 통하여 나타내는 끊임없는 행위의 과정을 낳는다.

과거성의 본성에 의하여 이루어지는 미래화로서의 유위적인 언행과 사고의 연속으로서의 삶은 그 바탕에 미래성의 본성에 의하여 이루어지는 과거화 작용이 있다. 과거성과 미래성이 일체일 뿐만 아니라 미래성의 과거화와 과거성의 미래화도 일체이다.

그럼에도 불구하고 우리는 이 두 작용을 구분하여 미래성의 과거화를 이상理想으로 그리고 과거성의 미래화를 현실現實로 나누어서 양자를 별개의 것으로 이해한다. 이처럼 양자를 구분하여 별개의 존재로 이해하면 양자는 양립할 수 없는 모순의 관계로 드러나게 된다.

만약 우리가 웅호를 중심으로 세계를 이해하면 시간적 관점에서 연속되는 사건 자체를 실체로 여기게 되어 오로지 사건에 얽매이는 삶을 살게 된다.

그것은 매 순간 만나는 사건을 처리하는 것을 삶 자체로 여기거나 그와 반대로 환웅이라는 이상과 하나가 되는 목표를 향하는 유위적有爲的인 사고나 언행만을 수행, 수도로 여기게 되어 삶 그 자체를 볼 수 없게 된다.

그러나 환웅을 중심으로 세계를 이해하면 현상의 세계 자체는 그 어떤 사건으로 드러나도 드러남이 없다. 왜냐하면 시간은 시간성의 드러남이기 때문에 나타나도 나타남이 없기 때문이다. 환웅이 상징하는 미래성의 과거화는 열매가 씨로 나타나는 것처럼 완전하고, 선善하며, 지혜로운 세계의 드러남이다. 그렇기 때문에 환웅과 웅호를 구분하여 환웅을 중심으로 현상을 이해하게 되면 웅호의 작용은 실체적이지 않은 점에서 함이 없는 무위無爲라고 할 수 있다.

세계를 환웅을 중심으로 이해하게 되면 모든 것이 한 자리에서 일어나기 때문에 선과 악, 옳음과 그름이 없어서 그 어떤 것도 얽매임이 자유롭다. 그러나 자유만을 추구하게 되면 방종放縱으로 흐르게 된다. 왜냐하면 진정한 자유는 방종에 상대적인 자유가 아니며, 무위無爲도 유위有爲에 상대적 무위가 아니라 양자를 넘어서기 때문이다.

환웅과 웅호가 하나가 된 단군의 차원에서 세계를 이해하는 것이 바로 이른바 중도中道, 실상實相의 관점이다. 그것은 현재성이 드러난 현재를 중심으로 세계를 이해함이다. 이 때 현재에는 과거와 미래와 하나가 되어 있을 뿐만 아니라 미래성과 과거성이 하나가 된 현재성이 근원에 있다. 그렇기 때문에 본래의 세계는 현재성의 현재화에 의하여 이루어지는 변화의 세계이다.

그리고 변화는 변화와 불변不變의 상대적인 세계를 넘어서 있으면서도 상대를 포괄하고 있는 하나임/하나님이다. 그러므로 단군신화에서 제시하고 있는 세계관은 하나임/하나님을 바탕으로 하는 변화의 세계관이다.

그러면 단군신화에서 환웅이 표상하는 시간성의 세계를 역수를 중심으로 어떻게 나타내고 있는지 살펴보자.

앞에서 살펴본 바와 같이 단군신화의 내용은 환인 곧 하나님이 중심 내용이다. 그가 변하여 천신天神인 환웅과 지물地物인 웅녀 그리고 인간인 단군으로 화하는 변화의 세계를 제시하고 있다. 당연히 변화의 세계관의 결론은 단군이 상징하는 인간으로 맺어진다.

환인은 시간의 본질로서의 시간성을 상징한다. 시의성은 시간성을 시간의 관점에서 나타낸 것이며, 공간성은 시간성을 공간의 관점에서 나타낸 것이다. 시간성은 형이상적 존재이기 때문에 언어를 통하여 그 특성을 다 드러낼 수 없다.

시간성은 일상의 언어와 다른 형식을 사용하여 나타낸다. 그런데 시간을 나타내는 수단은 수이다. 시간성은 시간을 나타내는 수를 통하여 상징적으로 나타낼 수 있다. 시간을 나타내는 수는 역수이다. 그러므로 시간성은 역수를 통하여 상징적으로 나타낼 수 있다. 『서경』과 『논어』에서는 역수원리를 인간과 관련하여 다음과 같이 밝히고 있다.

> 천의 역수曆數가 네 몸에 있으니 진실로 그 중中을 잡으라. 사해四海가 곤궁困窮하면 천록天祿이 영원히 끊어질 것이다.[19]

천天의 역수가 인간의 몸에 있다는 것은 천도의 내용인 역수원리曆數原理가 인간의 본래성으로 내재화하였음을 나타낸다. 그리고 중中을 잡는다는 것은 본래성의 자각自覺을 통하여 천도를 자각함을 뜻한다. 마지막으로

19 明 · 胡廣等撰, 『四書大全(2)』, 『論語』 堯曰, "堯曰咨爾舜 天之厤數在爾躬, 允執其中. 四海困窮, 天祿永終. 舜亦以命禹"

사해四海가 곤궁하면 천록天祿이 영원히 끊어질 것이라는 것은 천명天命으로 자각한 천도를 왕도정치王道政治를 통하여 실천할 것을 나타낸 것이다.

역수원리는 물리적 시간의 존재 법칙을 나타내거나 기수朞數를 구성하는 법칙을 가리키는 것이 아니라 그 존재근거인 시간성, 시의성時義性[20]의 원리이다. 그러므로 역수원리를 상징적으로 나타내는 역수는 형이상적 존재인 시간성의 원리를 상징적으로 나타내는 수라고 할 수 있다.

시간성은 시간이 갖는 속성屬性이 아니라 시간의 본성本性을 가리킨다. 그리고 시의성은 시간의 의미, 시간의 뜻이라는 말로 곧 시간성을 시간의 관점에서 나타낸 것이다. 이처럼 일상의 수數가 아무런 의미가 없는 추상적인 개념인 것과 달리 도수度數, 역수는 시간성, 시의성의 상징적 표상형식이라는 점에서 그것을 이수理數[21]라고 한다.

역수, 도수가 시간성, 시의성을 상징적으로 나타내는 이수로 사용되기 때문에 이수가 표상하는 세계는 시간성의 세계이다. 다시 말하면 형이상적 세계인 시간성의 세계, 시의성의 세계가 시간을 나타내는 형식인 역수, 도수를 통하여 상징적으로 표현된다.

천도의 내용인 역수원리는 변화원리이다. 시간이 흐르면서 고조선사상은 외래의 사상을 수용하여 발전하다가 삼국과 고려를 거쳐서 조선의 말기에 이르면 다양한 사상으로 나타난다. 그 가운데서 천도를 중심으로 신도神道를 밝히고 있는 역학易學의 전적인 『정역』이 저작된다.

---

20 『周易』이나 『論語』 등의 先秦 儒學의 경전에서는 曆數가 표상하는 내용을 時로 규정하고 있다. 이 時에는 형이상적 존재로서의 時間性, 時義性과 형이하적 존재인 시간이 포함되어 있다. 『中庸』에서는 "君子之中庸也 君子而時中"이라고 하여 時를 언급하고 있는데 이때의 時는 時間性을 나타내는 동시에 시간을 나타낸다. 한편 『周易』의 重天乾卦 彖辭에서는 "大明終始 六位時成 時乘六龍 以御天"이라고 하여 時間性을 終始로 규정하고 시간은 始終으로 규정하고 있다.

21 金一夫 『正易』 「化无上帝重言」, "推衍无或違正倫 倒喪天理父母危 不肖敢焉推理數 只願安泰父母心"

『정역』에서는 "역도는 역수원리이다."[22]라고 하여 천도의 내용이 역수원리임을 밝히고 있다. 그것은 역수원리가 바로 역도의 내용임을 밝힌 것이다. 『주역』에서는 역도를 변화의 도[23]로 규정하고 있다. 따라서 단군신화에서 곰이 사람으로 변화하고, 천신天神인 환웅이 남자로 변화하며, 환웅과 웅녀가 결혼하는 변화, 단군을 낳는 변화가 모두 역수원리를 상징적으로 나타낸다.

환인, 환웅에 의하여 표상된 천의 세계가 시간성의 세계, 천도를 상징적으로 나타내고 있음은 환웅이 인간의 세계에 내려와서 행한 정사政事를 보아도 알 수 있다. 환웅이 인간의 세계에 내려와서 정사를 행하였다는 것은 곧 시공상에 드러남을 뜻한다. 그것은 곧 천도를 작용의 관점에서 나타낸 것이 정사를 행함임을 뜻한다.

환웅이 인간 세상에 내려와서 이화理化한 내용은 인간의 360 여사餘事의 주관이다. 이 때 360은 사물의 관점에서 사람이 일상의 삶을 영위하는 과정에서 가장 중요한 360 가지의 일을 가리킨다고 이해할 수도 있다. 그러나 사람이 살아가면서 해결해야할 일을 굳이 360 가지에 불과하다고 할 수는 없다. 따라서 이때의 360은 단순한 계산수가 아니라 다른 수와 마찬가지로 이수理數로 이해하는 것이 타당하다. 그러면 360은 무엇을 나타내는 수數인가?

『서경書經』에서는 "기朞는 366일日이니 윤월閏月로 사시四時를 정하면 일년一年이 이루어진다."[24]고 하여 366일日의 기수朞數를 제시하고 있고, 『주

22 金一夫, 『正易』 大易序, "易者曆也"

23 『周易』의 繫辭上編 第九章에서는 "知變化之道者其知神之所爲乎"라고 하였다. 그런데 繫辭上編 第五章에서는 "一陰一陽之謂道"라고 말하고 "陰陽不測之謂神"이라고 하여 陰陽合德의 관점에서 易道를 나타낸 것이 神임을 밝히고 있다. 따라서 神, 易道는 같은 존재를 나타내는 개념으로 그것을 變化의 道로 규정한 것은 곧 易道가 變化의 道임을 밝힌 것이다.

역』에서는 "건책乾策은 216이며, 곤책坤策은 144으로 (합하면) 360이日이 곧 기일朞日에 해당된다."[25]고 하여 360일日의 기수를 제시하고 있다.

366일역日曆은 360일역日曆을 기준으로 6도度가 더하여 형성된 양윤역陽閏曆이다. 그리고 360은 음역陰曆과 양력陽曆이 하나가 된 중정역中正曆을 가리킨다. 따라서 환웅이 이화한 내용으로서의 주主360은 곧 중정역인 360역수를 운행시켰음을 뜻한다. 그러면 불견일광백일不見日光百日, 기삼칠일忌三七日은 무엇을 상징하는가?

이는 역수원리를 중심으로 살펴보면 다음과 같이 이해할 수 있다. 100일과 21일은 20과 80을 중심으로 양자의 관계를 나타낸다. 이 때 21일에 사람의 모습을 갖추었다고 하였다. 이는 20일이 본체라면 이를 바탕으로 이루어지는 작용을 나타내는 수가 21일부터 시작하여 100에 이르러서 끝나는 80일임을 뜻한다.

20일이 본체라면 그 작용이 처음 나타냄을 나타내는 수가 21일이다. 그러므로 21일에 비로소 사람의 모습을 갖추었다는 것은 사람으로 탄생하였음을 뜻한다. 그러나 사람이 아기로 태어나서 바로 사람의 구실을 하면서 살아가는 것은 아니다. 성인이 되는 성장의 기간을 거쳐야 비로소 사람의 구실을 하면서 사람으로 살아갈 수 있다. 그것을 나타내는 수가 80이라고 할 수 있다.

그런데 20수와 21수는 1도수의 차이가 있다. 21의 1은 20수에 내재해 있다가 80의 작용으로 나타나는 씨를 나타내는 수이다. 그러므로 80은 이 1과 합하여 81이 된다. 그것은 20 안에 있던 1이 자라서 81이 됨으로써

24 明 · 胡廣等撰, 『書傳大全』, 堯典, "朞三百有六旬有六日 以閏月定四時成歲 允釐百工 庶績咸熙."

25 明 · 胡廣等撰, 『周易大全』, 繫辭上編 第九章, "乾之策二百一十有六 坤之策百四十有四 凡三百有六十當期之日"

100이라는 완전한 수가 됨을 뜻한다. 그러면 360의 중정역이 상징하는 내용은 무엇인가?

이미 앞에서 살펴본 바와 같이 역수의 측면에서 360은 음역과 양력이 하나가 된 중정역이다. 그것은 환웅이 인간의 세상에서 이화한 내용을 나타낸다. 그렇다면 이는 시간 곧 역수를 나타내는 것으로 역수의 근원이 되는 시간성을 나타내는 것은 아니다. 그러면 역수의 본체를 수로 나타내면 무엇인가?

이는 『서경』에서 밝히고 있는 366의 역수와 현행역인 365와 1/4일 역의 관계를 통하여 추연할 수 있다. 366일역과 365와 1/4일 역은 360일역을 기준으로 6도와 5와 1/4일이 더하여진 역曆이다.

그런데 81일 수를 분석하여 보면 9×9는 81이다. 이때의 구구법九九法[26]은 역수를 추연推衍하는 방법, 원리이다. 추연은 더하고, 빼고, 나누고, 곱하는 자연수의 계산법을 지칭하는 개념이다. 그럼에도 불구하고 가감승제加減乘除와 다른 의미를 갖는 것은 그것을 통하여 도출되는 과정과 그 결과로 나타나는 수가 모두 상징적인 의미를 갖고 있는 이수理數이기 때문이다.

구구법은 구수를 중심으로 이루어진다. 그렇기 때문에 추연의 방법을 상징하는 구九와 윤도수가 시작되는 6도를 더하면 15도가 된다. 9수가 역수추연의 방법을 상징한다는 것은 역수의 마디를 나타내는 도수이며, 6수는 윤역閏曆을 생성하는 도수임을 뜻한다. 그러므로 양자를 합하면 본체수인 15도가 추연된다. 이것이 바로 360도수로 나타나는 본체를 나타내는 수이다. 그러면 360역수의 본체를 나타내는 도수인 15도는

26 九九法을 바탕으로 이루어지는 曆數의 推衍에 대하여는 이현중의 『정역철학』, 서울, 학고방, 2017, 143쪽에서 147쪽을 참고하기 바란다.

무엇을 상징하는가?

먼저 이 본체도수가 어떻게 추연되었는지 살펴보자. 그것은 햇빛을 보지 않아야할 기간을 나타내는 100일과 본체도수를 나타내는 20일의 관계를 통하여 알 수 있다. 100일과 20일을 구성하는 요소는 10이다. 10에 10을 더하면 20이 되고, 10과 10을 곱하면 100이 된다. 이를 통하여 시간성을 표상하는 방법은 10이라는 수를 통하여 가능함을 알 수 있다.

『주역』에서는 신도, 천도를 표상하는 체계를 천지의 수에 의하여 구성된 하도와 낙서로 밝히고 있다. 그리고 천지의 수를 일에서 십까지의 열 가지 수로 제시하고 있다. 천지의 수를 통하여 구성된 도상인 하도와 낙서가 확정된 것은 송대宋代의 주희朱熹에 이르러서이다. 그럼에도 불구하고 그것이 무슨 내용을 나타내고 있는지는 밝혀지지 않았다.

『정역』에서는 천지의 수가 표상하는 내용이 역수원리임을 분명하게 밝히고 있을 뿐만 아니라 하도河圖와 낙서洛書를 통하여 제시하고 있는 내용이 무엇인지도 밝히고 있다. 『정역』에서는 과거성과 미래성 그리고 현재성으로서의 시의성時義性을 각각 태극太極과 무극无極 그리고 황극皇極으로 규정하고 그것을 천지의 수와 결합하여 일태극一太極과 십무극十无極 그리고 오황극五皇極으로 밝히고 있다.[27]

삼극三極을 중심으로 20의 수를 분석하여 보면 15는 십무극十无極과 오황극五皇極이 합덕된 수이다. 이 15가 상승하면 50이 되면서 곧 그것이 대연大衍의 수數가 된다. 그러므로 100수는 50수에 의하여 이루어지는 각각의 양면 작용을 더한 것이라고 할 수 있다.

20수 가운데서 15 본체도수에 의하여 이루어지는 작용을 표상하는

27 金恒, 『正易』 第一張, "擧便无極이시니 十이니라. 十便是太極이니 一이니라. 一이 无十이면 无體요 十이 无一이면 無用이니 合하면 土라 居中이 五니 皇極이니라."

수가 5이다. 20수 가운데서 작용을 표상하는 5수는 오행작용을 표상한다고 할 수 있다. 그것은 오수五數가 십수十數와 하나가 되어 십오十五가 됨으로써 천지의 합덕이 이루어지고, 십수十數가 오수五數와 하나가 되어서 오십五十이 됨으로써 자화自化 작용이 이루어짐을 뜻한다.

십오와 오가 상징하는 작용은 구체적으로는 십에서 시작하여 일에서 끝나는 작용과 일에서 시작하여 십에서 끝나는 작용의 두 측면을 수로 나타낸 이십二十이다. 십에서 시작하여 일에서 끝나는 작용은 환웅의 이화理化를 상징하고, 일에서 시작하여 십에서 끝나는 작용은 웅호가 사람이 되고, 다시 환웅과 결혼하여 하나가 되는 작용을 상징한다. 이를 통하여 단군신화에서 천도의 역수원리와 신도의 내용을 표상하는 이수理數의 체계의 대체를 밝히고 있음을 알 수 있다. 그러면 환웅과 웅호 그리고 단군을 통하여 상징적으로 나타내고 있는 내용은 무엇인가?

환웅은 십무극十無極을 나타내며, 단군은 오황극五皇極을 나타내고, 웅호는 일태극一太極을 나타낸다. 환웅에서 시작하여 웅호에서 끝나는 작용을 나타내는 십에서 일까지의 수의 변화와 웅호에서 시작하여 환웅에 끝나는 작용을 나타내는 일에서 십까지의 수의 변화를 나타내는 이십二十을 구성하는 수는 일一이다.

그것은 무극을 나타내는 십十과 황극을 나타내는 오五 그리고 태극을 나타내는 일一이 모두 일一에 의하여 구성됨을 통하여 확인할 수 있다. 일一이 누적되어 오五와 십十이 되는 동시에 십十이 둘로 나누어져서 오五가 되고, 오五가 다시 나누어져서 일一이 된다.

십과 오 그리고 일의 관계를 통하여 나타내는 삼자의 관계는 무극과 황극이 일체이고, 무극과 태극이 일체임을 나타낸다. 십이 둘로 나누어져서 오가 되고, 십이 열로 나누어지는 과정을 통하여 일이 된다.[28] 그러면 백일百日은 어떻게 구성된 수인가?

백일百日은 이십일二十一로부터 시작되는 웅호熊虎의 환웅화桓雄化가 완성된 상태를 나타낸다. 그것은 웅호와 환웅이 하나가 된 상태 곧 웅호가 환웅과 하나가 되어 환인으로 돌아간 상태를 나타낸다. 그렇기 때문에 수에 의하여 나타내는 역수원리의 측면에서는 삼극三極을 나타내는 십오일十五一이 하나가 된 상태를 나타낸다.

환인桓因을 나타내는 백수百數는 이십을 구성하는 십과 십의 상승에 의하여 이루어진다. 그것은 웅호가 웅호의 상태 곧 일一의 상태에서 환웅과 하나가 되는 것이 아니라 웅호가 자신의 상태를 벗어나서 환웅의 상태에 이르러서 비로소 환웅과 하나가 됨을 뜻한다. 그렇기 때문에 웅호가 십의 상태에 이르러서 비로소 환웅의 십과 하나가 되어 백일이 형성되듯이 환인에 이르게 된다. 그러면 백일의 세계를 나타내는 체계는 무엇인가?

백일의 내용은 환웅과 단군 그리고 웅호의 삼극을 나타내는 수인 십十과 오五 그리고 일一을 통하여 상징적으로 표현된다. 그것은 단군이 환웅과 하나가 된 십오十五와 환웅이 단군과 하나가 된 오십五十의 상태를 나타내는 두 도상圖像을 통하여 상징적으로 나타낼 수 있다.

고조선의 신도神道사상을 계승하여 천도天道를 중심으로 그것을 밝히고 있는 『정역』에서는 천도가 하도河圖와 낙서洛書라는 도상을 통하여 밝히고 있는 역수원리임을 천명闡明하고 있다. 하도와 낙서는 백수를 오십오五十五와 사십오四十五로 나누어서 역수원리를 나타내고 있다. 하도는 십오十五를 본체로 하여 이루어지는 사십수四十數의 작용을 나타내는 도상이며, 낙서는 오五를 본체로 하여 이루어지는 사십수四十數의 작용을 나타내는 도상이다.[29]

28 하도의 본체 도수는 중심의 15이고, 낙서의 본체 도수는 중심의 5이다. 이 양수가 합해지면 20이 된다. 낙서는 10이 5와 하나가 되어 5를 본체로 이루어지는 작용의 결과를 1을 중심으로 나타낸다. 따라서 하도와 낙서의 내용은 15원리와 11원리이다. 이를 밝히고 있는 전적이 「정역」이다.

『정역』에 의하면 하도는 십十과 오五의 합일合一을 통하여 환웅과 단군 그리고 웅호가 하나가 된 환인桓因의 상태를 나타내고, 낙서는 환인에 의하여 이루어지는 환웅의 이화理化의 내용인 시간성의 시간화를 사역四曆의 변화를 통하여 상징적으로 나타내고 있다. 그러면 사역의 변화[30]는 무엇인가?

사역四曆은 원역原曆과 윤역閏曆, 윤역閏曆 그리고 정역正曆이다. 윤역은 음력陰曆과 양력陽曆이 나누어진 역曆이며, 정역은 음력과 양력이 하나가 된 합덕이면서도 동시에 중정역이다. 그리고 원역은 정역正曆과 본체인 십오十五가 합덕된 역이다.

사역은 기수朞數를 통하여 나타내면 375도와 366도 그리고 365와 1/4도와 360도이다. 375도의 원역이 15도의 본체와 360의 작용도수로 나누어지면서 15도가 9와 6으로 나누어져서 작용하게 된다. 그러므로 360에 6도가 더하여진 366일의 윤역이 출생하고 그것이 자라서 365와 1/4일의 역이 되고, 그것이 장성하여 360일역이 된다. 그러면서 기수는 다시 375도의 원역으로 돌아가게 된다.[31]

사역의 변화는 낙서를 통하여 상징적으로 표현되고 있다. 그것은 용구用九, 용팔用八, 용칠用七, 용육用六의 변화와 용일用一, 용이用二, 용삼用三, 용사用四의 변화가 정령政令과 율여律呂[32]의 관계를 이루면서 십과 오를 본체로 하여 이루어진다. 그러면 사역의 변화가 나타내는 내용은 무엇인가?

---

29 이현중, 『정역철학』, 서울, 학고방, 2017, 259쪽에서 272쪽.

30 이현중, 『정역철학』, 서울, 학고방, 2017, 273쪽에서 278쪽.

31 金恒, 『正易』, 正易詩, "天地之數는 數日月이니 日月이 不正이면 易匪易이라 易爲正易이라사 易爲易이니 原易이 何常用閏易고."

32 河圖와 洛書를 구성하는 一二三四와 六七八九는 그 상징하는 의미가 다르다. 六七八九는 五를 본체로 하여 작용하는 동시에 十을 본체로 하여 九八七六으로 작용한다. 그러나 四三二一는 六七八九와 九八七六의 이면에서 그 마디를 지어줄 뿐으로 작용하지 않기 때문에 律呂度數라고 할 수 있다.

단군신화에서는 환웅과 웅호 그리고 단군의 삼자를 환웅과 웅녀가 결혼을 하여 단군을 낳고, 단군이 조선을 건국하여 다스리는 것으로 나타내고 있다. 그것은 환웅과 웅호가 표상하는 미래성과 과거성이 단군이 표상하는 현재성에서 하나가 되어 360의 도수가 표상하는 영원한 현재라는 본질적 시간이 전개됨을 나타낸다.

하도와 낙서를 통하여 나타내고 있는 내용은 오수五數가 표상하는 황극皇極에 의하여 십수十數가 표상하는 무극無極의 세계가 다양한 형태의 태극太極으로 드러남을 나타낸다. 이처럼 십오에 의하여 이루어지는 태극의 세계는 하도와 낙서에서는 천지의 수 가운데서 본체도수인 십十과 오五를 제외한 일一에서 구九까지의 수를 중심으로 사역四曆의 변화를 통하여 상징적으로 표현하고 있다.

사역의 변화는 용구用九, 용팔用八, 용칠用七, 용육用六과 용일用一, 용이用二, 용삼用三, 용사用四의 사상수四象數를 통하여 상징적으로 나타내고 있다. 그것은 375도度의 원역을 나타내는 용구와 366도의 윤역을 나타내는 용팔, 365와 1/4도를 나타내는 용칠 그리고 360도를 나타내는 용육의 사상수와 원역, 윤역, 윤역, 정역의 네 마디를 나타내는 용일用一, 용이用二, 용삼用三, 용사用四의 사상수를 통하여 사역의 변화가 상징적으로 표현됨을 뜻한다.

겉으로 드러나는 변화를 나타내는 용구用九, 용팔用八, 용칠用七, 용육用六의 내면을 살펴보면 시위를 나타내는 구九, 팔八, 칠七, 육六의 변화의 이면에서는 언제나 일一이다. 그것은 원역에 의하여 윤역이 시생하여 생장하고 다시 정역正曆으로 장성하는 생장성生長成의 과정을 거쳐서 드러나는 시간성의 시간화가 내면으로는 일一에서 이二, 삼三, 사四로 향하는 시간의 시간성화임을 나타낸다.

그것은 정령도수의 이면에서 작용하는 율려도수를 살펴보면 보다 분명하게 드러난다. 용구, 용팔, 용칠, 용육의 이면에서 작용하는 용일用一과 용이用二 그리고 용삼用三과 용사用四는 내면에서 작용하여 겉으로 드러나지 않지만 모두 일一의 변화이다. 이 때 이二와 삼三 그리고 사四는 수의 변화를 통하여 시위를 나타내지만 그 내용은 언제나 일一이다.

시간성의 시간화와 시간의 시간성화는 『정역』에서는 각각 도생역성倒生逆成과 역생도성逆生倒成으로 나타내고 있다. 도생역성은 시간성의 시간화를 나타내며, 역생도성은 시간의 시간성화를 나타낸다. 양자의 관계를 씨와 열매를 중심으로 상징적으로 나타내면 다음과 같이 이해할 수 있다.

역생도성은 현상적 측면에서 물리적 시간의 흐름을 중심으로 이해하면 씨가 변하여 싹으로 자라나고 다시 그것이 자라서 꽃으로 화한 후에 그것이 자라서 열매를 맺는 현상을 통하여 이해할 수 있다. 이때의 생성은 시종의 사건으로 드러나는 현상적 생성의 작용원리라고 할 수 있다.

도생역성은 물리적 시간의 흐름의 이면에서 작용하는 형이상적 시간의 흐름이라고 할 수 있다. 그것은 열매가 변하여 씨로 화하는 작용이다. 단군신화에서는 환인이 환웅으로 나타나고, 다시 환웅이 단군을 거쳐서 웅호로 드러나는 변화를 통하여 상징적으로 나타내고 있다.

그런데 싹이 트고 그것이 자라서 꽃이 피고 열매를 맺는 현상적 과정을 중심으로 세계를 이해하면 인과 관계를 이루는 선후의 사건의 연속이다. 그러나 열매가 변하여 씨로 화하는 것이 전제가 되지 않으면 현상적 작용은 이루어질 수 없다. 그것은 환인을 환웅에서 시작하여 웅호로 드러나는 방향에서 나타내거나 웅호에서 시작하여 환웅에 이르는 방향에서 나타내거나를 막론하고 양자는 둘이 아니라 하나를 두 측면에서 나타낸 것이라는 뜻이다.

환웅에서 웅호를 향하는 도생역성과 웅호에서 환웅을 향하는 역생도성은 하나이다. 그것은 환인을 두 측면에서 구분하여 각각 나타낸 것이 도역의 생성임을 뜻한다. 그렇기 때문에 도역생성은 도생역성을 바탕으로 역생도성의 관점에서 이해되어야 한다.

도생역성을 바탕으로 이루어지는 역생도성의 관점에서 보면 환인은 도역의 생성으로 자신을 드러낸다. 도역의 생성의 관점에서 현상의 싹이 트고 꽃이 피며, 열매를 맺는 변화는 모두 열매의 작용이다. 그렇기 때문에 씨와 싹, 꽃을 막론하고 모두 열매의 다양한 드러남이기 때문에 씨와 싹, 꽃, 열매의 차이가 없다.

환인이라는 하나님의 세계가 환웅과 단군 그리고 웅호로 생성되면서 현상의 사물의 세계가 전개되지만 그 어떤 것도 고정됨이 없이 변화하는 것이 환인의 세계, 하나님의 세계이다. 고정됨이 없이 이것과 저것이라는 물건으로 나타나는 것이 아니라 시작과 끝으로 드러나는 사건의 연속, 변화의 세계가 바로 환인이 표상하는 세계이다.

끊임없이 이어지는 시종始終의 사건을 대상화하여 나타낸 것이 만물이다. 물건은 사건을 떠나서 존재하지 않는 점에서 양자가 일체이지만 사건이 물건으로 드러나는 점에서 사건이 물건보다 근원적이라고 할 수 있다.

단군신화의 내용을 물건적 관점에서 나타내면 환웅에서 웅호를 향하는 도생역성과 웅호에서 환웅을 향하는 역생도성이 하나가 된 환인의 생성이다. 환인의 도역생성에 의하여 드러나는 세계가 바로 단군신화가 밝히고 있는 사상이다. 지금까지 살펴본 내용을 도표화하여 나타내면 다음과 같다.[33]

33 이 도표는 이현중, 『한국사상과 방달의 인문학』, 충남대학교출판문화원, 2018, 259쪽 도표를 수정하여 작성하였다.

단군신화	환웅	단군	웅호
시간성	미래성	현재성	과거성
삼극	무극無極	황극皇極	태극太極
도역생성	도생역성 ⇐ 원천原天 ⇒ 역생도성 倒生逆成 ⇒ 환인桓因 ⇐ 逆生倒成		
수	십十	오五	일一
체용상 體用相	본체	작용	현상
물리적 시간	미래	현재	과거
천문天文	후천後天		선천先天

도표에서 나타내고 있는 바와 같이 단군신화를 통하여 나타내고 있는 사상의 특징 곧 환인의 특징이 무엇인지를 시간의 측면에서 살펴보자. 그것은 신도사상을 시간의 관점에서 시간관을 중심으로 고찰하는 작업이다.

우리는 동양적 시간관과 서양적 시간관을 구분하여 서양의 시간관을 직선적 시간관으로 나타내고, 동양적 시간관을 순환적 시간관으로 규정한다. 직선적 시간관은 형이상의 세계가 없는 형이하적 시간관이다. 그것은 과학의 관점에서 오로지 물리적 시간을 대상으로 형성된 시간관이다.

그러나 사계절이 반복되고, 일 년一年이 반복되며, 12,960의 주기가 반복될 뿐만 아니라 소강절이 제시하듯이 원회운세元會運世라는 단위를 중심으로 129,600년이 반복되어 과거에서 미래를 향하여 흐르는 일방적인 시간관은 부정된다. 그것은 중국문화에서 제시되는 순환적 시간관이다. 순환적 시간관에 의하면 미래에서 과거를 향하여 흐르는 물리적 시간과 다른 시간이 전제가 되지 않은 물리적 시간을 존재할 수 없다.

그렇다면 양자는 어떤 관계인가?

직선적 시간관과 순환적 시간관을 합일合一하여 나타낸 것이 나선적 시간관이다. 나선적 시간관에 의하여 시간은 반복되면서 앞으로 나아간다. 나선적 시간관에 의하면 반복되지만 앞으로 나아가기 때문에 단순한 순환이 아니며, 앞으로 나아가지만 반복되기 때문에 단순한 직선적 시간관이 아니다.

나선적 시간관 역시 한계를 갖는다. 나선적 시간관이 비록 직선적 시간관과 순환적 시간관을 극복하였지만 물리적 시간관의 한계를 벗어나지 못하고 있다. 그것은 형이상적 측면에서 시간성과 관계를 중심으로 시간을 이해하지 못한 것이 세 가지의 시간관의 한계임을 뜻한다. 그러면 단군신화에서 밝히고 있는 시간관은 무엇인가?

단군신화에서 밝히고 있는 시간은 영원한 현재라는 점에서 과거와 미래가 하나가 된 시간이기 때문에 직선이나 순환 혹은 나선으로 나타내는 흐름이 없다. 시간이 나선이나 직선으로 흐르고, 원으로 순환한다는 것은 물리적 관점에서 운동을 하는 물체와 같은 존재로 이해한 결과이다.

그것은 시간을 그것을 인식하는 인간과 분리하여 객관화시켜서 이해하기 때문에 빚어지는 현상이다. 우리가 인간의 본래성이라는 형이상적 차원, 시간을 넘어선 영원한 차원에서 시간을 이해할 때 비로소 시간의 본성인 시간성을 중심으로 시간을 이해하게 된다.

시간성의 본성에 의하여 이루어지는 시간성의 시간화는 시공의 차원에서 이루어지는 것이 아니기 때문에 시간 자체는 있다고 할 수 없다. 그렇다고 하여 시간이 없는 것은 아니다. 시간성의 시간화는 인간의 본래성을 매개로 하여 이루어지는 무분별의 분별화이다. 그것은 시종의 사건을 통하여 무분별의 세계를 분별하여 드러냄이다. 그렇기 때문에 시간 자체는 환웅과 단군을 표상하는 십오十五에 의하여 이루어지는 360이 표상하는 영원한 현재만이 있을 뿐이다.

3. 웅호熊虎와 공간성 그리고 수도론修道論

우리는 앞에서 단군신화를 구성하는 두 가지 형식인 이수와 신화 가운데서 이수를 중심으로 환인을 나타내는 환웅과 웅호 그리고 단군이 무엇인지를 고찰하였다. 그것은 시간의 관점에서 사건을 중심으로 단군신화를 고찰함을 뜻한다.

시간을 중심으로 단군신화를 살펴보면 환인 곧 하나-님은 영원하면서도 매 순간으로 드러나는 시간의 근원으로서의 시간성을 나타낸다. 그러므로 환인을 나타내는 환웅과 단군 그리고 웅호의 관계를 통하여 시간성의 구조와 현상화 곧 시간화를 상징적으로 나타내고 있다. 그러면 이어서 지금부터는 신화를 중심으로 단군신화의 내용을 분석하여 보자.

이수가 시간을 나타내는 효과적인 수단인 것처럼 신화는 시간에서 이루어지는 사건을 대상화하여 물건으로 나타내고자 할 때 효과적인 수단이다. 단군신화를 공간적 관점에서 물건을 중심으로 환인이 표상하는 신도, 신명을 나타내면 천신天神, 천왕天王인 환웅과 지물地物인 곰과 호랑이 그리고 나라를 세워서 다스리는 단군이라는 사람을 통하여 상징적으로 표현되고 있다.

단군신화에서 제시하고 있는 공간의 세계는 상중하上中下의 구조를 이루는 천지인天地人의 세계라고 할 수 있다. 이 때 상중하의 관계는 단순한 공간상의 구조에 불과한 것이 아니라 중심을 나타내는 단군은 양자가 하나가 되는 동시에 양자가 분화되는 중심이라는 의미를 담고 있다.

환인의 내용을 파악하기 위해서는 삼자의 관계가 무엇인지를 파악하는 것이 중요하다. 시간성의 관점에서는 환인이 한결같은 존재로서의 영원한 현재를 나타낸다. 그것은 환인이 과거나 현재 미래를 막론하고 매 시간으로 자신을 드러냄을 뜻한다. 그런 점에서 보면 시간성으로서의 환인은 자신을 고집하지 않고 매 순간 시간으로 생성한다.

그러나 물건적 관점에서 천신天神과 지물地物 그리고 사람을 나타내는 환웅과 웅호 그리고 단군은 합일合一을 특성으로 한다. 그것은 환웅이 인간의 세상을 구하기를 원하여 인간 세상으로 내려와서 이화를 했으며, 웅호가 사람이 되기를 원하고 다시 이세를 낳기를 원하는 것을 통하여 확인할 수 있다.

환웅과 웅호가 사람이 되기를 원하는 뜻은 결국 환웅이 남자가 되고, 웅호가 사람이 되어 결혼을 하여 하나가 됨으로써 단군이라는 자식을 얻음으로 나타난다. 그리고 단군이 조선이라는 국가를 열어서 그 사회를 다스리는 것으로 끝을 맺는다. 그러면 물건적 관점에서 단군신화가 나타내고자 하는 내용은 무엇인가?

물건적 관점에서 살펴보면 환인이 표상하는 신명, 신도는 합일성이다. 그것은 시간성의 측면에서 생성된 사건의 세계가 공간적 측면에서는 합일合一된 물건의 세계임을 뜻한다. 따라서 신명, 신도의 특성은 공간적 측면에서는 공간의 본성으로서의 합일성合一性, 일체성一體性이다.

공간성의 내용인 합일성, 일체성을 나타내기 위하여 환인을 물건적 관점에서 천신과 지물 그리고 인간으로 나타낸 것이다. 그러면 공간성의 특성인 합일성, 일체성이 어떻게 표현되고 있는가?

물건적 관점은 현상의 세계가 중심이다. 그것은 시간성의 측면에서 시간을 통하여 세계를 이해하는 것이 아니라 물건의 관점 곧 웅호의 관점에서 환웅을 이해함을 뜻한다. 이때 중심이 되는 것은 지금 여기의 나로서의 인간이다.

지금 여기의 내가 없다면 환인도, 신명도, 시간성과 공간성도 그리고 시공의 세계도 아무런 문제가 되지 않는다. 오직 내가 있기 때문에 나와 관련하여 세계와 사물 그리고 시공성時空性, 신도神道가 문제가 된다. 그렇기 때문에 삶의 내용인 학문함 역시 지금 여기의 나를 중심으로 하지 않을 수 없다.

생성이 지금 여기의 나를 매개로 하여 이루어지듯이 합일合一, 일체一體 또한 지금 여기의 나를 통하여 이루어진다. 단군신화에서 단군의 생성이 환웅과 웅녀의 하나 됨에 의하여 이루어지듯이 웅호의 환웅과의 합일 역시 단군을 통하여 이루어진다.

지금 여기의 나는 환웅과 웅호 그리고 단군으로 표상된 세 측면을 모두 갖고 있다. 환웅은 나의 형이상적 측면, 본래성의 측면, 나와 남을 구분할 수 없는 없는 일체의 측면, 영원한 측면을 나타내고, 웅호는 환웅이 나타난 현상적 측면, 물건적 측면, 형이하적 측면, 다양하여 구분되는 측면, 시공 내적 측면, 육신과 육신의 기능으로서의 의식을 나타낸다.

그리고 단군은 양자의 기준이 되는 분합分合의 중심을 나타낸다. 우리는 분합의 중심을 마음이라고 부른다. 이때 우리가 마음이라고 부르는 것은 일상적인 마음이 아니다. 그것은 육신을 중심으로 육신에 속하는 기능인 의식意識과 마음이 다름을 뜻한다.

마음은 환웅이 그대로 드러난 작용, 단군이 상징적으로 나타내는 본래성이 그대로 드러난 본질적 마음이다. 우리는 본래성이 그대로 드러난 마음을 너와 나의 구분이 없는 하나의 마음이라는 점에서 일심一心이라고 부른다.

웅호가 환웅과 하나가 되는 과정을 통하여 상징적으로 나타내고 있는 합일合一의 세계는 세 단계를 통하여 나타내고 있다. 그것은 웅호에서 단군에 이르는 시생始生의 과정과 단군에서 환웅에 이르는 생장生長의 과정 그리고 환웅에서 환인에 이르는 장성長成의 과정으로 나타낼 수 있다. 그러면 세 단계를 통하여 이루어지는 합일에 대하여 살펴보자.

웅호와 단군 그리고 환웅과 환인과의 합일合一은 이수理數와 신화神話의 두 측면에서 살펴볼 수 있다. 이수의 측면에서 나타내고 있는 웅호에서 환인에 이르는 합일의 과정은 쑥 한 묶음과 마늘 20개가 상징하는 21수와 기삼칠일忌三七日의 21이 상징하는 기간과 햇빛을 보지 않는 100日로 나타내고 있다. 이때 햇빛을 보지 않는 기간은 100일 동안이고, 그 과정에서 마늘과 쑥을 먹으면서 지내는 20일을 거치면 21일日만에 사람의 형체를 얻는다고 하였다.

웅호가 해야 할 일은 사람의 몸을 얻는 20일까지는 마늘과 쑥을 먹고 동굴 안에서 햇빛을 보지 않아야 하며, 사람의 몸을 얻은 후인 21일 이후부터 100일에 이르는 80일 동안은 햇빛을 보지 않아야 한다.

햇빛을 보지 않음은 웅호가 변화를 꿈꾸기 시작한 때부터 꿈을 이룰 때까지 계속되어야할 사항이다. 그리고 쑥 한 묶음과 마늘 이십 개를 먹는 일은 사람의 몸을 얻을 때가지 해야 할 일이다. 그러면 마늘과 쑥을 먹는 것과 햇빛을 보지 않는 것은 무엇을 의미하는가?

이 문제를 고찰하기에 앞서 금계禁戒 사항을 지켜서 환웅과 하나가 되고자 하는 웅호가 어떤 존재인지를 살펴보자. 곰과 호랑이는 하나의 동굴에 사는 서로 다른 두 동물이다. 그것은 서로 다른 실체적 존재가 어우러져서 이루어진 세계가 웅호가 나타내는 세계임을 뜻한다. 웅호는 이것과 저것이라는 물건의 세계, 분별의 세계, 물질과 물질에 의하여 구성되는 물체物體의 세계, 원인과 결과의 관계로 드러나는 인과因果의 세계를 나타낸다.

그런데 곰과 호랑이가 하나의 동굴에 살고 있는 존재이지만 그 차원은 서로 다르다. 그렇기 때문에 곰은 금계 사항을 지켜서 사람이 되지만 호랑이는 사람이 되지 못하였다. 곰과 호랑이를 관점을 중심으로 나타내면 호랑이는 육안肉眼의 차원을 나타낸다면 곰은 심안心眼의 차원을 나타낸다. 그러면 웅호의 인간과 하나 됨은 어떻게 이루어지는가?

웅호가 단군과 합일하고, 환웅과 합일하는 변화는 웅호가 갖고 있는 변화를 향하는 본성에 의하여 이루어진다. 그것은 웅호가 환인의 현상적 측면을 나타내기 때문에 웅호의 본성 역시 환인임을 뜻한다.

웅호로 나타난 환인은 물성物性의 차원에서는 생물학적인 기능의 진화進化를 원하는 마음이며, 인성人性의 차원에서는 본래성과 하나가 되고자 하는 깨달음을 향하는 마음이고, 신성神性의 차원에서는 깨달음을 넘어서 자유자재自由自在함을 원하는 마음이다.

물성을 벗어나서 단군이 표상하는 인성人性과 하나가 되는 과정은 하나가 되고자 하는 뜻을 갖는 것으로부터 시작된다. 곰이 사람으로서의 여자의 몸을 얻는 과정을 보면 먼저 변화하여 인간이 되고자 하여 신단수神檀樹 아래에서 환웅에게 기도하는 일로부터 시작하고 있다. 이는 사람이 되기 위해서는 먼저 스스로 사람다운 사람이 되겠다는 뜻을 세우는 것이 필요함을 나타낸다.

사람다운 사람이 되고자하는 뜻을 세울 수 있기 위해서는 자신에 대한 믿음이 있어야 한다. 환웅에 대한 기도祈禱는 환웅에 대한 믿음의 표현이다. 그것은 웅호 자신에 대한 믿음을 바탕으로 스스로 환웅이 되겠다는 것이 아니라 환웅 곧 환인이 자신임을 믿음이다.

기도祈禱는 기도의 대상과 주체인 자신을 둘로 보고 상대방에게 구걸求乞하는 것이 아니라 자신과 상대방이 일체이기에 자신의 상태를 고집하지 않고 스스로 변變하여 상대방으로 화化하고자 하는 마음의 표현이다. 그러면 환웅은 어떤 존재인가?

환웅은 웅호와 별개의 존재가 아니라 인간의 본래성으로 내재하는 신성神性을 나타낸다. 그러므로 웅호가 환웅에게 인간이 되고자 하는 뜻을 세웠다는 것은 곧 스스로 본래성을 주체로 살고자 하는 마음을 내었음을 뜻한다.

사람다운 사람 곧 본래성을 주체로 살아가는 사람이 되겠다는 뜻을 세웠을지라도 그것을 실천하지 않으면 않된다. 그것은 환웅이 사람이 되기 위하여 천상에서 지상으로 내려왔듯이 현재의 자신을 부정하고 넘어서는 극기克己의 과정이 있어야함을 뜻한다.

웅호의 환웅으로의 변화는 환웅의 탈자脫自가 홍익인간弘益人間에 의하여 이루어졌듯이 자비慈悲, 무조건적인 사랑이라는 본성에 의하여야 한다. 곰은 단순하게 자신보다 뛰어난 능력을 가진 사람이 되고자함이 아니라 자식을 낳고자 하는 사랑에서 출발하여 자기희생自己犧牲, 자기부정自己否定의 과정을 거친다.

웅호의 환웅과의 합일은 둘이 하나가 되는 것이 아니라 웅호가 자신의 상태를 벗어나서 환웅의 상태에 이름이다. 그것은 자신이 죽어서 새롭게 태어남이라고 할 수 있다. 이처럼 기존의 자기가 죽고 새롭게 태어나는 과정을 거치지 않으면 환웅과의 합일이 이루어질 수 없다. 단군신화에는 과거의 자신을 벗어버리고 새롭게 태어나기 위하여 필요한 극기克己, 희생犧牲, 죽음의 과정을 마늘과 쑥을 먹는 일로 나타내고 있다.

극기는 바로 자신이 스스로 자신을 부정함이다. 그렇기 때문에 희생도 남이 자신을 희생시키는 것이 아니라 스스로 새롭게 태어나기 위하여 과거의 자신을 희생한다. 곰과 호랑이는 육식肉食을 하는 동물이다. 그들이 마늘과 쑥이라는 채식을 하는 것은 자신들의 체질體質을 바꾸는 일이다. 더구나 마늘은 매워서 채식을 하는 사람들도 쉽게 먹을 수 있는 음식이 아니다.

마늘과 쑥을 먹는 일은 곧 육식을 하던 동물로서의 자신이 죽고 새로운 존재로 곧 사람의 몸으로 재탄생하는 과정이다. 사람다운 사람을 낳아서 기르겠다는 자비로운 마음을 갖고 그것을 실천하는 첫걸음이 바로 이전의 자기를 버리는 극기克己의 과정이다. 그것은 다른 존재가 되기 위하여 자신의 상태에서 벗어나는 탈자脫自인 동시에 새로운 존재로 화하기 위하여 변하는 과정이다. 그러면 그 과정은 이수理數와 어떤 관계가 있는가?

웅호가 20수가 표상하는 변變의 과정을 거치면 21수가 표상하는 과정에서 비로소 곰의 형체를 벗어나서 사람의 형체를 갖추게 된다. 그러나 80수가 표상하는 과정을 거쳐야 비로소 인간다운 인간, 본래 목표로 했던 어머니가 되어 아들을 낳아서 기를 수 있는 인간이 된다.

20수로 시작하여 100수에서 끝나는 과정을 통하여 상징적으로 나타내고 있는 과정을 신화에서는 동굴에 거주하면서 햇빛을 보지 않음으로 제시하고 있다. 그것은 물성의 차원에서 벗어나서 신성과 하나가 되기까지 모든 과정을 일관하는 문제이다. 그러면 햇빛을 보지 않는 것은 무엇을 의미하는가?

햇빛은 밝음을 나타낸다. 밝음과 대비되는 상대는 어두움이다. 그러므로 햇빛을 보지 말라는 것은 밝음과 어두움을 보지 말라는 것이다. 그러면 명암을 보지 말라는 것은 무엇을 의미하는가?

우리들은 밝음과 어둠을 통하여 사물의 형상을 보고 그것을 분별한다. 그렇기 때문에 명암을 보지 말라는 것은 모든 존재를 분별하는 분별심分別心을 버리는 것을 뜻한다. 그것은 물성物性의 차원, 웅호의 차원에서는 육신을 자신으로 여기거나 육신의 기능으로서의 의식을 자신으로 여기는 태도를 버리는 일이다. 그러면 분별심은 어떻게 버리는가?

분별심은 마음이 밖의 대상을 따라갈 때 이루어진다. 그렇기 때문에 분별심을 벗어나기 위해서는 밖으로 향하는 마음을 거두어서 안으로 향하게 하는 것이 필요하다. 그것을 나타내는 것이 바로 동굴이라는 비유이다. 마음이 자신의 밖으로 나가게 되면 눈, 귀, 코, 혀, 몸과 같은 감각기관이 포착하는 감각지각을 따라가게 된다. 그리고 받아들인 감각자료를 정리하여 상相을 형성하고, 그 상相에 가치를 부여하여, 그것을 소유하고자 하는 욕심을 갖게 된다. 이 욕심이 강할수록 더욱 강하게 상에 집착하게 된다.

햇빛이 없는 곳과 햇빛이 드는 곳을 구분하는 동굴은 웅호를 변變하여 환웅으로 화化하게 하는 재생처再生處이자 생산처生産處이다. 동굴은 분별의 세계인 밖과 구분되는 분별이 없는 세계이다. 따라서 물질적 차원에서 변하여 다른 차원으로 화하기 위해서는 동굴로 표현된 내면의 세계로 마음을 돌려야 한다. 밖으로 달려가는 마음을 막아서 자신의 내면으로 향할 때 비로소 분별심을 보게 되고, 그러한 분별심의 근원을 따라가게 되면 곧 본래성이라는 참 자기를 만나게 된다.

웅호는 동굴에서 살면서 쑥과 마늘을 먹음으로서 21일 만에 사람의 몸을 얻었다. 이 때 곰은 계율을 지켜서 사람의 몸을 얻었지만 호랑이는 계율을 지키지 못하여 사람의 몸을 얻지 못하였다.

호랑이가 사람의 몸을 얻지 못하였음은 육신과 육신의 기능으로서의 의식 곧 분별심을 자신으로 여기고 안주하여 그곳에서 벗어나고자 하는 실천을 하지 않았기 때문이다. 그것은 생물의 관점에서 보면 진화의 과정에서 도태된 생명체가 소멸되는 현상에 비유할 수 있다.

만약 사람의 몸을 얻은 곰도 스스로 사람의 몸을 얻는 것에 만족했다면 그도 여전히 웅녀라는 사람의 차원에서 머물렀을 것이다. 그러나 웅녀는 사람됨에 만족하여 머물지 않고 다시 환웅에 기도하여 아이를 갖기를 원하였다.

그런데 웅호가 사람이 되기 위하여 기도한 대상이 환웅이었으며, 결혼하여 아이를 낳기를 바라는 마음으로 기도하는 대상도 환웅이었을 뿐만 아니라 결혼의 대상도 환웅이다. 이는 환웅이 웅호의 밖에 있는 대상이 아니라 자신의 내면에 있는 자신自神임을 뜻한다.

웅녀는 단군이 표상하는 본래성과 하나가 된 상태에서 다시 그것에 머물지 않고 햇빛을 보지 않는 과정을 지속持續함으로써 비로소 환웅과 만나서 하나가 되었다. 그것은 환웅이 남자가 되고, 웅녀熊女와 결혼을 함으로써 남녀가 변하여 부모가 되는 과정으로 나타내고 있다.

웅녀가 혼인할 대상이 없음을 한탄하여 환웅에게 기도한 것은 그가 결혼을 원하는 것이 아니라 잉태를 원함을 나타낸다. 그것은 본래성을 찾아서 그것과 하나가 됨에 그치지 않고 하나가 되어 자유자재하게 살아감에 뜻을 두고 있음을 뜻한다.

결혼을 통하여 환웅과 하나가 되는 것에서 그치지 않고, 다시 자식을 낳아서 성인成人으로 만드는 과정을 통하여 나타내는 것이 마지막 세 번째 단계의 합일이다. 이 단계에서도 역시 햇빛을 보지 않는 일 곧 분별하여 그 어떤 것에도 머묾이 없어야 한다.

환웅이라는 천신天神의 경계 곧 시간상으로 자유자재하는 영원한 세계마저도 머묾이 없음이 바로 마지막에 궁극적으로 도달하는 경계이다. 그것은 환웅과의 합일을 넘어서 환인에 이르는 것이라고 할 수 있다.

환인과의 합일은 환인이라는 새로운 경계에 머무는 것이 아니라 다시 단군의 세계인 본래성을 매개로 하여 웅호로 자신을 드러내는 환웅으로 살아가면서도 그것에 집착하지 않음을 나타낸다. 그러면 세 단계의 합일이 무엇을 의미하며, 어떤 성격을 갖는지 살펴보자.

웅호를 중심으로 환인을 이해하면 웅호가 단군이 되고, 단군이 환웅이 되며, 환웅이 환인되는 과정을 나타낸다. 그것은 웅호가 표상하는 공간성, 사물성의 특징은 단군, 환웅을 거쳐서 환인으로 돌아가는 변화임을 뜻한다.

웅호에서 출발하여 단군과 하나가 되고, 환웅과 하나가 되며, 환인과 하나가 되는 과정은 본래의 자신으로 돌아가는 과정이다. 환인이 환웅으로 생성하고, 환웅이 단군으로 생성하며, 단군이 웅호로 생성되는 변화의 이면적 특징을 나타내는 것이 웅호에서 환인으로서의 변화이다.

그것은 씨를 심어서 싹이 트고 싹이 자라서 꽃이 피어 열매를 맺는 과정에 비유하여 이해할 수 있다. 현상적 측면에서 드러나는 싹이 트고, 꽃이 피어 열매를 맺는 과정이 그것이다. 현상의 측면에서 보면 씨도, 싹도 나무도, 줄기도, 꽃도 그리고 열매도 있는 것으로 여겨진다.

그러나 씨는 이미 얻은 열매이다. 그러므로 열매가 없다면 씨로 없다. 씨와 열매는 본래 둘이 아니다. 씨와 열매가 하나이기 때문에 씨가 아닌 열매가 없으며, 열매가 아닌 씨가 없다. 그렇기 때문에 씨가 변하여 나타난 싹은 변화한 열매이며, 꽃도 변화한 열매이다. 씨와 싹, 꽃, 열매가 모두가 열매의 다른 모습인 동시에 다양한 생성이다. 그러면 열매는 있는가?

씨, 싹, 줄기, 잎, 꽃이 있을 뿐으로 열매라는 고정된 것은 없다. 그것은 육신의 차원과 육신의 기능으로서의 의식의 차원을 나타내는 웅호나 인간의 본래성을 나타내는 단군 그리고 신성, 신명의 차원을 나타내는 환웅과 그 어떤 것에도 고정됨이 없음을 나타내는 환인이 모두 고정됨이 없음을 뜻한다.

열매가 나타난 씨에 의하여 싹이 트고 꽃이 피는 것과 같이 물성에서 인성 그리고 신성으로 향하는 과정은 없던 것을 얻거나 인위적인 조작에 의하여 만들어지고, 구성되는 것이 아니라 본래의 그러함을 확인하는 과정이다.

합일의 과정으로서의 세 단계의 변화를 통하여 이르는 경계가 없는 것은 아니지만 그렇다고 하여 그것이 고정된 것이 아니기 때문에 그것을 얻었다거나 이루었다고 할 수 없다. 합일은 생성의 특성을 나타낼 뿐인 점에서 생성의 측면에서는 없지만 합일이 이루어지지 않으면 합일은 드러나지 않는다.

끊임없는 사건의 생성을 통하여 물건의 합일이 이루어진다. 그리고 물건의 차원에서의 합일을 통하여 사건의 차원에서 이루어지는 생성의 의미가 드러난다. 그렇기 때문에 합일과 생성을 일체의 관점에서 이해되어야 한다.

물건적 관점에서 환웅에서 웅호로의 변화와 웅호에서 환웅으로의 변화는 시간성의 관점에서는 시간성의 시간화와 시간의 시간성화이다. 그것은 미래성이 과거성을 향하는 미래에서 과거를 향하여 흐르는 시간의 흐름과 과거성이 미래성을 향하는 과거에서 미래를 향하여 흐르는 시간의 흐름으로 나타나는 양면이다.

시간성의 측면에서의 삼극의 변화를 내용으로 하는 삼극의 도가 물건적 관점에서는 천도와 지도 그리고 인도의 삼재三才의 도로 드러난다. 물건적 관점에서 환웅과 단군 그리고 웅호는 각각 천도와 인도 그리고 지도를 나타낸다.

천도는 환웅이 표상하는 천성天性을 작용의 측면에서 나타낸 것이고, 지도地道는 웅호가 표상하는 지성地性을 작용의 측면에서 나타낸 것이며, 인도는 단군이 표상하는 인성人性을 작용의 측면에서 나타낸 것이다.

환웅의 웅호로의 변화는 천도의 작용을 나타내고, 웅호에 의하여 이루어지는 환웅과의 합일은 지도의 작용을 나타낸다. 환웅과 웅호의 작용은 환웅이 인간의 세계를 구하고자 하는 뜻을 가지고 있으면서 그것을 이루어 사람이 되었고, 웅호가 사람이 되고자 하는 뜻을 세워서 마침내 인간이 되었듯이 양자는 인간에서 하나가 된다.

그것은 천도와 지도가 인간의 본래성에서 하나가 되는 동시에 인간의 본래성을 통하여 천도와 지도가 분화됨을 뜻한다. 인간이 본래성을 매개로 하여 천지의 도가 합일하고, 천지의 도가 생성된다. 『정역』에서는 "누가 하늘의 일을 사람이 대신하여 이루는 것을 아는가?"[34]라고 하여 이 점을 밝히고 있다.

천지의 생성이 인간의 본래성을 통하여 천지의 합일로 나타나고, 천지의 합일이 인간의 본래성을 통하여 천지의 생성으로 나타난다. 다만 합일의 과정을 통하여 생성의 차원에 이르고, 생성의 차원에서 비로소 합일을 완성하게 된다. 그렇기 때문에 웅호로부터 출발하여 단군과 합일하고, 환웅과 합일하며, 환인과 합일하는 과정은 반드시 필요하다. 그러면 공간성을 통하여 이루어지는 세 단계의 합일이 어떤 의미를 갖는가?

공간성을 통하여 드러나는 세 단계의 합일은 물건적 관점에서 나타내면 천도가 드러난 지도이다. 『주역』에서는 음양과 강유를 통하여 천도와 지도를 체용의 관계로 밝히고 있다. 그리고 양자를 공간적 상하관계를 통하여 순역으로 나타내고 있다.

천도는 위에서 하래를 향하여 작용하는 순방향의 작용으로 그리고 지도는 아래에서 출발하여 위를 향하는 역방향으로 규정하고, 『주역』이 나타내는 내용인 역도가 역방향에서 출발하여 순방향에 이름에 있음[35]을 밝히고 있다.

『주역』에서 밝히고 있는 순역의 구조를 통하여 웅호에서 출발하여 환인과 하나가 되는 과정을 나타내면 그것은 역방향에서 이루어진다. 그리고 역방향은 순방향의 드러남이다. 그렇기 때문에 역방향에서 이루

34 金恒, 『正易』 布圖詩, "萬古文章日月明하니 一張圖畫雷風生이라 靜觀宇宙无中碧하니 誰識天工待人成가."

35 『周易』 說卦 第三章, "數往者順, 知來者逆, 是故 易逆數也."

어지는 세 단계의 합일은 순방향에서 이루어지는 생성의 표현이라고 할 수 있다.

시간성의 관점에서 보면 환인에 의하여 이루어지는 환웅으로부터 시작하여 웅호에서 끝나는 변화와 웅호에서 시작하여 환웅에서 끝나는 변화는 하나의 생성을 나타내는 두 측면임을 통하여 모든 변화는 본래 변화가 아닌 변화이고, 생성도 생성이 아닌 생성임을 나타낸다.

그것은 시간성의 변화를 공간성의 관점에서 나타내면 생성의 내용이 물건적 관점에서 합일임을 나타낸다. 역방향의 세 단계가 나타나는 합일은 생성의 세계 단계가 모두 현상적 측면에서 물건의 합일로 드러남을 뜻한다.

물건적 관점에서 세계가 합일의 표현이라는 것은 사물과 사물이 만나는 것도 합일의 표현이고, 인간과 인간의 만남도 합일이며, 인간과 자연의 만남도 합일임을 뜻한다. 사람이 삶의 모든 과정에서 만나는 내면과의 소통도 합일이고, 밖의 사물과 만남도 합일이며, 사람과 만나는 것도 합일이고, 일을 만나서 처리하는 것도 합일이며, 사람이 세계와 만나서 하나가 되는 것도 합일이다.

역방향에서 이루어지는 합일은 자신을 버리고 타자와 하나가 됨을 뜻한다. 본래 나와 남이 일체이기 때문에 그 하나임이 다양한 형태의 둘의 합일로 나타나는 것이다. 그 다양한 형태는 세 단계로 구분하여 나타낼 수 있다. 매 단계마다 합일의 양태는 다르게 드러난다. 이러한 합일은 나와 남이 있어서 내가 남을 받아들여서 서로를 존중하면서도 여전히 나와 남이 있는 것과 다르다. 그러면 합일의 의미는 무엇인가?

세 단계의 합일을 넘으면 다시 생성의 단계로 이르게 된다. 그것은 시간의 시간성화가 되면 시간성의 시간화가 이루어짐을 뜻한다. 이처럼 시간성의 시간화는 사건의 생성으로 나타난다. 그것은 매 순간 자신의 상태를 벗어나는 합일을 통하여 새롭게 자신을 드러내는 생성이 이루어짐을 뜻한다. 매 순간에 이루어지는 생성의 과정은 합일을 통한 탈자脫自에서 시작하여(生) 타자화(成)로 끝나는 끊임없는 창조이다.

햇빛을 보지 않는 것을 통하여 나타내는 분별심分別心을 멈추는 것은 소극적인 측면이지만 그것을 통하여 하나가 됨으로써 새로운 자신으로 변화하는 것은 적극적인 자기표현, 자기 창조이다. 이 때 쑥과 마늘을 먹은 행위는 육신의 차원에서 이루어지는 창조를 위한 적극적인 행위이다.

만약 쑥과 마늘을 먹는 고통스런 행위가 분별심을 멈추는 햇빛을 보지 않는 소극적인 행위와 하나가 되지 않으면 환웅의 창조가 아니라 웅호의 사심私心에 의하여 이루어지는 유위적인 행위가 된다. 그와 달리 햇빛을 보지 않는 소극적인 행위만을 할 뿐으로 적극적으로 쑥과 마늘을 먹는 유위적有爲的인 행위가 없다면 역시 환웅에 의하여 이루어지는 창조는 없다. 지금까지 살펴본 내용을 도표화하여 나타내면 다음과 같다.[36]

단군신화	환웅	단군	웅호
공간성	천성天性	인성人性	지성地性
삼재三才의 도	시간성	인간성	사물성
순역	순順 ⇒ 합일合一 ⇐ 역逆		
사물	사건	인간	물건
지문地文	천天	인人	지地

36 이 도표는 이현중의 『한국사상과 방달의 인문학』, 충남대출판문화원, 2018, 265쪽 도표를 수정하여 작성하였다.

환인에서 환웅, 단군을 거쳐서 웅호에 이르는 과정과 웅호에서 단군, 환웅을 거쳐서 환인에 이르는 과정이 모두 변화이다. 그것은 환인 자체가 고정된 실체를 나타내는 개념이 아닐 뿐만 아니라 환인을 나타내는 환웅과 단군 그리고 웅호의 세 개념이 모두 실체적 존재를 가리키지 않음을 뜻한다.

그런데 환인에서 환웅, 단군을 거쳐서 웅호에 이르는 과정은 시간성을 통하여 나타내고 웅호에서 단군, 환웅을 거쳐서 환인에 이르는 과정은 공간성을 통하여 나타내고 있다. 이처럼 두 방향의 변화를 각각 시간성과 공간성을 통하여 나타내는 까닭이 무엇인가?

공간성의 관점에서 역방향의 웅호로부터 출발하여 환웅에 이르는 환인의 변화를 나타낸 까닭은 육신이나 의식 그리고 본래성이라는 어느 하나의 차원에 머물러서 집착을 하게 되면 새로운 생성이 이루어지지 않기 때문에 끊임없는 새로운 창조를 위하여 환웅과 하나가 되는 과정이 반드시 필요함을 나타내기 위함이다.

웅호가 나타내는 물성物性과 단군이 나타내는 인성人性 그리고 환웅이 나타내는 신성神性은 모두 역방향에서 환인으로 돌아가고자 하는 본성을 나타낸다. 물성物性이 진화進化로 나타나고, 인성人性이 수도修道로 나타나며, 신성神性이 자유자재自由自在로 나타난다.

물성의 세계를 대상으로 하는 과학의 관점에서 보면 반드시 진화進化를 추구하게 되고, 인간을 대상으로 하는 인문학의 관점에서 보면 반드시 자기의 정체성을 찾아가는 수기修己, 수행修行, 수도修道를 문제로 삼게 되며, 신神을 대상으로 하는 종교의 관점에서 보면 반드시 자유자재自由自在를 추구하게 된다.

그러나 물건적 관점에서 세 단계를 구분하여 사물, 사람, 신으로 구분하여 나타내었지만 고정된 존재로서의 물건이 아니다. 환인 곧 하나님의 관점에서 보면 환웅과 웅호, 단군은 세 차원에서 환인을 서로 다르게 표현했을 뿐이다. 그렇기 때문에 환인이 나타내는 하나님의 세계에 세간世間과 출세간出世間, 정토淨土와 예토穢土, 이 세상과 저 세상, 태양계와 그 밖의 세계인 외계外界라는 구분은 없다.

그것은 세 단계의 합일을 통하여 도달하는 경계가 처음 시작된 환인으로 돌아가는 점에서 본래의 자신으로 돌아가는 것임을 뜻한다. 세 단계의 합일은 자신에 의하여 이루어지는 자기 체험, 자기 경험이다. 그렇기 때문에 합일 이전에 없었던 지적知的인 새로운 상태로서의 깨달음이나 번뇌가 사라진 고요한 상태로서의 열반涅槃을 얻고, 공간적으로 이 세계로부터 다른 세계로 옮겨가는 것을 의미하지 않는다. 단지 본래 세계 자체가 그러함을 체험할 뿐이다.

진화進化는 자신에게 없었던 능력이나 기능을 얻어서 배타적으로 소유하는 것을 뜻하지 않는다. 종교적인 자유자재함도 역시 소유할 수 있는 개체적인 상태가 아니라 본래 세계 자체가 공체共體와 공심共心으로 공유共有하고, 공생共生하며, 공용共用함을 경험할뿐이다.

4. 단군檀君과 인간성 그리고 홍익인간

앞에서 우리는 단군신화의 내용을 시간성을 중심으로 고찰한 후에 이어서 공간성, 사물성을 중심으로 고찰하였다. 그러면 지금부터는 단군으로 표현되고 있는 인간성을 중심으로 고조선 사상을 살펴보자.

단군신화에서 나타내고 있는 고조선 사상의 핵심은 환인이라는 개념을 통하여 나타내는 하나님 사상이다. 이 환인이 어떤 의미를 나타내는지를 밝히기 위하여 하나의 환웅을 나타내고, 다시 환웅을 환웅과 웅호 그리고 단군의 셋으로 구분하여 나타내었다.

환웅과 단군, 웅호의 셋을 통하여 환인을 나타낼 때는 환웅에서 단군을 거쳐서 웅호에 이르는 변화와 웅호에서 시작되어 단군을 거쳐서 환웅에 이르는 변화의 두 측면을 논하지 않을 수 없다.

시간성을 중심으로 삼자의 관계를 나타내면 환웅으로부터 시작하여 웅호에서 끝나는 변화는 시간성의 시간화이며, 웅호에서 시작하여 환웅에서 끝나는 변화는 시간의 시간성화이다. 양자를 비록 하나이지만 구분하여 나타낸 이상 그 의미가 서로 다르지 않을 수 없다.

시간성의 시간화와 시간의 시간성화는 양자가 모두 생성이라는 일체적 특성을 가지는 동시에 환웅과 웅호의 양자가 서로 시종이 되는 점에서 다르다. 시간성을 중심으로 양자를 이해하면 생성이라는 특성이 드러나는 것과 달리 공간성을 중심으로 양자를 나타내면 합일이라는 특성이 드러난다.

합일은 이것과 저것이라는 물건적 관계를 중심으로 세계를 이해할 때 사용되는 개념이다. 환인이 시간성의 관점에서는 환웅과 단군 그리고 웅호라는 세 단계의 생성으로 나타나지만 공간성의 관점에서는 환웅과 단군 그리고 웅호가 상징하는 물성과 인성 그리고 인성과의 세 단계의 합일로 나타난다.

환웅과 웅호 그리고 단군을 물건적 관점에서 이해하면 시간성과 공간성 그리고 인간성을 나타낸다. 그렇기 때문에 환인을 물건적 관점에서 나타내는 변화는 물성과의 합일, 인성과의 합일, 신성과의 합일이라는 세 단계의 합일로 나타난다.

그런데 시의성의 관점에서 미래와 과거가 하나가 되는 합일의 자리는 현재성이며, 과거와 미래가 분화되는 자리도 현재성이다. 이 현재성을 객관화, 대상화여 나타내면 사물의 근거가 되는 사물성이다. 사물성은 사건의 근거인 시의성과 달리 사물과 사물의 관계를 중심으로 나타낸 세계인 공간의 근거가 되는 공간성이다. 공간성의 관점에서 미래성과 과거성 그리고 현재성을 객관화하여 나타내면 천성天性과 지성地性 그리고 인성人性이 된다.

그것은 환웅의 변화가 웅호에서 나타나고, 웅호의 변화가 환웅에서 나타나는 두 방향의 변화를 물건적 관점에서 이해하면 양자가 합일되고, 분화가 되는 근본자리가 현재성이자 인성人性임을 뜻한다. 따라서 물건적 관점에서 인성人性은 사건적 관점에서의 현재성과 함께 고찰되어야 한다. 그러면 환인이 표상하는 하나님의 세계, 시간성의 세계, 신명의 세계를 인간성을 중심으로 고찰하는 의미는 무엇인가?

그것은 인간성을 매개로 하여 드러나는 공간성의 합일과 시간성의 생성을 이해함이다. 인간성을 중심으로 시간성의 생성과 공간성의 합일을 이해함으로써 시간성과 공간성, 신명과 시간성, 신명과 공간성, 신명과 인간성의 관계를 파악할 수 있다. 그리고 신명, 신도와 시간과 공간 그리고 사물의 관계를 파악함으로써 인간으로서의 올바른 삶이 무엇인지를 파악할 수 있다.

웅호가 표상하는 물성, 사물성, 공간성에서 출발하여 인간성에 이르고, 다시 인간성에서 출발하연 신성, 시간성에 이르는 과정을 통하여 인간과 사물, 인간과 시공, 인간과 자연의 일체성을 파악하고, 환웅이 표상하는 신성, 시간성에서 출발하여 단군이 표상하는 인간성에 이르고, 다시 인성에서 출발하여 물성, 공간성, 사물성을 나타내는 웅호에 이른다. 웅호에 이르러서 비로소 인간을 인간으로 드러낸다.

웅호에서 시작하여 환웅과 하나가 되고, 환웅과의 하나됨도 넘어섬으로써 환인과 하나가 된다. 그리고 환인과의 하나됨이 환웅으로 드러나고, 단군으로 드러나며, 웅호로 드러나는 생성으로 나타난다. 그것은 단군이 표상하는 인간성을 중심으로 시간성과 공간성을 고찰함인 동시에 인간성을 통하여 환인을 고찰함이다. 그렇다면 인간성을 중심으로 환인을 고찰함은 어떤 의미를 갖는가?

환인을 인간성을 중심으로 고찰함은 인간의 삶을 통하여 환인을 이해함이다. 그것은 인간의 삶으로 나타나는 환웅과 웅호의 삶을 고찰함이기도 하다. 시간성의 차원에서 보면 미래성과 과거성이 현재성에서 하나가 되고, 공간성의 측면에서 보면 천성天性과 지성地性이 인성人性에서 하나가 된다.

그것은 미래성과 과거성이 현재성에서 하나가 되는 동시에 현재성을 통하여 과거성과 미래성이 생성되며, 천성과 지성이 인성에서 하나가 되는 동시에 인성을 통하여 천성과 지성이 생성됨을 뜻한다. 현재성과 인성人性을 통하여 환웅과 웅호의 생성과 합일이 이루어진다.

인간성을 중심으로 이루어지는 합일은 인간이 자신의 정체성을 찾아가는 과정이며, 인간성을 통하여 이루어지는 생성은 인간이 자신으로 살아감이다. 그리고 인간성을 중심으로 신성과 합일하고 그것마저도 넘어섬을 수기修己, 수행修行, 수도修道라고 하고, 신성을 현실에서 드러내는 생성을 실천實踐, 제도濟度라고 한다. 따라서 수도와 제도는 둘로 표현이 되지만 하나임을 알 수 있다. 그러면 과거성과 미래성이 하나가 된 시간성의 관점과 천성과 지성이 하나가 된 인성의 관점에서 인간성이 무엇인지 살펴보자.

과거성과 미래성이 하나가 된 현재성이 인간성이라는 것은 인간의 성품이 본유本有하고 고유固有하여 영원함을 뜻한다. 그것은 인간의 성품이 시간상으로 영원하여 생사生死를 넘어서 있음을 뜻한다. 그리고 공간성의 차원에서 천성天性과 지성地性이 하나가 된 인간성은 신神과 물物이 일체가 된 점에서 나와 남의 구분이 없는 일체이다. 그것은 인간의 본성이 공간적 측면에서 있지 않는 곳이 없어서 온 우주에 편재함을 뜻한다.

생성과 합일의 두 측면을 바탕으로 인간성을 이해하면 용광로와 같아서 그 어떤 것도 녹여서 하나로 만들어주며, 오래된 것을 새롭게 만들어 주는 공장工場과 같고, 죽은 것을 다시 살려서 생명을 주는 발전소와 같으며, 사물을 형상 이전의 세계로 돌려주고, 무상無相의 존재로 하여금 형상을 갖게 해준다.

『주역』에서는 공간적 관점에서 인간성을 중심으로 상하의 관계를 통하여 환인을 나타내어 환웅에서 시작하여 웅호에서 끝나는 생성은 순방향으로 나타내고, 웅호에서 시작하여 환웅에서 끝나는 변화는 역방향으로 나타낸다.

그것은 시간상으로는 현재를 기준으로 미래에서 과거를 향하는 방향을 순방향으로 그리고 과거에서 시작하여 미래에서 끝나는 변화를 역방향으로 구분하여 나타냄을 뜻한다. 이처럼 순과 역을 구분한 까닭은 인간으로 하여금 역방향의 합일을 통하여 자신의 정체성을 찾고, 순방향의 생성을 통하여 자신을 다양하게 드러내는 삶을 나타내고자 함이다.

중국사상에서는 역방향의 합일을 수도로 그리고 순방향의 생성을 실천, 제도로 구분하여 그 성격을 달리하여 나타내고 있다. 그렇기 때문에 순역이 합일된 차원을 드러내기 보다는 순방향에서 수기, 수도를 중심으로 합일을 나타내고 있다.

『주역』에서는 물건적 관점에서 시간성의 미래성을 천도로 그리고 과거성을 지도로 나타내고, 현재성을 인도로 나타내고 있다. 그것은 환인을 시간성 곧 환웅을 중심으로 나타내어 천도라고 하고, 세계를 공간성 곧 웅호를 중심으로 나타내어 지도라고 하며, 환인을 인간성 곧 단군을 중심으로 나타내어 인도로 규정하였음을 뜻한다.

천도는 위에서 출발하여 아래에서 완성되는 순방향의 생성이며, 지도는 아래에서 출발하여 위에서 완성되는 역방향의 합일이다. 이 양자가 인간성에서 하나가 되는 동시에 인간성을 통하여 분화가 된다. 인간성의 측면에서 환인을 이해하여 시간성의 생성을 실천, 제도, 하화중생下化衆生으로 나타내고, 공간성의 합일을 상구보리上求菩提, 수기, 수행, 수도로 나타내었기 때문에 수도와 제도, 상구보리와 하화중생이 본래 일체이다.

그러면 먼저 공간성의 측면에서 역방향에서 제기되는 인간의 삶의 수도적 측면을 살펴보자. 단군신화에는 공간성의 측면에서 웅호가 환웅과 하나가 되는 합일의 과정을 통하여 환인이 표상하는 세계를 나타내고 있다.

웅호가 자신의 상태를 벗어나서 단군과 합일하고, 두 번째는 단군의 상태에서 벗어나서 환웅과 합일하며, 세 번째는 환웅의 상태를 벗어나서 비로소 환인과 합일하는 세 단계의 과정을 거친다.

웅호가 단군과 합일하는 첫 번째는 웅호의 입장에서는 웅호로서의 자신의 죽음이다. 그것은 웅호의 세계를 벗어나야 비로소 단군의 세계에 도달할 수 있음을 뜻한다. 만약 호랑이처럼 자신의 상태에 집착하여 벗어나지 못하면 결코 단군이 표상하는 사람의 세계에 도달할 수 없다.

웅호가 자신의 상태를 벗어남은 자신의 과거 습관인 육식을 버리고 쑥과 마늘을 먹는 채식으로의 바꾸는 것을 통하여 나타내기도 하고, 100일 동안 햇빛을 보지 않는 과정을 통하여 나타내기도 한다.

쑥과 마늘을 먹는 적극적인 행위는 웅호의 상태에서 벗어나서 단군에 이르는 과정에서 해야 할 일이며, 햇빛을 보는 일은 환웅과의 합일에 이르기까지 계속되어야할 사항이다. 웅호에서 환인에 이르는 합일의 모든 과정을 견지되어야할 문제가 바로 햇빛을 보지 않는 문제이다. 그러면 햇빛을 보지 않음은 무엇을 뜻하는가?

우리는 햇빛이 없으면 사물을 형체에 의하여 분별할 수 없다. 따라서 햇빛을 보지 않음은 내면의 어떤 변화를 만나거나 밖에서 일어나는 사물과의 만남, 사람과의 만남 그리고 합일을 통하여 드러나는 어떤 변화도 분별하여 가치를 부여하고 집착하는 마음이 없어야함을 뜻한다.

세 단계의 합일은 과거의 나를 버리고 새로운 나와 하나가 됨이다. 그렇기 때문에 죽음을 통하여 과거의 나를 버리고 새로운 내가 탄생하였을지라도 죽음과 탄생, 과거와 미래, 이전의 나와 지금의 나 그 어떤 것에도 마음이 머물지 않아야 한다. 그러면 분별과 가치부여 그리고 집착을 왜 논하는가?

세 번의 죽음을 통한 세 번의 새로운 탄생은 모두 스스로의 뜻에 의하여 이루어진다. 웅호가 처음으로 사람이 되고자 하는 뜻을 세웠고, 그것을 이루기 위하여 환웅에 의하여 제시된 금계禁戒 사항을 지켰기 때문에 환웅과의 합일을 이룰 수 있었다.

웅호가 사람이 되고 다시 결혼을 하고 자식을 낳아서 부모가 되고자 하는 것은 모두 웅호의 뜻에 의하여 시작된다. 그러나 사람이 되고자 하는 뜻은 자식을 낳아서 기르고자 하는 자기희생, 남을 향한 보시布施에 있다. 그것은 사람이 되고자 하는 뜻 자체가 웅호의 차원이 아닌 환웅의 차원에서 드러남을 뜻한다.

웅호가 스스로 자신을 부정함으로써 자신의 차원에 머물지 않고, 환웅과 하나가 될 수 있다. 만약 그것이 자신의 차원을 버리지 않고 단군이나 환웅을 소유하고 지배하려는 뜻이라면 아무리 환웅과 하나가 되고자 하여도 이룰 수 없다.

곰이 금계사항을 지킬 수 있었던 것은 바로 자신을 버리는 과정을 거쳤기 때문이다. 그러나 호랑이가 자신을 버릴 수 없었던 것은 스스로 물질의 차원, 의식의 차원에 머물러서 그것을 떠나고자 하지 않았기 때문이다.

웅호가 사람이 되어 단군에 이르는 과정은 수도의 관점에서는 자신의 본래성을 발견하는 견성見性, 지성知性에 비유할 수 있다. 그것은 단군이 상징하는 성품을 발견함으로써 비로소 웅호가 상징하는 육신과 육신의 기능으로서의 의식의 차원과 다른 차원을 알게 되었음을 뜻한다.

그러나 견성, 지성은 처음 단계이며, 다시 성품과 하나가 되는 과정을 거쳐야 한다. 성품과 하나가 됨으로써 성품도 없고 나도 없어서 온 세계와 하나가 된 상태를 나타내는 개념이 환웅이다. 그러므로 환웅과 합일하는 두 번째의 합일은 본래의 자신과 하나가 되어 자신도 없고, 본래성도 없는 경지를 나타낸다.

웅호가 나타내는 물성이나 단군이 나타내는 인성 그리고 환웅이 나타내는 신성은 하나의 단계 또는 과정을 나타낼 뿐으로 고정된 실체가 아니다. 그것은 환웅의 상태에도 머물지 않고 한걸음 더 나아가야 비로소 환인의 세계에 이를 수 있음을 뜻한다.

환웅의 차원에 머물면 합일의 상태에서 고요하여 부동不動할 뿐이다. 그렇기 때문에 환인에 이르러서 비로소 환웅으로 자신으로 드러내기도 하고, 단군으로 드러내기도 하며, 웅호로 드러내는 생성을 하게 된다.

웅호에서 시작하여 단군, 환웅, 환인에 이르렀다가 다시 벗어나는 것은 웅호의 차원에 머물지 않고 벗어나서 단군과 하나가 되고, 다시 단군을 벗어나서 환웅에 이르는 과정을 거친다. 그렇기 때문에 세 단계의 합일은 세 단계의 과거의 자기로부터 벗어나는 자기부정의 과정을 전제로 한다.

단군과의 합일은 호랑이가 상징하는 육신과 곰이 상징하는 의식을 자신으로 여기지 않고 단군이 상장하는 본래성을 자신으로 여기는 과정을 거치게 된다. 웅호에서 벗어나서 단군에 이르고, 단군과 합일을 넘어서 환웅의 단계에 이르러 환웅과의 합일을 거치면서 환인의 단계에 이른다.

자기부정의 측면에서 보면 세 단계의 합일은 세 번 죽음이라고 할 수 있다. 첫 번째의 죽음은 육신의 자기를 버려서 본래성의 자기를 얻는 과정이며, 두 번째의 죽음은 자기와 세계를 버려서 세계를 얻는 과정이다. 그리고 세 번째의 죽음은 얻은 모든 것을 다른 존재에게 베풀어서 공유共有하는 과정이다.

첫 번째의 과정에서 자기 정체성을 파악하고, 두 번째의 과정에서 비로소 사람이 되며, 세 번째의 과정에서 비로소 사람으로 살면서도 삶에 걸림이 없는 자유자재한 상태에 이르게 된다. 따라서 시간적 관점에서 세 단계는 자유자재한 삶을 향하는 생장성生長成의 과정이라고 할 수 있다. 그러면 수행이란 무엇인가?

우리는 앞에서 물건적 관점에서 단군, 환웅, 환인과 이루어지는 합일을 수행의 세 단계의 과정으로 이해하였다. 그러나 우리가 웅호와 단군 그리고 환웅과 환인이라는 개념을 통하여 웅호로부터 출발하여 환웅을 향하는 변화로서의 수도修道를 논하였지만 과정 자체도 고정되게 있다고 할 수 없다.

수도의 과정이 물건적 관점에서 이루어지는 역방향의 문제이기 때문에 순방향과 함께 논의하지 않을 수 없다. 순방향에서 환인으로부터 환웅 그리고 단군, 웅호에 이르는 과정의 생성이 있었기 때문에 역방향의 합일의 과정이 나타난다. 따라서 순방향의 측면에서 보면 합일은 함이 없는 무위無爲이지만 역방향의 측면에서 보면 합일은 유위有爲이다.

순방향의 측면에서 수도는 모든 과정이 스스로 이루어지는 자연적인 변화이기 때문에 무위이지만 역방향의 측면에서 보면 모든 과정이 인연에 의하여 이루어지는 유위적인 변화이다. 그렇기 때문에 무위이면서도 유위여서 합일을 하면서도 합일함이 없다고 할 수 있다.

사람이 웅호가 표상하는 의식의 상태에서 자신의 내면을 향할 때 처음에는 신단수神壇樹 아래라는 밖에서 환웅을 찾았지만 동굴로 비유된 내면을 향하여 분별심을 따라가지 않고 그 근원을 찾게 되면 곧 내면의 환웅인 참나와 만나게 된다.

내면의 참나인 환웅을 만나게 되면 그 때 비로소 사람으로서 삶이 이루어진다. 그렇기 때문에 웅녀가 환웅과 결혼을 함으로써 아내에서 어머니가 되어 자식이라는 우주를 창조하는 거룩한 사업을 환웅과 함께 한 것으로 표현하고 있다.

순방향의 환인, 하나님의 관점에서 보면 개체로서의 인간이나 천상天上의 존재인 천사天使나 천선天仙 혹은 외계인外界人, 천신天神이라는 존재는 없다. 온 우주의 모든 존재가 일체이다. 그러므로 모든 개체의 삶은 곧 온 우주의 모든 존재와 더불어 하는 삶이라는 점에서 온 우주의 모든 존재가 공체이며, 공심이다. 그러므로 모든 존재가 공존共存하고, 공생共生하며, 공유共有하고, 공용共用한다.

인간은 그런 점에서 끊임없이 자신과 주변을 새롭게 변화시키는 존재 곧 창조의 주체이다. 인간은 환웅이라는 하늘과 함께 천지의 창조를 하는 존재이다. 그리고 끊임 없는 천지창조의 과정, 그것이 바로 인간의 삶이다. 환웅이 천天이라는 점에서 보면 그와 함께함을 천인합일天人合一, 신인합일神人合一이라고 하겠지만 본래는 자신의 본성을 신神이라고 한다. 그러므로 환웅과 함께 하는 천지의 창조는 사실은 우주 안의 개체로서의 자신의 삶 자체가 본래 그러함을 뜻한다.

그것은 인간의 삶이 내재한 창조의 능력을 끊임없이 체험하는 체험의 연속이며, 경험의 과정임을 뜻한다. 그러므로 수행도 체험의 과정인 점에서 처음부터 보호임지保護任持하는 보임保任일 뿐으로 깨달음이나 부처라는 특별한 존재가 되는 것이 아니다. 수행은 그대로 삶일 뿐으로 그것을 통하여 인위적인 그 어떤 것도 얻음이 없다.

그렇다면 단군신화에서 제시하고 있는 인간의 삶은 생사生死가 없는 영원한 수행의 과정, 체험의 과정이라고 할 수 있다. 환웅이라는 완전한 존재가 나타나 있음으로서의 인간이 끊임없이 천신天神, 하나님으로서의 자신을 확인해가는 과정이 바로 삶이며, 그것을 수행이라고 하는 것이다. 그러면 수도를 통하여 이루고자 하는 자유자재한 삶은 무엇인가?

우리는 자유를 구속과 반대의 상태로 이해하여 자유로운 삶을 아무런 구속이 없는 삶으로 이해하고 있다. 그러나그것은 너무 소극적인 자유로움으로 자칫 방종으로 흐르기 쉽다. 적극적인 측면에서의 자유自由 그것은 자재自在함이다.

자신이 자신의 존재근거이기 때문에 다른 요건을 필요하지 않는 완전한 존재가 자유로운 존재이다. 그리고 스스로 존재할 뿐으로 다른 존재를 필요로 하지 않는 존재가 바로 자재한 존재이다. 이처럼 자유자재自由自在한 존재가 환인 곧 하나님이다. 그러면 자유자재한 하나님은 어떤 존재인가?

스스로 존재하는 내가 나인 존재이면서도 나를 고집하지 않고 타자화他者化하는 존재가 자유로운 존재이다. 환인 곧 하나님은 자재하면서 자유롭다. 그렇기 때문에 자신의 상태를 고집하지 않고 자신을 드러낸다.

환인의 존재특성이 드러나는 것은 순방향에서 이루어지는 생성이다. 환인이 환웅을 통하여 단군, 웅호로 드러나는 과정이 바로 생성의 과정이고, 그것이 환인의 본성에 의하여 이루어지는 환인의 드러남, 자기표현, 자유의 표현이다.

웅호가 원한 것은 사람이 되고자함이 아니다. 그들은 사람이 되어 아이를 낳고 길러서 또 하나의 성인 곧 새로운 우주를 창조하고자 하였다. 그렇기 때문에 웅호가 사람이 되고자 원하여 사람이 되었지만 사람이 된 웅녀는 다시 결혼하기를 원한다. 그녀는 아이를 잉태하여 출생하고 다시 어른으로 성장할 때까지 기르는 일을 통하여 하나의 소우주를 창조하고자 원하였던 것이다.

그것은 소극적으로는 자신의 모든 것을 주어서 새로운 생명을 창조하는 점에서는 자기희생이지만 적극적으로는 자신을 버려서 타인이 되는 자비慈悲이자 아무런 조건이 없는 사랑이다. 웅호가 사람이 되고, 다시 결혼하여 단군을 낳아서 성인으로 길러 그로 하여금 조선이라는 국가사회를 세워서 다스리도록 하고자 사람이 되기를 원하였던 것이다. 이를 통하여 역방향의 수도를 이해하기 위해서는 순방향에서 인간성을 살펴보는 것이 필요함을 알 수 있다. 그러면 지금부터는 순방향에서 인간성에 대하여 살펴보자.

먼저 역방향에서 이루어지는 웅호에서 시작하여 환인에서 끝나는 웅호와 환웅과의 합일은 웅호가 사람이 되어 환웅과 결혼하여 자식인 단군을 낳는 것으로 나타내고 있다. 이때 인간성을 나타내는 단군의 아버지인 환웅과 어머니인 웅녀는 각각 시간성의 차원에서는 미래성과 과거성을 나타내고, 공간성의 차원에서는 천성天性과 지성地性을 나타낸다. 따라서 환웅과 웅녀가 결혼을 하여 단군을 낳았다는 사실을 통하여 상징하는 의미는 시간성의 측면에서는 미래성과 과거성이 현재성에서 하나가 되고, 공간성의 측면에서는 천성天性과 지성地性이 인성人性에서 하나가 됨을 뜻한다.

그러나 순과 역이 합일된 환인의 관점에서 이루어지는 순역의 두 방향의 변화는 합일이 아닌 생성이다. 그렇기 때문에 물건적 관점에서 순역을 논하는 『주역』과 달리 『정역』에서는 순역이 합일된 상태에서 이루어지는 시간성의 시간화와 시간의 시간성화를 각각 도생역성과 역생도성의 도역의 생성으로 나타내고 있다.

순역이 합일된 차원에서 이루어지는 도역倒逆의 생성을 이해하기 위해서는 먼저 역방향과 더불어 순방향에서 이루어지는 환웅에서 웅호로의 변화를 고찰하는 것이 필요하다. 인간의 관점에서는 환웅에서 웅호로의 변화는 시간성의 측면에서는 현재성을 통하여 미래성과 과거성이 분화되면서 과거와 미래로 드러나고, 인성人性을 통하여 천성天性과 지성地性이 분화가 되면서 시간과 공간이 전개된다. 그러면 순방향에서 이루어지는 생성에 대하여 단군신화에서는 어떻게 나타내고 있는지 살펴보자.

단군신화에서는 순방향의 변화를 환인과 환웅을 중심으로 나타내고 있다. 환웅에서 웅호로 이어지는 순방향의 변화 역시 세 단계로 나타낼 수 있다. 그것은 환인에서 시작하여 환웅에 이르는 첫 번째의 변화와 환웅에서 단군에 이르는 두 번째의 변화 그리고 단군에서 웅호에 이르는 세 번째의 변화이다.

첫 번째의 변화는 환인이 아들인 환웅의 뜻을 파악함이다. 환인이 상징적으로 나타내고 있는 차원은 분별과 무분별을 넘어서 하나임의 세계이다. 그렇기 때문에 그 자리에 부모와 자식이라는 구분이 없다. 따라서 환인의 여러 아들 가운데 환웅이 있음은 환인이 어떤 존재인가를 그 본질 속성으로서의 뜻을 통하여 드러냄을 나타낸다.

환인의 여러 아들들은 마치 부처가 인간의 본래성을 상징하고, 보살이 본래성의 내용인 여러 공능, 작용을 상징적으로 나타내는 것과 같다. 환인이 자식의 뜻을 파악하였다는 것은 사실은 환인이 자식을 통하여 자신의 뜻을 드러냄이다.

환웅의 뜻을 통하여 나타낸 환인의 본성은 인간 세상을 구함이다. 그리고 그 방법은 수를 통하여 천하를 드러냄이다. 수를 통하여 드러낸 세계는 시간성의 세계이다. 따라서 시간성을 통하여 드러낸 세계로서의 천하는 시간성의 본성에 의하여 이루어지는 시간의 세계를 나타낸다.

환인이 밝힌 자신의 본성은 시간성의 시간화라는 영원한 생성이다. 자신의 상태에서 벗어나서 끊임없이 자신을 타자로 드러냄으로서의 생성이 환인이 드러낸 자신의 본성이다. 순방향의 모든 변화는 환인의 본성에 의하여 이루어진다.

환인의 본성에 의하여 이루어지는 두 번째의 변화는 환웅이 인간 세상에 내려옴으로 나타내고 있다. 그것은 천상과 지상이 있고, 그 가운데 살아가는 천신과 지상의 인간이 있어서 인간들이 모여 사는 세상에 천신인 환웅이 내려오는 사실을 나타내는 것이 아니다.

환웅이 천상으로부터 인간 세상으로 내려옴은 시간성의 세계가 현상에서 시의성으로 드러남을 나타낸다. 시의성은 곧 공간성으로 그것이 드러난 현재성을 중심으로 인간을 이해하면 곧 단군으로 표상된 인간성의 세계를 생성함이 바로 두 번째의 변화이다.

환웅이 인간 세상에 내려옴으로서의 두 번째의 변화는 두 가지의 조건에 의하여 이루어진다. 그 하나는 때가 이르렀음과 나머지 하나는 천부인天符印 세 개를 받음이다. 두 가지의 조건은 서로 관계가 있다. 때가 이르렀기 때문에 천부인 세 개를 주었다고 할 수도 있고, 천부인 세 개를 주어서 때가 이르렀음을 알려주었다고 이해할 수도 있다. 그러면 천부인 세 개는 무엇인가?

민속학자들은 샤먼이 증표證票로 들고 다니는 청동검, 구리거울, 청동방울을 천부인이라고 주장한다. 그리고 일부의 학자들은 「천부경」이 바로 천부인이라고 말하기도 한다. 칼이나 거울, 방울이라는 물건을 말하더라도 그것이 상징하는 의미는 드러나지 않았을 뿐만 아니라 「천부경」이라고 하여도 여전히 「천부경」의 내용과 어떤 관계인지를 밝히는 것이 필요하다.

천부인이 인간의 세계에 내려올 때 자신의 신분을 나타내는 증표라면 그것은 시간성과 관련될 수밖에 없다. 그리고 증표는 인간 세상에 내려와서 해야 할 일과 관련이 있다. 따라서 천부인 세 개는 시간성이 시의성으로 현현하면서 셋으로 드러날 것임을 상징한다.

시의성이 미래성과 과거성 그리고 현재성으로 드러날 것임을 상징적으로 표현한 것이 천부인 세 개다. 천부인 세계는 환웅이 인간 세상에 내려와서 이루고자 했던 세상을 구하는 도구로 활용된다.

시간성인 하나님을 나타내는 환인이 인간 세상에 내려오는 변화를 이룰 때 언급되는 또 하나의 요소는 태백산과 신단수이다. 환웅은 태백산의 신단수 아래로 내려와서 그곳을 신시神市라고 불렀다. 그것은 환웅에 의하여 드러난 세계가 바로 신의 세계인 환웅의 세계임을 뜻한다. 환웅의 세계는 시간성의 세계, 영원한 세계, 모든 존재가 일체여서 구분이 없는 세계이다. 따라서 태백산의 신단수는 인간의 세계, 사물의 세계와 신의 세계를 연결하는 통로라고 할 수 있다.

태백산의 신단수는 웅호가 재생을 위하여 머물렀던 동굴과 같이 일종의 재생처라고 할 수 있다. 그것은 환인이 변하여 환웅으로 화하는 과정을 나타내는 동시에 웅호가 변하여 단군으로 화하는 과정을 상징한다.

동굴이 죽음을 상징하는 것과 달리 신단수는 재생을 상징한다. 그것은 환인에 의하여 이루어지는 변화가 갖는 두 가지 측면인 탈자와 타자화의 일면을 중심으로 변화를 나타내었음을 뜻한다. 죽음이 탈자의 측면에서 변화를 나타내는 개념이라면 재생은 타자화의 측면에서 변화를 나타내는 개념이다.

세 번째의 변화는 환웅이 천부인 세계를 가지고 삼천의 무리를 거느리고 인간의 세계에 내려와서 신시神市를 열고, 풍백風伯과 우사雨師, 운사雲師와 더불어 곡식, 생명, 질병, 형벌, 선악과 같은 인간의 360가지의 일을 주관함이다.

환인에 의하여 이루어지는 변화의 궁극점을 나타내는 것이 바로 세 번째의 변화이다. 이를 단군신화에서는 한마디로 나타내어 재세이화在世理化라고 하였다. 신시의 세계는 환인이 환웅이 되어 내려와서 연 인간 세계이다. 신시가 천상의 세계인 점에서 역방향에서 보면 인간이 추구해야할 이상세계로서의 천국, 정토, 천당이라고 할 수 있다. 그러나 본래는 인간의 세계가 그대로 환웅이라는 천신天神이 내려와서 드러낸 세계로서의 신시이다.

그것은 역방향에서 보면 현실이 벗어나야할 환상의 세계로 그려지지만 순방향에서 보면 나타난 신시神市가 바로 현실임을 뜻한다. 실상實相이 드러난 세계가 바로 지금 여기의 세계, 인간의 세계인 현실이다. 그러면 환웅이 인간 세상에서 한 일은 무엇인가?

환웅이 천상으로부터 내려와서 풍백風伯과 우사雨師, 운사雲師와 함께 인간 세상에서 한 일을 이화理化로 규정하고 있을 뿐만 아니라 360여 가지의 일을 주관함으로 나타내고 있다. 이처럼 환웅이 인간 세상에서 한 일을 치지治之라고 하지 않고 이지理之, 이화理化로 나타낸 것은 그것이 일상적인 통치統治가 아님을 뜻한다.

환웅이 변하여 웅호로 화하는 변화는 시간성이 시의성으로 그리고 시의성이 다시 시간으로 드러나면서 그것이 다시 물건의 세계로 드러남을 뜻한다. 천부인 세계가 나타내는 시간성의 세 양상은 현상적 측면에서 풍백과 운사, 우사를 통하여 상징적으로 그려지고 있다.

풍백, 우사, 운사가 나타내는 시간의 세계는 자연 현상으로 나타난다. 그들이 다스리는 바람과 구름 그리고 비는 기후를 나타낸다. 물이 증발하여 하늘로 올라가서 구름이 되고, 구름이 비가 되어 내려오면서 바람을 따라서 흩어진다. 물이 구름이 되고, 비로 내려오는 현상은 태양을 통하여 이루어진다. 태양의 말리는 작용이 없다면 물이 구름으로 올라갈 수 없고, 그것이 비가 되어 내려올 수 없다. 이러한 자연 현상을 통하여 나타내는 세계가 시간의 세계이다.

환웅에 의하여 이루어지는 이화理化를 이수理數를 통하여 나타낸 것이

360의 인간의 일을 다스림이다. 그것은 시간의 세계를 나타내는 역수를 다스림으로써 현상적 측면에서는 곡식穀食, 생명生命, 형벌刑罰, 선악善惡을 다스리는 통치 현상으로 나타남을 뜻한다. 그러면 360이라는 이수는 무엇을 상징하는가?

360은 역수로는 음력陰曆과 양력陽曆으로 구분되지 않는 중정역中正曆인 동시에 양자가 하나가 된 음양의 합덕역合德曆이다. 그것은 환인이 상징하는 시간성이 드러난 본질적인 시간인 영원한 현재를 나타낸다.

본질적인 시간인 영원한 현재는 현재의 연속이 아니라 모든 시간이 그대로 시간성이 드러난 본래적인 시간임을 뜻한다. 그렇기 때문에 영원함을 통하여 현재라는 시간은 시간의 차원을 넘어서고 현재를 통하여 영원한 세계로서의 시간성의 세계에서 벗어난다.

360의 세계가 본체인 십오十五가 드러난 세계인 동시에 음역과 양력이 하나가 된 중정역임을 밝히고 있는 전적은 『정역』이다. 『정역』은 정역正曆의 세계를 밝히고 있는 전적인 동시에 원역原曆의 세계를 밝히고 있는 점에서 신도를 제시하고 있는 전적이다.

이제 환인의 뜻인 세상을 구함이 바로 널리 인간을 이롭게 하는 홍익인간이며, 그 방법이 이화임을 알 수 있다. 이화는 정역正曆의 세계를 구현함이다. 그것이 정치와 종교, 문화, 교육, 경제와 같은 여러 방면에서 시행될 때 비로소 환인의 세계가 전개된다. 그러면 환웅의 이화理化, 이지理之는 어떤 의미를 갖는가?

단군이 세운 조선은 환웅이 세운 신시를 인간을 중심으로 나타낸 것이다. 조선과 신시가 나타내는 세계는 360의 역수가 상징하는 이상적인 세계이다. 이 세계의 특성은 정역正曆이 음역과 양력이 하나가 된 합덕역이라는 점에서 찾을 수 있다.

우리는 물리적 시간을 중심으로 세계를 둘로 나누어서 이해한다. 그것은 온갖 부정과 불선, 부조화의 세계인 선천先天과 그것이 사라진 후천后天이다. 음역과 양역이 나누어져서 양자가 서로 어긋나게 운행하는 세계가 선천이며, 양자가 하나가 되어 운행하는 세계가 후천이다. 그리고 선천이 변하여 후천으로 화하는 선후천의 변화를 천도의 내용으로 이해한다.

그러나 그것은 물리적 시간의 변화일 뿐으로 천도의 내용이 아니다. 천도는 시간성이 그대로 시간으로 드러나고 그것이 다시 물건으로 드러남으로써 사물의 세계가 전개되는 원리인 역수원리이다.

생성의 내용인 이화와 수도의 내용인 합일은 하나의 양면이다. 그렇기 때문에 이화理化와 합일合一의 의미를 파악하기 위해서는 역방향과 순방향이 합일된 차원에서 이해하는 것이 필요하다. 그것은 지금까지 환인을 이해하기 위하여 환웅과 단군 그리고 웅호의 세 단계를 중심으로 시간의 관점에서 생성으로 이해하고, 물건의 관점에서 합일로 이해하였기 때문에 두 측면을 하나로 하여 환인을 이해함이 필요함을 뜻한다.

시간성과 공간성이 하나가 되고, 순역의 합일과 도역의 생성이 하나가 된 관점은 인간성이다. 그렇기 때문에 지금부터는 인간성을 중심으로 그것이 드러난 인간의 삶을 통하여 환인이 표상하는 내용이 무엇인지 살펴보자.

단군신화에서 나타내고 있는 단군은 신성을 나타내는 환웅을 아버지로 하고, 물성을 나타내는 웅녀를 어머니로 하여 탄생하였다. 그것은 인간이 천신의 본성인 신성神性과 지물의 본성인 물성物性을 가진 존재임을 상징한다.

우리가 신성을 중심으로 인간을 살펴보면 인간은 시간을 넘어선 영원한 존재이다. 그것은 인간이 생사生死를 넘어선 영원한 존재임을 뜻한다. 그렇다고 하여 생사를 넘어선 세계에서 안주하지 않는다. 신성이 나타내는 의미는 소극적인 측면에서는 시간의 초월을 나타내지만 적극적인 측면에서는 끊임없는 시간의 생성을 의미한다.

인간은 언제나 자신의 상태를 고집하지 않고 때로는 아버지로 자신을 드러내고, 때로는 자식으로 자신을 드러내며, 때로는 아랫사람으로 자신을 드러내고, 때로는 윗사람으로 자신을 드러낼 뿐으로 고정되지 않는다. 이처럼 인간은 본래 자유자재하여 다양하게 자신을 드러내면서도 걸림이 없는 존재이다.

인간의 본성의 다른 측면인 물성物性은 인간이 온 우주와 하나일 뿐만 아니라 자연과 하나이고, 사람과 하나이며, 사회와 하나이고, 사물과 하나임을 뜻한다. 지금 여기의 나는 개체적인 존재가 아니라 온 우주의 모든 존재와 하나인 나이다.

물성物性의 측면에서는 지금 여기의 나는 나이면서도 온 우주에 두루 존재하여 있지 않는 곳이 없다. 그렇기 때문에 온 우주의 모든 존재가 나아님이 없다. 사람, 자연, 사물, 세계가 모두 또 다른 나이어서 남이 없다.

물성物性의 측면에서 인간의 삶 자체는 자신과 소통하면서 합일하고, 남과 소통하면서 합일하며, 사물과 소통하면서 합일한다. 음식을 먹는 것은 음식과 내가 소통하여 하나가 되는 것이며, 일을 처리는 하는 것은 일과 내가 하나가 됨이고, 사물과 내가 만나서는 사물과 내가 소통하여 하나가 됨이다.

신성神性과 물성物性이 하나가 된 측면에서 보면 인간성은 현상에서는 생성과 합일의 자유자재로 나타난다. 그것은 때로는 자식과 합일하여 부모로 자신을 나타내어 부모의 역할을 하고, 때로는 부모와 합일하여 자식으로 자신을 나타내어 자식의 역할을 하지만 그 어떤 것에도 걸림이 없는 것이 인간의 삶임을 뜻한다.

신성과 물성을 내용으로 하는 인간성의 특성은 도역倒逆의 생성과 순역

順逆의 합일이 하나가 된 분합성分合性, 자유성自由性, 자재성自在性이다. 신성을 중심으로 인간성을 나타내면 끊임없이 다양하게 자아自我를 나타내지만 물성을 중심으로 인간성을 나타내면 모두가 나이기 때문에 내가 아님이 없어서 무아無我의 표현에 불과하다. 그러면 이어서 신성과 물성을 중심으로 인간의 삶을 살펴보자.

신성을 중심으로 인간을 이해하면 스스로 인연에 따라서 자신을 다양하게 드러내는 생성의 연속이다. 그것은 모든 존재가 본래 일체임을 다양하게 드러나는 생성의 과정이다. 아버지를 만나서 자식으로 자신을 드러냄과 자식을 만나서 아버지로 자신을 드러냄이 그것이다.

그런데 자식을 만나서 아버지로 자신을 드러내는 것은 시작이고 자식과 하나가 되어 자식의 아버지의 역할을 하는 것이 바로 생성의 완성이다. 그렇기 때문에 생성의 마지막에 합일이 있고, 합일의 마지막에 언제나 생성이 있다. 그러면 인간은 어떤 삶을 살아야하는가?

사람은 개체적 존재가 아니라 사회적 존재 곧 우주 안의 구성원으로서의 존재, 세계의 본성을 잘 드러내는 전형적인 존재이다. 언제 어디서나 세계의 본성을 그대로 발현하는 존재가 바로 인간이다. 그러면 가장 인간다운 삶은 무엇인가?

인간이 신성神性과 물성物性을 본성으로 하는 존재이기 때문에 신성의 측면 곧 시간성의 측면과 물성의 측면 곧 공간성의 측면에서 인간다운 삶이 무엇인지 살펴보자.

신성의 측면에서는 온 우주의 모든 존재가 일체임을 알고 일체로 살아가고자 하는 뜻을 세우는 것이 필요하다. 이러한 뜻을 세우고 살아가면 저절로 자신이 지금 여기서 해야 할 역할이 무엇인지를 언제 어디서나 알게 된다.

그것은 우주 속에서 우주의 구성원으로서의 모든 존재의 이로움을 위하여 지금 여기서 해야 할 일이 무엇인지를 파악하게 됨을 뜻한다. 지금 여기서 세계 자체, 우주 자체의 본성이 어떤 방법으로 어떻게 발현되어야할지를 파악하는 지혜를 갖게 된다.

빛의 근원으로서의 환인은 인간의 관점에서는 세계의 본질을 파악할 수 있는 지성知性을 상징한다. 그것은 신성神性이 인간의 본래성에 있어서 지성知性으로 드러남을 뜻한다. 환인이 시간성을 상징하듯이 지성은 시간성과 관련이 있다.

그것은 지성知性이 시의성時義性으로 발현이 되면서 시간의 측면에서는 그 때 그것을 해야 할 역할로서의 사명으로 나타남을 뜻한다. 그러므로 시의성을 파악할 수 있는 지성을 가진 존재는 곧 그 때 자신이 해야 할 사명으로서의 천명天命을 자각自覺하게 된다.

매 순간에 해야 할 자신의 역할, 사명은 결국 분별分別이다. 그것은 이것은 해야 하고 저것은 하지 말아야할 판단의 근거가 된다. 이처럼 지성이 지혜로 나타나고, 지혜는 지식으로 나타난다. 지식은 이것과 저것을 구분하여 그 본질을 드러내고 시비是非를 드러내며, 선불선善不善을 드러낸다.

그러나 시비是非, 선불선善不善은 실재實在하는 것이 아니다. 그것은 지성이라는 나의 본성과 사건을 둘로 보는 것이다. 본래 지식은 지성이 나타난 현상에 불과하다. 따라서 지성의 측면에서 보면 지식은 없다고 할 수 있지만 지혜가 나타난 것이 지식이라는 점에서 보면 지식은 존재한다.

인간의 삶을 지성, 지혜, 진리의 측면에서 살펴보면 그것은 인간의 삶이 시간의 관점에서는 자신의 내면에 있는 지성을 매 순간 끊임없이 체험하고 경험하는 연속의 과정임을 뜻한다. 그러므로 인간의 삶이란 지식을 추구하고 그것을 통하여 지혜를 얻고자 하는 것이 아니라 내 본성으로서의 지성이 발현되어 매 순간 지식으로 작용하는 현상을 체험하고 경험함으로서 지혜를 재자각해 가는 과정이다.

이제는 물성物性의 관점에서 인간의 삶을 살펴보자. 신성神性을 상징하는 환웅과 물성物性을 상징하는 웅녀의 삶을 보면 환웅의 인도, 가르침에 의하여 웅녀가 사람이 되고 신성을 상징하는 환웅과 하나가 되고 그 결과로 아들인 단군을 낳는 일이 성사가 된다. 그러므로 신성과 물성의 관계는 본체와 작용의 관계와 같다고 할 수 있다.

물성은 사물의 본성으로 그것은 곧 공간성, 개체의 본성을 뜻한다. 이를 인간의 관점에서는 인성仁性이라고 할 수 있다. 인성은 모든 존재가 일체임을 알고 모든 존재를 나로 대하는 행위의 주체이다. 다시 말하면 모든 존재와 관계를 맺는 원리가 인성仁性인 것이다.

모든 존재를 나를 대하는 방법이 국가사회를 세우고 그것을 통하여 널리 인간을 이롭게 하는 행위로 나타난다. 그것은 가정과 개체의 측면에서는 부모와 자녀를 나로 대하고, 내 자신을 온 우주의 만물로 대하는 관계 맺음이다. 이처럼 우주 안에서 자신과 다른 존재와의 일체적 관계 맺음이 삶이다.

물성의 관점, 인성의 관점에서의 삶이 본성이 나타난 관계 맺음이라는 것은 개체와 개체의 합일이 끊임없이 다양한 형태로 나타나는 것이 삶임을 뜻한다. 일반적으로 인성仁性은 조건이 없는 무한한 사랑이라고 한다. 사랑은 하나가 됨으로 모든 존재를 하나가 되는 성질, 원리라고 할 수 있다.

인仁이라는 개념은 때로는 씨라는 의미로 사용하기도 한다. 그것은 생명의 근원이 바로 사랑임을 뜻한다. 그렇다면 사물적 존재, 개체적 존재로서의 인간의 행위는 곧 사랑의 구체화, 사랑의 발현이다. 그 구체적인 방법은 다양하기 때문에 많은 차이가 있다.

그런데 신성과 물성은 둘이 아니다. 그것은 환웅과 웅녀가 부모가 되어 단군을 낳았다고 표현하고 있는 것과 같다. 모든 존재의 본성은 일체이다. 그러므로 신성과 물성이라는 것도 시간과 공간이라는 두 측면에서 다시 말하면 일체적인 측면과 다양한 측면에서 본래성을 표현한 것에 불과하다.

사람의 삶은 본성이 시간과 공간상에서 구체화되는 현상이 불과하다. 그렇다면 사람의 삶은 신성神性과 물성物性 곧 지성知性과 인성仁性이 매 순간 특정한 장소에서 발현되는 현상이다. 지금 여기 있음, 지금 여기 존재함이 지금 여기의 나를 통하여 사고와 언행으로 드러남 그것이 인간의 삶이다. 앞에서 살펴본 내용을 정리하여 도표로 나타내면 다음과 같다.[37]

단군신화	환웅	단군(조선)	웅호
인간성	미래적 이상 명命	인성人性	과거적 본성 성性
삼성三性	시간성	인간성	공간성
정명正命	중도中道	정명正命	정도正道
시중時中	집중執中	시중時中	중용中庸
삶	수도修道, 학문學問 ⇐ 삶 ⇒ 제도濟度, 실천		
삼원三元	본성	마음	육신
인문人文	수의천하(天文)	홍익인간	탐구인세(地文)

37 이 도표는 이현중, 『한국사상과 방달의 인문학』, 충남대출판문화원, 2018, 277쪽의 도표를 참고로 수정하여 작성하였음.

그러면 지금부터는 도역의 생성과 순역의 합일이 하나인 관점에서 인간성을 살펴보자. 그것은 인간성을 중심으로 환인을 고찰하는 의미인 동시에 인간의 삶을 통하여 환인의 의미를 고찰하는 과정이다.

인간의 삶은 도역의 생성과 순역의 합일이 없다. 매 순간의 삶이 그대로 끊임없이 환웅을 통한 환인의 나타남으로서의 생성인 동시에 환웅을 통한 환인으로의 돌아감이다. 그러면 개체적 존재로서의 인간의 삶을 중심으로 구체적으로 그 내용을 살펴보자.

인간은 나타난 환인이다. 그렇기 때문에 인간의 삶은 환웅이 나타내는 신성의 측면과 단군이 나타내는 인성의 측면 그리고 웅호가 나타내는 물성의 측면을 갖고 있다. 우리는 편의상 우리 자신을 세 요소로 구분하여 각각 본성과 마음 그리고 육신이라고 부른다.

육신을 중심으로 인간의 삶을 이해하면 인과因果의 세계에 빠져서 끊임없이 윤회를 하고 있다. 그러나 마음의 측면에서 보면 인과와 윤회는 모두 마음에 의하여 일어나는 현상일 뿐이기 때문에 실체가 없다. 그리고 본성의 측면에서 보면 인과와 윤회가 없는 것도 아니지만 있는 것도 아니다.

본성의 측면에서 보면 윤회는 유무有無에 상관이 없이 자유롭다. 그것은 본성에 의하여 마음을 내어 윤회 안에 들어가기도 하고, 윤회 밖에서 무관하게 지내기도 하여 윤회를 자재함을 뜻한다. 그러면 본성과 마음 그리고 육신이 셋인가?

본성이 마음의 다양한 작용으로 드러나고, 그것이 다시 육신의 언행으로 드러난다. 그렇기 때문에 셋은 하나이다. 그렇다면 셋과 하나의 관계는 무엇인가?

본성과 마음 그리고 육신은 생성의 관점에서 세 요소로 나누어 나타낸 것이다. 본래 나와 남 그리고 사물과 신神이 없기 때문에 셋이라거나 일체라는 구분이 없다. 그렇기 때문에 본성이라는 개념을 통하여 모든 구분이 없는 무분별의 세계를 나타낸다. 그리고 다시 그것을 분별하여 다양한 마음의 작용으로 나타냄으로써 그것이 하나로부터 나타난 것으로 나타낸다. 그리고 다시 육신을 통하여 수많은 형태의 언행으로 드러남으로 나타낸다.

육신을 통해서는 인간의 삶 자체가 서로 다른 둘의 하나 됨으로 나타난다. 사람과 사람의 관계, 사람과 사람의 만남, 사람과 사람이 만나서 형성되는 가정, 국가, 천하가 모두 만남 곧 합일의 표현이다.

마음을 통하여 인과, 연기, 선후, 본말. 시종과 같은 모든 사건들이 하나의 다양한 드러남임이 밝혀진다. 마음의 차원에서 보면 육신의 차원에서 있다고 여겨지는 모든 물건들이 있다고 할 수 없다.

본성을 통하여 하나마저도 없음이 드러난다. 그것은 하나와 둘로 드러내기도 하고 물러나서 감추기도 하는 것이 자유로워서 그 어떤 것에도 걸림이 없이 자재함을 뜻한다. 그러면 물건적 관점에서 그것이 무엇을 의미하는지 살펴보자.

물건적 관점에서 생성과 합일을 나타내면 각각 제도, 실천과 수기修己, 수도修道가 된다. 그렇기 때문에 생성과 합일이 하나인 환인의 차원에서는 이러한 두 측면의 분별이 없다. 그것은 웅호가 표상하는 물질적 차원, 물성의 차원에서 출발하여 단군이 표상하는 인성人性의 차원을 거쳐서 환웅이 표상하는 신성의 차원에 이르는 과정이기 때문이다. 이처럼 물질의 차원에서 출발하여 신성의 차원에 이르는 수도修道의 과정은 과학과도 다를 뿐만 아니라 도교道教의 수련과도 다르다.

물성에서 출발하여 그것을 넘어서 인성에 이르는 점에서는 자연을 대상으로 법칙을 탐구하는 과학이 철저하게 물리적 차원을 벗어나지 않는 것과 다르다. 인성人性을 통하여 드러난 세계인 인문人文을 대상으로 하는 인문학과 자연을 대상으로 하는 과학은 그 차원이 서로 다르다.

웅호가 사람이 되어 사람의 차원에 머물지 않고 환웅이 표상하는 신성의 차원에 이르는 것은 중국불교와 다르다. 환인 즉 하나님의 차원은 상구보리上求菩提와 하화중생下化衆生을 논하면서도 깨달음에 매달려서 견성성불見性成佛을 외치는 선불교와도 다르다.

그리고 신성의 차원에도 머물지 않아서 환웅이 다시 웅호로 드러나는 고조선사상은 물성에서 출발하여 신성에 머물고자 하는 중국도교와도 다르다. 중국도교에서는 성명쌍수性命雙修의 과정을 거쳐서 우화등선羽化登仙하여 선계仙界에서 천선天仙으로 머물고자 한다.

고조선 사상은 하학이상달下學而上達과 더불어 치국, 평천하를 주장하는 유학儒學과도 다르다. 왜냐하면 중국유학은 제가齊家, 치국治國, 평천하平天下를 논하고 지행합일知行合一을 논하지만 중국불교, 중국도교와 마찬가지로 물건적 관점에서 천도天道와 지도地道 그리고 인도人道를 구분하기 때문이다.

중국사상에서는 하화중생下化衆生과 상구보리上求菩提, 학문과 실천, 출세간出世間과 세간世間, 선계仙界와 인간계人間界, 정토淨土와 예토穢土, 중생과 부처를 철저하게 구분하여 출세간, 선계를 지향하거나 지행합일知行合一, 천인합일天人合一과 같은 합일을 추구한다. 그것은 중국문화, 중국사상이 철저하게 물건적 관점에서 언제나 둘로 나누어보는 인간관, 세계관을 바탕으로 하고 있음을 그대로 보여준다. 그러면 인간성을 나타내는 단군이 세운 고조선이 상징하는 것은 무엇인가?

고조선이 상징하는 의미는 두 측면에서 고찰할 수 있다. 첫째는 장차 한국인이 한국역사를 통하여 이루어야할 미래적 이상理想을 상징하는 측면이며, 둘째는 사실적 측면에서 환인과 환웅 그리고 단군의 세계로서의 인류사회를 가리킨다.

이상적 측면에서는 단군이 세운 조선은 바로 환웅이 세운 신시神市이다. 그것은 360의 역수가 상징하는 이상적인 세계이다. 이 세계의 특성은 정역正曆이 음역과 양력이 하나가 된 합덕역合德曆이라는 점에서 찾을 수 있다.

그것은 아직 선천과 후천이라는 시간의 두 양상으로 구분되지 않는 상태를 나타낸다. 그러므로 음력과 양력이 하나가 된 중정역中正曆을 통하여 환웅의 세계, 시간성의 세계, 미래성의 세계를 나타낸 것이다.

360의 역수를 도형으로 나타내면 원이 된다. 원은 원주상의 어디에서 점을 찍어도 시초이자 종말인 동시에 종말이자 시초이다. 시종은 두 시각의 사이를 나타내는 말로 그것이 이른바 시간이다. 그러므로 시종이 한 점이라거나 종시가 한 점이라는 것은 곧 시간으로 드러날 가능성으로 존재하지만 아직은 시간으로 화하지 않은 시간성 자체를 나타낸다.

시간성은 형이상적 존재이다. 그러므로 이것과 저것으로 구분하여 나타낼 수 없는 일체이다. 그것을 시간상에서 나타내면 영원하다고 할 수 있다. 그것은 시간을 초월해 있는 점에서 시간과 구분되어 지지만 시간으로 변화하는 점에서 시간을 포함하고 있다.

환웅이 표상하는 미래성, 시간성의 세계는 수로 나타내면 일一이 된다. 이것과 저것으로 구분되지 않는 모든 것이면서 하나인 것 그리고 근원적 존재인 점에서 일一로 표상할 수밖에 없다. 이렇게 보면 360이 표상하는 것이 비록 미래성, 시간성이지만 그것은 시간성 자체를 나타내는 것이 아니라 작용의 관점에서 미래성, 시간성 자체가 나타난 중정역을 통하여 상징적으로 나타낸 것과 같다.

환인 곧 하나님이 변하여 환웅으로 화하고, 환웅이 다시 변하여 화한 존재가 곰으로 표상된 시의성이다. 시간성이 매 시간에 있어서는 시간이 갖는 의미로서의 시의성이 되면서 비로소 시간이 전개된다. 그러므로 시간성의 관점에서 곰이 표상하는 의미는 시의성과 시간이 비로소 나누어지는 분리성이다.

그것은 시간의 관점에서는 미래성이 시간으로 화하여 나타난 과거시간과 그에 상대하는 미래시간으로 구분되어지는 이원성인 점에서 시의성이라고 하였다. 다시 말하면 과거성에 있어서 비로소 선천과 후천이라는 시간의 두 양상이 나타나게 된다.

이는 시간성이 시의성으로 탈자脫自하여 타자화他者化함으로써 선천과 후천, 시의성과 시간, 과거와 미래가 발현됨을 뜻한다. 그러므로 과거성을 수로 나타내면 일一이 된다. 이를 도형으로 나타내면 정사각형이 된다. 정사각형을 구성하는 선은 원과 달리 네 부분으로 구분되어 있다.

그것은 시간의식을 공간의식을 중심으로 나타냄을 뜻한다. 공간의식은 분리, 이원二元이 그 본질이다. 그러므로 하나로 연결된 원과 달리 비록 전체가 하나로 연결되어 있는 점에서는 원과 같지만 네 마디가 구분되어지는 점에서 원과 다르다.

그런데 환웅으로 표상된 미래성과 곰으로 표상된 과거성은 그 지향하는 방향이 서로 다르다. 그것은 시간성이 시간으로 변화할 때는 두 양상으로 이루어짐을 뜻한다. 그렇기 때문에 단군신화에서는 환웅을 이화理化, 이지理之와 같이 표현하였으며, 곰은 득인형得人形, 득인신得人身으로 나타내고 있다.

환인이 변變하여 환웅으로 화化하는 변화는 미래성에서 시작하여 과거성을 향하는 작용이지만 곰이 변하여 사람으로 화하는 과정은 과거성에서 출발하여 미래성을 향하는 방향이다. 이를 시간의 관점에서 나타내면 과거성에서 미래성을 향하는 작용은 과거에서 미래를 향하는 시간의 흐름이며, 미래성에서 과거성을 향하는 흐름은 미래에서 과거를 향하여 흐르는 흐름이 된다.

두 방향을 시간을 중심으로 나타내면 시간성의 차원에서 시간을 향하는 방향과 시간의 차원에서 시간성을 향하는 방향이다. 이 양자는 시간의 관점에서 나타내면 각각 후천과 선천을 통하여 나타낼 수 있다. 후천에서 시작하여 선천을 향하는 작용이 미래에서 과거를 향하는 시간의 흐름이며, 선천에서 시작하여 후천을 향하는 작용이 과거에서 미래를 향하는 시간의 흐름이다.

그런데 양자가 모두 본래 환인 곧 하나님의 변화이기 때문에 일체이다. 그러므로 단군신화에서는 환웅이 남자가 되고 곰이 여자가 되었다고 하여 양자를 구분하면서도 남녀가 결혼을 하였다고 하여 양자가 일체임을 밝히고 있다.

결혼을 하여 하나가 되면 자식을 잉태하여 낳게 되고, 자식을 낳으면 비로소 아버지와 어머니가 된다. 아버지와 어머니는 남녀와 다를 뿐만 아니라 자식과도 다르지만 한편으로는 부모도 일체일 뿐만 아니라 자식과도 일체이다.

시간성의 관점에서 미래성과 과거성이 하나가 된 존재는 현재성이다. 그것은 시의성으로 나타난 시간을 나타낸다. 시간성이 시의성으로 나타남으로써 형성된 시간과 그 본질, 본성인 시간성, 시의성을 함께 나타내는 개념이 바로 현재성인 것이다.

단군이라는 존재는 본질적인 시간을 상징하며, 부모는 미래성과 과거성을 상징한다. 그러므로 미래성과 과거성이 하나가 되어 나타난 시간이 현재적 시간이다. 그것은 시간성 자체가 나타난 시간인 점에서 영원하며, 현재인 점에서 영원한 현재이다. 그러므로 단군신화에서 표상하고 있는 시간은 영원한 현재적 시간관이다.

영원한 현재는 환웅이 내려온 신시神市가 그대로 단군이 세운 고조선임을 나타낸다. 지금 여기가 그대로 실다움 곧 진리가 드러난 실상實相의 세계 그 자체이다. 그러므로 여기를 떠나서 저기로서의 다른 세계, 출세간出世間, 천상天上, 천국天國, 천당天堂을 찾거나 여기를 떠나서 다른 곳에 지옥地獄이 없다. 그리고 지금을 떠나서 전생前生과 후생後生, 과거와 미래, 선천과 후천이 없다. 그러므로 종말론終末論이나 업業에 의한 인과因果와 같은 것들은 없다.

지금 여기의 나로 살아감, 자신自身이 자신子神임을 알고 자신自神으로 살아감이 바로 영원한 현재를 살아감이여, 그것이 이상적인 삶으로서의 자유自由로운 삶, 자재自在로운 삶이다. 지금 여기의 삶이 그대로 자유자재한 삶임을 나타내는 것이 고조선 사상이다. 그러면 이어서 역사적 측면에서 환인과 환웅 그리고 단군이 가리키는 세계가 무엇인지 살펴보자.

도역倒逆의 생성生成을 중심으로 환인과 환웅 그리고 단군을 이해하면 현상적 측면에서 생장성生長成과 관련이 있다. 그것은 시간의 세 양상인 과거와 현재 그리고 미래를 일직선적으로 이해하면 각각 생장성이 됨을 뜻한다. 인간의 삶도 식물의 성장 과정도 그리고 모든 생명체의 삶의 과정 역시 생장성의 세 단계로 구분하여 나타낼 수 있다.

단군신화에서 제시하고 있는 내용을 구분하여 보면 환인에 대한 내용과 환웅에 관한 내용 그리고 곰이 웅녀로 된 내용과 단군의 탄생과 고조선의 개국에 관한 내용으로 나눌 수 있다. 마지막 부분에서 단군이 탄생하여 고조선을 세웠다는 점을 통하여 단군의 시대는 국가사회시대를 나타낸다고 할 수 있다.

그런데 환웅이 환인의 아들이라고 하였지만 환인이 천상에 있는 것과 달리 환웅은 인간세계로 내려와서 인간을 다스렸다. 이로보아서 환웅은 환인의 세계로부터 벗어나서 새로운 세계로 나아갔음을 알 수 있다.

환웅이 하늘로부터 태백산太白山의 신단수神壇樹 아래로 내려와서 그곳에 신시를 열었다는 것은 공간상으로 일정한 지역에 거주를 시작하였음을 뜻한다. 이로부터 환웅의 시대는 정착의 생활이 시작되는 마을사회를 나타냄을 알 수 있다. 그러므로 환웅 이전의 환인의 사회는 거주가 자유로운 떠돌이 생활을 하던 시대였음을 알 수 있다. 이로부터 환인은 무리사회를 표상함을 알 수 있다.

인간의 세상에 내려온 환웅은 지상에서 살던 곰과 호랑이를 만나게 된다. 이는 곰을 토템으로 하는 부족과 호랑이를 토템으로 하는 부족과 함께 정착생활을 시작하였음을 뜻한다. 이 때 곰이 여자가 되고 싶어서 환웅에게 기도하였으며 그 결과 여자가 되었고, 여자가 혼인하기를 원하여 환웅과 결혼을 하였음을 언급하고 있다.

곰이 사람이 되기 위하여 환웅에게 방법을 가르쳐주기를 원했고 그 결과 여자가 되었고, 다시 결혼하기를 원하였는데 환웅이 남자로 변화하여 웅녀와 결혼을 하여 단군을 낳았다. 여기서 웅녀가 사람이 되기를 원했던 것은 사람의 세계를 표상하는 국가사회를 구성하기를 원했음을 뜻한다. 그리고 사람이 되고, 결혼을 하게 되었다는 것은 환웅이 표상하는 무리의 문화, 문명체계에 동화同化되었음을 뜻한다. 이로부터 환웅이라는 마을사회와 곰이라는 마을사회가 결합하여 고을 나라사회를 형성하였음을 뜻한다.

그리고 마지막으로 웅녀와 환웅이 결혼하여 단군이라는 아들이 탄생하여 그가 고조선이라는 국가사회를 세웠다는 언급이 이어진다. 그러므로 마지막 부분에서는 인류사회가 국가사회에 진입함으로써 마지막 단계에 이르렀음을 알 수 있다. 따라서 단군신화에 나타나 있는 인류사회의 발전단계는 환인이 표상하는 무리사회와 환웅이 표상하는 마을사회, 그리고 웅녀와 환웅이 결혼한 것으로 나타내는 고을 나라사회와 단군이 세운 고조선이 국가사회임을 알 수 있다.

그런데 이러한 네 단계는 세 과정을 거쳐서 형성된다. 그것은 국가사회를 기준으로 하여 그 이전의 과거의 역사를 구분하여 마디를 지은 것이라고 할 수 있다. 그러므로 고조선 이후의 국가사회 역시 생장성의 세 단계를 거치면서 발전할 수 있음을 알 수 있다.

생장성의 세 단계를 거치면서 인류사회를 거친다고 할 때 생장성의 각 단계 역시 세 단계를 거친다고 할 수 있다. 그러므로 생장성의 세 단계는 3×3은 9의 단계를 거치게 됨을 알 수 있다. 9수를 셈을 하는 단위의 마지막 계단으로 하여 셈의 기본 법칙인 구구법九九法이 형성된다. 그러므로 9수와 9수가 상승하여 형성된 99는 81이 생장을 표상하는 수가 되어 20수와 80수가 더하여져서 100수가 형성된다. 이 100수가 웅녀가 결혼을 하여 아내가 되는 완전한 인간이 되는 과정을 나타내는 수이다.

「천부경」에서도 운삼사運三四 성환오칠成環五七이라고 하여 삼三과 사四를 운용하여 오五를 이루고 칠七과 고리를 이루어 연결된다고 하였다. 삼三은 생장성의 세 단계를 나타내며, 생장성의 세 단계는 네 단계의 관계를 통하여 표상된다.

만물의 생성을 일년을 중심으로 살펴보면 봄에서 생生하여 여름에 이르고, 여름에 장長하여 가을에 이르며, 가을에 성成하여 겨울에 이른다. 봄과 여름을 통하여 생生이 표상되고, 여름과 가을을 통하여 장長이 표상되며, 가을과 겨울을 통하여 성成이 표상되며, 다시 겨울과 봄을 통하여 생生이 표상되며, 봄과 여름을 통하여 장長이 표상되고, 여름과 가을을 통하여 성成이 표상된다.

그런데 당연히 춘하추동春夏秋冬의 시간 자체에는 생장성으로 구분할 수 있는 현상이 없다. 다만 시간의 흐름을 통하여 나타나는 사물의 변화를 통하여 거꾸로 시간을 인식할 수 있을 뿐이다. 그것은 시간이 본래 의식으로 존재할 뿐으로 시간성의 세계에는 시간의 마디가 존재하지 않음을 뜻한다.

춘하추동의 네 단계를 거치기 위해서는 다섯 단계가 나타난다. 그것은 네 단계를 중심으로 보면 처음의 시작 단계로 돌아옴을 뜻한다. 이 때 새로운 시작을 통하여 비로소 네 단계로 나타나는 근원을 알게 된다. 시간의 세계에서 드러나지 않는 시간의 본질로서의 시간성을 시간의 네 마디를 모두 체험함으로써 자각할 수 있게 됨을 뜻한다. 그것이 바로 오五를 이룬다는 말이다.

오五는 인간에 있어서는 인간의 본성으로 그것은 곧 시간성이다. 그러므로 하늘에 있어서는 하늘의 본성인 동시에 인간에 있어서는 인간의 본성이다. 『정역』에서는 시간성의 구조를 십무극十无極과 일태극一太極 그리고 오황극五皇極의 삼극三極으로 제시하고 있다. 이 때 오황극은 시간성의 측면에서는 현재시간의 근거가 되는 시의성으로서의 현재성, 현존성을 나타낸다. 그것이 인간에 있어서 인간의 본성이 된다.

그런데 환인과 환웅 그리고 단군을 인류사회의 발전단계로 이해할 경우 그것은 국가사회라는 현대를 기준으로 과거를 이해한 것일 뿐이다. 그것은 시간이라는 형이하적 관점, 역사적 관점에서 고조선 이전의 과거를 인식한 것이다.

그것은 앞의 고찰이 역생도성逆生倒成의 관점에서 고조선 이전의 과거를 이해한 것임을 뜻한다. 그러나 도생역성倒生逆成의 관점에서 고조선 이전의 사회를 이해하면 그것은 인간의 본성으로부터 의식으로 그리고 몸으로 점차 형이상의 세계에서 형이하의 세계로 나아가는 과정이라고 할 수 있다.

환인이 표상하는 세계, 시대는 신神의 시대이다. 그것은 인류와 세계, 만물이 분리되지 않아서 인간이라는 의식이 없던 시대를 나타낸다. 모든 것이 일체여서 구분이 되지 않기 때문에 인간의 사회에 있어서도 사유재산도 법도 통치자와 피통치자의 구분도 계층도 형성되지 않는 평등의 사회이며, 평화의 세계이고, 자유로운 세계이며, 자연스러운 세계이다.

장자에서는 이러한 세계를 혼돈混沌으로 표현하고 있다. 혼돈은 질서가 없는 세계가 아니라 혼돈과 질서, 카오스chaos와 코스모스cosmos가 하나가 된 혼돈混沌이다. 그러므로 카오스chaos도 코스모스cosmos도 아닐 뿐만 아니라 양면을 모두 갖고 있는 세계이다. 정치의 측면에서는 신정神政의 시대이다.

환웅의 세계는 신과 인간이 구분되었지만 하나가 된 세계이다. 단지 구분하여 인식하지만 하나로 살아가는 시대이다. 그것은 신과 인간, 자연과 인간, 인간과 만물이 공존하고 공유하며 공생하는 시대이다. 이 시대 역시 인간의 분별의식은 생겼지만 가치를 부여하여 집착함이 없는 평등하고 자유로운 그리고 자연스러운 시대이다. 정치의 측면에서는 여전히 환웅이 나타내는 신에 의하여 이루어지는 신정의 시대이다.

다음의 시대는 환웅과 곰이 여자가 된 웅녀와 결혼하여 함께 살아가는 시대이다. 앞의 시대가 신과 그것을 바라보는 존재인 인간이 구분되었지만 하나로 여겼던 평등한 시대였다고 하였다. 다만 앞의 시대는 신이 중심이 되어 형성된 평등의 사회라면 여기서는 인간 세계가 중심이 형성된 평등의 관계이다.

이 시대는 앞 시대와 함께 하나로 이해할 수 있다. 그러므로 이 시대는 환웅의 후기라면 앞의 시대는 환웅의 전기라고 할 수 있다. 이 시대에 이르러서 환웅과 웅녀라는 구분이 보다 분명하게 이루어지면서 두 요소가 평등하게 결합하여 하나가 되었다. 결혼을 한 후의 부부는 남자와 여자의 차원과 일체적 관계이다.

인간의 의식이 여기에 이르러서 비로소 신과 인간을 완전한 평등한 관계로 인식하기 시작한다. 그것은 한편으로는 신이라는 하나의 세계보다는 분별의 관점에서 인간을 중심으로 보기 시작했음을 뜻한다. 그러므로 이때도 역시 하나의 세계이지만 인간중심의 성격이 강화되기 시작한다. 정치적 측면에서는 신을 상징하는 제사장과 인간을 상징하는 정치지도자가 구분되어 공존하였다.

다음의 단계는 신과 인간의 세계가 완전히 나누어져서 인간 중심의 세계를 나타낸다. 환웅을 아버지로 하고 웅녀를 어머니로 하여 단군이 탄생하여 고조선이라는 나라를 개국하였음은 신이라는 세계가 완전히 인간의 내면으로 주체화하여 인간의 본성으로 존재함을 나타낸다.

현상적 측면에서는 인간의 의식으로 나타남으로써 신의 세계가 완전하게 배제된 세계이다. 그러므로 완전한 분별이 이루어진 시대이다. 그것이 사회적 측면에서는 사유재산제도와 사회계층의 심화 그리고 통치자와 피통치자의 구분, 권력의 강화로 나타난다. 앞에서 살펴본 내용을 도표화하여 나타내면 다음과 같다.

<table>
<tr><th colspan="3">순방향(도생역성)</th><th colspan="3">역방향(역생도성)</th></tr>
<tr><td>환인</td><td colspan="2">신神, 하나의 세계</td><td>환인</td><td colspan="2">무리사회</td></tr>
<tr><td rowspan="2">환웅</td><td>전기</td><td>신 + 인간
신중심 신인합일神人合一</td><td rowspan="2">환웅</td><td>전기</td><td>마을사회</td></tr>
<tr><td>후기</td><td>신 + 인간
인간중심 신인합일神人合一</td><td>후기</td><td>고을나라사회</td></tr>
<tr><td>단군</td><td colspan="2">인간의 본성에서 하나 된 세계</td><td>단군</td><td colspan="2">국가사회</td></tr>
</table>

단군신화의 시작은 환인과 환웅의 홍익인간으로부터 시작된다. 환웅은 홍익인간의 이념을 실천하기 위하여 환인과 함께 있던 하늘로부터 인간의 세계로 내려왔다. 그리고 웅녀와 혼인을 하는 과정을 거쳐서 단군을 낳고 그가 고조선이라는 국가사회를 건설하였다.

환인이 환웅이 "수로 천하의 의미를 드러내어 인간의 세계를 구하고자 뜻을 가졌음"을 알고 자신과 다른 세계 곧 인간의 세계를 내려다보니 "널리 인간을 이롭게 할 만하여" 환웅으로 하여금 아래로 내려가서 다스리게 하였다. 이는 수의천하, 탐구인세, 홍익인간, 재세이화가 치국이념임을 나타내는 것이다.

고조선이라는 나라를 다스리는 이념이 홍익인간이라면 그 목적은 탐구인세貪求人世이며, 그 방법은 수의천하數意天下와 재세이화在世理化이다. 고조선이라는 국가를 세운 목적인 널리 인간을 이롭게 하는 홍익인간에 있다. 그렇다면 왜 홍익인간이 필요한가?

그것은 인간의 세계를 제도하고자 함이다. 인간의 세계를 제도하는 것은 곧 하늘과 땅 그리고 인간의 세계를 제도함, 곧 우주를 제도함이기 때문이다. 먼저 인간 세상에서 이치로 제도함을 밝히고 있다. 그것은 정치를 일종의 방편으로 이화를 위한 제도적 방법일 뿐이다.

이화는 이치에 의하여 제도함, 교화함으로 그것은 인간이 갖고 있는 본성으로서의 지혜의 빛을 밝혀줌을 뜻한다. 그것이 바로 수의천하이다. 수에 의하여 천하의 의미를 드러낸다는 것은 천하의 세계를 수를 통하여 밝혀줌이다.

수가 표상하는 세계는 시간성의 세계이고, 시간성은 지성知性이다. 그것이 드러나면 곧 지혜가 된다. 지혜를 통하여 천하를 구분지어 주는 것이 바로 시간을 마디어줌이다. 시간의 구분하여 줌으로써 비로소 하늘과 땅 그리고 인간이라는 공간의 세계가 열린다.

공간의 세계를 형성한 까닭은 사람이 사람으로 살아감으로써 하늘과 땅을 하나로 하기 위함이다. 인간의 세계에서 하늘과 땅이 하나가 되어 결국은 천지인이 일체인 세계를 구현하려는 것이다.

우리는 앞에서 단군신화를 중심으로 고조선의 사상이 무엇인지 고찰하였다. 단군신화의 내용은 한마디로 나타내면 환인이다. 환인은 ᄒᆞᆫ님/하나님이라는 세계를 나타내는 우리의 고유한 말을 한자로 나타낸 것이다.

하나님은 현상과 다른 근원적인 세계를 나타내는 것이 아니라 다양한 현상의 세계가 그대로 근원(님)이 나타난 하나(하나)임을 나타내는 동시에 분별을 할 수 없는 하나의 세계가 한결같아서 영원하여(하나) 매 순간 다양하게 드러나는 사물이 모두 일체임(임)을 나타낸다.

하나님의 세계를 현상적 측면에서 분석하여 나타낸 개념이 환웅이다. 환웅은 환인의 아들로 표현되고 있다. 그것은 환인의 현상적 표현이 환웅임을 뜻한다. 하나님의 아들은 하나님의 현상, 작용, 나툼을 상징적으로 나타내는 개념이다.

하나님의 작용, 하나님의 공능을 나타내는 환웅은 다시 환웅과 웅호 그리고 단군의 세 요소를 통하여 구체적으로 나타내고 있다. 그것은 하나님이 환웅과 웅호 그리고 단군이라는 세 부분으로 구성되거나 나타나는 것이 아니라 본래 규정할 수 없음에도 불구하고 때로는 환웅으로 때로는 웅호로 그리고 때로는 단군으로 나타냄을 뜻한다.

환웅 곧 시의성을 중심으로 하나님을 나타내면 미래성과 과거성 그리고 현재성으로 드러나는 영원한 현재가 하나님의 세계이다. 그것은 미래성이 드러난 미래와 과거성이 드러난 과거가 하나가 된 영원한 현재가 하나님의 세계임을 뜻한다.

환웅이 나타내는 미래성이 본성인 미래는 무분별의 세계이다. 그것을 『주역』에서는 이것과 저것으로 구분하여 나타낼 수 없는 신으로 나타내고 있다. 신의 세계는 분별이 없는 세계이기 때문에 신의 세계는 하나로 연결되어 있어서 서로 통한다.

미래의 세계가 분별이 없는 하나의 세계이기 때문에 미래를 앎은 분별이 없는 상태 곧 신에 의하여 가능하다. 그것은 미래는 하나의 세계이기 때문에 사람이 분별이 없는 무사無思, 무위無爲의 상태에 있으면 저절로 하나의 세계와 통하게 됨을 나타낸다.

웅호가 나타내는 과거성의 세계는 하나의 동굴에서 함께 살아가는 곰과 호랑이의 관계처럼 다양하면서 서로가 서로를 근거로 하여 살아가는 관계이다. 그것은 다양한 사물로 드러나는 세계는 하나의 법칙에 의하여 드러나는 다양한 사건의 세계임을 뜻한다.

단군은 환웅이 표상하는 미래성과 웅호가 표상하는 과거성이 하나가 된 현재성이 본성인 현재를 표상한다. 현재는 과거와 미래가 하나가 된 점에서 현재가 아닐 뿐만 아니라 시의성이 나타난 현재인 점에서 현재가 아니다.

공간성의 상징인 웅호를 중심으로 하나님을 나타내면 환웅은 천성天性, 신성神性을 나타내고, 웅호는 지성地性, 물성物性을 나타내며, 단군은 인성人性을 나타낸다. 천성은 인간 세상으로 내려와서 인간 세상을 구하고자 하는 본성을 갖는다. 그는 인간 세상에 내려와서 홍익인간의 이념을 구현하기 위하여 이화한다. 그것은 역수의 다스림으로 나타난다. 역수의 다스림은 시간의 다스림이다. 시간의 다스림은 과거를 바꾸어서 미래를 바꾸고, 미래를 바꾸어서 현재를 재창조하는 과정이다.

그것은 360의 역수曆數가 표상하는 본질적 시간으로서의 영원한 현재를 살아가는 삶이다. 신이지래神以知來 지이장왕知以藏往이기 때문에 다시 신이지래神以知來 지이장왕知以藏往함으로써 미래를 변화시켜서 현재를 새롭게 하는 것이다.

지성地性은 천성에 의하여 이루어지는 땅으로의 작용, 인간 세상에 나타나는 작용을 사물의 관점에서 나타낸 것이다. 웅호가 표상하는 지도, 지성의 관점에서 보면 사물의 드러남은 곧 환웅이 표상하는 천성의 드러남이다. 천성이 현상에서 사물의 물성으로 드러나면서 사물이 형성된다.

현상의 사물은 그 목표가 천성에 있다. 그것은 매 순간 다양한 사물의 드러남 자체가 천성, 시간성과의 하나됨을 그대로 나타냄을 뜻한다. 단군 신화에서는 웅호가 사람이 되기를 원하고, 사람이 되어서 다시 이세를 출산하기를 원함으로 나타내고 있다.

사람이 됨은 물성의 차원에 머물지 않고 그것을 넘어서기를 원하는 것이며, 다시 환웅과 결혼을 하기를 원하는 것은 사람이 되어서도 인성의 차원에 머물지 않고 그것을 넘어서기를 원하는 것이고, 결혼을 해서도 다시 이세를 낳기를 원하는 것은 환웅과의 합일에 의하여 시간성의 세계에 도달하였을지라도 그것에 머물지 않고 다시 인성으로 나투기를 원함을 뜻한다.

단군에 의하여 상징적으로 표현되는 인성은 시간성과 공간성이 모두 지향하는 목표가 되는 동시에 양자를 향하여 나아가는 중간점이 되고 있다. 그것은 웅호가 환웅과 결혼하기 위하여 사람이 되는 과정을 거치고, 환웅이 웅호와 하나가 되기 위하여 인간의 세계으로 내려와서 남자가 되는 것을 통하여 확인할 수 있다.

인간성은 시간성과 공간성이 만나서 하나가 되는 곳인 동시에 시간성과 공간성이 분화가 되는 자리이다. 그렇기 때문에 환웅도 웅호도 모두 인간이 되기를 원하였다. 인간을 통하여 물화와 신화가 가능할 뿐만 아니라 그 어떤 것에도 걸림이 없이 다양하게 드러낼 수 있기 때문이다.

그러면 이어서 고조선 사상과 다른 사상을 비교하여 그 특성을 간략하게 살펴보자. 단군과 환웅 그리고 웅호를 통하여 나타내고 있는 환인사상 곧 고조선사상은 인간을 중심으로 나타내면 홍익인간과 재세이화이다.

홍익인간은 환인이 인간의 세계를 내려다보면서 세계의 본질을 밝힌 것이며, 재세이화는 환인의 뜻에 따라서 환웅이 인간세계에 내려와서 행한 내용이다. 그러므로 홍익인간이 근본이념이라면 재세이화는 그것을 실천하는 방법이라고 할 수 있다.

홍익인간은 널리 인간을 이롭게 함으로 곧 사람과 사람의 세계인 인간세상을 크게 이롭게 함이다. 그러면 사람들의 세계, 인류를 이롭게 함은 무엇인가?

그것은 "수의천하 탐구인세"라는 환웅의 뜻을 통하여 확인할 수 있다. "탐구인세"는 인간의 세계를 제도하고자 하는 뜻이며, 그 방법을 나타내는 것이 "수의천하"이다. "수의천하"는 수에 의하여 본질이 밝혀진 천하이다. 이 때 수는 시간성을 나타낸다. 그리고 시간성은 지혜, 지성의 다른 표현이다. 따라서 수로 의리를 밝힌 천하, 수에 의하여 밝혀진 천하의 본질은 곧 지혜의 빛으로 제도된 천하를 뜻한다.

지혜의 빛으로 제도된 천하를 나타내는 개념이 재세이화이다. 인간의 세계에서 이치로 교화함은 곧 지혜의 빛으로 변화시킴의 의미이다. 이치는 진리, 도를 나타낸다. 이때의 이치는 정해진 부동의 어떤 것을 나타내는 것이 아니라 환인, 환웅으로 표상된 인간의 본성 곧 단군의 근원이었던 지혜의 빛과 자비의 기운으로 세상을 밝혀서 그 빛과 기운에 의하여 스스로 변화하게 하는 것이다.

현대의 서양의 기독교 문화권에서는 개체의 의식의 상승을 통하여 세상을 새롭게 하고자 한다. 그것은 본래부터 나라는 개체를 중심으로 형성된 점에서 동양의 중국이나 일본의 개인주의와 다르지 않다. 도교의 개체가 수련을 통하여 신선, 천선이라는 상태에 오르고자 하는 것과 불교의 깨달음을 통하여 열반에 이르고자 하는 것도 모두 개체적 관점에서 자신의 이로움을 위한 것일 뿐이다.

중국의 유가학자들도 역시 천하를 위하여 살기를 권한다. 그러나 그것이 수기修己로부터 시작하여 안인으로 제가, 치국, 평천하로의 확충인 점에서는 개체의 이익을 세계에 널리 확산한 것에 불과하다. 그것이 바로 새로운 개념의 중화주의中華主義이다. 내가 중심이 되어 세계를 하나로 한다는 것은 곧 내가 세계를 지배하겠다는 욕심에 불과하다.

기본적으로 나와 남을 구분하는 관점에 서 있음은 곧 육신을 자신으로 여기는 이분법적인 차원에 있음을 뜻한다. 그것은 역逆의 관점을 벗어나지 못한 것이다. 역逆의 관점에서 아무리 인류애나 사랑을 강조하고 우리, 세계와 우주가 하나임을 강조하여도 여전히 나라는 개체적 의식을 전제로 하는 점에서 한계가 있다. 내가 있고 나와 남이 하나가 된 우리는 비록 우리이지만 나의 우리에 불과하다.

그러나 도역생성의 관점에서 나와 남이 없는 그래서 일체인 우리로부터 출발하여 그 안에서 이루어지는 나와 남이라는 개체는 전혀 의미가 다르다. 본래 하나이고 일체인 우주 자체, 도 자체, 근원 자체, 부처 자체의 작용에 의하여 개체적인 변화가 이루어지고 그것이 바로 개체적인 삶으로 나타난다.

홍익인간은 곧 우주를 이롭게 함이다. 그것은 도생역성의 관점을 바탕으로 역생도성의 관점에서 인류에 대한 사랑을 나타낸 것이다. 또한 그것은 인류라는 관점을 통하여 우주가 일체가 되어 살아감을 뜻한다. 그것이 바로 세계는 일체인 점에서 하나임, 하나님이며, 만물은 하나님이 변하여 천과 지 그리고 인으로 화함 곧 나타남이라고 밝힌 내용이다. 지금까지 단군신화를 중심으로 살펴본 내용을 정리하여 나타내면 다음과 같다.

마지막으로 단군신화를 통하여 고조선 철학을 고찰하면서 유의해야할 점을 다시 밝히고자한다. 그것은 환인桓因이라는 개념이 나타내는 혼님, 하나님, 하느님이 대상적 존재가 아니라는 점이다.

하나님은 세계가 실체적 존재가 아니어서 규정할 수 없으며, 유무, 형이상과 형이하, 근본과 지말과 같은 분별을 넘어설 뿐만 아니라 무분별마저도 넘어서 있기 때문에 세계 자체가 그대로 가치가 있고 고귀한 존재임을 나타낸다.

<table>
<tr><th></th><th>단군신화</th><th>인격체</th><th colspan="2">이치</th><th colspan="2">차원</th><th>세계</th><th></th></tr>
<tr><td rowspan="5">⇓
도생역성
倒生逆成</td><td>환인桓因</td><td>신인神人</td><td colspan="2">신리神理
신도神道</td><td colspan="2">신神
신명神明</td><td>신문神文</td><td rowspan="5">⇑
역생도성
逆生倒成</td></tr>
<tr><td>환웅桓雄</td><td>성인聖人
대인大人</td><td colspan="2">진리眞理
천도天道</td><td colspan="2">시의성
時義性</td><td>천문天文</td></tr>
<tr><td>단군檀君</td><td>군자君子
보살菩薩</td><td colspan="2">성리性理
인도人道</td><td colspan="2">인성人性
자성自性</td><td>인문人文</td></tr>
<tr><td>웅熊</td><td>학인學人
수행자修行者</td><td>심리
心理</td><td rowspan="2">지도
地道</td><td>마음
의식
意識</td><td rowspan="2">공간성
空間性
사물성
事物性</td><td rowspan="2">지문地文</td></tr>
<tr><td>호虎</td><td>소인小人
중생衆生</td><td>물리
物理</td><td>육신
肉身</td></tr>
</table>

환인桓因(ᄒᆞᆫ님/ᄒᆞ나님/하나님/하느님)과 세계

그러나 하나님은 고정되지 않기 때문에 신성과 인성 그리고 물성으로 나타내기도 하고, 시간성과 공간성, 인간성으로 나타내기도 하며, 천문, 지문, 인문으로 나타내기도 한다. 그것은 지금 여기의 나를 통하여 하나님이 다양하게 현현함을 뜻한다. 따라서 글을 통하여 하나님을 천문으로 나타내기도 하고, 지문으로 나타내기도 하는 것 자체가 그대로 하나님의 작용이다.

그것은 우리가 글을 통하여 하나님을 나타내고, 책을 읽고 하나님의 의미를 파악하는 행위가 실천, 제도와 무관한 단순한 학문함이 아니라 삶 자체가 그대로 수도이자 학문이고 실천임을 뜻한다.

지금 이 글을 쓰고 있는 행위도 하나님의 나툼이며, 이 글을 읽는 행위도 하나님의 나툼이고, 언어를 통하여 단군신화를 전달하고, 문자를 통하여 글로 남기는 행위가 모두 환인의 생성이다. 그렇기 때문에 개체적 관점에서 보면 모든 행위가 있는 것 같지만 그 어떤 것도 없어서 함이 없다.

도역의 생성은 상대적인 세계를 넘어선 생성이며, 순역의 합일도 상대적인 세계를 넘어선 합일이고, 시간성과 공간성, 천도와 지도의 회통會通과 자유자재自由自在는 상대적인 세계를 넘어서면서도 상대적인 세계를 포괄하고 있다.

지금 여기의 나를 통하여 현현顯現되고 있는 하나님의 생성이자 지금 여기에서 이루어지고 있는 하나님의 합일合一이 삶이다. 지금 여기에서 이루어지면서 지금과 여기를 초월하여 영원하고 무소부재無所不在한 자유자재自由自在함 그것이 바로 삶이다.

제오부

신도와 천도

우리는 앞에서 단군신화를 중심으로 고조선의 사상이 무엇인지 고찰하였다. 단군신화의 내용은 한마디로 나타내면 환인사상이다. 환인은 하나님이라는 세계를 나타내는 우리의 고유한 말을 한자로 나타낸 것이다.

하나님은 현상과 다른 근원적인 세계를 나타내는 것이 아니라 다양한 현상의 세계가 그대로 근원(님)이 나타난 하나(하나)임을 나타내는 동시에 분별을 할 수 없는 하나의 세계가 한결같아서 영원하여(하나) 매 순간 다양하게 드러나는 사물이 모두 일체임(임)을 나타낸다.

하나님의 세계를 현상적 측면에서 분석하여 나타낸 개념이 환웅이다. 환웅은 환인의 아들로 표현되고 있다. 그것은 환인의 현상적 표현이 환웅임을 뜻한다. 하나님의 아들은 하나님의 현상, 작용, 나툼을 상징적으로 나타내는 개념이다.

하나님의 작용, 하나님의 공능을 나타내는 환웅은 다시 환웅과 웅호 그리고 단군의 세 요소를 통하여 구체적으로 나타내고 있다. 그것은 하나님이 환웅과 웅호 그리고 단군이라는 세 부분으로 구성되거나 나타나는 것이 아니라 본래 규정할 수 없음에도 불구하고 때로는 환웅으로 때로는 웅호로 그리고 때로는 단군으로 나타냄을 뜻한다.

환웅 곧 시의성을 중심으로 하나님을 나타내면 미래성과 과거성 그리고 현재성으로 드러나는 영원한 현재가 하나님의 세계이다. 그것은 미래성이 드러난 미래와 과거성이 드러난 과거가 하나가 된 영원한 현재가 하나님의 세계임을 뜻한다.

환웅이 나타내는 미래성이 본성인 미래는 무분별의 세계이다. 그것을 『주역』에서는 이것과 저것으로 구분하여 나타낼 수 없는 신으로 나타내고 있다. 신의 세계는 분별이 없는 세계이기 때문에 신의 세계는 하나로 연결되어 있어서 서로 통한다.

미래의 세계가 분별이 없는 하나의 세계이기 때문에 미래를 앎은 분별이 없는 상태 곧 신에 의하여 가능하다. 그것은 미래는 하나의 세계이기 때문에 사람이 분별이 없는 무사無思, 무위無爲의 상태에서 저절로 하나의 세계와 통하게 됨을 나타낸다.

고조선 사상의 내용인 환인사상, 하나님사상은 그것을 시간성을 중심으로 나타내기 위해서는 수를 매개로 활용하게 된다. 고조선사상을 신화의 형태를 통하여 밝히고 있는 단군신화에서는 "수의천하數意天下"를 언급하여 단군신화의 내용이 수를 통하여 드러나는 시간성의 세계임을 나타내고 있다.

그리고 단군에 관한 신화를 언급하는 과정에서 중요한 내용들은 천부인天符印 3개, 쑥 한 묶음과 마늘 20개(靈艾一炷 蒜二十枚), 삼칠일三七日, 백일百日, 삼백육십일三百六十日과 같은 다양한 수를 통하여 상징적으로 나타내고 있다. 그러면 수를 통하여 시간성의 세계는 어떻게 나타내는가?

시간성의 원리는 환웅과 단군 그리고 웅호의 관계를 나타내는 수를 통하여 나타낼 수 있다. 시간성의 원리를 수를 통하여 밝히고 있는 전적은 고려 말기에 저작된 『환단고기』의 내용으로 제시된 「천부경」과 조선 말기에 저작된 『정역』을 들 수 있다.

그동안 학계에서는 「천부경」을 통하여 한국고유사상을 밝히려는 연구[1]

가 지속되어 왔을 뿐만 아니라 그 성과도 축적이 되고 있다. 그러나 『정역』을 중심으로 한국고유사상을 도출하는 연구 성과는 많지 않다.

오늘날 우리들이 「천부경」에 대하여 관심을 갖는 까닭은 「천부경」을 통하여 한국민족의 고유문화, 고유사상을 도출하고, 그것을 바탕으로 우리의 정체성을 확립할 수 있을 것이라는 기대 때문이다. 그것은 지금까지 이루어진 「천부경」의 연구 성과가 한국을 다른 나라와 구분할 수 있는 우리만의 정체성을 밝히는데 집중되고 있음을 보아도 알 수 있다.

한국인으로써 한국고유의 사상 또는 문화를 발굴하고 정립하는 것은 중요한 문제이다. 한국인의 과거적 본질이 곧 미래적 이상이다. 그러므로 한국인의 정체성을 찾는 일은 한국의 미래 방향을 결정하는 문제라고 할 수 있다.

그런데 우리는 한국인이라는 특수성과 더불어 사람 더 나아가서 다양한 존재가 공존하는 우주 안의 존재라는 보편성을 갖고 있다. 그것은 우리가 한국인으로 존재하는 동시에 세계인 또는 우주적인 존재로 존재함을 뜻한다. 따라서 우리가 한국 고유 사상 또는 전통 문화를 추구할 때 한국, 한국인이라는 특수성과 함께 인류, 우주라는 보편성을 동시에 갖고 있어야 한다.

이제 우리는 지금까지의 「천부경」을 연구했던 방향을 바꾸어서 다른 관점에서 다시 연구할 필요가 있다. 그것은 지금까지 「천부경」을 한국과 다른 나라를 구분해줄 수 있는 다름을 중심으로 연구했었다면 앞으로는 지금까지의 성과를 바탕으로 한 걸음 더 나아가서 보편적인 측면에서

---

1 「천부경」의 가치를 인정하는 사람들은 「천부경」을 古朝鮮 시대의 사상을 담고 있는 위대한 전적으로 평가한다. 다만 그 내용을 崔致遠의 鸞郎碑序文에서 보이듯이 훗날의 儒佛道 三家로 나타날 수 있는 다양한 요소를 담고 있는 고유의 사상으로 이해하기도 하고, 儒家나 佛家 또는 道家와 구분되는 좁은 의미의 仙道 사상으로 이해하기도 한다.

그 가치를 발굴하는 작업을 할 필요가 있다.

현대인들은 과거에 비하여 스스로의 삶을 가치가 있는 삶으로 만들고자 하는 바람이 크다. 이러한 시대적 요청에 부응하기 위해서도 「천부경」을 보편적 관점에서 보다 심층적으로 연구하여 우리의 정체성을 찾는 것은 물론 더 나아가서 인간은 어떤 존재이며, 어떻게 삶을 영위해야하는지를 고찰하는 작업이 필요하다.

지금까지 이루어진 「천부경」에 대한 연구 성과를 살펴보면 순수한 학문적 관점에서 사상적 가치를 밝히고자 하는 시도도 있었지만 주로 대종교大倧教와 같은 특정한 종교의 교리와 연계하여 연구를 하거나 도교의 내단수행內丹修行 또는 현대의 선도仙道 수행 단체의 이론체계와 접목하여 연구되어 왔다.[2]

다양한 관점에서 「천부경」을 연구하는 것 가체는 여러 관점에서 그 가치를 발굴할 수 있는 점에서 바람직하다. 다만 특정한 종교 단체나 특정한 수행단체의 관점을 중심으로 「천부경」을 연구할 경우 그 가치가 제한적일 수밖에 없다. 이러한 점에서도 지금까지의 연구방향을 달리하여 연구할 필요가 있다.

지금까지 「천부경」에 관한 연구 성과들을 보면 주로 「천부경」에 대한 주해나 번역이 위주가 되었을 뿐으로 「천부경」 자체를 연구한 성과는 없다. 그 결과 「천부경」의 내용이 무엇인지를 체계적으로 밝힌 연구 성과는 없다.

---

2 그동안의 「천부경」에 관한 연구성과 가운데서 몇 가지 예를 들어보면 내단술內丹術을 중심으로 서양과 동양의 사상을 두루 적용하여 「천부경」을 이해한 全秉薰의 『「천부경」주해』, 하도와 낙서를 중심으로 이해한 최동환의 「천부경」, 동학의 관점이 위주가 되어 다양한 관점을 적용하여 이해하고 있는 최민자의 「천부경」을 들 수 있다. 그동안 이루어진 「천부경」의 연구 성과에 대하여는 이근철의 『「천부경」 철학연구』를 참조하기 바란다.

그 까닭은 「천부경」 자체로부터 찾을 수 있다. 이는 「천부경」의 내용의 측면과 형식의 두 측면에서 찾을 수 있다. 물론 내용으로 인하여 형식이 결정되기 때문에 내용과 형식은 별개의 존재가 아니다.

내용상의 측면에서 「천부경」은 현상 세계의 법칙을 밝히려는 과학적 글도 아니고 그렇다고 하여 역사적 사실을 기록하고 있는 역사적 글도 아니다. 그것은 「천부경」의 내용이 형이하의 현상을 기술하거나 그 법칙을 담고 있는 것이 아니라 형이상의 원리를 담고 있음을 뜻한다. 그러므로 「천부경」을 이해하기 위해서는 철학적 접근을 해야 한다. 그런 점에서 내단술이나 과학적 접근, 또는 역사적 관점에서 접근하는 것은 한계를 갖지 않을 수 없다.

「천부경」의 연구에서 봉착하는 첫 번째 문제는 위작僞作의 문제이다. 「천부경」은 사료적 가치가 있다는 주장과 사료적 가치가 없다는 주장이 함께 제기되고 있어서 논란의 중심에 있다고 할 수 있다.[3]

어떤 사람은 비록 「천부경」이 고조선 이전부터 전해왔지만 구전되다가 후대에 문자화하는 특성을 가진 신화이기 때문에 사실적 관점에서 접근하는 것은 그릇된 견해임을 밝히기도 하였다.[4]

그러나 사상, 철학의 학문방법은 실체적 관점에서 자연을 대상으로 하는 과학적 방법과 다르다. 그것은 「천부경」은 유물이나 유적 또는 다른 역사적 기록들과 비교하는 사실적 방법을 통하여 진위眞僞를 가릴 수 없음을 뜻한다. 왜냐하면 사상, 철학은 사실의 세계를 탐구 대상으로 하는 것이 아니라 사실에 대한 주장을 대상으로, 대상을 대하는 주체를 중심으로 접근하기 때문이다.

---

3 이근철, 『「천부경」철학 연구』, 서울, 모시는사람들, 2011, 15쪽에서 20쪽 참조.

4 최동환, 「천부경」, 지혜의나무, 2011, 54쪽에서 65쪽.

「천부경」은 구성 체계를 보면 전체 81자 가운데서 51자가 수로 구성되고, 나머지는 문자로 구성되어 있다. 이러한 구조는 대부분이 문자에 의하여 신화의 형식으로 구성되면서도 중요한 부분에서 이수를 사용하고 있는 단군신화의 구조와 유사하다.

다만 「천부경」은 문자로 스토리를 구성하기에는 글자수가 너무 적기 때문에 필요한 개념들은 한 글자로 제시하고 있다. 그리고 31회 사용된 이수는 일一에서부터 십十까지의 수이다. 그 가운데서 일一이 11회로 가장 많이 사용되었고, 이어서 삼三이 8회 사용되었으며, 이二가 4회, 칠七이 2회, 사오육칠팔구십四五六八九十은 각각 1회씩 사용되었다.

「천부경」에서 사용되고 있는 문자들은 무無가 4회 사용되었고, 시始가 2회, 종終이 2회 사용되었다. 각각의 글자들을 결합하면 생성, 변화, 시종, 종시, 왕래, 변동과 같은 개념이 나타나고, 그 밖에 합合과 석析을 합하면 분합分合의 단어를 도출할 수 있다. 이와 더불어 태양太陽, 본심本心과 같은 단어들이 사용되고 있다.

일에서 십까지의 수는 계산의 단위로 사용되고 있다. 그리고 생성, 변화, 왕래, 변동, 시종, 종시는 시간과 관련된다. 따라서 수는 시간과 관련되어 계량의 단위로 사용된 것으로 이해할 수도 있다.

그러나 단순하게 계량의 단위이거나 역수의 구성 법칙을 나타내는 수는 아니다. 그것은 시간을 나타내는 단위를 통하여 나타내고자 하는 내용을 상징적으로 표현하고 있음을 뜻한다. 시간을 나타내는 단위인 수를 통하여 상징적으로 나타내는 것은 시간의 본성으로서의 시간성이다.

우리는 이미 단군신화의 분석을 통하여 고조선의 사상, 철학이 시간성을 중심으로 전개되는 신명, 신도가 그 내용임을 고찰하였다. 그 과정에서 공간성 중심, 사물성 중심의 중국적 사유체계, 중국사상의 특징이 『주역』에서 가장 잘 드러나고 있음도 살펴보았다. 따라서 「천부경」의 내용이 시간성이 중심이라면 단군신화의 내용과 일치하고, 『주역』의 내용과는 일치하지 않는다. 따라서 「천부경」의 내용은 고조선 사상을 나타내고 있다고 하지 않을 수 없다.

또 하나의 방법은 한국사상사의 관점에서 고찰하는 방법이다. 고조선 사상을 씨로 하여 한국사상이 싹이 트고 꽃이 피면서 발전하여 열매를 맺은 결과가 조선 말기의 『정역』으로 나타났다. 그렇기 때문에 「천부경」과 『정역』을 비교하여 일치여부를 살펴볼 수 있다.

『정역』에서는 낙서를 바탕으로 우주의 역사가 전개되는 원리를 역수의 변화를 통하여 표상하고 있다. 그 내용을 살펴보면 원역原曆의 시대에서 윤역閏曆의 시대, 윤역閏曆의 시대를 거쳐서 정역正曆의 시대로 변화하면서 우주가 발전한다.

이 때 원역의 시대와 정역의 시대는 일치한다. 원역의 시대는 하나의 시대, 신의 시대라고 할 수 있으며, 윤역의 시대는 천지와 인간, 신과 인간이 분리된 시대이고, 윤역의 시대는 인간이 자신의 본성을 자각하여 본성을 주체로 살아가는 시대이며, 정역의 시대는 다시 인간과 천지가 하나가 되는 신의 시대이다. 그러므로 정역의 시대는 다시 원역의 시대로 돌아갔음을 의미한다.

그러나 원역의 시대는 본체를 중심으로 논한 것으로 정역은 윤역의 시대가 발전하여 다시 원역의 시대로 돌아온 것이다. 그러므로 정역의 시대가 되면 다시 새로운 원역의 시대가 되고 그것이 다시 윤역의 시대로 발전하게 된다. 이러한 사역이 변화면서 끊임없이 이어지는 과정을 우주의 역사로 이해한 것이다.

사역의 변화를 통하여 표상되는 우주역사의 전개원리를 중심으로 한국의 고대역사를 살펴보면 환인과 환웅의 시대 그리고 단군의 시대는 원역의 시대가 생장성의 세 마디를 통하여 전개된 시대라고 할 수 있다.

두 윤역과 정역의 시대 역시 생장성의 세 마디를 형성하면서 발전하여 결국 원역과 두 윤역의 시대는 아홉 마디를 이루면서 발전하게 된다.[5] 『정역』에서는 두 윤역의 시대를 선천의 시대로 규정하고, 정역의 시대 곧 새로운 원역의 시대를 후천으로 규정하고 있다.

원역의 시대를 구성하는 생장성의 세계를 단군신화에서는 환인과 환웅 그리고 단군으로 나타내고 있다. 만약 「천부경」이 표상하는 내용이 환웅 시대에서부터 통치이념, 치국이념이 되고, 역사정신이 되어 고조선에 이르기까지 전승이 되었다면 「천부경」의 고찰을 통하여 그 점이 확인이 되어야할 것이다.

1. 환인과 시종 그리고 종시終始

우리가 고조선 사상의 내용인 환인사상, 하나님사상을 시간성을 중심으로 나타내기 위해서는 수를 매개로 활용하게 된다. 고조선사상을 신화의 형태를 통하여 밝히고 있는 단군신화에서는 "수의천하數意天下"를 언급하여 단군신화의 내용이 수를 통하여 드러나는 시간성의 세계임을 나타내고 있다.

그리고 단군에 관한 신화를 언급하는 과정에서 중요한 내용들은 천부인天符印 3개, 쑥 한 묶음과 마늘 20개(靈艾一炷 蒜二十枚), 삼칠일三七日, 백일百日, 삼백육십일三百六十日과 같은 다양한 수를 통하여 상징적으로 나타내고

5 그것이 한국사상사에서는 삼국정립기의 한국선조사상기와 신라와 고려의 불교사상기, 그리고 조선의 유학사상의 한국사상의 생장성으로 나타났다.

있다. 그러면 수를 통하여 시간성을 나타내는 방법은 무엇인가?

단군신화를 보면 시간성을 환웅과 웅호 그리고 단군의 셋을 중심으로 그 관계를 통하여 나타내고 있다. 이 때 셋은 시간성의 측면에서 시간성의 시간화의 세 단계를 나타낸다. 그것은 환인을 나타내는 환웅, 단군, 웅호가 하나이면서도 셋임을 뜻한다.

환인을 상징적으로 나타내는 환웅, 단군, 웅호는 시간상으로는 생성의 세 단계로 나타낼 수 있다. 「천부경」은 환인이 상징하는 시간성의 시간화와 시간의 시간성화를 생성의 관점에서 이수를 통하여 나타내고 있다.

환인을 시간성의 시간화의 세 단계로 나타내면 환웅과 단군 그리고 웅호이며, 시간의 시간성화로 나타내면 웅호와 단군 그리고 환웅이다. 이 세 단계를 「천부경」에서는 이수를 통하여 다음과 같이 밝히고 있다.

> 하나에서 시작하지만 시작하는 하나가 없고, 하나에서 끝나지만 끝나는 하나가 없다.(一始無始一 一終無終一)[6]

인용문에서 일一은 환인 곧 하나님을 하나를 중심으로 나타낸 것이다. 환인을 나타내는 하나의 특성을 밝히고 있는 내용이 시始와 종終이다. 이 때 하나의 특성을 시와 종으로 구분하여 나타내면서도 시종이 모두 없음을 나타내고 있다. 그러면 인용문에서 일을 통하여 나타내는 내용은 무엇인가?

그것은 일은 시간상으로는 시종의 사건으로 드러나지만 일 자체는 시종의 근원이기 때문에 시종을 넘어서 있음을 나타낸다. 이것은 환인이 환웅과 단군, 웅호로 드러나지만 환인은 환웅과 단군, 웅호를 넘어서

---

6 李陌, 『太白逸史』 蘇塗經典本訓, "一始無始一......一終無終一."

있음을 뜻한다.

시종으로 드러나지만 시종을 넘어선 세계는 종시의 세계이다. 종시는 시종이 간극을 갖고 있는 것과 달리 간극이 없음을 통하여 시종을 넘어서 있음을 나타내는 동시에 끝마치는 동시에 다시 시작함으로써 종시를 근거로 하여 시종이 이루어짐을 나타낸다.

종시와 시종을 통하여 환인의 두 방향에서의 변화를 나타내면 환웅에서 단군, 웅호로 이어지는 변화는 종시를 통하여 나타내고, 웅호에서 시작하여 환웅에서 끝나는 변화는 시종을 통하여 상징적으로 나타낼 수 있다.

「천부경」에는 시종으로 드러나지만 시종을 넘어선 종시의 세계 곧 시간성을 일一로 나타내었다. 이 일一은 하나 곧 환인桓因, 하나님을 상징적으로 나타내는 이수理數이다. 그러면 하나님, 환인을 상징하는 일수一數가 갖는 시종과 종시의 두 측면은 어떻게 표현되는가?

「천부경」은 81 자字의 숫자와 문자로 구성되어 있다. 일一에서부터 십十까지의 숫자가 모두 31회 사용되었으며, 나머지 50회는 문자를 사용하고 있다. 그리고 서로 관련된 단어들을 조합해보면 생성, 변화, 시종, 종시, 왕래, 변동, 묘연妙衍, 분합分合과 같은 개념이 나타난다.

시종과 종시는 「천부경」을 일관하는 근본개념이다. 시종은 시간상의 사건의 시작과 끝을 나타내는 두 점의 사이를 나타낸다고 할 수 있다. 그런데 시종이 있지만 시종이 없다는 것은 곧 시종이 끊임없이 반복이 되어 시종으로 구분할 수 없음을 뜻한다. 그것을 나타내는 개념이 왕래이다. 시종과 왕래를 결합하여 이해하면 시종이 끊임없이 이어짐을 나타내는 개념이 왕래이다.

시종이 있지만 그것이 끊임없이 이어져서 계속됨은 하나라는 수가 끊임없이 누적되어 새로운 수의 생성으로 계속 이어짐을 통하여 나타낼 수 있다. "하나가 묘하게 불어나서 만 번 가고 만 번 온다."는 시종이 끊임없이 이어짐을 수가 집적되어 불어남을 통하여 표현하고 있다.

시종이 끊임없이 이루어져서 시종으로 구분할 수 없는 세계는 종시終始의 세계이다. 그러므로 종시의 세계와 시종의 세계를 나타내는 방법도 서로 다르다. 「천부경」에서는 시종과 종시의 세계를 수를 통하여 나타내고 있다.

시종과 종시는 모두 수의 증가를 통하여 표현된다. 수의 증가를 표현하는 개념은 석析과 합合, 적積이다. 석析은 수가 줄어드는 방향으로 수의 증가를 표현한 것이며, 합合, 적積은 수가 늘어가는 방향으로 수의 증가를 표현한 것이다.

일에서 십까지의 수를 바탕으로 수가 늘어나는 증가는 일에서 시작하여 이, 삼, 사, 오, 육, 칠을 거쳐서 팔, 구, 십에 이르는 방법이다. 이를 "하나가 쌓여서 형성된 십이라는 큰 수(一積十鉅)"라고 하였다.

반면에 십으로부터 하나 씩 줄어드는 방향으로 증가를 하면 구, 팔, 칠, 육, 오를 거쳐서, 사, 삼, 이, 일이 된다. "석삼극析三極"과 "무궤화삼無匱化三"은 십으로부터 점점 일이 줄어들어서 마침내 하나가 되는 현상을 삼三을 통하여 표현한 것이다. 그러면 일에서 십까지의 수를 통하여 종시와 시종의 두 변화가 어떻게 표상되는가?

그것은 일에서 십까지의 수들이 갖는 특성을 통하여 확인할 수 있다. 수를 중심으로 환인을 나타내는 셋을 나타내면 웅호가 표상하는 과거성은 현상적인 측면에서 그 근원을 나타내는 1로 나타낼 수 있다.

근원의 측면에서 보면 환웅은 웅호와 단군으로 드러나는 가장 근원이면서 최초이다. 그러나 웅호의 측면에서 보면 있다고 할 수 없다. 그것은 환웅이 표상하는 미래성을 수로 표현하면 있음의 세계의 근원을 나타내는 1과 없음의 세계의 근원을 나타내는 0으로 나타낼 수 밖에 없음을 뜻한다. 그렇기 때문에 환웅을 수로 나타내면 10이면서 십十이다. 십十은 1을 나타내는 일一과 그것을 부정하여 초월함을 나타내는 1로 구성되어 있다. 이때의 1은 0과 같은 의미를 갖는다. 그러면 환웅과 웅호의 관계를 중심으로 시간성의 세계를 어떻게 나타낼 것인가?

단군신화에서는 환웅으로부터 웅호를 향하는 방향과 웅호로부터 환웅을 향하는 두 방향에서 신화를 전개하고 있다. 그것은 두 방향에서 이루어지는 생성이라고 할 수 있다. 환웅에서 시작하여 웅호에서 끝나는 생성은 10에서 1까지의 수의 변화를 통하여 나타내고, 웅호에서 시작하여 환웅에서 끝나는 생성은 1에서 시작하여 10에서 끝나는 수의 변화를 통하여 나타낼 수 있다.

단군신화에서는 웅호가 사람이 되는 과정을 수를 통하여 나타내고 있다. 그것은 21일에 사람의 모습을 얻는 것을 시작으로 하여 100에 이르러서 비로소 완성되는 80일 동안의 과정이다. 이때 80일의 과정은 20을 바탕으로 이루어진다. 그러므로 20과 80은 100이라는 완성의 과정에서 본체와 작용의 관계를 통하여 이해할 수 있다.

20은 1에서 10까지의 수와 10에서 1까지의 10과 10을 합한 것이다. 이 두 측면의 1에서 10과 10에서 1까지의 작용을 나타내는 것이 단군신화의 내용이라고 할 수 있다. 그러면 20이 표상하는 내용은 무엇인가?

10에서 1까지의 수를 통하여 표상하는 내용은 환웅이 인간 세상에 내려와서 이화하는 제세이화의 작용이다. 그것은 시간성의 측면에서는 시간성의 시간화이다. 시간성의 자화에 의하여 이루어지는 시간의 생성 작용이 10에서 1까지의 수의 변화를 통하여 상징적으로 표상되고 있다.

그러나 1에서 10까지의 수를 통하여 나타내는 내용은 시간의 시간성화이다. 그것은 웅호가 뜻을 세워서 사람이 되고, 사람이 되어서 환웅과 결혼을 통하여 시간성과 하나가 되는 합일의 작용이다. 그러면 양자의 관계는 무엇인가?

환웅에 의하여 표상되는 시간성의 시간화와 웅호에 의하여 표상되는 시간의 시간성화는 일체이면서도 구분된다. 양자가 하나이면서도 구분되는 관계를 단군신화에서는 환인과 환웅, 단군, 웅호의 하나이면서 셋의 관계를 통하여 나타내고 있다.

그것은 단군신화가 환인으로 표상된 신명, 신도의 세계를 시간성과 공간성의 측면에서 생성과 합일을 통하여 하나와 셋의 관계로 표상하였음을 뜻한다. 환웅과 단군 그리고 웅호를 통하여 합일과 생성의 두 측면을 나타내고 있는 것이 단군신화이다. 그러면 1에서 10까지의 수와 환웅과 단군 그리고 웅호의 관계는 무엇인가?

환웅과 웅호가 생성과 합일의 출발점이다. 그리고 환웅과 웅호는 각각 생성과 합일의 출발점인 동시에 환웅이 웅호로 나타나고, 웅호가 환웅으로 귀일歸一된다. 따라서 웅호가 현상의 측면에서 만물의 근원이지만 오히려 웅호의 근원은 환웅이다. 웅호와 환웅을 이수로 나타내면 웅호는 1이라면 환웅은 1에서 시작하여 마지막에 도달하는 10이라고 할 수 있다.

10은 1이면서 0을 나타낸다. 그것은 1이 누적이 되어 10이 형성되지만 거꾸로 10으로부터 1이 감소하여 1에 이름을 나타낸다. 이때 1과 2, 2와 3의 수와 수의 간격이 항상 1인 점에서 수의 증감의 변화의 근저에 있는 불변의 요소가 1임을 알 수 있다. 그것이 바로 현상의 측면에서 근원을 나타내는 1이라는 수이다.

그러나 1과 2, 2와 3의 관계에서 드러나듯이 양자의 관계는 외형적으로는 끊임없이 변화하지만 양자의 사이에 언제나 1이 놓여있는 점에서 변화가 없음을 뜻한다. 그것이 바로 10의 0이 상징하는 내용이다. 변화하면서도 변화가 없는 세계를 나타내는 것이 바로 10이다. 그것은 시의성의 차원에서는 미래성을 상징하는 것이 10이고, 과거성을 상징하는 것이 1일을 뜻한다. 그러면 단군은 상징하는 현재성은 어떻게 나타낼 것인가?

단군이 상징적으로 나타내는 현재성이라는 시의성은 과거와 미래가 하나가 된 현재를 통하여 드러나는 현재성이다. 그것은 미래성을 나타내는 10과 과거성을 나타내는 1의 중심인 5를 통하여 나타낸다.

조선 말기에 저작된 『정역』에서는 시간성의 원리를 환웅과 웅호 그리고 단군을 원리적 측면에서 나타내는 무극無極과 태극太極 그리고 황극皇極의 삼극三極의 도道로 규정하고 있다. 그리고 삼극의 무극無極은 십十으로, 황극皇極은 오五로, 태극太極은 일一로 규정하여 삼극의 도를 십과 오 그리고 일을 통하여 밝히고 있다.[7] 그러면 삼극의 도는 어떻게 나타내는가?

단군신화에서는 삼극의 도를 환웅과 환웅, 웅호, 단군의 하나와 셋의 관계를 통하여 나타내고 있다. 그것은 단군신화가 하나이면서 셋이고, 셋이면서 하나의 관계를 통하여 환인이 표상하는 신명, 신도를 나타내고 있음을 뜻한다.

「천부경」의 구조 역시 환인이 표상하는 하나님을 현상적 측면에서 하나와 삼극을 나타내는 셋을 중심으로 하나에서 셋으로 변화하는 일삼一三의 방향과 셋에서 하나로 귀일歸一하는 삼일三一의 방향을 통하여 나타내고 있다.

일삼一三은 환웅으로부터 웅호를 향하는 방향이다. 그것은 시간성이 시간으로 화하는 변화의 방향이다. 단군신화에서는 그것을 환웅에 의하여 360의 역수가 다스려지는 재세이화로 나타내고 있다.

삼일은 웅호로부터 시작하여 환웅에서 끝나는 작용이다. 그것은 다양한 현상의 세계에서 하나의 세계로 수렴되는 방향이다. 물건적 관점에서 그 과정은 현상으로부터 작용으로, 그리고 작용에서 본체로 향하는 귀체

7 金恒 『正易』 第一張, "擧便无極이시니 十이니라. 十便是太極이니 一이니라. 一이 无十이면 无體요 十이 无一이면 無用이니 合하면 土라 居中이 五니 皇極이니라."

작용이다.

그런데 앞에서 시종이 끝이 없음을 나타내는 십에서 일까지의 수와 일에서 십까지의 수를 서로 연결하면 하나가 된다. 이렇게 형성된 것을 하나의 구심점을 중심으로 고르게 펼치면 원圓이 이루어진다. 이 원을 구성하는 원주상의 어느 점도 모두 시종이 하나가 되어 그 자리에서 바로 종시가 이루어지는 현상을 잘 나타내게 된다.

이제 일一이라는 수가 표상하는 내용이 무엇인지 살펴볼 차례가 되었다. 일이 기본이 되어 그것이 반대의 방향으로 쌓여 가면 열이 되고 하나가 된다. 그리고 그것이 연결되어 하나를 이루게 되면 다시 하나의 일을 나타내는 원이 된다.

원주를 형성하는 각 점이 시종을 나타내는 동시에 종시를 나타냄은 이미 살펴본 바와 같다. 그리고 시종은 시간상의 두 점 곧 시각을 나타낸다. 그렇다면 종시는 시간이 없음을 나타낸다. 그것은 시간으로 드러나지만 시간의 세계를 초월한 세계를 나타내는 동시에 장차 시간으로 나타날 근원을 상징한다.

시간으로 드러나는 시간의 본질을 시간성이라고 할 수 있다. 이는 시간의 속성이 아니라 시간의 존재 근거, 시간의 근원을 나타내는 개념이다. 이를 『주역』에서는 천도天道로 규정하고 있다. "마친 즉 다시 시작함이 있는 것은 천도의 작용이다."[8]라고 하였는데 이는 종시가 일체인 상황 곧 시종을 통하여 종시가 일체인 천도를 표상하게 됨을 나타낸다. 그러면 왜 시간성 또는 천도를 일이라는 수를 통하여 표상한 것인가?

일이라는 개념은 우리말로는 하나이다. 하나는 모든 것, 일체, 근원, 한결같음, 영원함과 같은 다양한 의미가 들어 있다. 그것은 시간성이라는

8 『周易』 山風蠱卦, 彖辭, "先甲三日後甲三日은 終則有始 天行也라."

근원의 세계가 일체이며, 영원한 존재로 그 가운데 모든 것이 포함되어 있음을 뜻한다.

시간성의 세계가 무엇인지를 살펴보기 위해서는 수의 증가를 통하여 확인하지 않을 수 없다. 다만 일一의 각각 다른 방향으로의 집적을 통하여 나타나는 십에서 일로의 방향과 일에서 십으로의 방향은 모두 변화이다. 일이 변하여 이로 화하며, 이가 변하여 삼으로 화하고, 십이 변하여 구로 화하며, 구가 변하여 팔로 화한다.

그런데 십과 일이 모두 일을 바탕으로 형성된 수이지만 일과 십은 상징하는 의미가 다르다. 일이 누적되는 작용의 끝에 형성되는 수가 십이다. 그러므로 일과 십을 구분하여 사용하고 있다.

십은 일과 달리 일에 영零을 더하여 갖고 있다. 그것은 일이라는 전체, 모든 것, 근원, 영원과 무無, 공空이라는 영零이 더하여 형성된 수가 십임을 뜻한다. 이러한 두 특성을 하나로 합하여 이해하면 장차 하나로 나타날 존재를 나타낸다. 그러므로 "변하여 셋으로 화함에 부족함이 없다.(無匱化三)"고 하였다.

이미 일의 집적이 완성된 수인 동시에 장차 여럿으로 화할 수 있는 십은 일과 그 의미가 다르다. 일이 유적有的 측면, 시종始終의 측면에서 근원을 나타내는 것과 달리 십은 무적無的 측면, 종시終始의 측면에서 시간성을 나타낸 것이라고 할 수 있다.

일과 십의 관계는 시간성과 시의성을 통하여 나타낼 수 있다. 시간성은 총체적인 관점에서 나타난 시간의 본질, 본성이다. 그것은 매 시간의 관점에서 각 시간의 본성, 본질로 표현하면 시의성이 된다. 그러므로 시의성의 총체적 표현이 시간성이고, 시간성의 개체적 표현이 시의성이라고 할 수 있다. 십은 시간성을 표상하며, 일은 시의성을 표상한다.

그런데 십이 나누어져서 일이 되고, 일이 집적하여 십이 되는 것처럼 시간성과 시의성은 동일한 존재를 각각 다른 관점에서 표현한 것이다. 일이 쌓여서 이가 되고, 이에 일이 더하여져서 삼이 되면서 십까지 변화하지만 이, 삼, 사, 오와 겉으로 드러나는 현상은 일종의 단계, 위계, 순서와 같을 뿐으로 언제나 그 내용은 하나일 뿐이다. 그것은 십으로부터 시작하여 일에 이르는 과정의 변화를 통하여서도 그대로 드러난다.

이 때 일에서 구까지의 수는 두 측면을 동시에 갖고 있다. 그 하나는 겉으로 드러나는 단계, 위계, 순서를 나타내는 것과 내면에서 겉으로 드러나지 않는 일관성이다. 예를 들면 일과 이, 이와 삼, 삼과 사는 각각 그 위상이다. 그것은 시간적 위상이 서로 다름을 나타낸다. 그러므로 이와 삼 그리고 사와 같은 수의 겉으로 드러나는 변화가 시종의 변화, 종시의 변화를 나타낸다.

반면에 이와 삼, 삼과 사, 사와 오의 두 수의 관계를 보면 언제나 일이라는 수가 일관되어 있다. 삼은 이보다 일이 많으며, 사는 삼보다 일이 많다. 일에서 구까지의 수가 모두 이러한 관계를 형성하고 있고, 십에서 일까지의 수도 역시 이러한 관계를 형성하고 있다. 그러면 이러한 수의 관계가 표상하는 내용은 무엇인가?

이, 삼, 사와 같은 수의 위계는 시위를 나타낸다. 그리고 그 내면에 존재하는 일이라는 일관된 수는 곧 시의성을 나타낸다. 그러므로 십에서 일까지의 변화나 일에서 십까지의 변화를 막론하고 언제나 일이라는 수가 일관하고 있는 점에서 그것은 시간성이 나타난 시간을 나타낸다. 시간성이 나타난 시간이라는 점에서 영원한 시간이다. 그리고 비록 시위가 다를지라도 그 본질이 항상 일이라는 동일한 점에서 영원한 현재라고 할 수 있다. 영원한 현재적 시간관이 바로 「천부경」에서 제시하고 있는 시간관인 것이다.

그러면 십에서 일로의 변화와 일에서 십으로의 변화가 무엇인지 좀 더 구체적으로 살펴보자. 십에서 일로의 변화는 시간성이 변하여 시간으로 화하는 현상을 표상한다. 그것은 종시의 세계가 변하여 시종의 세계로 화함을 뜻한다. 종시의 시간성이 변하여 시종의 시간의 세계에서 각 시간의 의미로서의 시의성으로 화함을 나타내는 것이 십에서 일로의 변화이다.

십에서 일까지의 변화를 공간적 측면에서 이해하면 모든 존재의 근원, 일체, 형이상, 무로부터 현상, 만물, 형이하, 유로의 변화를 표상한다. 그것은 구분하여 나눌 수 없는 일체, 모든 것이 변하여 만물 가운데서 근원, 근본으로 화함을 뜻한다. 이러한 과정을 통하여 다양한 현상의 세계가 나타난다.

일에서 십까지의 변화는 시종의 세계로부터 종시의 시간성으로 향하는 변화이다. 시의성이 변하여 시간성으로 화하는 변화를 나타낸다. 그것은 하나가 변하여 둘로 화하고, 둘이 변하여 셋으로 화함으로써 겉으로 드러나는 현상은 수의 증가이다.

일이 구를 거쳐서 십에 이르면 그 성격이 달라진다. 십十은 이미 일一이 증가할 수 있는 극한을 넘어서서 영零의 상태에 이름을 나타낸다. 영零은 이미 증가의 현상이 완성되어 멈추어 있음을 나타내는 동시에 새로운 증가를 머금고 있음을 뜻한다.

그런데 십에서 일까지의 변화와 일에서 십까지의 변화는 둘이 아니다. 십에서 일까지의 변화를 바탕으로 일에서 십까지의 변화가 이루어진다. 십에서 일까지의 시간성의 시간화를 나타내는 것이 바로 일에서 십까지의 변화이다.

종시의 세계가 시종의 세계로 나타나기 때문에 시종은 단순한 시종이 아니라 영원한 시종이다. 곧 종시의 세계가 매 순간 나타난 것이 시종의 세계라는 말이다. 그것이 앞에서 살펴본 「천부경」의 시간관인 영원한 현재적 시간관이다. 「천부경」에서는 시간이란 과거나 미래가 따로 있는 것이 아니라 과거와 미래를 머금고 있는 현재이며, 시간성이라는 영원의 세계가 나타난 시간인 점에서 영원한 현재이다.

「천부경」에서는 종시와 시종의 변화가 끝없이 이어지는 변화의 세계관을 제시하고 있다. 그것은 일에서 십으로의 수의 변화를 통하여 나타내는 것이라고 할 수 있다. 그러나 이러한 변화는 본질적으로 영원한 현재적 시간관에 바탕을 한 변화이다. 그것은 십에서 일로의 변화를 바탕으로 한 일에서 십으로의 변화가 「천부경」의 변화관임을 뜻한다.

매 순간으로 나타나는 시간은 시종으로 표현할 수 있다. 그런데 이러한 시종은 종시가 나타난 시종이다. 그것은 시간성이 시의성으로 변화하면서 나타난 시간으로서의 영원한 현재이다. 매 순간의 시의성은 다르지만 그러나 그것은 모두 시간성이다. 그런 점에서 「천부경」의 세계는 고정되게 무엇이라고 구분하여 나타낼 수 없는 세계이다. 그 가운데는 천지인이라는 구분도 없고 만물이라는 구분도 없으며, 형이상形而上과 형이하形而下라는 구분도 없다.

변화의 세계에서는 그 어떤 것도 실재하지 않는다. 단지 한 순간에 잠시 형성된 하나의 사태가 다음 순간에 다른 사태로 이행되는 과정의 연속일 뿐이다. 그러므로 세계는 과정, 사태, 사건으로 존재할 뿐으로 물건과 같은 고정된 존재는 없다.

2. 종시와 도역생성

앞에서 「천부경」이 일에서 십까지의 수를 통하여 끊임없이 이어지는 변화의 세계관을 나타내고 있음을 살펴보았다. 그러면 십에서 일로의 변화 곧 종시로부터 시종으로의 변화가 구체적으로 어떻게 이루어지는지 살펴보자.

단군신화에서 환인을 나타내기 위하여 환웅에서 단군을 거쳐서 웅호에 이르는 변화와 웅호에서 시작하여 환웅에 이르는 변화를 통하여 상징적으로 나타내고 있다. 「천부경」에서는 환웅에서 웅호로 이어지는 종시의 변화를 일삼一三의 구조에 의하여 나타내고, 웅호에서 시작하여 환웅에 이르는 시종의 변화를 삼일三一의 구조를 통하여 나타내고 있다.

「천부경」을 일관하는 일삼의 구조는 석삼극무진본析三極無盡本, 무궤화삼無匱化三을 통하여 파악할 수 있다. 석삼극무진본析三極無盡本은 근원인 하나를 분석하면 셋으로 나누어지지만 그러나 근본은 다함이 없음을 뜻한다. 이때의 셋으로 나누어짐은 변화이다. 그러므로 셋으로 화(無匱化三)한다고 하였다. 이 때 셋으로 화하는 것은 하나로부터이다. 하나가 묘하게 증가하여 끊임없이 왕래한다(一妙衍萬往萬來)는 것은 이를 단적으로 보여주는 것이다. 그러면 하나의 근원이 변하여 화한 셋은 무엇인가?

하나의 근원은 곧 나타난 십十이면서 동시에 변화하는 수의 이면에 존재하는 변화가 없는 일一이다. 그것은 시종의 관점에서는 영원한 현재를 상징한다. 이러한 현재를 분석하면 곧 공간적인 세계가 형성된다. 그것은 시종의 영원한 현재를 공간적 관점에서 구분함으로써 비로소 공간의 세계, 구분되고 나누어지는 세계가 존재하게 됨을 뜻한다. 그러면 하나가 변하여 화한 셋은 무엇인가?

그것은 "천일일天一一, 지일이地一二, 인일삼人一三"과 "천이삼天二三, 지이삼地二三, 인이삼人二三"의 천지인이다. 앞의 내용은 천지인이 셋이지만 하나임을 나타내고, 뒤의 내용은 하나이지만 셋임을 나타낸다.

천일일天一一, 지일이地一二, 인일삼人一三"의 천일天一, 지일地一, 인일人一은 각각 천天도 하나의 일一이며, 지地도 하나의 일一이고, 인도 하나의 일一임을 나타낸다. 그것은 세계가 공간의 관점에서 천지인으로 구분되어지지만 그러나 셋이 아니라 모두 하나임을 뜻한다.

그리고 다음의 일이삼一二三은 변화의 순서를 나타낸다. 천일일天一一의 마지막 일一은 천天이라는 하나가 가장 먼저 나타난 하나이며, 지일이地一二의 이二는 지地라는 하나가 두 번째 나타난 하나이고, 인일삼人一三의 삼三은 인人이라는 하나가 세 번째 나타난 하나임을 뜻한다. 그러면 이것은 구체적으로 무엇을 의미하는가?

「천부경」의 하나가 상징하는 숫자는 시간성을 시간의 관점에서 나타낸 시의성임은 이미 살펴본 바와 같다. 그러므로 하나가 변화여 나타난 천지인은 결국 시간의 세 양상이 되지 않을 수 없다. 따라서 천天은 시간상의 미래를 물건화하여 나타낸 것이고, 지地는 시간상의 과거를 물건화하여 나타낸 것이며, 인人은 시간상의 현재를 공간적 관점에서 물건화하여 나타낸 것이다.

이 때 시간성이 변하여 가장 먼저 화한 시간은 미래이다. 그리고 이어서 과거와 현재가 화한다. 그러므로 천지인에 각각 일이삼一二三의 시위를 나타내는 숫자를 함께 나타낸 것이다. 이는 거꾸로 말하면 시간의 세 양상인 미래와 과거 그리고 현재를 물건화하여 나타낸 것이 천지인임을 뜻한다. 그러면 과거와 미래 그리고 현재가 셋인가?

시간상의 세 양상인 과거와 미래 그리고 현재가 셋이지만 그것은 본질적 시간인 영원한 현재를 구분하여 나타낸 것에 불과하다. 왜냐하면 영원한 현재는 곧 나타난 시의성이기 때문에 그것을 분석하면 과거와 미래 그리고 현재가 되기 때문이다.

미래는 아직 드러나지 않는 세계로 그것을 현상적 관점에서 나타내면 시간성의 세계, 시의성의 세계이다. 그리고 과거는 이미 드러난 세계라는 점에서 시종始終의 세계 곧 시간의 세계를 나타낸다. 그리고 현재는 과거와 미래가 하나가 된 시간인 동시에 과거와 미래를 구분하는 기준점이라는 점에서 시간성과 시간, 시의성과 시간이 하나가 된 영원한 현재를 나타낸다.

시간성의 세계를 천天으로 그리고 시간의 세계를 지地로 그리고 과거와 미래가 하나가 된 현재 곧 영원한 현재를 인人으로 구분하여 나타낸 순간 그것은 마치 하나의 고정된 세계처럼 된다. 그것을 나타내는 문장이 "천이삼天二三, 지이삼地二三, 인이삼人二三"이다.

본질적 시간, 본래의 시간인 영원한 현재가 공간화하여 천天과 지地 그리고 인人으로 고정화된 순간 천天은 다른 둘인 지인地人과 합하여 셋이 되고, 지地도 다른 천인天人과 합하여 셋이 되며, 인人도 다른 둘인 천지天地와 합하여 셋이 된다. 그러므로 천지인에 이르러서 비로소 각각의 위상을 갖고 있는 독립된 존재가 된다.

그러나 시간상으로는 영원한 현재이고, 시간성의 차원에서는 시의성인 하나 곧 하나님을 분석하여 곧 변화하여 천지인의 셋으로 화하였다고 하여 그것이 고정불변의 존재는 아니다. 그것을 나타내는 문장이 "석삼극무진본析三極無盡本"이다. 삼극으로 나누어지지만 그 근본은 다함이 없다는 것은 일이 비록 셋으로 화하여 나타나지만 셋의 근본은 변화가 없음을 뜻한다.

삼극을 언급하고 이어서 천지인을 언급하였기 때문에 삼극은 곧 천지인을 나타냄을 알 수 있다. 천지인을 극極으로 표현한 것은 시간상의 시종을 공간화하여 나타내었음을 뜻한다. 그것은 시간의 과거와 미래 그리고 현재를 그 끝까지 펼쳐서 나타내었음으로 객관화, 구체화, 실체화의 의미로 이해할 수 있다.

일一이 변화하여 십十이 되고, 십十이 변화하여 일一에 이르지만 그 본질은 언제나 하나이듯이 그 근본은 변함이 없다. 그것은 일이 셋으로 변화하더라도 전혀 변화함이 없다. 그러므로 "용변부동본用變不動本"이라고 하여 부동의 근본은 변화가 없음을 나타내고 있다. 그러면 본本과 용用은 무엇을 나타내는가?

「천부경」에서 본本이라는 개념은 네 번 사용되고 있다. 본本과 용用은 본체와 작용을 각각 나타내는 개념으로 이해할 수 있다. 본체와 작용은 그 결과인 현상의 측면 곧 물건의 측면에서 세계를 구분하여 나타낸 개념이다.

본체, 작용과 함께 고찰할 부분은 현상이다. 그것은 본체와 그것의 작용 그리고 작용의 결과로서의 현상이라는 세 측면에서 세계를 고찰하는 것이 필요함을 뜻한다. 그러면 본체와 작용 그리고 현상의 세 구조를 통하여 「천부경」을 살펴보자.

앞에서 살펴본 십에서 일까지의 변화와 일에서 십까지의 변화는 삼과 일의 관계를 통하여 집약적으로 표상할 수 있다. 이 양자의 관계는 체용의 관계로 고찰할 수 있는데 「태백일사」에서는 그 점을 다음과 같이 언급하고 있다.

> 삼일三一은 그 체體이며, 일삼一三은 그 용用이다.[9]

위의 내용을 보면 셋에서 하나로의 변화는 본체를 표상하는 변화이며,

9 李陌, 『太白逸史』, 蘇塗經典本訓 第五, "三一其體 一三其用 混妙一環 體用無岐"

하나에서 셋으로의 변화는 작용을 나타냄을 알 수 있다. 작용은 수의 변화를 통하여 표상된다. 그러므로 이러한 체용의 관계는 수의 변화를 통하여 확인할 수 있다.

「천부경」에서 일에서 십까지의 수의 운용 방법에 대하여 언급하고 있는 부분은 "대삼합육생칠팔구大三合六生七八九 운삼사성환오칠運三四成環五七"이다. 이를 통하여 수를 어떻게 운용하는지 살펴보자.

"대삼합육생칠팔구大三合六生七八九"는 크게 셋이 합한 육六이 칠팔구七八九를 낳는다는 말이다. 그것은 하나에서 셋으로 변화한 천지인이 합일合一한 상태를 나타내는 개념이 육六임을 뜻한다. 그러면 천지인이 합한 상태를 나타내는 수가 왜 육인지 그리고 그것이 무엇을 의미하는지 살펴보자.

육이 상징하는 의미를 파악하기 위해서는 두 문장이 나타나기 이전의 문장을 다시 살펴볼 필요가 있다. "대삼합육생칠팔구大三合六生七八九"를 언급하기 이전에 천이삼天二三, 지이삼地二三, 인이삼人二三"을 언급하였다. 이는 대삼합의 전제가 "천이삼天二三, 지이삼地二三, 인이삼人二三"임을 뜻한다. 이 문장은 천지인이 각각 하나의 존재로 화化하였음을 나타내기도 하지만 천지인이 모두 십十에서 일一까지의 수가 상징하는 변화와 일에서 십까지의 수가 상징하는 변화를 함을 뜻한다.

그것은 천지인이 모두 근원적 존재가 화한 존재이기 때문에 근원적 존재와 같이 양면의 작용을 함을 뜻한다. 그러므로 천지인의 양면적 작용을 모두 합하면 육六이라는 숫자가 형성된다. 단군신화에서는 웅호가 변하여 사람으로 화하는 과정을 통하여 천지인의 양면작용을 이십二十으로 나타내고 있다.

이 육수를 바탕으로 차차 일수一數가 증가함으로 인하여 칠, 팔, 구가 생성된다. 이를 나타내는 문장이 "대삼합육생칠팔구大三合六生七八九"이다. 이는 육으로부터 구에 이르기까지의 수가 표상하는 내용이 일에서 셋으로 분화하여 천지인이 형성되는 방향과 달리 천지인의 셋이 합덕하여 하나가 되는 변화를 표상하고 있음을 나타낸다.

그것은 십에서 일로의 변화가 시간성으로부터 시간으로의 변화, 더 나아가서 만물의 생성을 나타내는 것이라면 만물로부터 그 본질을 찾아서 하나가 되는 변화를 나타내는 것이 일에서부터 십으로의 변화임을 뜻한다.

다음 부분에서는 수의 운용에 대하여 구체적으로 언급하고 있다. "운삼사성환오칠運三四成環五七"은 삼三과 사四를 운용하여 오五를 완성하여 칠七과 하나로 연결된다는 것이다. 이 때 삼극의 합덕, 합일인 대삼합大三合은 사四의 운용을 통하여 이루어진다. 앞에서 육칠팔구의 네 단계를 통하여 대삼합을 나타내고 있는 것이 바로 그것이다. 그러면 오五를 완성하여 칠과 하나로 연결된다는 것은 무엇을 의미하는 것일까?

그것은 네 단계로 이루어지는 변화가 오五에 이르러서 비로소 완성됨을 뜻한다. 일이삼사를 거쳐서 오五에 이르러서 완성이 되면서 그것이 육칠팔구를 낳게 된다. 이는 오五가 일이삼사와 육칠팔구의 여덟의 수와는 그 성격이 서로 다름을 나타낸다.

앞에서 언급된 "대삼합육생칠팔구大三合六生七八九"는 "운삼사運三四"의 결과 "성환오칠成環五七"이 됨으로써 마침내 이루어지는 것이다. 운삼사運三四는 삼극으로 나타나는 현상의 작용이 네 단계의 작용으로 이루어짐을 뜻한다. 그것은 시간상으로는 춘하추동春夏秋冬의 사계절四季節에 의하여 일년一年이라는 시간이 이루어지는 것과 같다. 그리고 사계절로 표상되는 네 마디의 관계를 셋으로 축약하여 나타내면 생장성生長成의 세 단계가 된다. 그렇기 때문에 운삼사運三四를 작용의 측면에서 이해하면 생장성과 생장수장生長遂藏의 네 단계라고 할 수 있다.

"성환오칠成環五七"은 칠七의 끝수가 육六이 시작하는 수가 되면서 육六에 이르면 이미 오五를 본체로 하여 육六으로 작용하게 된다. 그것은 삼三에서 성장의 극치를 이루면서 사四로 넘어가면 이미 육六으로 변하여 오五를 본체로 하여 육六으로 작용함을 뜻한다.

칠七의 작용이 곧 오五를 매개로 하여 천과 지의 작용을 하나로 연결시켜 주는 작용을 하기 때문에 오五가 본체가 되는 동시에 그것에 의하여 육六의 작용이 시작됨을 오五가 이루어지고, 칠七이 고리를 이루어 연결된다(成環五七)고 하였다.

앞에서 고찰한 내용을 통하여 「천부경」에서는 십과 오 그리고 일을 중심으로 환인 곧 하나님의 세계를 시간성을 통하여 나타내고 있음을 알 수 있다. 십은 본체를 나타내는 수이며, 일은 현상을 나타내는 수이고, 오는 작용을 나타내는 수이다.

십이 형이상적 측면, 본체의 측면에서 근원으로서의 하나님을 나타내고, 오는 작용의 측면에서 하나님을 나타내며, 일은 현상의 측면에서 하나님 곧 환인을 나타낸다. 그러므로 셋은 하나이면서 셋이라고 할 수 있다.

오를 본체로 하여 육칠팔구로 작용하고, 십을 본체로 하여 구팔칠육으로 작용을 한다. 십을 본체로 하여 이루어지는 구팔칠육의 작용이 종시변화, 환웅에서 시작하여 웅호에서 끝나는 작용이며, 오를 본체로 하여 이루어지는 일이삼사, 곧 육칠팔구의 작용이 시종변화, 웅호에서 시작하여 환웅에서 끝나는 작용이다.

그리고 구팔칠육의 작용이나 일이삼사, 육칠팔구의 작용 곧 시종과 종시의 변화를 막론하고 작용 자체가 그대로 일이라는 하나님, 환인의 작용임을 나타내는 것이 바로 일一이라는 이수理數이다. 일은 본체의 작용이 그대로 현상으로 드러나는 점에서 현상적 측면에서 근원으로서의 환인을 나타내는 이수이다.

「천부경」에서 표현되고 있는 일삼의 석삼극과 삼일의 적십거는 한국사상에서 계승되다가 조선 말기의 『정역』에서 도역倒逆의 생성生成으로 표현되고 있다. 『정역』에서 이수의 추연을 통하여 밝히고 있는 삼극의 도는 다음과 같다.

> 용도龍圖는 미제未濟의 상象으로 도생역성倒生逆成하니 선천先天의 태극太極이며, 귀서龜書는 기제旣濟의 수數로 역생도성逆生倒成하니 후천後天의 무극無極이다.[10]

위의 내용 가운데서 용도龍圖는 하도河圖를 나타내고, 귀서龜書는 낙서洛書를 나타낸다. 그리고 도생역성은 순작용을 나타내며, 역생도성은 역작용을 나타낸다. 도倒는 후천, 무극, 미제의 세계를 나타내며, 역逆은 선천, 태극, 기제의 세계를 가리킨다.

도생역성은 무극에서 시작하여 태극에서 완성되는 생성작용이며, 역생도성은 태극에서 시작하여 무극에서 완성되는 생성작용이다. 태극과 무극은 모두 형이상적 존재이기 때문에 생성은 물리적 변화를 나타내는 것이 아니라 그것을 통하여 형이상적 차원을 상징적으로 나타낸다.

하도와 낙서의 작용을 나타내는 도역생성은 서로 구분하여 나타내었지만 일체이다. 이는 하도가 도생역성을 한다고 하면서도 미제未濟의 상象으로 규정하여 역생도성된 낙서를 전제로 하고 있음을 나타내고, 낙서가 역생도성을 한다고 하면서도 기제旣濟의 수數로 규정하여 도생역성된 하도를 전제로 하고 있음을 나타내고 있음을 보면 알 수 있다.

태극을 선천으로 규정하는 것은 『주역』과 같다. 다만 무극을 후천으로

---

10 金恒, 『正易』 第一張, "圖書之理는 后天先天이오 天地之道는 旣濟未濟니라. 龍圖는 未濟之象而倒生逆成하니 先天太極이니라. 龜書는 旣濟之數而逆生倒成하니 后天无極이니라. 五居中位하니 皇極이니라. 易은 逆也니 極則反하나니라."

규정하는 점에서 태극과 현상을 각각 형이상과 형이하로 규정하는 『주역』과 다르다. 그것은 『주역』이 씨의 관점에서 열매를 향하는 역逆의 관점이 중심이 되고 있는 것과 달리 『정역』은 열매의 관점에서 씨를 향하는 순順의 관점이 중심이 되고 있음을 뜻한다.

『정역』과 『주역』의 가장 근본적인 차이는 『주역』이 물건적 관점에서 공간성을 중심으로 순과 역을 구분하여 역逆을 중심으로 역도를 인도로 밝히고 있는 것과 달리 『정역』은 시간성을 중심으로 도역의 생성을 통하여 순과 역이 하나여서 순과 역이 없는 차원을 바탕으로 순과 역이 일체이면서 구분되는 두 관점을 나타내고 있는 점에 있다.[11]

환웅이 인간 세계에 내려와서 인간 세계를 이화理化하고 그리고 웅호와 하나가 되는 사건은 열매가 씨가 되는 사건에 비유하여 나타낼 수 있으며, 웅호가 사람이 되고 다시 환웅과 결혼을 하여 하나가 되는 사건은 씨를 뿌려서 가꾸어서 열매를 맺는 사건에 비유하여 이해할 수 있다.

그런데 환웅이 인간 세상에 내려와서 세계를 다스리는 일을 이화로 규정하고, 그리고 웅녀와 결혼을 하는 것을 가화假化로 표현하였다. 그것은 웅호가 사람이 되고 다시 환웅과 결혼을 하여 하나가 되는 사건과는 그 성격이 다름을 나타낸다.

그것은 웅호가 결혼을 하여 단군을 낳는 일은 물론 단군이 조선을 다스리는 일까지 모든 사건을 주재하는 점에서 그렇다. 그러므로 열매가 씨로 작용하는 현상에 비유하여 나타낼 수 있는 환웅의 작용은 씨가 싹이 트고 꽃을 피워서 열매를 맺는 현상에 비유할 수 있는 웅호의 결혼과 단군의 탄생이라는 사건과는 일종의 체용의 관계라고 할 수 있다. 그

11 이현중, 「중천건괘와 중지곤괘를 통해본 주역의 수행론」, 『유학연구』 제39집, 충남대학교유학연구소, 2017, 146쪽에서 147쪽.

점은 하도의 도생역성과 낙서의 역생도성이 일체이면서도 체용의 관계로 나타나는 것을 통해서도 확인된다.

이 때 도역의 생성 작용 곧 환웅과 웅호의 작용이 만나서 하나가 되는 현상이 바로 결혼이라는 사건이다. 그것은 열매가 씨로 심어져서 꽃을 피우는 현상에 비유하여 나타낼 수 있다. 꽃은 열매가 자신의 상태를 벗어남으로써 씨의 역할을 하여 싹을 틔우게 됨으로써 새로운 하나의 생명 현상을 시작하게 된다.

그리고 싹이 충분하게 자라서 새로운 생명을 잉태할 수 있는 준비가 된 상태가 꽃의 상태이다. 그러므로 꽃은 양자가 하나가 되어 새로운 열매를 맺을 수 있는 준비가 된 상태이다. 그것은 환웅과 웅녀가 각각 결혼을 하여 부모가 됨으로써 단군을 낳을 수 있는 상태가 되었음을 뜻한다.

환웅과 웅녀는 각각의 천신과 지물의 상태를 벗어나서 부모가 됨으로써 비로소 하나가 되었다. 그것은 남녀라는 생물적 차원을 벗어나서 부모로 재탄생을 상징하는 사건이 혼인이라는 사건인 것과 같다.

부모는 자식이 아니라 성인成人이다. 성인으로서의 부모는 오로지 사랑과 지혜로 자식을 대하듯이 모든 존재를 지혜와 자비로 대한다. 그러한 성인을 대인大人, 신인神人, 진인眞人이라고 한다.

앞에서 살펴본 바와 같이 단군신화의 내용은 환인으로 표상된 시간성의 세계 곧 무無, 공空, 진공眞空, 무상無相, 무언無言으로 표상할 수 있는 세계와 환웅으로 표상된 하나의 세계로서의 시의성의 세계 그리고 환웅과 웅호, 단군의 표상된 미래성, 과거성, 현재성이라는 세 차원을 중심으로 이해할 수 있다.

3. 앙명昻明과 순역합일順逆合一

우리는 앞에서 본체와 작용 그리고 현상의 관점에서 「천부경」의 내용을 살펴보았다. 그것은 「천부경」이 나타내는 시간성을 도생역성과 역생도성의 관점에서 고찰하였음을 뜻한다.

도생역성의 관점에서 보면 시간성은 시의성으로 드러나면서 각각 미래성과 과거성 그리고 현재성이 되어 미래와 과거, 현재의 시간이 전개된다. 그리고 시간을 객관화하여 나타내면 천지인의 물건적 세계가 전개된다.

역생도성의 관점에서 보면 구팔칠육을 통하여 표상되는 시간성의 시간화는 그 이면에서 일이삼사를 통하여 표상되는 시간의 시간성화가 있다. 시간의 시간성화는 물리적 시간이 과거와 미래 그리고 현재로 나누어져서 흐르지만 본래는 미래와 과거 현재가 모두 시간성의 나타남이기 때문에 영원한 현재이다.

그런데 시간성의 시간화를 통하여 인간의 본성이 미래성과 과거성이 하나가 된 현재성임이 밝혀지고, 시간의 시간성화를 통하여 마음과 육신을 통하여 드러나는 인간의 삶이 천지와 하나임을 알 수 있다.

시간성의 시간화가 인간의 존재근거를 밝히는 측면이라면 시간의 시간성화는 인간의 일상의 삶이 그대로 드러난 현실로서의 영원한 현재임을 나타낸다. 환인을 통하여 나타내는 하나님의 세계가 환웅과 웅호의 결혼을 통하여 탄생하는 자식인 단군으로 집약됨은 바로 과거성과 미래성이 하나가 되어 현재성으로 드러남을 나타내는 시간성의 시간화이다.

그리고 웅호가 환웅과 결혼하여 하나가 되는 과정에서 사람이 되는 것은 공간적인 물건에서 시간적인 사건으로 그리고 환웅이 표상하는 시의성을 거쳐서 환인이 표상하는 시간성에 이르는 시간의 시간성화를 나타낸다. 그러면 시간성의 도역생성은 무엇인가?

시간성의 시간화로서의 도생역성과 시간의 시간성화로서의 역생도성은 인간을 중심으로 이루어진다. 시간성을 시의성을 중심으로 공간적 관점에서 물건화하여 나타내고 있는 『주역』에서는 미래성을 천성으로 그리고 과거성을 지성으로 물건화하여 나타냄으로써 천성의 작용인 천도와 지성의 작용인 지도가 인간에 의하여 하나가 됨을 밝히고 있다.

시간성의 도생역성을 물건화하여 순順으로 나타내고, 시간성의 역생도성을 물건화하여 역逆으로 나타냄으로써 천도의 순작용을 제도濟度, 실천實踐으로 그리고 지도地道의 역逆작용을 수행修行, 수도修道, 학문으로 구분하여 나타낸 것이다. 그것은 결국 인간의 삶을 나타내기 위함이다. 그러면 「천부경」에서는 인간의 삶을 어떻게 나타내고 있는가?

인간은 삶의 현상을 문제로 삼아서 그 본체를 추구하는 존재이다. 인간은 자신의 본성을 밝히고자 할 뿐만 아니라 그것을 바탕으로 천지와의 관계를 추구한다. 「천부경」에서는 인간의 본질을 본심으로 규정하고 천지와의 관계를 밝히고 있는데 그 내용은 다음과 같다.

> 작용은 변하지만 근본은 변하지 않는다. 본심은 본래 태양과 같다. 밝음을 숭상하면 사람 가운데서 천지가 하나가 된다.[12]

위의 내용에서 작용은 변하지만 근본은 변하지 않는다고 한 것을 통하여 사람의 삶은 사고와 언행과 같이 끊임없이 변화하는 작용으로 나타나는 부동의 본체가 있음을 밝힌 것이다. 그러면 사람의 삶에서 부동의 본체는 무엇인가?

위의 내용을 보면 부동의 본체를 본심本心으로 규정하고 있다. 그것은

12 앞의 책, 233쪽, "用變不動本 本心本太陽 昂明人中天地一"

인간의 삶이 본체인 본심에 의하여 이루어짐을 뜻한다. 본심은 본래 태양과 같이 밝은 존재이다. 그리고 밝음은 지혜를 상징하는 개념이다. 따라서 인간은 태양과 같이 밝아서 어두움이 없는 완전한 지혜를 주체로 살아가는 존재이다.

인간의 삶이 완전한 지혜를 주체로 이루어진다면 무지無知를 벗어나는 수양修養이라는 문제는 제기되어지지 않는다. 그것은 인간의 삶 자체가 그대로 밝음 그 자체가 되기 때문이다. 「천부경」에서는 하나에 의하여 이루어지는 일삼과 삼일의 종시와 시종의 생성을 인간의 관점에서 앙명昻明으로 규정하고 있다.

앙명昻明은 본심에 의하여 이루어지는 것이기 때문에 부족한 상태에서 완전해지거나 불선不善한 상태, 어두운 상태에서 밝아지고, 선善해지는 것이 아니다. 그러면 「천부경」에서 인간의 삶의 본질로 규정하고 있는 앙명昻明이라는 것은 무엇인가?

그것은 사람의 삶의 두 측면 곧 양면적 작용을 나타낸 것이라고 할 수 있다. 「천부경」에서는 삼극三極의 구조를 이루는 천天과 지地 그리고 인人이 모두 양면 작용을 함을 밝히고 있는데 그 내용을 살펴보면 다음과 같다.

> 하늘도 둘로 작용하기 때문에 셋이고 땅도 둘로 작용하기 때문에 셋이고 인간도 둘로 작용하기 때문에 셋이다.[13]

위의 내용을 보면 두 가지 측면에서 천지인天地人에 관하여 언급하고 있음을 알 수 있다. 그 첫째는 천지인이 일체이면서도 각각이 존재함으로

13 앞의 책, 233쪽, "天二三地二三人二三"

써 셋이 된다. 둘째는 천天과 지地 그리고 인人이 각각 하나의 존재가 되어 셋이 되는 까닭이 각각 양면작용을 하기 때문이다.

결국 본질적인 측면에서는 천과 지 그리고 인이 하나이기 때문에 동질적이지만 현상의 측면에서는 각각 다르게 존재한다. 그것은 현상의 측면에서는 천지인이 각각 양면 작용을 함으로써 스스로 각각의 존재로 존재함을 뜻한다.

이를 통하여 하나인 본체가 현상에서 셋으로 현상화하는 것은 양면작용에 의하여 이루어짐을 알 수 있다. 본체가 셋으로 분화分化하는 것도 양면작용에 의하여 이루어지며, 셋으로의 분화에 의하여 이루어지는 천지인 자체도 각각 양면작용을 하는 것이다.

인간의 관점에서 보면 작용은 곧 삶을 뜻한다. 인간의 삶은 본심이라는 본체, 근본을 바탕으로 이루어지는 두 측면의 작용에 의하여 삶이 이루어진다. 그것은 십十에서 일一을 향하는 방향과 일一에서 십十을 향하는 방향의 두 측면이다.

십十에서 일一을 향하는 작용은 십十이 주체가 되어 사물로 화하는 작용이다. 그것은 본체로부터 현상으로 향하는 작용이다. 반면에서 일一에서 십十으로 향하는 작용은 언행으로부터 본심을 향하고 본심으로부터 천지의 본성을 향하는 작용이다.

이 때 십十에서 일一을 향하여 이루어지는 작용이 본체의 작용이라면 일一에서 십十으로의 작용은 현상에서 본체를 향하여 이루어지는 작용이다. 그렇기 때문에 양자가 형이상과 형이하, 본체와 현상, 선善과 불선不善 등과 같은 양립이 불가능한 관계를 형성하면서 하나의 문제를 야기하게 된다.

그것은 논리적으로 양립이 불가능한 점에서 양자의 관계를 회통會通, 합일合一시키는 문제가 제기되는 것이다. 이 때 일一에서 십十으로의 작용이 본체를 찾아가는 과정으로 그것이 비록 현실, 현상을 초월하는 것이지만 그러나 그것이 현실의 부정은 아니다. 왜냐하면 현상의 부정은 결국은 본체 또는 형이상의 세계의 부정否定이 되기 때문이다. 그렇다고 하여 오로지 십十에서 일一로 향하는 작용만을 생각해도 역시 현상의 차별상이 사라지게 된다.

현상의 측면에서 보면 인간의 삶은 다양한 형태로 나타난다. 어떤 사람은 선善하게 살아가고, 어떤 사람은 불선不善하게 살아간다. 인간의 삶이 모두 본심에 의하여 이루어진다면 선善과 불선不善이 나타날 수 없을 것이다. 그렇다면 이 문제는 어떻게 이해할 것인가?

그 문제는 도역생성의 관점에서 「천부경」을 고찰할 때 비로소 해소解消된다. 「천부경」의 뒷부분인 ""대삼합육생칠팔구大三合六生七八九" 이후를 보면 그 내용이 십과 일이 중심이 아니라 오五임을 알 수 있다. 그 이전은 삼三이라는 수를 통하여 현상화한 천지인의 삼극三極을 표상하고 있다. 그리고 이어서 ""대삼합육생칠팔구大三合六生七八九에서부터 "운삼사성환오칠運三四成環五七 일묘연만왕만래一妙衍萬往萬來 용변부동본用變不動本"에 이르기까지 오五를 중심으로 수의 변화에 대하여 언급하고 있다.

오五를 중심으로 두 방면의 수의 변화를 나타내면 일이삼사의 변화와 육칠팔구의 변화로 집약된다. 일이삼사에 오가 더하여지면 육칠팔구가 되고, 반대로 육칠팔구로부터 오를 제거하면 일이삼사가 되어 두 방면의 수의 변화의 기준이 오가 됨을 알 수 있다.

육칠팔구六七八九를 중심으로 십에서 일까지의 변화를 나타내면 구팔칠육九八七六이 되고, 일에서 십까지의 변화는 일이삼사一二三四를 통하여 표상한다. 이렇게 하여 오를 중심으로 일一과 구九, 이二와 팔八, 삼三과 칠七, 그리고 사四와 육六이 대응하게 된다. 이 때 대응하는 수들의 합은 모두 십十이다. 이를 통하여 두 수의 대응이 십十을 바탕으로 이루어지고 있음을 알 수 있다. 그리고 오五와 십十을 더하면 십오十五가 된다.

오를 중심으로 서로 대응하고 있는 일이삼사一二三四는 구팔칠육九八七六의 수적인 위상을 나타낸다. 그것은 일이삼사一二三四 자체가 수의 변화를 표상하지 않음을 뜻한다. 다만 수의 변화는 구팔칠육九八七六과 육칠팔구六七八九에 의하여 표상될 뿐이다. 그렇다면 구팔칠육九八七六의 변화는 드러나지만 육칠팔구六七八九의 변화는 어디에서 표상되는가?

일이삼사一二三四는 사실상 오수를 중심으로 상대적 관계이다. 다시 말하면 일과 육, 이와 칠, 삼과 팔, 사와 구는 서로 대응하는 관계이다. 결국 구팔칠육九八七六과 일이삼사一二三四의 이면에 있는 육칠팔구六七八九가 서로 하나가 되어 구육九六, 팔칠八七, 칠팔七八, 육구六九가 되어 모두 십오十五의 수를 형성하게 된다. 그러면 그것이 상징하는 의미는 무엇인가?

일一은 시종의 차원에서 시간성을 나타낸 것이다. 그렇기 때문에 일一은 시간성 자체를 나타내지 않고 시의성時義性을 나타낸다. 그리고 시간성 자체는 십十을 통하여 상징적으로 나타낸다. 시간성을 표상하는 십十과 시의성을 표상하는 일一은 본체와 작용의 관계와 같다.

그런데 오수를 중심으로 두 측면의 수의 변화를 살펴보면 종시의 세계에서 시종으로의 변화와 시종의 세계에서 종시의 세계로의 변화는 육칠팔구六七八九의 네 수를 중심으로 표상된다. 그것은 십에서 시작하여 이루어지는 구팔칠육九八七六과 오五에서 시작하여 이루어지는 육칠팔구六七八九을 통하여 두 측면의 작용이 표상됨을 뜻한다. 그러면 십과 일 그리고 오는 어떤 관계인가?

십은 무無, 공空으로 표상할 수 있는 근원적 존재를 나타낸다. 「천부경」에서는 밝히고 있는 종시의 세계를 나타내는 이수가 십이다. 그리고 일一은 유有, 색色의 세계로 곧 십의 변에 의하여 화한 세계를 나타낸다.

오五는 일이삼사一二三四의 이면에서 시종의 단계, 위상을 나타낸다.

그것은 무無와 유有, 공空과 색色의 마디를 지어줌으로서 그것이 변하여 화하도록 작용함을 뜻한다. 이로부터 십과 오 그리고 일이 각각 본체本體와 작용作用 그리고 그것이 나타난 결과를 나타냄을 알 수 있다.

일一은 현상적 관점에서 만물의 근원, 우주의 근원을 표상하는 수이며, 십十은 근원, 본체 자체를 나타내는 수이고, 오五는 변화의 계기를 만들어주는 곧 변화의 원인을 만들어주는 존재 곧 변화의 작용원리를 표상하는 수이다. 본체와 작용 그리고 현상의 체용상의 관점에서 근원을 표상하는 수가 각각 십과 오 그리고 일인 것이다. 그러면 십과 일 그리고 오는 무엇인가?

이미 앞에서 십十은 시간성時間性을 나타내고, 일一은 시의성時義性을 나타낸다고 하였다. 시의성은 공간적 관점에서는 공간성이 된다. 그것을 일이 표상하는 시의성時義性을 공간화하여 나타내면 공간상의 천지인이라는 세 세계가 형성됨을 뜻한다. 그러면 오는 무엇을 상징하는가?

「천부경」의 마지막 부분에서는 "본심본태양本心本太陽 앙명인중천지일昂明人中天地一 일종무종일一終無終一"이라고 하였다. 본심은 본래의 마음, 타고난 마음을 나타내며, 본태양은 본래 태양과 같음을 뜻한다. 그것은 사람의 본래의 마음은 우주와 만물의 마음과 같음을 뜻하는 것이다.

태양太陽은 물리적 존재인 사물을 나타내는 것이 아니라 근원적 존재, 본체의 본질인 지혜를 상징하는 개념이다. 왜냐하면 뒷부분에서 천지와 하나가 되는 방법으로 제시한 앙명昂明을 물리적 차원에서 이해하여 태양의 빛을 숭배하는 것이라고 이해할 수 없기 때문이다.

태양을 본체의 본질을 나타내는 상징적인 개념으로 이해할 경우 본심본태양本心本太陽은 인간의 본성이 곧 천지의 본성과 하나임을 나타낸 것이라고 할 수 있다. 천지인의 본질이 하나이기 때문에 인간이 자신의 본성을 체득함으로써 그 가운데서 천지와 합일合一을 할 수 있다. 그것이 바로 앙명인중천지일昂明人中天地一의 의미이다.

인간의 본성을 매개로 하여 천지가 합일合一하는 상태를 나타내는 것이 대삼합육생칠팔구大三合六生七八九이다. 이 때 대삼합육은 천지인이 하나가 됨을 나타내는 것으로 육六은 천天과 지地 그리고 인人이 각각 종시와 시종의 양면적 작용을 함을 나타낸다.

대삼합인 육六이 칠팔구七八九를 낳는다는 것은 오五를 기준으로 할 때 비로소 육六이 형성되고, 육으로부터 시작하여 일一이 누적됨으로써 칠팔구七八九가 형성됨을 뜻한다. 그것은 오五를 본체로 하여 육六으로 작용함을 뜻한다.

종시와 시종의 변화를 표상하는 일一에서 십十까지의 수는 오五를 기준으로 일一에서 사四까지의 수數와 육六에서 구九까지의 수數로 구분할 수 있다. 이 때 일이삼사一二三四는 "일적십거"의 작용 그리고 구팔칠육九八七六은 "무궤화삼"의 작용을 표상한다.

그것은 오五를 기준으로 구팔칠육九八七六의 하늘의 작용과 일이삼사一二三四의 땅의 작용이 하나가 됨을 뜻한다. 이 때 구九와 일一, 팔八과 이二, 칠七과 삼三, 육六과 사四는 서로 대응하는 수이다. 이처럼 삼극을 중심으로 이루어지는 변화가 네 단계로 이루어짐을 나타내는 것이 운삼사運三四이다.

운삼사運三四는 삼극으로 나타나는 현상의 작용이 네 단계의 작용으로 이루어짐을 뜻한다. 그것은 시간상으로는 춘하추동春夏秋冬의 사계절四季節에 의하여 일년一年이라는 시간이 이루어지는 것과 같다. 그리고 사계절로 표상되는 네 마디의 관계를 셋으로 축약하여 나타내면 생장성의 세 단계가 된다. 그렇기 때문에 운삼사를 작용의 측면에서 이해하면 생장성과 생장수장生長遂藏의 네 단계라고 할 수 있다.

그리고 칠七의 끝수가 육六이 시작하는 수가 되면서 육六에 이르면 이미 오五를 본체로 하여 육六으로 작용하게 된다. 그것은 삼三에서 성장의 극치를 이루면서 사四로 넘어가면 이미 육六으로 변하여 오五를 본체로 하여 육六으로 작용함을 뜻한다.

칠의 작용이 오를 매개로 하여 천과 지의 작용을 하나로 연결시켜주는 작용을 하기 때문에 오가 본체가 되는 동시에 그것에 의하여 육의 작용이 이루어지는 것을 오가 이루어지고, 칠이 고리를 이루어 연결된다(成環五七)고 하였다.

그런데 천지天地를 중심으로 세계를 나타내면 본체는 십十이고, 작용이 일一이지만 천지인天地人의 삼재三才의 관점에서 살펴보면 본체는 십十이고 작용은 오五이며, 그 결과로 나타내는 현상적 측면에서의 본질은 일一이다.

일로 표상된 시의성의 세계를 공간의식에 의하여 분석하여 나타냄이 곧 "일시무시일一始無始一 석삼극무진본析三極無盡本 천일일天一一지일이地一二 인일삼人一三 일적십거무궤화삼一積十鉅無匱化三 천이삼天二三지이삼地二三인이삼人二三"이다. 그것은 오가 표상하는 본심 곧 본성이 그대로 나타나 작용한 마음을 통하여 이루어지는 변화이다. 그것이 뒷부분에서 설명하고 있는 내용이다.

오의 작용에 의하여 이루어지는 석삼극析三極, 화삼化三은 십을 구와 일, 팔과 이, 칠과 삼, 육과 사로 구분하는 작용이다. 그것은 십이라는 시간성과 시간, 종시와 시종, 형이상과 형이하, 도와 만물, 유와 무, 공과 색으로 구분할 수 없는 일체의 세계, 본래 그러하여 일체라고도 할 수 없는 세계를 각각 시간성과 시간, 종시와 시종, 형이상과 형이하, 도와 만물로 구분하여 표상함을 뜻한다. 그것은 본성 그 자체의 작용인 점에서 천인합일, 천지인합일의 상태에서 이루어지는 변화이다.

십에서 일로의 변화는 구팔칠육에 의하여 표상되고, 일에서 십으로의 변화는 일이삼사를 통하여 표상된다. 그리고 겉으로 드러나지 않는 오의 변화를 표상하는 것이 바로 일이삼사의 이면에서 작용하는 육칠팔구이다. 그것을 나타내는 것이 바로 앙명인중천지일昻明人中天地一이다.

앙명인중천지일昻明人中天地一은 인간의 본심을 통하여 천지가 합하여 하나가 됨을 나타낸다. 그것은 인간의 본래성의 차원에서 비로소 천지인이 합일됨을 뜻한다. 천지인이 합일되면 본래의 삼극으로 구분되기 이전의 세계로 돌아간다. 그러나 그것은 끝이 아니라 새로운 시작이다. 그것을 나타내는 것이 일종무종일一終無終一이다.

본심본태양本心本太陽 앙명인중천지일昻明人中天地一 일종무종일一終無終一에서 밝히고 있는 두 가지 점은 순방향에서는 인간의 본심으로 발현되는 본성은 천지와 더불어 일체라는 점이다. 그것은 비록 천지인이라는 개념을 통하여 현상의 세계의 다양성을 표상하였지만 근원의 측면에서 보면 인간도 하늘도 땅도 없음을 뜻한다.

인간의 본래성은 천지의 본성과 일체이기 때문에 천지의 본성이 인간의 본성이고 인간의 본성이 천지의 본성이다. 본성의 차원에서 보면 한 사람 각각의 개체적인 존재는 없고, 오로지 천지인을 구분할 수 없는 하나의 존재가 존재하는 점에서 「천부경」에서 제시하고 있는 인간관은 무한의 대아적大我的 인간관이라고 할 수 있다.

인간의 육신이나 마음 그 자체는 본성과 달리 시공의 한계를 갖는 점에서 개체적이고 소아적이다. 그렇기 때문에 무한의 대아는 개체적 자아自我가 없는 점에서는 무아無我이지만 절대무絶對無가 아니어서 대아大我라고 한 것이다.

그것은 시간성의 측면에서 보면 미래성과 과거성이 하나가 된 현재성이 드러난 영원한 현재가 바로 본질적인 시간의 세계이며, 그것을 물건화하여 나타낸 것이 천지인의 세계임을 뜻한다. 그렇기 때문에 물건적 관점에서 천지인의 관계 역시 미래성을 객관화여 나타낸 천성天性과 과거성을 객관하여 나타낸 지성地性이 합일된 인성人性의 작용이 본심本心이며, 본심이 나타난 것이 육신에 의하여 이루어지는 다양한 언행言行임을 뜻한다.

천지인의 관점에서 살펴보면 십이 표상하는 천과 오가 표상하는 인이 합일하여 이루어지는 것이 곧 천天의 작용과 지地의 작용이다. 인간이 천지와 하나가 되어 작용하기 때문에 인간의 작용 자체는 천지의 작용이다. 그러므로 선도 불선도 천지의 작용으로 인간의 선과 불선은 없다.

그것은 인간이 천지와 독립된 개체적 존재가 아님을 뜻한다. 그런 점에서 보면 인간을 비롯하여 천지인이 모두 무아無我이다. 천지天地도 단지 인간의 본질을 드러내기 위한 방편으로 사용된 개념일 뿐으로 세계는 끊임없이 변화하여 천지와 인간이라는 고정된 실체적 존재가 없다.

그것은 인간의 삶의 성격을 나타내는 것이다. 사람이 삶을 살아가지만 살아가는 주체로서의 내가 없고, 더불어 삶의 대상이나 내용이 없기 때문에 살아감이 없다. 그렇기 때문에 살아도 사는 것이 아닐 뿐만 아니라 죽어도 죽는 것이 아니다. 그런 점에서 선과 불선도 존재하지 않는다.

사람의 삶의 성격을 가장 잘 나타내고 있는 부분은 일시무시일一始無始一, 일종무종일一終無終一이다. 사람의 삶은 개체적인 것 같지만 하나에서 시작하고 하나로 끝이 난다. 그것은 하느님이라고 표현하거나 도道 또는 상제上帝라고 표현하거나를 막론하고 근원은 하나임을 뜻한다. 그렇기 때문에 사람은 서로 다른 존재가 있는 것 같지만 하나이다. 모든 사람이 도道이고, 하느님이며, 상제上帝이다.

그런데 하나에서 시작했지만 그 시작은 시작함이 없고, 하나로 돌아가지만 그 끝은 돌아감이 없다. 그것은 하나마저도 없어서 시작도 끝도 없음을 뜻한다. 결국 사람의 삶은 일체이기 때문에 개체적 삶이 없으며, 삶이 없기 때문에 죽음도 없다.

앞에서 「천부경」을 통하여 고조선 사상을 살펴보았다. 그것은 신도인 고조선 사상을 천지인의 삼재적 관점에서 구분하여 천도를 중심으로 고찰하였음을 뜻한다.

천도는 시간성의 시간화와 시간의 시간성화의 두 측면의 변화를 중심으로 이수를 통하여 나타내고 있다. 단군신화에서는 21수와 100수 그리고 360를 통하여 대략적으로 나타내고 있는 천도의 내용을 「천부경」에서는 일에서 십까지의 수를 중심으로 나타내고 있다.

「천부경」에서는 십十과 오五, 일一의 삼극을 나타내는 세 수를 중심으로 시간성의 원리인 천도를 밝히면서도 그것을 공간적 관점에서 천지인으로 나타내어 시간성은 이수理數에 의하여 나타내고, 공간성은 언어를 통하여 나타내는 단군신화의 구성 형식과 같은 형식을 취하고 있다.

그러나 「천부경」에서 밝히고 있는 시간성의 원리는 일에서 십까지의 수를 운용하는 추연推衍을 통하여 내용이 무엇인지 그 대체를 밝히고 있지만 구체적인 내용은 밝히고 있지 않다. 따라서 일에서 십까지의 이수를 통하여 구성된 천도의 표상체계가 무엇인지는 다른 전적을 통하여 연구되어야 한다.

그것은 100수를 중심으로 20에서 100까지의 80의 수가 표상하는 내용과 15의 본체를 중심으로 시간성의 시간화와 시간의 시간성화를 나타내는 표상체계인 하도와 낙서를 중심으로 그것이 표상하는 내용이 무엇인지를 밝히는 문제이다.

하도와 낙서의 내용이 역수원리인 천도를 밝히고 있는 내용임은 조선의 말기에 나타난 『정역』을 통해서 드러났다. 『정역』에서는 "역도는 역수원리이다."[14]라고 하여 "역은 상이다."[15]라고 정의한 『주역』과 달리 역수원

14 金恒, 『正易』, 大易序, "聖哉라 易之爲易이여 易者는 曆也니 無曆이면 無聖이오 無聖이면 無易이라 是故로 初初之易과 來來之易이 所以作也시니라. 是故로 易者는 象也니 象也者는 像也오."

리가 천도의 내용인 역도임을 밝히고 있다.

그리고 역도가 하도와 낙서를 통하여 도생역성과 역생도성의 도역생성 원리와 십오원리, 십일원리임을 밝히고 있다. 낙서가 밝히고 있는 도역생성의 내용은 다음과 같다. 도생역성은 사역의 변화를 통하여 시간성의 시간화를 상징적으로 나타내고 있고, 역생도성은 사역변화로 드러나는 이면의 변화를 통하여 시간의 시간성화를 상징적으로 나타내고 있다. 그리고 하도는 십오의 합덕을 통하여 이루어지는 존공위체를 나타내고 있다. 그것은 도역의 생성이 십오에 의하여 드러나는 작용임을 뜻한다.[16]

---

15 『周易』 繫辭下篇 第三章, "是故로 易者는 象也니 象也者는 像也오"

16 하도와 낙서가 표상하는 천도의 내용에 관하여는 이현중의 『정역철학』, 학고방, 2016, 249쪽에서 298쪽을 참고하기 바란다.

제육부

신도와 지도地道

우리는 앞에서 단군신화를 통하여 하나님 곧 환인사상을 고찰하였으며, 이어서 천도天道를 중심으로 환인사상의 내용인 신도를 고찰하였다. 그러면 지금부터는 고조선사상의 내용인 신도사상을 웅호가 표상하는 공간성을 중심으로 지도의 관점에서 살펴보자.

공간성을 상징적으로 표현하고 있는 웅호를 중심으로 하나님을 나타내면 환웅은 천성天性, 신성神性을 나타내고, 웅호는 지성地性, 물성物性을 나타내며, 단군은 인성人性을 나타낸다. 천성은 인간 세상으로 내려와서 인간 세상을 구하고자 하는 본성을 갖는다. 그는 인간 세상에 내려와서 홍익인간의 이념을 구현하기 위하여 이화한다. 그것은 역수의 다스림으로 나타난다. 역수의 다스림은 시간의 다스림이다. 시간의 다스림은 과거를 바꾸어서 미래를 바꾸고, 미래를 바꾸어서 현재를 재창조하는 과정이다.

그것은 360의 역수가 표상하는 본질적 시간으로서의 영원한 현재를 살아가는 삶이다. 음과 양으로 나누지 않는 무분별의 상태에서 환웅과 만나고〔神以知來〕, 환웅의 세계를 분별하여 다양한 지식으로 드러냄〔知以藏往〕[1]이 인간의 삶이다. 그렇기 때문에 매 순간의 삶은 끊임없이 신이지래

1 『周易』繫辭上篇 第十一章, "聖人이 以此로 洗心하야 退藏於密하며 吉凶애 與民同患하야 神以知來코

神以知來 지이장왕知以藏往하여 미래를 변화시켜서 현재를 새롭게 하는 것이다.

지성知性은 천성天性에 의하여 이루어지는 땅으로의 작용, 인간 세상에 나타나는 작용을 사물의 관점에서 나타낸 것이다. 웅호가 표상하는 지도地道, 지성地性의 관점에서 보면 사물의 드러남은 곧 환웅이 표상하는 천성의 드러남이다. 천성이 현상에서 사물의 물성으로 드러나면서 사물이 형성된다.

현상의 사물은 그 목표가 천성에 있다. 그것은 매 순간 다양한 사물의 드러남 자체가 천성, 시간성과의 하나됨을 그대로 나타냄을 뜻한다. 단군신화에서는 웅호가 사람이 되기를 원하고, 사람이 되어서 다시 이세를 출산하기를 원함으로 나타내고 있다.

사람이 됨은 물성의 차원에 머물지 않고 그것을 넘어서기를 원하는 것이며, 다시 환웅과 결혼을 하기를 원하는 것은 사람이 되어서도 인성의 차원에 머물지 않고 그것을 넘어서기를 원하는 것이고, 결혼을 해서도 다시 이세를 낳기를 원하는 것은 환웅과의 합일에 의하여 시간성의 세계에 도달하였을지라도 그것에 머물지 않고 다시 인성으로 나투기를 원함을 뜻한다.

단군에 의하여 상징적으로 표현되는 인성은 시간성과 공간성이 모두 지향하는 목표가 되는 동시에 양자를 향하여 나아가는 중간점이 되고 있다. 그것은 웅호가 환웅과 결혼하기 위하여 사람이 되는 과정을 거치고, 환웅이 웅호와 하나가 되기 위하여 인간의 세계로 내려와서 남자가 되는 것을 통하여 확인할 수 있다.

인간성은 시간성과 공간성이 만나서 하나가 되는 곳인 동시에 시간성과

知以藏往하나니 其孰能與於此哉리오 古之聰明叡知神武而不殺者夫ㄴ뎌."

공간성이 분화가 되는 자리이다. 그렇기 때문에 환웅도 웅호도 모두 인간이 되기를 원하였다. 인간을 통하여 물화物化와 신화神化가 가능할 뿐만 아니라 그 어떤 것에도 걸림이 없이 다양하게 드러낼 수 있기 때문이다.

그런데 공간성을 중심으로 신도사상을 고찰함은 인간에 있어서 수도론修道論이 된다. 그것은 웅호가 표상하는 사물이 중심이 되어 물성에서 인성으로, 인성에서 신성으로의 차원을 고양하는 과정이 되기 때문에 그것이 그대로 인간에 있어서 수도론이 됨을 뜻한다.

신도사상을 물성, 공간성을 중심으로 고찰할 때 유의해야할 또 하나의 문제는 인성과 물성의 사이에 과학과 종교라는 학문이 개재되어 있는 점이다. 과학이 대상으로 하는 세계로서의 자연은 시공의 세계이다. 그리고 시공의 본질인 물성, 공간성을 넘어서야 비로소 인문의 세계인 인성의 세계에 도달할 수 있다.

그리고 인성의 세계를 넘어서야 비로소 천성의 세계, 신성의 세계에 도달할 수 있다. 그럼에도 불구하고 종교의 대상으로서의 신의 세계를 신성이 배제된 차원에서 자연과 같이 대상화하여 나타냄으로써 그 본성을 곡해할 소지가 있다.

환인이 표상하는 하나님의 세계를 물성을 중심으로 사물적 관점에서 대상화여 신으로 나타내고, 다시 그것을 공간 세계를 구성하는 사물을 통하여 나타내고 있는 전적은 「삼일신고」이다. 「삼일신고」는 역사학계에서 사료로 인정을 받지 못하고 있는 『환단고기』에 실려 있는 내용이다.

그러나 「삼일신고」는 역사적 사실을 기록하고 있는 것이 아니라 단군신화처럼 언어와 수를 통하여 고조선사상을 상징적으로 나타내고 있다. 그렇기 때문에 「삼일신고」의 내용을 통하여 고조선사상의 공간성을 바탕으로 한 지도적 측면을 고찰할 수 있다.

언어의 측면에서 일상적인 언어의 용법과 다른 용법으로 사용되고 있는 신화와 일상적인 수의 용법과 다른 용법으로 사용되고 있는 이수理數는 분별의식에 의하여 이루어지는 분별적 사고를 통하여 이해되어질 수 없다.

신화와 이수는 그것이 나타내는 상징성을 읽어야 한다. 왜냐하면 그것들은 육신의 기능인 의식에 의하여 이해할 수 있는 시공적 차원, 물질적 차원을 넘어선 세계를 나타내기 위하여 사용된 도구들이기 때문이다.

「삼일신고三一神誥」는 『환단고기』, 「천부경」과 더불어 대종교, 동학을 비롯하여 여러 종교 단체에서 교리를 담은 서적으로 사용되고 있다. 그렇다고 하여 그것이 그대로 위의 전적들이 특정한 종교의 교리를 담고 있는 전적임을 뜻하는 것은 아니다.

우리는 단지 그것들을 고조선사상을 고찰하는 보조 자료로 활용할 뿐이다. 그렇기 때문에 우리가 고찰하는 고조선 사상의 내용은 특정한 종교의 교리나 특정한 이념과는 아무런 관계가 없음을 밝혀둔다.

그 점은 우리가 자료들을 고찰하는 방법을 통해서도 확인할 수 있다. 역사적 사실이나 종교적 교리의 내용을 확인하는 대상으로 연구하는 방법은 탐구적 방법이다. 그러나 이 책에서는 시작 부분에서 밝힌 바와 같이 탐구적 방법과는 다른 방법을 사용하고 있다. 따라서 역사적 관점, 사실적 관점에서의 접근과는 다른 점에서 사료의 가치에 대한 논란과 무관하다.

「삼일신고」는 『한단고기』의 「태백일사」에 게재되어 있는 태소암본과 발해석실본, 신사기본이 있다. 「삼일신고」 역시 「천부경」과 같이 대종교의 교리로 사용되고 있는 점에서 고조선의 철학을 살펴보기에는 한계를 갖고 있을 뿐만 아니라 『한단고기』 자체가 위서로 의심을 받고 있는 상황에서 과연 고조선의 철학을 살펴볼 수 있는 자료가 될 수 있는지 의문을 제기할 수 있다.

그러나 이미 시작부분에서 논한 바와 같이 고조선의 철학은 시공을 초월한 관점에서 제기되어지는 문제이기 때문에 역사적 관점에서 제기되어지는 위서의 논란과는 그 사정이 다르다. 왜냐하면 그것이 비록 최근에 문자화된 경우라도 그러한 사유형태가 존재하였음은 부정할 수 없기 때문이다.

사실 「삼일신고」의 사유체계는 「천부경」과 그 대체가 같으며, 「천부경」의 사유체계는 단군신화의 내용과 같다. 그리고 단군신화의 사유체계는 기본적으로 홍산 유적지에서 발굴된 유물에서 나타난 세계관과 시간관, 공간관, 그리고 인간관과 일치를 한다. 결국 「삼일신고」의 내용은 동북사상고시대의 사상, 철학의 전통을 그대로 계승하고 있는 점에서 고조선의 철학을 담고 있다고 하지 않을 수 없다.

각각의 개인이 속한 민족이나 국가가 다르고 성별이 다를지라도 그들을 모두 사람이라고 부를 수 있는 까닭은 몸으로 나타나는 다양한 언행이나 마음을 통하여 이루어지는 다양한 작용들이 서로 다를지라도 모든 마음의 작용과 언행의 근원이 동일하기 때문이다. 이처럼 몸과 마음을 통하여 다양하게 드러나지만 일체인 근원을 인간성人間性, 본래성本來性이라고 한다.

본래성은 형이상적 존재이다. 형이상적 존재는 이것과 저것으로 구분하여 나타낼 수 없는 점에서 하나이면서 하나라는 그 규정마저도 초월하기 때문에 무無, 공空, 무극無極과 같은 여러 개념으로 나타낸다. 인간의 본성은 인간만의 본성이 아니라 모든 존재의 근원으로 그것을 인간의 관점에서 인간의 본성으로 규정한 것이다.

만물 곧 개체적 관점에서 보면 본성, 본질이지만 그것을 천지天地人의 삼재적三才的 관점에서 나타내면 천도天道와 지도地道 그리고 인도人道가 된다. 이 때 만물의 관점에서 그 본질인 천도와 지도 그리고 인도를 찾아가는 방법은 이미 그것이 공간적 관점에서 물건物件을 중심으로 그 본질을 찾아가는 점에서 한계를 갖지 않을 수 없다.

「삼일신고」를 공간적 관점에서 물건物件 중심의 사고에 의하여 고찰하면 삼신三神이 일체一體가 되어 삼진三眞이 되었다면 어떻게 삼망三妄이 발생하며, 삼망이 발생했다면 그것이 어떻게 인위적인 수행을 통하여 다시 삼진이 되는가, 만약 삼망이 수행을 통하여 삼진이 되었다면 그것이 다시 삼망으로 되지 않겠는가의 문제가 발생한다.

그리고 자성구자自性求子 강재이뇌降在爾惱는 이미 신神이 인간의 근본인 성명정性命精의 삼진이 되었음을 뜻한다. 그럼에도 불구하고 삼진에 대응하는 삼망이 형성되었다면 인간의 근본은 삼진이 아니라 그것과 삼망을 만들어내는 제삼의 어떤 존재라고 할 수 밖에 없다.

시간성의 차원에서 보면 일신一神이 삼신三神으로 화化하여 삼진이 형성되는 과정에서 삼망이 형성되는 과정도 동시에 진행이 된다. 그것이 삼일과 일삼의 양면적 작용이다. 따라서 「삼일신고」를 시간적 관점에서 시간성을 중심으로 고찰하는 것이 필요하다.

지금까지 이루어진 「삼일신고」에 관한 연구 성과들을 보면 모두 개체적 관점에서 그 본질을 찾아가는 방법을 취하고 있다. 수행론을 중심으로 「삼일신고」를 고찰할 경우 「삼일신고」의 수행론이 중국수행론과 어떻게 다른가를 고찰하여 그 차별성을 드러내는데 치중하거나 선도수련의 방법을 중심으로 한 고찰을 통하여 중국선도사상과 다른 한국 선도사상仙道思想을 찾고자 하는 경우가 그러한 예이다.[2]

2 지금까지 「삼일신고」에 대한 연구 성과들을 보면 조남호는 「환단고기와 「삼일신고」」, 『선도문화』 3권, 국학연구원, 2007, 49쪽~70쪽에서 「삼일신고」를 판본을 중심으로 고찰하였고, 박진규는 「「삼일신고」의 수행론」, 『인문학연구』 42권, 조선대학교 인문학 연구원, 2011, 495쪽~534쪽에서 구체적인 수련의 방법을 중심으로 「삼일신고」를 고찰하여 중국선도와 차이점을 밝히고자 하였으며, 이승호는 「「삼일신고」의 신관에

천도, 지도, 인도를 내용으로 하는 삼재의 도는 셋이 아니라 하나인 점에서 도道라고 하고 그것을 다시 역도易道, 변화變化의 도道라고 한다. 이는 천도와 지도, 인도가 고정된 것이 아니라 변화하는 존재임을 나타낸다.[3]

변화의 도의 내용이 변화원리이지만 그것은 또한 도 자체 역시 변화하여 고정된 존재가 아닌 점에서 도道, 본성本性은 공간적 관점에서 이해될 수 있는 존재가 아니라 시간적 관점에서 이해되어야한다. 그것은 도道, 본성과 같은 근원적 존재의 고찰은 시간의 본질인 시간성을 중심으로 이루어져야함을 뜻한다.

「삼일신고」에서 중요한 개념인 신神과 인간人間, 진眞과 망妄은 공간적 관점에서 구분되어진 것으로 양자를 실체로 인정할 경우 양자가 일체일 수 없다. 오직 양자를 시간의 관점에서 변화의 현상으로 이해할 때 양자가 양립할 수 없는 모순관계가 아니라 일체가 다양한 모습으로 드러나는 변화의 현상으로 인식할 수 있다.

시간성을 중심으로 「삼일신고」를 고찰함은 「삼일신고」의 체제 자체가 그러하듯이 신神, 본성本性, 도道라는 근원적 존재로부터 그것이 나타난 다양한 세계로서의 현상을 찾아가는 방향을 바탕으로 하여 현상적 차원에서 현상의 본질을 고찰함을 뜻한다.[4]

관한 철학적 연구」, 『신종교연구』 26권, 한국신종교학회, 2012, 247쪽~270쪽에서 신을 중심으로 「삼일신고」를 고찰하였다. 이러한 성과들은 인류의 관점에서 인간의 보편적 특성으로서의 인간 본성의 차원에서 「삼일신고」를 연구하거나 더 나아가서 그것을 天性과 地性 그리고 人性을 넘어선 시간성의 관점에서 연구한 성과는 아니다.

3 『原本周易』 坤, 學民文化社, 대전, 1996, 1043쪽 繫辭上篇 第九章, "子曰知變化之道者其知神之所爲乎" 및 1116쪽 繫辭下篇 第十章, "易之爲書也 廣大悉備 有天道焉 有人道焉 有地道焉 兼三才而兩之 故六六者非他也 三才之道也"

4 順을 體로 한 逆의 관점에서 時間性과 道, 인간 본래성의 관계 및 시간과 공간의 관계에 관하여서는 이현중, 『역경철학』, 서울, 문예출판사, 2014, 132쪽~174쪽을 참고하기 바란다.

그것은 현상으로부터 그 본질을 찾아가는 방향과 반대로 형이상의 근원으로부터 현상 사물을 향하는 방향을 중심으로 「삼일신고」를 이해함을 뜻한다. 그러나 도道, 본성本性으로부터 만물을 고찰하는 방향을 바탕으로 만물에 대하여 그 본질을 추구하는 점에서 현상으로부터 본질을 찾아가는 방향을 포함하고 있다. 이를 『주역』에서 사용하고 있는 순역順逆의 개념을 중심으로 나타내면 순방향을 체體로 하고 역방향을 용用으로 하는 방법이라고 할 수 있다.

물건적 관점에서 순역이 합일된 차원은 사건적 관점에서 시간성을 중심으로 고찰할 때 비로소 드러난다. 우리는 한국과 중국, 선도仙道와 도교道教를 구분하여 양자의 차이가 무엇인지를 밝히는 연구 방향과 달리 시간성의 차원에서 수행론을 고찰할 것이다.

이 책에서는 형이상적 관점에서 「삼일신고」의 수행론을 고찰하고자 한다. 그것은 단군신화에서 밝히고 있는 환인 곧 하나님의 세계를 공간성을 통하여 고찰함을 뜻한다. 공간성의 차원에서는 지말로부터 근본을 향하여 나아가는 수도가 중심문제가 된다.

그러나 우리는 수도의 의미, 가치가 무엇이며, 왜 필요한지 그리고 어떤 원리에 의하여 이루어지는지를 고찰할 것이다. 따라서 수도에 대하여 형이상적 차원, 원리적 차원에서 고찰할 뿐으로 수도, 수행의 방법을 고찰하지 않는다. 형이상적 관점에서 보면 삶 자체가 그대로 수행이기 때문에 수행의 구체적인 방법이라는 것은 없다.

우리는 지도적 관점에서 세계를 고찰하는 과정에서 「삼일신고」를 재료로 사용함으로써 그것이 단지 선도의 수행방법이나 한국선도사상과 같은 특정한 나라의 특정한 사상만을 나타내는 전적이 아니라 인류가 공유할 수 있는 인간의 본성과 삶의 원리를 밝히고 있는 점에서 인류의 공동문화를 담고 있는 전적임이 밝혀지기를 기대한다.[5]

먼저 단군신화와 「천부경」에서 사용되고 있는 환웅을 환웅, 단군, 웅호의 관계를 통하여 나타내는 일삼一三의 구조를 중심으로 세계관을 살펴보고 이어서 환웅, 웅호, 단군으로부터 환웅으로 귀일하는 삼일三一의 구조를 중심으로 인간관을 살펴본 후에 마지막으로 양자가 하나인 환인의 차원에서 인간의 삶이 무엇인지를 고찰하고자 한다.[6]

1. 시간성과 도역생성

하나님 곧 환인을 공간성을 중심으로 나타내면 지도地道가 된다. 환인사상을 공간성을 중심으로 나타내고 있는 전적은 「삼일신고」이다. 「삼일신고」는 수와 문자를 함께 사용하여 신도를 상징적으로 나타내고 있는 단군신화와 천도를 상징적으로 나타내고 있는 「천부경」과 달리 언어를 중심으로 그 내용을 기술하고 있다.

「삼일신고」의 내용은 단군신화, 「천부경」의 내용과 유기적인 관계를 이루고 있다. 그것은 삼일심고라는 주제를 통하여 확인할 수 있다. 「삼일신고」는 삼三과 일一의 구조를 통하여 밝히고 있는 신神에 관한 가르침이라는 의미이다. 이 때 삼과 일은 단군신화에서 환웅과 환웅, 웅호, 단군의

5 한국사상은 한국사상으로 나타난 인류문명, 인류사상이라는 점에서 인류가 공유해야할 사상일 뿐만 다른 나라의 다른 사상과 구분되는 점에서 한국사상이다. 그러므로 인류사상이라는 보편적인 측면을 바탕으로 한국사상이라는 특수한 측면을 보아야 한다.

6 天符經과 三一神誥가 모두 三一과 一三의 구조를 통하여 근원적 세계를 나타내고 있는 점에서 공통점이 있다. 그러나 天符經이 시간성을 중심으로 一에서 十까지의 理數를 통하여 상징적으로 밝히고 있는 것과 달리 三一神誥는 시간성을 공간화하여 공간성, 時義性의 관점에서 지금-여기의-나를 중심으로 공간적 관점에서 여러 개념들을 통하여 설명하고 있다. 그리고 天符經이 一三과 三一의 양면을 함께 나타내면서도 一三의 세계관이 중심이지만 三一神誥는 三一의 修行論이 중심이다. 그러므로 양자를 비교하여 연구하고자 한다.

관계를 통하여 밝히고 있는 내용일 뿐만 아니라 「천부경」에서 밝히고 있는 일삼一三과 삼일三一의 구조와 일치한다.

「삼일신고」의 내용이 신에 관한 가르침이라는 점에서 중심내용은 일신一神이다. 일신의 세계가 천天이며, 그 가운데서 일신이 거주하는 천궁天宮이 있고, 천궁에는 일신을 비롯한 여러 신령들이 거주하고 있으며, 일신에 의하여 세계와 인물人物이 생성된다. 이렇게 보면 단군신화나 「천부경」에서 언급되고 있는 환인 또는 환웅 자체를 나타내고 있는 것이 「삼일신고」라고 이해할 수 있다.

그런데 단군신화에서 세계의 근원을 하나님 곧 환인桓因으로 표현하였다. 그리고 환인이 그의 아들인 환웅을 인간 세계에 내려 보냈을 때 비로소 그를 천신天神으로 규정하고 있다. 그것은 시의성 곧 공간성의 관점에서 비로소 일신一神과 삼신三神을 논할 수 있음을 뜻한다. 일과 삼의 관계를 통하여 언급되는 신은 시간성 자체가 아닌 시의성 곧 공간성의 차원에서 언급되는 개념이다.

「삼일신고」의 내용을 보면 그 점이 분명하게 드러난다. 「삼일신고」는 천天의 성격에 대하여 밝히고 있는 허공虛空, 신神에 관하여 논하고 있는 일신一神, 천의 내용에 대하여 밝히고 있는 천궁天宮, 세계에 관하여 논하고 있는 세계世界, 세계 안의 사물과 사람에 관하여 밝히고 있는 인물人物로 구성되어 있다.

그리고 81자로 구성된 「천부경」과 달리 「삼일신고」는 366자로 구성되어 있다. 그것은 81이라는 수가 원역原曆을 나타내는 용구用九 도수를 바탕으로 구구법에 의하여 추연된 도수인 것과 달리 366은 용팔用八의 도수가 표상하는 시생된 윤역閏曆 도수度數임을 통해서도 확인된다.[7]

---

7 이현중, 『정역철학』, 서울, 학고방, 2017, 249쪽에서 298쪽.

원역이 표상하는 열매의 세계가 씨가 되어 시생된 싹과 같은 세계를 나타내는 것이 366일역이다. 그렇기 때문에 웅호가 표상하는 공간성의 세계를 중심으로 환인을 나타내고 있는 것이 「삼일신고」라고 할 수 있다. 그러면 일신 또는 신神은 어떤 존재인가?

> 신은 위가 없는 자리에 있어서 큰 덕과 위대한 지혜, 무한한 힘으로 하늘을 생겨나게 하고, 헤아릴 수 없는 세계를 주재하면서 많고 많은 물건을 창조하였다. 그 일은 세밀하여 티끌만 한 것도 빠뜨림이 없고, 밝고 밝으며 신령하고 신령하여 감히 이름을 지어 헤아릴 수 없다. 소리와 기운으로 기도하여도 신을 친견親見할 수 없으니 자성自性에서 그 씨를 구하라. 너의 머리에 내려와 있다.[8]

인용문의 내용을 보면 이미 신이 인간의 본성으로 내재화되었음을 알 수 있다. 그것은 「삼일신고」가 환인으로부터 환웅과 단군을 거쳐서 웅호에 이르는 과정을 통하여 드러나는 순방향을 바탕으로 출발하는 역방향에 서 있음을 뜻한다.

소리와 기운은 육신과 의식을 나타내는 개념이다. 그리고 기도는 의식을 하나로 모음을 뜻한다. 따라서 육신과 그 기능으로서의 의식을 통하여 도달할 수 없으며, 오로지 자성을 통하여 도달할 수 있는 세계가 신의 세계임을 알 수 있다.

자성은 형이하의 물질적 세계도 아니며, 의식의 세계도 아니다. 물질과 의식의 특징은 분별에 있다. 이것과 저것은 독립하여 스스로 존재하면서

---

8 李陌, 『太白逸史』 蘇塗經典本訓, "神은 在無上一位하여 有大德大慧大力하여 生天하고 主無數世界하며 造甡甡物하니 纖塵無漏하며 昭昭靈靈하야 不敢名量이라. 聲氣願禱면 絶親見하리니 自性求子하라. 降在爾腦하니라."

인과적 관계를 맺고 있다. 자성은 인간의 관점에서 환인을 나타낸 것이다. 그렇기 때문에 인간의 본래성을 나타내는 개념이 자성自性임을 알 수 있다.

본래성은 형이상적 세계이다. 그것은 시간상으로 영원할 뿐만 아니라 공간상으로 이것과 저것의 구분이 없는 일체적인 세계이다. 그렇기 때문에 본래성을 통하여 드러나는 신은 이 세계와 다른 세계에서 거주하면서 지금 여기의 나와 별개로 존재하지 않는다.

그러나 나와 남 그리고 자연과 사물의 근거이기 때문에 그 어떤 존재의 본성도 아니다. 이처럼 개체적인 상태를 넘어서기 때문에 있어도 있다고 말할 수 없고, 모든 존재로 드러나기 때문에 없어도 없다고 말할 수 없다. 그러면 일신의 세계는 어떤가?

일신의 세계를 나타내는 개념이 천天이다. 왜냐하면 일신이 거주하는 천궁이 있는 곳이 천이기 때문이다. 천은 물리적인 공간의 세계를 나타내는 개념이 아니다. 천에 대하여 「삼일신고」에서는 다음과 같이 밝히고 있다.

> 제帝가 말하였다. 너희 오가五加와 백성들아! 저 푸르고 푸른 것이 하늘이 아니며, 저 가물가물한 것도 하늘이 아니다. 하늘은 형체와 바탕이 없고, 처음과 끝도 없으며, 위아래와 동서남북도 없다. 비고 비어서 공空하고 공空하면서 있지 않은 곳이 없으며, 감싸지 않는 바가 없다.[9]

인용문의 내용을 보면 천은 시간과 공간을 넘어서 있음을 알 수 있다.

9 李陌, 『太白逸史』 蘇塗經典本訓, "帝曰 爾五加衆아 蒼蒼이 非天이며 玄玄이 非天이라 天은 無形質하며 無端倪하며 無上下四方하고 虛虛空空하야 無不在하며 無不容이니라."

그러나 시공을 초월해 있을 뿐만 아니라 공간상으로 있지 않는 곳이 없고, 감싸고 있지 않는 곳이 없으며, 시간상으로 영원하다. 시간과 공간을 초월하면서도 포함하고 있음을 단적으로 나타내는 것이 허허공공이다.

허공은 비어 있기 때문에 모든 것을 포용할 뿐만 아니라 모든 것을 생성한다. 이처럼 무형의 영원한 세계는 물리적 시간의 세계가 아니라 시간성이 드러난 세계이다. 그것은 단군신화에서 360이라는 역수를 통하여 상징적으로 나타내고 있는 본래적 시간으로서의 영원한 현재를 가리킨다. 그러면 천과 일신은 어떤 관계인가?

천과 일신의 관계는 일신과 세계, 일신과 만물의 관계가 무엇인가의 문제이다. 「삼일신고」에서는 천의 세계에는 일신이 거주하는 천궁이 있고, 천궁에는 많은 신령들이 함께 하고 있음을 다음과 같이 밝히고 있다.

> 천天은 신神의 나라로 온갖 선善의 계단과 온갖 덕德의 문을 가진 천궁天宮이 있다. (천궁은) 일신一神이 거주하는 곳으로 여러 신령들과 밝은 이들이 호위하여 모시고 있다. (그곳은) 크게 길하고 상서로운 곳이며, 크게 빛나고 밝은 곳이다. 오직 자성自性과 통하여 공功을 이룬 자者만이 그곳에 나아가서 영원한 쾌락을 얻을 수 있다.[10]

인용문에서 천은 신의 세계를 나타내며, 그 본성을 천궁을 통하여 상징적으로 나타내고 있음을 알 수 있다. 선과 덕을 그곳에 갈 수 있는

10 李陌, 『太白逸史』 蘇塗經典本訓 第五, "天神國有天宮 階萬善門萬德 一神攸居 群靈諸哲護侍 大吉祥 大光明處 惟性通功完者 朝永得快樂."

계단과 문으로 나타내는 것은 일신이 덕을 가진 존재이며, 그것이 온갖 선으로 드러남을 뜻한다. 온갖 신령스러움과 밝음 역시 일신이 나타내는 본성이다.

일신의 특성, 본성을 나타내는 개념이 군령群靈諸哲이다. 온갖 신령神靈함이 큰 길상吉祥으로 나타나고, 온갖 밝음이 큰 광명光明으로 나타난다. 광명과 길상을 나타내고, 덕과 선을 나타내는 존재가 일신이다. 그러면 일신과 세계는 어떤 관계인가?

일신은 천을 낳았으며, 여러 세계를 창조하고, 헤아릴 수 없는 세계를 주재한다. 일신과 세계의 관계에 대하여 「삼일신고」에서는 다음과 같이 밝히고 있다.

> 너희들은 무수히 널려 있는 저 별들을 보라. 그 수가 다함이 없어서 크고 작음, 밝음과 어두움, 괴로움과 즐거움이 같지 않다. 하나님[一神]이 여러 세계를 창조하고, 그 중에 태양 세계[日世界]를 맡은 사자에게 명령을 내려 7백 세계를 거느리게 하였다. 너희 땅 자체는 큰 것처럼 보이나 하나의 둥근 탄환만한 세계이다. 중심의 불덩어리가 진동하여 솟구쳐서 바다로 변하고 육지가 되어 마침내 드러난 형상을 이루었다. 신이 기운을 불어 바닥까지 감싸고, 태양의 빛과 열을 따뜻하게 하여 땅 위를 다니고[行], 하늘을 날며[翥], 탈바꿈하고[化], 물속에서 살며[游], 땅에 심는[栽] 온갖 생물[五物]이 번식하였다.[11]

인용문의 내용을 보면 일신에 의하여 세계가 창조되었을 뿐만 아니라

11 李陌, 『太白逸史』 蘇塗經典本訓 第五, "爾觀森列星辰 數無盡 大小明暗 苦樂不同 一神造群世界 神勅日世界使者 牽七百世界 爾地自大 一丸世界 中火震湯 海幻陸遷 乃成見象 神呵氣包底 煦日色熱 行翥化游栽物繁植."

주재되고 있음을 밝히고 있다. 그러면 일신과 세계는 어떤 관계인가?

우리는 물건적 관점에서 일신과 세계를 이해하여 세계의 밖에 또 하나의 세계가 있고, 그 가운데서 일신이 거주하면서 세계를 창조하고 다스린다고 할 수 있다. 그것은 인격적 의지를 가진 일신과 그가 창조한 세계 그리고 세계안의 사물을 분리하여 둘로 여기는 일종의 유신론이라고 할 수 있다.

그런데 「삼일신고」에서는 일신이 이미 인간의 머리에 내려와 있다고 하였을 뿐만 아니라 자성과 통해야 비로소 일신의 세계에 도달할 수 있다고 하였다. 그것은 일신이 인간의 본성으로 내재화하였음을 뜻하는 점에서 유신론적인 신관과 다름을 뜻한다.

유동식은 "한국의 건군신화인 단군신화는 샤머니즘의 소산"[12]이라고 주장하고, 하나님이 애니미즘을 기초로 한 샤머니즘의 최고신임을 다음과 같이 밝히고 있다.

> 샤머니즘은 본래 범신론이다. 그러나 그들은 전체의 영계를 지배하는 최고신이 있다는 관념을 가지고 있다. 한국에서 하ᄂᆞ님이라고 불리는 것이 이것이다. 이 하ᄂᆞ님은 하늘의 영으로 천주를 의미한다고 보기도 하고, 하나의 님 곧 유일지대신唯一至大神을 뜻한다고 보기도 한다. 하여튼 한국의 하나님은 우주를 지배하는 최고신이며, 이 하나님이 비도 주고 추수도 준다고 믿는다. 한국에서 유교와 불교가 다 같이 이 하나님의 존재를 인정하고 있을 뿐만 아니라 기독교가 또한 이 명칭을 택하고 있다. 하나님이란 본래 한국샤머니즘의 최고신에 대한 명칭이었던 것이다.[13]

---

12 柳東植, 『韓國宗教와 基督教』, 1965, 大韓基督教書會, 15쪽.

한국고유의 신을 샤머니즘에 바탕을 둔 범신론汎神論으로 규정한 유동식과 달리 김경재는 한국 전통의 신을 다음과 같이 범재신론으로 규정하고 있다.

> 동학의 한울님 신앙의 복귄으로 인하여 한민족 민중의 가슴속에서 5천년 동안 면면이 흐르던 인격적 하느님 신앙과 한 밝음의 신앙이 다시 회생한 것이다. 동학(천도교)의 신관은 동양 일반의 내재적 범신론도 아니고 셈족계 종교의 초월적 유신론도 아니며, 그 긴장 갈등이 통전된 유일신론적 범재신관인 것이다.[14]

인용문의 내용처럼 단군신화와 「천부경」 그리고 「삼일신고」를 통하여 표상된 하ᄂᆞ님, 환인桓因, 일신一神은 시간성을 중심으로 시간성의 시간화와 시간의 시간성화의 두 측면에서 환인을 이수理數와 신화 곧 언사言辭를 통하여 상징적으로 나타내고 있다.

시간성의 시간화와 시간의 시간성화를 통하여 세계를 나타냄은 세계 자체가 실체적 존재가 아님을 뜻한다. 시간성의 시간화를 통하여 시간성이라는 실체가 있는 것이 아니라 끊임없이 새롭게 생성됨을 나타내는 동시에 시간의 시간성화를 통하여 생성이 생성이 아님을 나타내어 세계는 변화하지만 변화가 없음을 나타낸다.

환인 곧 하ᄂᆞ님을 나타내는 일신一神은 실체적 존재가 아니다. 그것은 유무有無로 나타낼 수 없을 뿐만 아니라 분별하여 나타낼 수 없음을 뜻한다. 그렇기 때문에 하ᄂᆞ님을 유신론有神論이나 범신론汎神論, 범재신론凡在神

13 柳東植, 『韓國宗敎와 基督敎』, 1965, 大韓基督敎書會, 17쪽에서 18쪽.

14 김경재 지음, 『이름 없는 하느님』, 2015, 삼인, 216쪽.

論으로 이해하는 것을 환인의 성격을 올바로 파악하지 못하고 물건적 관점에서 실체로 이해한 경우이다.

하ᄂᆞ님, 하나님, 하느님은 있다고 하자니 고정되게 어떤 것으로 존재하지 않고 끊임없이 다양하게 나타나기 때문에 있다고 할 수 없다. 그러나 하ᄂᆞ님, 하나님은 없다고 하자니 온 세계의 모든 것으로 다양하게 드러나기 때문에 없다고 할 수 없다.

하나님은 있다고 하여도 있는 것이 아니며, 없다고 하여도 없는 것이 아니다. 왜냐하면 하나님은 온 세계의 모든 존재의 근원이기 때문에 그 어떤 것의 근원도 아니지만 끊임없이 현상의 만물로 자신을 드러내기 때문에 없다고 할 수 없다. 그러나 개체적인 존재처럼 이름을 지어서 무엇이라고 나타낼 수 없기 때문에 있다고 할 수 없다.

하나님을 분별의식에 의하여 안다고 하거나 모른다고 하거나를 막론하고 모두 바르지 않다. 또한 하나님을 믿는다거나 하나님에 대한 이론체계나 학설 사이에 이단과 정통이라는 구분이 있을 수 없다. 왜냐하면 그와 내가 둘이 아니지만 하나도 아니기 때문이다.

하나님을 자각한 사람에게는 무엇이라고 하여도 모두 옳을 뿐만 아니라 그가 하는 표현이 모두 정통이지만 분별의식에 의하여 있다거나 없다고 말하는 사람은 무엇이라고 말을 하여도 모두 어긋난다. 그러면 「삼일신고」에서는 신에 대하여 어떻게 규정하고 있는가?

「소도경전본훈蘇塗經典本訓」에서는 「삼일신고」의 내용을 요약하여 밝히고 있는데 그 내용은 다음과 같다.

> 「삼일신고」는 본래 신시神市 개천開天의 시대에 세상에 나타난 것이다. 그 글뜻이 대개 하나를 잡으면 셋을 포함한다는 뜻과 셋을 거두어 하나로 돌아간다는 뜻으로 본령을 삼고 있다.[15]

위의 내용을 통하여 「삼일신고」가 하늘이 처음 열리고, 신시神市가 이루어졌던 인간 세상에 나타났던 내용임을 알 수 있다. 그것은 인간 세상을 바탕으로 하여 추구해야 할 이상의 세계를 나타낸 것이라고 할 수 있다.

「삼일신고」의 특성은 삼일三一과 신고神誥를 통해서도 확인할 수 있다. 삼일 자체는 수이지만 전체의 내용은 모두 언사에 의하여 구성되고 있다. 그것은 「삼일신고」가 언어의 세계로서의 인간의 세계를 출발점으로 하고 있음을 그대로 보여준다.

그리고 신고의 내용인 신神이라는 개념 역시 시간성을 그대로 드러내는 개념이 아니라 그것을 물건적 관점에서 본성, 근원을 나타내는 개념으로 사용되고 있다. 단군신화에서 환인桓因이라는 개념을 사용하거나 수를 통하여 상징적으로 나타내는 것과 달리 그것을 객관화여 물건적 관점에서 사용되는 개념은 시간성을 대상화하여 공간성으로 나타낸 것이다. 그렇기 때문에 비록 신이라는 개념을 사용하여 신의 알림, 신의 가르침의 의미로 신고라고 하였지만 그것이 가르침을 베풀어주는 인격적 존재가 있음을 나타내는 것은 아니다.

그것은 「삼일신고」의 내용이 일신을 중심으로 만물의 세계를 나타내고 있지만 그것이 과학의 대상으로서의 자연과도 다를 뿐만 아니라 일신이 거주하는 천궁도 인간의 세계와 다른 물리적인 세계를 나타내는 것이 아니라는 것을 뜻한다.

일신은 환인 곧 하나님을 나타내는 개념이다. 그러나 이 세계를 벗어난 다른 세계가 천궁이 아닐 뿐만 아니라 일신도 지금 여기의 나를 떠나서

15 李陌, 『太白逸史』 蘇塗經典本訓 第五, "三一神誥本出於神市開天之世而其爲書也蓋以執一含三會三歸一之義爲本領"

존재하지 않는다. 그것은 "너의 머리에 내려와 있다."는 언급을 통하여 확인할 수 있다.

「삼일신고」의 특성은 삼일三一을 통해서도 알 수 있다. 인용문에서는 「삼일신고」의 내용을 삼일을 중심으로 하나를 중심으로 그 안에 셋을 포함하는 집일함삼執一含三과 셋을 모아서 하나로 돌아가는 회삼귀일會三歸一로 밝히고 있다. 그러면 삼일과 일삼은 어떤 관계인가?

「태백일사太白逸史」에서는 삼三과 일一의 관계를 삼일의 내용을 다음과 같이 밝히고 있다.

> 삼일三一은 본체이며, 일삼一三은 작용이다.[16]

위의 내용을 보면 삼三과 일一을 하나의 개념으로 사용하지 않고 양자의 관계를 통하여 본체와 작용을 나타내고 있음을 알 수 있다. 본체와 작용이라는 개념 자체는 물건적 관점에서 양자의 관계를 나타내는 개념이다.

본체와 작용이라는 개념을 통해서는 양자가 별개의 존재임이 드러나지만 일체적 관계임이 드러나지 않을 뿐만 아니라 양자를 고정된 물건적 존재로 이해하게 된다. 체용體用이라는 개념이 갖는 한계는 삼三과 일一의 수를 통하여 보완할 수 있다. 왜냐하면 체용의 한계는 삼일三一과 일삼一三을 통하여 양자가 고정되지 않음을 나타낼 수 있기 때문이다.

그것은 사건과 물건의 관계를 통하여 보다 분명하게 이해할 수 있다. 수가 표상하는 시간적 관점에서 이루어지는 변화의 과정으로서의 사태, 사건을 고정하여 시간을 멈추게 함으로써 공간적 관점에서의 물건의 세계가 형성된다.

16 李陌, 『太白逸史』 蘇塗經典本訓 第五, "三一其體一三其用"

삼일三一은 셋으로부터 시작하여 하나에서 끝나는 방향을 나타낸다. 셋이라는 다양의 세계로부터 본질, 근원, 하나를 향하는 방향을 나타낸 것이 회삼귀일의 삼일三一이다. 따라서 삼일은 천지인의 세계, 만물의 세계로부터 본체를 향하는 방향이라고 할 수 있다.

반면에 일삼一三은 일一에서 시작하여 셋에서 끝나는 방향을 나타낸다. 하나의 세계는 본체의 세계이며, 셋은 시간상으로는 과거와 미래 그리고 현재의 세계인 동시에 공간적 측면에서는 천지인의 세계를 나타낸다. 그러므로 셋은 만물의 세계를 가리킨다. 따라서 일삼一三은 본체로부터 그 작용에 의하여 만물이 생성되는 관점을 나타낸다.

그런데 「천부경」에서 삼일과 일삼을 통하여 세계와 인간을 표상하고 있는 것과 달리 「삼일신고」에서는 삼일三一을 중심으로 「삼일신고三一神誥」라고 하였을 뿐만 아니라 그것을 집일함삼執一含三, 회삼귀일會三歸一이라고 하였다. 이는 「삼일신고」의 내용이 하나를 잡으면 그 가운데 셋이 포함되기 때문에(執一含三), 셋을 모아서 하나로 돌아가는 것(會三歸一)임을 나타낸다. 그러면 「삼일신고」의 내용은 구체적으로 무엇인가?

「삼일신고」는 시간성 자체를 밝히는데 중심이 있는 것이 아니라 공간적 관점에서 개체적 존재인 인간이 어떤 존재이며, 어떻게 사는지에 그 중심이 있다. 그렇기 때문에 「삼일신고」의 중심문제는 인간의 삶을 내용으로 하는 수행론이라고 할 수 있다.

인간이 어떤 존재이며, 그의 본질이 무엇이고, 그의 삶이 어떻게 이루어지는가를 밝히기 위해서는 세계관을 살펴보아야 한다. 인간과 삶의 터전인 천지를 함께 고찰하지 않으면 인간의 삶이나 수행의 문제가 해결될 수 없기 때문이다.

「삼일신고」는 다섯 부분으로 구성되는데 인간에 대하여 본격적으로 논하고 있는 부분은 인물人物이다. 그리고 나머지 부분에서 천지에 관하여 밝히고 있기 때문에 인물人物을 제외한 나머지 부분을 중심으로 세계에 대하여 살펴보자.

인간이 어떤 존재인가를 알기 위해서는 그 본질, 본체가 무엇인지를 살펴보아야 한다. 그것은 삼일三一의 일一이 무엇인지를 고찰하는 문제이다. 하나의 근원이 무엇이며, 그것과 셋으로 드러나는 현상의 세계가 어떤 관계인지를 파악할 때 비로소 그 가운데 하나인 인간의 본질 역시 드러나기 때문이다.

「삼일신고」의 내용을 보면 인물人物에서 삼일의 구조를 중심으로 인간의 삶에 대하여 논하고 있다. 그리고 허공虛空, 세계世界, 일신一神, 천궁天宮을 통하여 천天이라는 세계가 있고, 그 가운데 천궁天宮이 있어서 천궁에서 일신一神이 거주한다고 한다. 그리고 이 "일신一神이 천天, 세계, 만물을 창조한다."[17]고 하였다. 따라서 「삼일신고」에서 제시하고 있는 근원적인 존재는 일신一神이다. 그러면 일신一神은 어떤 존재인가?

신神은 위가 없는 한 위位에 있다고 하였을 뿐만 아니라 일신一神이 거주하는 천궁天宮을 대광명처大光明處로 규정[18]하고 있다. 이 때 천궁이 대광명大光明이 있는 곳이라는 것은 일신一神이 대광명大光明 그 자체임을 뜻한다. 광명과 흑암黑暗은 상대적인 개념으로 양자의 착종錯綜을 통하여 시간이 전개된다. 따라서 광명 그 자체로서의 일신一神은 시간의 본성인 시간성의 상징적 표현이다.

시간성은 시간으로 자신을 드러내지만 시간을 초월한 존재, 시간의 본성이면서 시간을 벗어난 존재, 시간으로 드러나기 이전의 근원적 존재

17 李陌, 『太白逸史』, 三一神誥, 一神, "神在無上一位 有大德大慧大力 生天 主無數世界 造兟兟物."

18 李陌, 『太白逸史』, 三一神誥, 天宮, "天神國 有天宮 階萬善 門萬德 一神攸居 群靈諸哲護侍 大吉祥 大光明處."

를 가리킨다. 시간성은 도道, 만물의 근원, 상제上帝, 무극無極, 태극太極과 같이 다양한 개념으로 표현되지만 그 어떤 것으로도 표현되기 이전의 존재이다.

시간성은 세계와 만물, 인물人物을 창조한 존재라는 점에서 제일 원인이지만 세계와 만물의 차원에서 드러나지 않는 점에서 무無이고, 세계와 만물로 자신을 드러내는 점에서는 유有이다. 그러므로 유有와 무無를 포괄하지만 유有도 무無도 아니어서 양자를 초월한 존재가 시간성이다.

시간성은 자신의 본성에 의하여 스스로 타자화他者化함으로써 시간으로 자신을 드러낸다. 시간성은 유무有無를 넘어서면서도 유무有無를 포괄하기 때문에 언어를 통하여 나타낼 수 없다. 그럼에도 불구하고 시간성을 물건적 관점에서 대상화하여 나타낸 것이 일신一神이다. 따라서 환인이 표상하는 신이라는 의미와 물건화하여 나타낸 일신이라는 개념은 관점의 차이가 있다.

그것은 환인을 웅호의 관점에서 나타내는 것이 일신一神이라는 개념임을 뜻한다. 신은 본래 언어를 통하여 개념화할 수 없지만 그것을 물건처럼 대상화하여 상징적으로 나타낸 개념이 일신이라는 개념이다.

일신은 그 본질적인 속성인 덕德, 혜慧, 력力에 의하여 천天을 낳는다. 이때의 천天은 시간의 세계를 나타낸다. 따라서 일신이 천을 낳는다는 것은 시간성의 자화에 의하여 시간이 전개됨을 뜻한다.

천天은 형체도 없고, 시종始終도 없고, 상하上下도 없어서 있지 않는 곳이 없을 뿐만 아니라 포용하지 않는 곳이 없다.[19] 이는 천天의 세계를 그 본성인 시간성을 중심으로 나타낸 것이다. 시간성의 차원에서 보면

---

19 李陌, 『太白逸史』, 三一神誥, 虛空, "帝曰爾五加衆 蒼蒼非天 玄玄非天 天無形質 無端倪無 上下四方 虛虛空空無不在 無不容."

시간은 없지만 그러나 절대무絶對無가 아니어서 매 순간의 시간으로 드러나기 때문에 없는 것은 아니다.

천天의 세계를 언급한 후에는 이어서 일신一神과 천궁天宮을 언급하였다. 이는 일신의 세계, 시간성의 세계가 근본이 되어 천지의 공간의 세계가 이루어짐을 나타내기 위함이다. 그러므로 세계에서는 일월성신日月星辰을 중심으로 대소명암大小明暗을 밝혀서 천天의 세계를 언급하고 이어서 하나의 탄환과 같이 둥근 지地의 세계를 언급하고 있다. 그리고 이어서 중간에 온갖 사물이 존재함을 밝히고 있다.

세계는 상중하의 구조를 중심으로 수많은 성신星辰의 천天과 둥근 탄환과 같은 지地 그리고 그 가운데 존재하는 만물의 천지인天地人의 구조를 그대로 나타낸 것이다.[20] 「천부경」에서는 "천天은 하나가 나타난 첫 번째이고, 지地는 하나가 나타난 두 번째이고, 인人은 하나가 나타난 세 번째이다.(天一一 地一二 人一三)"라고 하여 하나가 셋으로 분화分化하는 과정을 통하여 나타내고 있다.

일신으로부터 천이 창조되고, 세계가 창조되며, 만물이 창조되는 과정은 시간성이 시의성으로 화하면서 과거성과 미래성, 현재성으로 분화하여 천지인의 세계로 드러남이다. 시간성이 시의성으로 화하고 그것이 다시 미래성과 과거성으로 분화하며, 다시 미래성과 과거성 그리고 현재성으로 분화하게 된다.

「천부경」에서는 시간성이 셋으로 분화하는 것을 삼극三極으로 분화함(析三極)으로 나타내고 있다. 이와 달리 「삼일신고」에서는 일신이 삼신三神으로 화함으로 나타내고 있다. 삼신은 천지인의 공간적 관점에서 일신을

---

20 李陌, 『太白逸史』, 三一神誥, 世界, "爾觀 森列星辰 數無盡 大小明暗 苦樂不同 一神造群世界 神勅日世界使者 秝七百世界 爾地自大 一丸世界 中火震砄 海幻陸遷 乃成見象 神呵氣包低 煦日色熱 行灣化游栽物 繁殖."

나타낸 것이다. 일신의 관점에서 보면 천지인은 각각 천신天神, 지신地神, 인신人神의 삼신이 된다. 「삼신오제본기三神五帝本紀」에서는 삼신과 일신의 관계를 다음과 같이 밝히고 있다.

> 상계上界로부터 또 삼신三神이 있었으니 곧 한 분의 상제上帝이다. 주체主體는 일신一神으로 각각의 신神이 따로 있지 않으며, 용用으로 보면 삼신이 된다.[21]

위의 내용을 보면 일신이 본체이고, 그것이 각각 작용을 할 때는 삼신으로 나타남을 알 수 있다. 이 때 일신과 삼신을 체용으로 나타내어 일체적인 측면을 나타내고 있지만 일신이나 삼신을 막론하고 형이상적 존재이다. 비록 공간적 관점, 입자적粒子的 관점에서 하나가 셋으로 나누어진다고 하였지만 그것은 하나가 셋으로 변하여 화하는 변화이다. 「단군세기檀君世紀」에서는 이에 대하여 삼신일체三神一體의 도를 논하면서 다음과 같이 밝히고 있다.

> 대저 삼신일체의 도는 대원일大圓一의 뜻에 있다. 조화造化의 신은 내려와 나의 성품을 이루고, 교화敎化의 신은 내려와 나의 명命을 이루며, 치화治化의 신은 내려와 나의 정精을 이룬다.[22]

위의 내용을 보면 삼신과 일신이 일체임을 나타내는 근원을 대원일大圓

---

21 李陌, 『太白逸史』, 三神五帝本紀 第一, "自上界却有三神卽一上帝主體卽爲一神非各有神也作用卽三神也"

22 李嵒, 『檀君世紀』, 檀君世記序, "夫三神一體之道在大圓一之義造化之神降爲我性敎化之神降爲我命治化之神降爲我精"

一로 나타내고 있다. 대원일은 일一의 특성을 나타내는 대원大圓과 일一을 합하여 형성된 개념이다. 대大는 공간적으로 지대무외至大無外함을 뜻하고, 원圓은 시간적으로 항구하여 그침이 없는 영원한 세계를 나타낸다.

대원일은 시공을 초월한 근원적 존재를 나타낸다. 대원일로 규정된 점에서는 유적有的 측면이 있지만 시공을 초월하여 무엇이라고 규정할 수 없는 점에서는 무無, 공空의 성격을 갖고 있다. 결국 대원일은 「천부경」에서 십十을 통하여 표상한 근원적 존재로서의 시간성 자체를 나타낸다.

일신이 변하여 화한 삼신은 조화의 신, 교화의 신, 치화의 신이다. 이는 천지인의 공간적 관점에서 일신을 나타낸 것이다. 조화의 신은 천天의 근원이며, 치화의 신은 인人의 근원이고, 교화의 신은 지地의 근원이다. 「삼신오제본기三神五帝本紀」에서는 삼신에 대하여 다음과 같이 밝히고 있다.

> 삼신三神을 각각 천일天一이라고 하고, 지일地一이라고 하고, 태일太一이라고 한다. 천일天一은 조화造化를 주관하고, 지일地一은 교화敎化를 주관하며, 태일太一은 치화治化를 주관한다.[23]

위의 내용을 보면 일신을 각 작용의 측면에서 나타내면 각각 천일, 지일, 태일임을 알 수 있다. 이 때 천일, 지일, 태일과 같이 셋으로 나누어서 나타내면서 모두 일一을 붙인 것은 그것이 모두 하나임을 나타낸다. 이처럼 셋이면서도 하나이고, 하나이면서도 셋인 것을 대원일의 원리라고 하였다.

---

23 李陌, 『太白逸史』, 三神五帝本紀 第一, "稽夫三神曰天一曰地一曰太一天一主造化地一主敎化太一主治化"

대원일의 원리를 체용의 구조를 통하여 나타낸 것이 삼신일체의 도가 된다. 이를 도식화하여 나타내면 각각 원과 그 안에 들어있는 방 그리고 각이 된다. 「소도경전본훈蘇塗經典本訓」에서는 "원圓은 일一이 되어 무극無極이고, 방方은 이二가 되니 반극反極이며, 각角은 삼三이 되어 태극太極이다."[24]라고 하였다.

앞에서 살펴본 바와 같이 「삼일신고」의 내용은 대원일원리를 바탕으로 삼신일체三神一體의 도道를 밝히고 있다. 그것은 일신이 변화여 삼신으로 화하는 변화의 세계관이다. 이 때 일신의 삼신으로의 변화는 그 질적인 변화가 없는 점에서 현상적 변화와 다르다. 그런 점에서 삼신이 일신이다.

그런데 「삼일신고」의 내용이 공간성을 중심으로 시간성의 세계를 나타내기 때문에 신이라는 개념도 시간성이 아닌 공간성의 측면에서 대상화, 물건화하여 나타내고 있다. 그것이 시간성의 미래성과 과거성 그리고 현재성을 나타내는 삼신으로서의 조화의 신, 치화의 신, 교화의 신이다.

시간성을 시간의 차원에서 나타낸 시의성을 중심으로 미래성과 과거성 그리고 현재성을 통하여 시간성의 시간화와 시간의 시간성화를 나타내면 도역의 생성이 됨은 앞에서 살펴본 바와 같다.

도역의 생성을 물건화하여 공간성을 중심으로 나타내면 일신이 삼신이 되고, 삼신이 하나로 돌아가는 삼신일체의 도가 된다. 시간성의 도역의 생성이 일체임을 공간성의 측면에서 나타낸 것이 하나이면서도 셋이고, 셋이면서도 하나인 대원일원리이다. 대원일사상을 삼일의 역생도성의 관점에서 나타내는 것이 삼신일체의 도이다.

---

24 李陌, 『太白逸史』, 蘇塗經典本訓 第五, "故圓者一也無極方者二也反極角者三也太極"

2. 공간성과 순역합일

우리는 앞에서 시간성을 통하여 신명, 신도의 세계를 나타내면 도역생성임을 살펴보았다. 그것은 환웅의 웅호를 향한 작용과 웅호의 환웅을 향하는 작용이 시간성의 측면에서는 모두 생성임을 뜻한다.

그런데 생성의 세계에서 시간을 제거하고 고정하여 나타내면 물건의 세계가 된다. 물건의 관점에서는 세계의 본성은 공간성이다. 이것과 저것의 사이, 관계를 나타내는 공간은 사실 이것과 저것이 하나가 되는 하나임(合一)을 나타낸다. 그렇기 때문에 공간성의 내용은 합일성이다.

세계를 공간성의 측면에서 합일성을 중심으로 나타낸 것이 셋에서 시작하여 하나에서 완성되는 삼일이다. 그것은 웅호를 통하여 상징적으로 나타내는 현상의 세계에서 출발하여 물성을 넘어서 인성에 이르고, 인성을 넘어서 신성에 이르며, 신성을 넘어서 다시 물성을 향하는 방향성을 갖는다.

「삼일신고」는 삼에서 일을 향하는 방향에서 공간성을 중심으로 세계를 나타내고 있다. 이때 신고神誥는 환인이 표상하는 세계를 대상화하여 물건의 관점에서 나타낸 개념이다. 그것은 신은 대상적 존재가 아닐 뿐만 아니라 세계 자체도 나와 독립적인 관계인 객관적 세계가 아님에도 불구하고 대상화여 나타낸 것임을 뜻한다. 따라서 신고는 신이라는 개념을 통하여 밝힌 내용을 가리킨다.

「삼일신고」는 셋에서 하나를 향하는 방향에서 신이라는 개념을 중심으로 나타낸 세계이다. 그것은 현대적 개념에서 이해하면 공간성을 중심으로 환인이 표상하는 신명, 신도의 세계를 나타낸 것이 「삼일신고」임을 뜻한다.

그런데 삼일은 일삼과 상대적으로 사용되는 개념이다. 단군신화와 「천부경」에서 이미 환웅을 중심으로 웅호의 세계를 나타낸 것을 일삼으로 나타내고, 웅호를 중심으로 환웅의 세계를 나타낸 것을 삼일로 나타내었음을 살펴보았다.

삼일의 관점에서 일을 지향하여 이루어지는 세계를 드러내어 밝힘이 「삼일신고」이기 때문에 일一을 신神과 결합하여 일신으로 나타내고 있다. 「삼일신고」의 내용은 삼신이 일신임을 나타내는 삼신일체를 통하여 전개되고 있다.

삼신이 일신이라는 것은 본래 일신이 삼신임을 뜻한다. 그것은 삼일이 가능한 것은 일삼이 전제가 되기 때문이다. 일신이 삼신이 되면서 시간의 세계인 천궁과 천궁에 거주하는 일신이 존재하게 되고, 천궁과 구분되는 지상의 세계인 공간의 세계가 전개되면서 공간의 세계에 존재하는 인간과 사물이 언급된다.

대원일의 관점에서 보면 삼신이 내려와 형성된 인간의 성명정 역시 비록 셋으로 구분하여 나타내었지만 일체一體이다. 「고려팔관기高麗八觀記」에서는 다음과 같이 삼신三神과 삼진三眞을 모두 하나의 체體로 나타내어 그것이 일체一體임을 밝히고 있다.

> 상계上界의 주신主神을 불러 말하기를 천일天一이라고 한다. 조화造化를 주관하며 절대지고의 권능을 갖고 있다. 무형으로 형形을 삼으며, 만물로 하여금 각각 그 성性을 통하게 한다. 이를 청진대淸眞大의 체體라고 한다. 하계下界의 주신主神을 불러 말하기를 지일地一이라고 한다. 교화敎化를 주관하며 지선至善하고 유일惟一의 법력法力이 있어서 무위無爲로 만물을 지으며, 만물로 하여금 그 명命을 알게 한다. 이를 선성대善聖大의 체體라고 한다. 중계中界의 주신主神을 불러 말하기를 태일太一이라고 한다. 치화治化를 주관하며 최고무상最高無上의 덕량德量을 가지고 말없이 교화를

> 하고 만물로 하여금 그 정精을 보전하게 한다. 이를 미능대美能大의 체體라고 한다.[25]

위의 내용을 보면 삼신을 각각 천일天一과 지일地一 그리고 태일太一로 규정하고 천일天一과 지일地一 그리고 태일太一이 각각 성性과 명命 그리고 정精을 주관함을 알 수 있다. 이는 양자를 공간적 관점에서 분석하여 나타낸 것으로 일신이 삼신으로 변화함을 나타낸 것이다.

우주와 만물의 근원인 일신이 변화하여 인간의 성명정이 되었기 때문에 삼진三眞은 완전하여 부족함이 없다. 일신一神은 대혜大慧, 대덕大德, 대력大力을 가진 무상無上의 존재이다. 그러므로 삼진三眞 역시 청진淸眞의 대혜大慧와 선성善聖의 대덕大德 그리고 미능美能의 대력大力을 가진 무상無上의 존재이다.

천궁에 존재하는 일신의 신성神性과 지상에 존재하는 사물의 물성物性 그리고 인간의 본성인 인성人性이 본래 일체임을 나타내는 것이 삼신이 일체여서 일신一神임을 나타내는 삼일이다. 그것은 시간성을 중심으로 세계를 나타내면 신성의 드러남이며, 공간성을 중심으로 세계를 나타내면 사물성의 드러남이고, 인간성을 중심으로 세계를 나타내면 자연성自然性, 자유성自由性, 분합성分合性의 드러남임을 뜻한다.

삼일三一은 사물에서 시작하여 물성物性에 이르는 과정과 물성을 벗어나서 인성에 이르는 과정 그리고 인성을 벗어나서 신성에 이르는 과정으로 나타낼 수 있다. 그리고 다시 신성을 벗어나서 인성에 이르는 과정을

---

25 李陌, 『太白逸史』, 三神五帝本紀 第一, "上界主神 其號曰天一主造化 有絶對至高之權能 無形而形 使萬物各通其性 是爲淸眞大之體也 下界主神 其號曰地一主敎化 有至善惟一之法力 無爲而作 使萬物各知其命 是爲善聖大之體也 中界主神 其號曰太一主治化 有最高無上之德 無量言而化 使萬物各保其精 是爲美能大之體也"

통하여 표상된다.

그것은 삼일三一을 통하여 일삼一三에 이르러서 비로소 삼일三一과 일삼一三이 하나가 되는 것이라고 할 수 있다. 이처럼 삼일과 일삼을 구분하여 달리 나타내는 동시에 하나임을 나타내는 것은 인간이다. 그렇기 때문에 삼일과 일삼의 관계를 인간을 중심으로 이해하지 않을 수 없다.

「삼일신고」에서는 일신一神을 언급하면서 "그것이 내려와서 너의 뇌에 있다[降在爾腦]"고 하여 인간의 자성自性이 곧 일신임을 밝히고 있다. 삼신의 조화의 신이 내려와 성품을 이루고, 교화의 신이 내려와 명命을 이루며, 치화의 신이 내려와 정精을 이루어서[26] 인간의 성명정性命精이 형성된다. 이에 대하여 「삼일신고」에서는 다음과 같이 밝히고 있다.

> 사람과 만물은 똑 같이 세 가지 참됨[三眞]을 받으니 말하기를 성性, 명命, 정精이라고 한다. 사람은 골고루 온전히 받지만 만물은 치우치게 받는다. 참 본성[眞性]은 선과 악이 없어서 상철上哲이 통달하며, 참 목숨[眞命]은 맑음과 탁함이 없어서 중철中哲이 알고, 참 정[眞精]은 두터움과 엷음이 없어서 하철下哲이 잘 보존한다. 세 가지의 참됨으로 돌아가면 일신一神과 하나가 된다.[27]

일신이 삼신으로 화하였기 때문에 삼신은 곧 일신이다. 일신이 그 본성인 덕혜력德慧力에 의하여 삼신으로 화하듯이 인간의 내면에 존재하는 삼신으로서의 삼진三眞 역시 자성自性을 고집하지 않고 자신을 벗어나서

26 李嵒, 『檀君世紀』, 檀君世記序, "夫三神一體之道在大圓一之義造化之神降爲我性敎化之神降爲我命治化之神降爲我精"

27 李陌, 『太白逸史』, 三一神誥, 人物, "人物同受三眞曰性命精人全之物偏之眞性無善惡上哲通眞命無淸濁中哲知眞精無厚薄下哲保返眞一神."

타자화他者化한다. 그것을 나타내는 것이 삼망三妄이다. 삼망 대하여 「삼일신고」에서는 다음과 같이 밝히고 있다.

> 뭇 사람들은 땅에 미혹하려 세 가지 망령됨[三妄]이 뿌리를 내린다. 그것을 마음[心], 기운[氣], 몸[身]이라고 말한다. 마음은 본성에 따라서 선함과 악함이 있다. 선하면 복되고 악하면 화가 미친다. 기운은 목숨에 따라서 맑음과 탁함이 있다. 맑으면 오래 살고 탁하면 빨리 죽는다. 몸은 정기에 따라서 두터움과 엷음이 있다. 두터우면 귀貴하고, 엷으면 천賤하다.[28]

사람들이 땅에 미혹했다는 것은 곧 분별심分別心에 의하여 세계를 인식하였음을 뜻한다. 땅의 세계는 공간의 세계, 이것과 저것이 서로 구분되는 분별의 세계이다. 그러므로 땅에 미혹했다는 것은 삼신三神은 일신一神이 변화한 존재로 일체이듯이 성명정性命精이 일체임에도 불구하고 성명정을 실체화實體化하여 셋으로 인식함을 뜻한다.

인간의 성명정은 환인을 조화, 교화, 치화의 측면에서 각각 천일天一, 지일地一, 태일太一의 삼신으로 나타내듯이 인간을 세 측면에서 나타낸 것이다. 그것은 일신이 삼신으로 화하는 도생역성倒生逆成을 공간성을 중심으로 순順방향에서 나타낸 것이 성명정임을 뜻한다. 이와 달리 역생도성逆生倒成을 공간성을 중심으로 나타낸 역방향에서 보면 심기신心氣身의 삼망三妄이 형성된다.

환인이 환웅과 단군 그리고 웅호로 분화分化하듯이 인간을 물건화하여 삼신의 측면에서 성명정性命精으로 나타내었기 때문에 삼자가 하나여서

---

28 李陌, 『太白逸史』, 三一神誥, 人物, "惟衆迷地 三妄着根 曰心氣身 心依性有善惡 善福惡禍 氣依命有清濁 清壽濁夭 身依精有厚薄 厚貴薄賤."

그 하나마저도 있다고 할 수 없음에 불구하고 정精을 중심으로 자신을 이해하거나 명命을 중심으로 자신을 이해하기 때문에 각각 셋이 되어 삼망이 된다.

그것은 시간성의 차원에서 이루어지는 도역의 생성 그 자체는 유무有無를 넘어서기 때문에 가치상의 우열優劣이 없어서 시비是非, 선악善惡의 구분이 없음에도 불구하고 그것을 물건화, 대상화하여 주체와 객체를 분별하고 그것을 바탕으로 시비와 선악을 논함을 뜻한다.

삼진三眞의 진성眞性은 선善하여 악惡이 없고, 진명眞命은 맑아서 탁濁함이 없으며, 진정眞精은 두터워서 얇음이 없다. 그러나 삼망三妄의 심心은 선악善惡이 있어서 그것을 따라서 화복禍福이 나타나며, 기氣는 청탁淸濁이 있어서 이에 따라서 수요壽夭가 갈라지게 되고, 신身은 후박厚薄이 있어서 이에 따라서 귀천貴賤이 발생하게 된다.

인식주체로서의 삼진三眞에 대하여 인식객체인 삼망三妄이 형성되면 당연히 삼진三眞과 삼망三妄이 대립하게 된다. 본래 삼진三眞의 관점에서 보면 내외, 안팎이 없어서 일체이지만 일체의 세계를 삼진三眞과 삼망三妄의 내외, 안팎의 관계로 인식하게 된다.

삼진을 인식주체로 그리고 삼망을 인식객체로 여기게 되면 그에 따라서 인식작용이 일어나게 된다. 그것이 감식촉感息觸의 삼도三途이다. 성명정을 나의 밖에 존재하는 실체로 인식하게 되면서 심기신의 삼망이 형성되고, 삼망과 삼진의 관계인 삼도가 형성된다. 그리고 삼도에 의하여 현상세계가 전개된다. 그것을 「삼일신고」에서는 열여덟 경계를 통하여 밝히고 있다.

> 세 가지 참됨과 세 가지 망령됨이 서로 섞여서 세 가지 길을 만든다. 그것을 느낌[感], 숨[息], 부딪침[觸]이라고 말한다. 이 셋이 변하여 18가

> 지 경계가 이루어진다. 느낌[感]에는 기쁨, 두려움, 슬픔, 성냄, 욕심냄, 싫어함이 있고, 숨[息]에는 향기, 썩은 기, 찬 기, 더운 기, 마른 기, 습기가 있고, 부딪침[觸]에는 소리, 색깔, 냄새, 맛, 음란함, 저촉抵觸이 있다.[29]

느낌感은 삼망三妄의 심心에 의하여 나타나는 현상으로 기쁨, 두려움, 슬픔, 성냄, 탐냄, 싫어함으로 나타난다. 숨息은 삼망三妄의 기氣에 나타나는 현상으로 향기, 썩은 기氣, 한기寒氣, 열기熱氣, 마른 기氣, 습기濕氣로 나타난다. 그리고 부딪침觸은 신身에 나타나는 현상으로 소리, 빛, 냄새, 맛, 음란淫亂, 저촉抵觸으로 나타난다. 그러면 사람이 삼도에 의하여 형성되는 십팔경十八境을 따라서 전전輾轉하면 어떤 결과를 낳는가?

> 일상의 사람들은 선악과 청탁, 후박이 서로 섞여서 여러 경계의 길을 따라서 이리저리 달리다가 나고 자라고 늙고 병들어 죽는 고통에 떨어진다.[30]

자신이 어떤 존재인가를 성찰하는 삶을 살아가는데 뜻을 두지 않은 일반적인 사람들은 생노병사生老病死가 본래 고통이 아님에도 불구하고 고통으로 느끼면서 산다. 그러면 인간의 삶이 고苦라는 것은 무엇을 의미하는가?

일신이 삼신으로 화하여 성명정의 삼진이 되었다. 그리고 삼진이 현상화하여 삼망으로 드러난다. 그러므로 인간이 삶을 살아가면서 땅의 관점

---

29 李陌, 『太白逸史』, 三一神誥, 人物, "眞妄對作三途 曰感息觸 轉成十八境 感喜懼哀怒貪厭 息芬爛寒熱震濕 觸聲色臭味淫抵."

30 李陌, 『太白逸史』, 三一神誥, 人物, "衆 善惡淸濁厚薄相雜 從境途任走 墮生長消病歿苦."

곧 현상의 관점에 얽매이지 말고 다시 본래의 일신의 세계를 향해야 한다.

그것은 환웅桓雄 곧 일신一神과 웅호熊虎 곧 자신自身이 둘이 아님에도 불구하고 웅호의 관점에서 오로지 웅호를 자신으로 여기게 되어 집착을 하기 때문에 그 집착을 벗어버리고 본래의 환웅으로 돌아가야 함을 뜻한다.

그러나 환웅으로 돌아가서도 또한 환웅에도 머물러서 않된다. 그렇기 때문에 삼일三一을 통하여 웅호의 세계에서 단군에 이르고, 단군을 거쳐서 환웅에 이르지만 환웅에도 머물지 않고 다시 단군으로 드러냄으로써 삼일三一과 일삼一三이 하나인 차원 곧 환인의 차원에 이르게 된다.

삼신이 일신으로 화함은 자연의 관점에서는 사물이 인성人性에 이르는 점에서는 만물의 진화라고 할 수 있고, 인간의 관점에서는 인간의 차원을 벗어나서 신성神性에 이르는 수기修己, 수양修養, 수행修行, 수도修道라고 할 수 있으며, 종교의 관점에서는 만물의 근원인 주재자主宰者, 창조자創造者와의 합일合一이고, 세간을 벗어남이며, 이상적인 세계로서의 천국天國, 천당天堂에 올라감, 천상天上의 선계仙界로 올라감이라고 할 수 있다.

그런데 환인이 나타내는 내용은 환웅에서 시작하여 웅호에서 끝나는 측면과 웅호에서 시작하여 환웅에 끝나는 측면이 하나가 된 세계를 나타낸다. 신도, 신명을 공간성을 중심으로 나타내고 있는 『주역』에서는 웅호에서 환웅을 향하는 측면을 역逆방향으로 규정하고, 환웅에서 웅호를 향하는 측면을 순順방향으로 규정하였다. 『주역』의 관점에서 보면 역逆방향의 극極에 이르러서 순順방향으로 변화함으로써 순역順逆이 합일合一되는 것이 환인이 상징적으로 나타내는 세계라고 할 수 있다.

3. 순역합일과 수도론

앞에서 일신一神이 변하여 삼신三神으로 화化함으로써 인간의 성명정性命精의 삼진三眞이 되었으나 인간이 땅에 내려왔기 때문에 삼망三妄이 생겼으며, 그로 인하여 삼도三途와 십팔경十八境이 나타나게 되고, 그 결과 생노병사生老病死의 고苦가 나타남을 살펴보았다. 그러면 왜 인간이 지상에 내려옴으로써 삼망三妄에 빠지게 되고, 그 결과 화복禍福, 수요壽夭, 귀천貴賤이 다른 세계에서 살게 되었는가?

인간이 지상에 내려왔다는 것은 육신肉身을 갖게 되었음을 뜻한다. 그것은 일신의 삼신으로의 변화가 시간성의 시간화 곧 공간화임을 나타낸다. 일신이 변하여 삼신으로 화化하는 과정을 통하여 천지와 인간이 생성된다.

그런데 시간성의 시간화가 물건적 세계, 사물의 세계, 공간의 세계의 생성을 나타내는 것은 그 이면에서 생성된 천지인의 공간의 세계가 합일合一하는 공간성의 측면이 있음을 나타낸다. 그것은 공간성의 합일을 통하여 시간으로부터 시간성의 세계로 돌아가는 측면이다.

시간성을 중심으로 도생역성倒生逆成의 관점 곧 시간성의 시간화를 통하여 세계를 보면 만물의 생성으로 드러나지만 시간의 시간성화의 측면 곧 역생도성逆生倒成의 관점에서 세계를 보면 만물은 존재하는 것이 아니라 매 순간 합일을 통하여 하나를 보여줌으로써 물건이 존재하지 않음을 나타낸다.

「천부경」에서는 하나에서 시작하지만 시작함이 없고, 하나에서 끝나지만 끝남이 없다고 하였다. 하나로 시작하여 하나로 끝나지만 시작도 없고 끝남도 없음은 삼신으로 나타나는 현상이 하나의 끝없는 변화의 과정이지만 그 하나마저도 없어서 모든 분별을 벗어나 있음을 뜻한다.

세계는 모든 분별을 넘어서지만 그것을 공간적 관점에서 인간과 다른 존재를 구분하여 나타낼 때 비로소 삼진三眞과 삼망三妄 그리고 삼도三途가 문제가 된다. 그것은 일신의 변화를 구분하여 진眞과 망妄으로 나타내고, 다시 양자의 관계를 삼도三途를 통하여 나타내었음을 뜻한다.

일신에서 삼신으로의 변화는 삼신에서 일신으로의 변화와 함께 이루어진다. 그것은 시간성의 시간화와 시간의 시간성화가 둘이 아니라 일체임을 뜻한다. 「천부경」에서 십十을 본체로 하여 이루어지는 작용을 오五를 중심으로 일이삼사一二三四와 육칠팔구六七八九로 구분하여 양자의 분합分合을 통하여 표상하는 것을 보아도 알 수 있다.[31]

인간의 삶도 단지 일신의 작용 곧 변화일 뿐이다. 다만 그것을 성性과 명命 그리고 정精의 삼진三眞으로 구분하여 나타냄으로써 그것과 구분되는 심기신心氣身의 삼망三妄을 언급하게 된 것이다. 비록 양자를 진眞과 망妄으로 구분하여 나타내었지만 양자는 가치상의 우열이 없다. 그러면 왜 양자를 단순하게 구분하지 않고 가치 개념이 담겨있는 진망眞妄으로 구분하여 나타내는가?

그것은 일一에서 삼三으로의 변화를 전제로 하여 삼三에서 일一로의 변화가 이루어짐을 나타내기 위함이다. 삼일三一과 일삼一三은 일체이지만 일삼一三을 본체로 하여 삼일三一이 이루어진다. 이는 시간성의 시간화가 본체라면 그것을 바탕으로 시간의 시간성화가 이루어짐을 뜻한다. 그러면 일삼과 삼일이 인간에 있어서는 어떤 의미를 갖는가?

일삼一三은 인간에 있어서는 존재원리이고, 삼일三一은 인간의 당위원리이다. 그러나 양자는 일체로 일삼一三을 바탕으로 삼일三一이 이루어진다.

---

31 이현중, 「「천부경」의 세계관과 인간관」, 『東아시아古代學』 제39집, 동아시아고대학회, 2015, 20쪽~22쪽.

그것은 일삼一三이 세계 자체를 나타내는 반면에 삼일三一은 지금-여기의-나를 중심으로 세계를 표상함을 뜻한다.

지금-여기의-나를 통하여 끊임없이 나타나는 시간의 시간성화는 개체적 존재로서의 만물의 합일合一로 나타난다. 그것은 삼진三眞과 삼망三妄의 관계를 나타내는 삼도三途와 그 결과로 나타나는 십팔경계十八境界를 통하여 진망眞妄이 일체이며, 도경途境도 일체임을 체험함으로써 언제나 일신一神으로 존재함을 뜻한다.

삼진과 삼망 그리고 삼도와 십팔경계의 합일은 삼도를 통하여 이루어진다. 삼도가 사라짐으로써 십팔경계가 사라지는 동시에 삼진과 삼망 역시 일체가 된다. 주체인 삼진과 객체인 삼망 그리고 인식작용인 삼도와 인식내용인 십팔경의 합일을 통하여 일신의 세계, 시간성의 세계를 체험한다. 그러면 삼도를 통하여 이루어지는 진망합일眞妄合一, 삼도와 십팔경의 합일은 무엇을 의미하는가?

시간성의 차원에서 이루어지는 도역倒逆의 생성生成에는 가치상의 우열優劣이 없어서 시비是非, 선악善惡의 구분이 없다. 그러나 시간성을 대상화하여 공간성의 관점에서 나타냄으로써 비로소 도역의 생성이 순역順逆으로 대상화하면서 가치상의 우열이 나타나게 된다.

도역의 생성의 관점에서는 진망眞妄의 구분이 없는 일체이지만 그것을 대상화하여 삼신三神으로 나타내기 때문에 본래 삼신이 일신一神이지만 삼신을 일체화하는 과정이 필요하게 된다. 그것은 삼진을 스스로 삼망으로 여기게 됨으로써 삼진으로 돌아가고자 하는 수기修己, 수행修行, 수련修鍊이라는 수도修道의 문제가 제기됨을 뜻한다. 삼망이 바로 삼진임에도 불구하고 삼진을 대상화하여 삼망으로 여기고 그것으로부터 상대적인 삼진을 찾고자 하는 것이다. 그러면 삼진을 찾고자 하는 마음 자체가 잘못된 것인가?

시간성의 차원에서 보면 시비是非, 선악善惡이 없지만 그것을 대상화하여 시비와 선악을 나타낸 까닭은 선善과 악惡을 분별하고, 옳음과 그름을 분별하더라도 선이나 옳음에도 머물지 않아야하며, 분별 자체에도 머물러서 집착하지 말아야함을 나타내기 위함이다.

그것은 스스로 지금 여기의 나를 중심으로 육신이나 의식에 의하여 드러나는 현상에 머물지 않고, 자유자재하는 삶을 살도록 하기 위함이다. 선과 악을 구분하고, 옳음과 그름을 구분하는 까닭은 악에 머물지 않고 선을 행하고, 그름에 머물지 않고, 옳음을 실천하도록 하기 위함이다.

수기, 수도의 과정이라고 할 수 있는 분별의 세계, 삼신의 세계로부터 일신에 이르는 과정은 세 단계를 거치게 된다. 「삼일신고」에서는 세 단계를 하철下哲과 중철中哲 그리고 상철上哲로 인격화하여 나타내고 있다. 그것은 삼진에 대응하는 삼망三妄에 따라서 이루어지는 세 단계이다.

진망이 구분되고, 삼도와 십팔경이 구분된 세계로부터 벗어나서 주객이 하나가 된 주객미분主客未分의 세계, 만물이 일체인 하나의 세계에 도달하는 방법은 분별의 세계에 머물지 않음이다. 그것은 분별을 하면서도 분별에 머물러서 집착하지 않음이라고 할 수 있다.

「삼일신고」에서는 분별의 세 단계에 머물지 않음을 지감止感, 조식調息, 금촉禁觸으로 나타내고 있다. 지감止感은 삼망의 마음에서 일어나는 여러 감정들을 그치게 함으로써 삼진三眞의 성性으로 화化하도록 함이며, 조식은 숨을 고르게 쉬는 것을 통하여 기운氣運을 고르게 함으로써 삼진三眞의 명命으로 화化하도록 함이고, 금촉은 조화로운 행위를 통하여 삼망三妄의 몸의 굴레로부터 벗어나서 삼진三眞의 정精으로 화化하도록 함이다. 이에 대하여 「삼일신고」에서는 다음과 같이 밝히고 있다.

> 지혜로운 사람은 느낌을 그치고[止感], 숨을 고르게 하며[調息], 부딪침을 금하여[禁觸], 한결같은 뜻으로 망령됨을 돌이켜서 참됨에 나아가는 변화를 행한다. 대신기大神機를 펴서 본성에 통通하여 공을 완수함[性通功完]이 바로 이것이다.[32]

지감止感, 조식調息, 금촉禁觸은 삼망의 심기신心氣身을 없앰으로써 삼진이 되는 것이 아니라 삼망이 본래 삼진임을 자각하는 방법이다. 그것은 삼망에 즉卽하여 삼진을 체험하는 즉망즉진卽妄卽眞이라고 할 수 있다.

즉망즉진은 삼도를 통하여 삼도의 공空함을 알고, 십팔경을 통하여 십팔경十八境의 무성無性을 알며, 삼망을 통하여 삼망이 없음을 알아서 삼망과 삼진이 없는 일신의 세계를 체험하는 방법이다.

지감, 조식, 금촉은 물건적 관점에서 보면 즉망즉진이지만 도역의 생성의 관점에서 보면 매 순간 끊임없이 새롭게 드러냄이다. 그것은 일신이 삼신으로 화는 시간성의 시간화를 바탕으로 시간의 시간성화를 살펴보면 지감과 조식, 금촉은 삼망을 없애는 것이 아니라 삼도와 십팔경의 끊임없는 재창조임을 뜻한다.

그것은 매 순간 삼망과 삼도, 십팔경의 재창조를 통한 삼진, 삼신의 일신화一神化이다. 그러므로 지감과 조식, 금촉은 심기신心氣身을 조절하거나 변화시키는 것이 아니라 성명정의 삼진이 삼망을 통하여 드러남인 동시에 삼신三神을 삼망三妄으로 나타냄이다.[33]

시간성의 시간화 곧 일삼一三을 바탕으로 시간의 시간성화 곧 삼일三一을

---

32 李陌, 『太白逸史』, 三一神誥, 人物, "哲 止感調息禁觸 一意化行 返妄卽眞 發大神機 性通功完是."

33 이는 順逆의 관점에서 보면 順을 體로 하여 逆의 관점에서 三眞, 三妄, 三塗의 관계를 고찰함이다. 일반적으로 逆의 관점에서 三妄이 변하여 三眞으로 化하는 것을 修行으로 여긴다. 그러나 順을 體로 하여 이루어지는 逆의 관점에서 보면 一神이 나타난 三神인 三眞이 三妄으로 자신을 드러냄이 된다.

이해하면 지감, 조식, 금촉은 삼망에 따라서 삼도를 구분하여 나타낸 것에 불과하다. 삼망은 삼진이고, 삼진은 일신이 나타난 삼신이다. 그러므로 삼진은 나타난 일신으로서의 자성自性이다.

삼망과 삼진이 일체인 일신의 차원에서 보면 삼진의 작용은 삼망을 통하여 이루어진다. 그것은 자성의 작용이 삼망을 통하여 이루어짐을 뜻한다. 그렇기 때문에 개망즉진改妄卽眞 역시 내 안의 대신기大神機를 발發하는 것이라고 하였다.

대신大神의 기틀을 발현하는 것은 자성自性과 통通함인 동시에 성품과 밖의 세계가 통通함이다. 그것은 세계와 내가 하나가 됨이라고 할 수 있다. 나와 세계가 하나가 되는 삼일三一은 삼망三妄을 중심으로 마음과 몸의 관점에서 성통性通과 공완功完으로 구분하여 나타낼 수 있다.

성통性通은 내재된 참나, 대아大我로서의 신성神性과 통함으로 그것은 본래 처음부터 하나이다. 그러므로 막힌 바가 없기 때문에 새삼스럽게 통하거나 할 것이 없다. 다만 공완功完을 나타내기 위하여 성통을 언급할 수밖에 없다.

공완功完은 삶을 통하여 다른 존재와 더불어 살아가는 과정에서 모든 존재를 나타난 신神으로 대하는 실천을 통하여 자신의 본성이 본래 통함을 체험하는 일이다. 그러한 체험이 심기신心氣身 그 어느 것에도 걸림이 없이 자연스럽게 이루어질 때 비로소 성통의 공功이 완성된 것이다. 그러면 성통공완性通功完의 단계는 무엇인가?

삼망에 즉卽하여 삼진을 체험하는 과정은 셋으로 구분할 수 있다. 「삼일신고」에서는 세 단계를 각각 삼진에 따라서 상철上哲과 중철中哲 그리고 하철下哲로 나타내고 있다. 상철은 성통을 이룬 경계이며, 중철은 지성知性의 단계로 아직은 성性과 하나가 되지 못한 상태이고, 하철은 보성保性의 단계로 성性을 잊지 않고 유지하는 단계이다.[34]

하철下哲의 보성保性은 성품을 감추어 보존하고 있을 뿐으로 그것을 발견하여 하나가 되어 자유자재하게 활용할 수 없는 단계를 나타낸다. 하철은 비록 자성自性을 알지는 못하지만 믿기 때문에 믿음을 갖지 않는 사람들과 다르다.

중철中哲의 지성知性은 성품을 발견하였으나 아직은 하나가 되지 못하여 하나가 되고자 하는 과정을 나타낸다. 상철上哲은 성품과 하나가 되어 성품도 없고, 나도 없는 경지를 나타낸다.

하철下哲에서 상철上哲에 이르는 세 단계는 성통性通의 과정이다. 그것은 삼망으로부터 시작하여 삼진의 일신一神으로 돌아감이다.[35] 그렇기 때문에 일신一神에도 머물지 않고 다시 삼신三神으로 나아가야 한다.

그것은 상철에 이르러서 성품과 하나가 되어 성품도 없고, 나도 없을지라도 그 경계에서 더 나아가서 성품을 자유자재自由自在하게 활용할 수 있어야 함을 뜻한다. 삼심에서 일신에서 이르러서 일신에도 머물지 않고 삼신으로 드러남을 나타내는 것이 공완功完이다.

공완功完은 순順방향에서 이루어지는 삼신으로의 나툼이다. 따라서 공완功完 역시 세 단계로 구분하여 나타낼 수 있다. 그것은 환웅과 단군 그리고 웅호로 나타나는 세 단계이다. 「삼일신고」에서는 일신이 하늘을 낳는 첫 번째의 단계와 영철靈哲을 낳는 두 번째의 단계 그리고 만물萬物을 낳는 세 단계로 나타내고 있다. 그것은 일신一神이 상세계上世界의 조화의 신과 하세계下世界의 치화의 신 그리고 중세계中世界의 교화의 신의 삼신三神으로 나타남을 뜻한다.

그러나 삼일심고는 인간이 매 순간 현상에 머물지 않고 끊임없이 새로

---

34 李陌, 『太白逸史』, 三一神誥, 人物, "眞性善無惡上哲通 眞命淸無濁中哲知 眞精厚無薄下哲保."

35 李陌, 『太白逸史』, 三一神誥, 人物, "返眞一神."

운 차원을 향하여 나아가는 수기修己, 수행修行, 수도修道에 중심이 있기 때문에 공완功完을 생성의 관점에서 나타내지 않고 단지 역逆방향에서 성통性通과 함께 논하고 있다.

제칠부

신도와 인도人道

우리는 앞에서 「천부경」을 통하여 단군신화에서 밝히고 있는 신도神道를 천도天道를 중심으로 고찰하고, 이어서 「삼일신고」를 통하여 지도를 중심으로 신도를 고찰하였다. 그러면 지금부터는 인도를 중심으로 신도를 살펴보자.

신도를 천도와 지도로 구분하여 고찰한 까닭은 인도를 밝히기 위함이다. 그것은 천도와 지도가 인도를 통하여 합일되는 동시에 인도를 통하여 신도神道가 천도와 지도로 생성됨을 뜻한다.

단군신화가 나타내고 있는 신도를 시간성을 중심으로 나타내면 시의성이 현재성을 중심으로 미래성과 과거성으로 생성되는 동시에 현재성을 중심으로 미래성과 과거성이 합일된다. 그것을 다시 공간성을 통하여 나타내면 시간성과 공간성이 인간성을 통하여 합일되는 동시에 인간성을 통하여 신명神明이 시간성과 공간성으로 생성된다.

시간성의 측면에서 생성은 두 방향에서 이루어진다. 그것은 환웅에 의하여 이루어지는 생성과 웅호에 의하여 이루어지는 생성이다. 이 때 웅호에 의하여 이루어지는 생성은 단군을 매개로 하여 이루어지기 때문에 환웅과 단군의 두 측면에서 생성을 고찰할 수 있다.

환웅과 단군은 시간성과 인간성, 신성神性과 인성人性을 나타낸다. 따라서 인간성을 중심으로 합일을 고찰하고, 신성神性, 시간성을 생성을 고찰하는 것이 필요하다. 그것은 시간성을 중심으로 도역의 생성을 고찰하고, 공간성을 중심으로 순역의 합일을 함께 고찰하는 것이 필요함을 뜻한다.

공간성을 중심으로 인간성을 통하여 인간의 삶을 고찰함은 물건적 관점에서 천도와 지도의 합일을 통하여 인간의 삶을 고찰하고, 사건적 관점에서 시간성의 시간화와 시간의 시간성화로서의 생성을 통하여 인간의 삶을 고찰함이다.

신도와 천도, 지도, 인도는 구분할 수 없는 하나를 여러 관점에서 서로 다르게 나타낸 것이다. 그렇기 때문에 신도를 언급하고 천도와 지도를 언급하고 있는 단군신화에서도 인도를 언급하고 있고, 천도를 언급하고 있는 「천부경」에서도 인도를 언급하고 있을 뿐만 아니라 이와 달리 지도를 언급하고 있는 「삼일신고」에서는 오히려 신도를 언급하고 있다.

우리는 앞에서 「천부경」을 통하여 시간성을 통하여 세계를 고찰하고 이어서 「삼일신고」를 통하여 공간성을 통하여 세계를 고찰하였다. 그 과정을 통하여 시간성의 차원에서 보면 세계는 끊임없는 생성의 연속이기 때문에 시비, 선악, 인간과 자연, 인간과 세계, 나와 남이라는 분별이 없음을 알 수 있었다.

시간성의 세계를 공간성을 중심으로 객관화, 대상화여 나타낼 때 비로소 인간과 세계가 하나가 되는 수도修道를 논하게 된다. 「삼일신고」에서는 인간이 세계와 하나가 되는 수도의 과정을 성통공완으로 나타내고 있다. 다만 순역의 관점에서 역방향을 중심으로 성통이 중심이 되어 수도를 논하고 있다.

그것은 일신이 삼신으로 화하는 변화를 바탕으로 삼심으로부터 일신으로 향하는 방향에서 성통을 논한 것임을 뜻한다. 그렇기 때문에 성통의 문제 곧 수도의 문제가 완결되기 위해서는 삼신에서 출발하여 일신에 이름으로써 다시 삼심으로 화하는 실천, 제도의 측면이 드러나야 비로소 완결됨을 뜻한다.

「삼일신고」에서는 역방향의 성통性通과 더불어 순방향의 공완功完을 함께 논하고 있다. 그러나 역방향과 더불어 순역이 합일된 세계, 순역이 구분되기 이전의 세계는 구체적으로 나타내지 않고 있다. 순역이 합일된 세계는 도역의 생성으로 나타난다. 그렇기 때문에 지금부터는 순역이 합일된 차원에서 이루어지는 도역의 생성을 중심으로 공완功完의 세계를 고찰하는 것이 필요하다.

단군신화에서는 환인이라는 분별과 무분별의 넘어선 세계 자체를 환웅에서 웅호로의 방향과 웅호에서 환웅으로의 방향의 두 관점에서 나타내고 있다. 성통은 웅호로부터 환웅으로의 방향을 중심으로 인간의 삶을 나타낸 것이기 때문에 환웅으로부터 웅호에 이르는 방향을 중심으로 공완功完을 고찰하는 것이 요구된다.

「삼일신고」에서 제시하고 있는 공완功完은 환웅이 인간 세상에서 행한 이화理化이다. 단군신화에서는 이화의 구체적인 내용을 360여사를 주재함으로 나타내고 있다. 그러면 360여사가 상징하는 것이 무엇인지 살펴보자.

단군신화에서는 21과 100의 이수를 제시하고 있다. 20은 15와 5를 통하여 본체를 나타내는 동시에 십에서 일까지의 변화와 일에서 십까지의 변화를 통하여 도역의 생성을 상징적으로 나타내는 이수이다. 그리고 20에서 100에 이르는 과정 곧 21에서 100까지의 과정을 나타내는 80수는 15의 본체에 의하여 이루어지는 작용의 전체를 나타내는 수이다. 15와 40에 의하여 하도가 형성되고, 5와 40에 의하여 낙서가 형성되면서 양자가 하나가 된 100을 통하여 신도의 전모가 표상된다. 그러면 하도와 낙서가 표상하는 내용이 무엇인가?

하도와 낙서가 표상하는 신도의 내용은 『정역』을 통하여 확인할 수 있다. 『정역』의 내용을 중심으로 신도의 내용을 살펴보면 그것을 나타내는 방법은 다양하다. 하도와 낙서를 통하여 신도를 이해하면 하도는 천도를 표상하고, 낙서는 지도를 표상한다. 그리고 하도와 낙서는 각각 본체와 작용으로 구분하여 이해할 수 있다.

하도의 본체는 15이며, 낙서의 본체는 5이다. 그리고 두 도상의 작용의 수는 40이다. 그러므로 두 도상의 체용을 모두 더하면 20의 본체도수에 80의 작용도수를 더하여 100이 된다. 하도는 체용이 구분되기 이전의 세계, 무분별의 세계를 나타내며, 낙서는 체용으로 구분되는 세계, 분별의 세계, 작용의 세계를 나타낸다.

낙서를 통하여 도역의 생성이 표상되고, 하도를 통하여 도역의 생성되기 이전의 세계, 양자가 합일된 세계, 체용이 합일된 세계를 나타낸다. 낙서는 사역의 변화를 통하여 도역의 생성원리를 표상하고 있다.

낙서가 표상하는 사역의 변화는 원역原曆, 윤역閏曆, 윤역閏曆, 정역正曆을 통하여 이루어진다. 이 때 사상수四象數를 중심으로 사역을 나타내면 원역은 81, 윤역은 72, 63, 정역은 54로 표상할 수 있고, 기수로는 원역은 375도이며, 윤역은 366도, 윤역은 365와 1/4도, 360도이다.[1] 그러면 「천부경」을 구성하는 81이라는 수와 「삼일신고」를 구성하는 366 그리고 단군신화의 360은 무엇을 가리키는 수인가?

81은 하도와 낙서가 표상하는 사역변화의 측면에서는 원역原曆을 나타내는 수이다. 원역原曆은 본체의 15와 작용의 360을 모두 나타낸 역曆이다. 그리고 원역에 의하여 시생한 윤역閏曆이 366일日 역曆이다. 이는 열매를 땅에 씨로 심어서 비로소 싹이 튼 것과 같다.

1 이현중, 『정역철학』, 서울, 학고방, 2016, 249쪽에서 298쪽.

시생된 역으로서의 366의 윤역閏曆은 웅호에서 단군에 이르는 변화를 나타낸다. 그것은 366역이 인도의 측면에서는 이제야 비로소 인간의 본래성을 발견하고, 그것과 일체화시켜서 자유자재自由自在할 수 있도록 수도修道의 과정이 필요함을 상징적으로 나타내는 역수임을 뜻한다.

360이 15도의 본체도수가 그대로 드러난 작용을 나타내는 도수이고, 그것의 시작이 366도수로 시작된다. 그렇기 때문에 단군신화에서 나타내는 이화의 내용으로서의 360도는 십오를 본체로 하여 이루어지는 작용이 바로 환웅이 인간 세계에서 행한 이화의 내용임을 뜻한다.

그런데 366은 역방향에서 이해하면 하철에서 시작되어 상철에 이르고, 웅호에서 시작하여 환웅에 이르는 수도의 과정으로 이해할 수 있다. 그것이 「삼일신고」에서 밝히고 있는 내용이다. 「삼일신고」에서는 역방향을 중심으로 성통공완을 논하고 있지만 성통이 중심이다. 그렇기 때문에 366이라는 수를 바탕으로 구성되고 있다.

순역이 합일된 차원에서 이루어지는 366은 360의 현현이다. 그것은 환인이 환웅에서 시작하여 웅호에서 완성되는 작용으로 드러남을 뜻한다. 단군신화에서 환웅의 이화理化로 나타내고, 「삼일신고」에서는 공완功完으로 나타낸 내용이 바로 실천, 제도라고 할 수 있다.

환웅의 이화理化의 관점에서 360의 중정역의 세계를 나타낸 것이 일상의 366일이 그대로 도역의 생성임을 나타내고 있는 『참전계경』參佺戒經』이다. 그것은 『참전계경』이 이화理化, 공완功完을 중심으로 신도를 나타내고 있음을 뜻한다.

『참전계경』은 전계佺戒라고도 불려왔다. 『참전계경』의 전래에 대하여 「태백일사太白逸史」에서는 다음과 같이 밝히고 있다.

> 『참전계경』은 세상에 전하여지기를 을파소乙巴素 선생이 전한 것이라

고 한다. 선생이 일찍이 백운산白雲山에 들어가 하늘에 기도하고 천서天書를 얻었는데 이것이 『참전계경』이다.[2]

을파소는 고구려의 국상國相이다. 그는 환웅이 세상을 이화하기 위하여 오사五事와 팔훈八訓을 중심으로 제시한 366사事를 신지神誌가 기록하였는데 그것을 다시 정리하였다. 그 점은 을파소의 다음과 같은 언급을 통하여 확인할 수 있다.

신시神市에 세상을 이화理化할 때 팔훈八訓을 씨줄로 삼고, 오사五事를 날줄로 삼아서 교화가 크게 행하여져서 널리 인간을 이롭게 하고 만물을 제도하였는데 참전參佺의 이룬 바가 아님이 없다. 오늘날의 사람들이 이 전계로 인하여 더욱 더 수기修己에 힘쓴다면 그 백성들을 편안하게 하는 공을 세우는데 어떤 어려움이 있겠는가![3]

인용문을 통하여 환웅의 시대 이후에 실시된 이화의 수단으로 사용된 것이 오사五事와 팔훈八訓으로 그것을 통하여 구성된 것이 366사를 나타내는 『참전계경』임을 알 수 있다. 그러면 『참전계경』이라는 의미는 무엇인가?

『참전계경』은 환웅의 시대부터 전래된 백성들을 교화하는 366 가지의 가르침이 적시된 전적임은 여러 문헌들을 통하여 확인할 수 있다.[4] 다만

---

2 李陌, 『太白逸史』, 蘇塗經典本訓, "參佺戒經世傳之乙巴素先生所傳也 先生嘗入白雲山祈禱得天書是爲參佺戒經"

3 李陌, 『太白逸史』, 蘇塗經典本訓, "乙巴素 籤之 曰神市理化之世 以八訓爲經 五事爲緯 教化大行 弘益濟物 莫非參佺之所成也 今人 因此佺戒 益加勉修己 則其安集百姓之功 何難之有哉."

4 元董仲 撰, 『三聖紀全下篇』, "密記云 桓國之末 有難治之 强族患之 桓雄乃以 三神設教 以佺戒爲業而聚衆作誓 有勸懲善惡之法 自是密有剪除之志."

만약 단군신화에서 밝히고 있는 신도와 「천부경」의 천도 그리고 「삼일신고」의 지도의 관계를 분명하게 이해하지 못하고 『참전계경』을 연구할 경우에 천신인 환웅이 제시한 가르침이라는 점에서 독단에 빠질 위험이 있다.

우리가 하나의 이론체계를 종교의 교리로 대할 때 이성적 차원과 다름을 들어서 합리성을 배제하려고 한다면 그것은 지혜롭다고 할 수 없다. 종교적인 것이라고 하여 이성적이지 않다면 그것은 출세간出世間과 세간世間을 둘로 보는 상相에 빠진 것이다.

환인과 환웅 그리고 단군과 웅호는 모두 세계에 대한 일종의 은유이자 상징이다. 그것은 시간성과 공간성 그리고 인간성의 셋으로 나타낼 수 있지만 하나인 환인桓因을 다양하게 나타내는 개념에 불과함을 뜻한다. 따라서 환인을 통하여 상징적으로 나타내고 있는 고조선사상을 파악하기 위해서는 넷의 관계를 엄밀하게 이해하여야 한다.

우리는 앞에서 신도의 내용이 시간성과 공간성 그리고 인간성을 통하여 제시되었으며, 천도를 중심으로 이해하면 신도는 도역의 생성원리이고, 지도를 중심으로 이해하면 신도는 순역의 합일원리이며, 인도를 중심으로 신도를 이해하면 생성과 합일의 회통 곧 자유자재임을 살펴보았다.

그리고 「천부경」과 「삼일신고」를 통하여 천도와 지도를 중심으로 신도에 대하여 고찰하였다. 따라서 지금부터는 생성과 합일이 회통된 관점에서 신도를 살펴보자. 그것은 단군신화의 이화理化, 「천부경」의 석삼극析三極, 「삼일신고」의 일삼一三, 공완功完을 중심으로 신도를 고찰함이다.

『참전계경』은 이상적 인격체인 상철上哲을 나타내는 신선神仙(佺)의 경계에서 살아가는(參) 원리, 방법(戒)을 제시하고 있다. 따라서 『참전계경』은 인도를 중심으로 신도를 세시하고 있는 전적이라고 할 수 있다. 먼저 공간성의 관점에서 순역의 합일이 어떻게 이루어지고, 그 결과가 무엇인지를 살펴 본 후에 이어서 시간성의 관점에서 도역의 생성이 이루어지는 원리와 그 결과를 살펴본 후에 마지막으로 생성과 합일이 하나가 된 관점에서 인간의 삶이 무엇인지를 살펴보고자 한다.

1. 순역順逆의 합일合一과 수도修道

『참전계경』은 환웅이 인간의 세상에 내려와서 이화理化한 내용을 밝히고 있다. 그 내용은 환웅이 천상에서 아래로 인간을 향하여 작용하는 측면을 나타내는 것과 웅호의 측면에서 환웅을 향하여 뜻을 세우고, 결국은 환웅과 하나가 되는 과정으로 나타내고 있다. 이처럼 환웅과 웅호의 두 측면에서 인간의 삶을 나타내고 있는 것이 『참전계경』이다.

그것은 『참전계경』의 내용이 단군신화에서 밝히고 있는 신도를 인도를 중심으로 밝히고 있음을 뜻한다. 단군신화의 내용을 천도를 중심으로 밝히고 있는 「천부경」과 단군신화의 내용을 지도를 중심으로 나타내고 있는 「삼일신고」와 달리 단군신화의 내용을 인도를 중심으로 밝히고 있는 것이 『참전계경』이다.

단군신화에서 밝히고 있는 신도의 내용은 시간성의 측면에서의 도역의 생성과 공간성의 측면에서의 순역의 합일이다. 그렇기 때문에 인간성의 측면에서 신도를 밝히고 있는 『참전계경』의 내용도 도역의 생성과 순역의 합일을 통하여 이해할 수 있다.

『참전계경』은 도역의 생성과 순역의 합일을 나타내는 팔훈八訓을 바탕으로 그것이 드러난 곡식, 생명, 형벌, 선악을 나타내고 있다.

> 거룩한 신령神靈이 위에 있어서 인간의 366가지 일을 주재한다. 그 강령은 성誠, 신信, 애愛, 제濟, 화禍, 복福, 보報, 응應이다.[5]

인용문의 내용을 보면 『참전계경』이 인간의 삶을 366의 일을 통하여 나타내고 있음을 알 수 있다. 이 때 366가지의 일을 통하여 인간의 삶을 나타내면서도 성령聖靈이 인간의 삶을 주재한다고 하여 인간이 스스로 삶을 이끌어가지 않음을 밝히고 있다.

우리는 일상적으로 우리의 삶을 스스로 영위한다고 생각한다. 그러나 우리들의 생각처럼 물질에 불과한 육신이나 육신의 기능인 의식이 주체가 되어 인간의 삶이 이루어지지 않는다. 그러면 인간의 366가지 일을 주재하는 성령聖靈은 무엇인가?

성령은 환웅을 인간의 관점에서 나타낸 인간성이다. 그것은 육신이나 의식이 인간의 전부가 아니라 인간성이라는 형이상적 존재가 인간의 모든 일을 주재함을 뜻한다. 인간성이 인간의 삶에서 이루어지는 모든 일을 주재하기 때문에 단군신화를 통하여 밝히고 있는 바와 같이 인간성은 순과 역의 두 방향에서 작용을 한다.

그런데 물건적 관점에서 인간의 모든 일을 주재하는 본성으로서의 인간성은 시간적 관점에서 보면 때로는 시간성으로 때로는 공간성으로 다양하게 드러난다. 그것은 고정된 물건의 본성이 있는 것이 아니라 시간성의 시간화에 의하여 시의성을 객관화하여 다양하게 나타낸 것이 물건적 관점에서의 본성임을 뜻한다.

성령을 물건적 관점에서 나타내면 인간성이지만 사건적 관점에서 나타내면 시간성이다. 그렇기 때문에 성령이 주재하는 366가지의 일을 여덟의 범주에 의하여 나타내고 있는 팔훈八訓 역시 시간성과 공간성의 두 측면에서 고찰하는 것이 필요하다.

팔훈은 366가지의 일의 성격을 파악할 수 있는 여덟 가지의 범주를

---

5 『參佺戒經』, "聖靈在上 主宰人間三百六十六事 其綱領 曰誠曰信曰愛曰濟曰禍曰福曰報曰應."

시간성과 공간성을 중심으로 366가지의 일을 구분하여 나타낸 것이다. 그러면 8훈(綱領)을 중심으로 366사를 어떻게 이해할 것인지 살펴보자.

앞에서 살펴본 바와 같이 신도를 인도를 중심으로 나타내면 시간성의 도역생성과 공간성의 순역합일을 통하여 이해할 수 있다. 순역의 합일은 수도의 문제, 성통의 문제이며, 도역의 생성은 제도, 공완의 문제이다. 따라서 8강령은 도역의 생성과 순역의 합일을 중심으로 이해할 수 있다.

그것은 366사가 단순하게 366가지의 일을 나타내는 것이 아니라 순역의 합일과 도역의 생성을 통하여 드러나는 결과로서의 세계를 나타내는 것임을 뜻한다. 여덟 가지의 강령 가운데서 성誠, 신信, 애愛, 제濟의 네 강령은 공간성을 중심으로 순역합일의 관점에서 나타낸 범주이다.

먼저 마음을 쓰는 용심用心의 측면에서 순과 역을 구분하여 각각 성誠과 신信으로 나타내고 있다. 인간성에 의하여 이루어지는 작용으로서의 용심用心은 순역이 합일되어 이루어져야 한다. 그렇기 때문에 성誠을 통하여 순방향의 인간성의 작용을 나타내고, 신信을 통하여 역방향의 인간성의 작용을 나타낸다.

다음에는 육신을 움직이는 운신運身의 측면에서 순과 역을 구분하여 나타내고 있다. 순방향에서 몸을 움직이는 운신을 제濟로 나타내고, 역방향에서 운신을 애愛로 나타내고 있다. 운신은 순역이 합일된 세계를 육신을 통하여 드러내는 실천의 관점에서 인간의 삶을 나타낸다. 그렇기 때문에 성신誠信의 순역이 합일하여 이루어지는 운용運用을 나타내는 것이 애제愛濟이다.

팔훈八訓 가운데서 화禍, 복福, 보報, 응應의 네 강령은 시간성을 중심으로 인도를 나타낸 것이다. 그것은 인간의 삶이 도역의 두 방향에서 이루어지는 생성임을 나타내는 것이 화복禍福, 보응報應의 네 강령임을 뜻한다.

화복禍福은 역생도성의 관점에서 인도를 나타낸 것이고, 보응報應은 도생역성의 관점에서 인도를 나타낸 것이다. 따라서 화복보응은 도생역성을 바탕으로 이루어지는 역생도성의 관점에서 살펴보면 화복보응은 끊임없이 새롭게 생성되는 사건의 연속이 삶임을 나타낸다.

인도는 공간성의 측면에서 순역의 합일을 통하여 수도修道를 고찰하고, 시간성의 측면에서 도역의 생성을 통하여 제도濟度를 고찰함으로써 그 전모가 드러난다. 따라서 공간성을 중심으로 순역합일의 관점에서 수도修道를 고찰한 후에 시간성을 중심으로 도역생성의 관점에서 제도濟度를 고찰하는 것이 필요하다 그러면 팔훈을 중심으로 『참전계경』에서 밝히고 있는 366사事가 무엇인가?

먼저 팔훈을 중심으로 366사를 도표화하여 나타내면 8강령 각각의 내용을 나타내는 45훈과 313의 사事가 있어서 강령과 훈사를 더 하면 다음과 같다.

팔강령	훈사訓事		범주範疇
성誠	6체體	47용用	체용體用
신信	5단團	35부部	단부團部
애愛	6범範	43위圍	범위範圍
제濟	4규規	32모模	규모規模
	21훈訓	157사事	
화禍	6조條	42목目	조목條目
복福	6문門	45호戶	문호門戶
보報	6계階	30급及	계급階及
응應	6과果	39형形	과형果形
	24훈訓	156사事	
8강령	45훈訓	313사事	366사事

지금부터는 순역의 합일을 통하여 수도를 나타내고 있는 성신애제의 네 가지 강령을 중심으로 『참전계경』에서 밝히고 있는 인도가 무엇인지 살펴보자. 먼저 성誠을 중심으로 제기된 47가지의 범주에 대하여 살펴보자. 『참전계경』에서는 성誠에 대하여 그 특성과 하위의 범주를 다음과 같이 나타내고 있다.

> 성誠은 중심에서 발현된 것으로 혈성血性이 지키는 것이다. 6체體와 47용用이 있다.[6]

인용문을 보면 인간의 중심은 혈성이다. 피는 육신의 생명을 유지하는 가장 중요한 요소이다. 그러므로 혈액이 갖는 특성을 나타내는 개념인 혈성은 인간의 본래성을 가리키는 상징적인 개념이다. 따라서 혈성이 가리키는 바로서의 성은 곧 본래성의 특성을 나타내는 개념임을 알 수 있다.

성이 본래성의 특성이자 인간의 중심으로부터 발현된 것이라는 의미는 본래성이 그대로 드러난 것 곧 본래성의 작용이 성임을 뜻한다. 그것은 단군신화에서 환인이 환웅을 나타난 것임을 뜻하는 동시에 십수十數에 의하여 시작된 작용을 나타내는 용구用九를 나타낸다고 할 수 있다.

성이 본래성의 작용이라는 것은 순방향에서 인간의 삶을 나타낸 것임을 뜻한다. 본래성이 그대로 드러남의 측면이 순방향이다. 순방향의 인간의 삶을 마음의 관점에서 총체적으로 나타낸 것이 성誠이다.

성誠은 언言과 성成으로 구성되어 있다. 그것은 성이 말과 행동이 하나가 된 삶을 가리킴을 뜻한다. 마음과 언행, 앎과 실천, 배움과 삶, 뜻과

6 『參佺戒經』 誠, "誠者衷心之所發 血誠之所守 有六體四十七用."

언행이 하나가 된 삶을 나타내는 개념이 성이다. 그러면 이어서 성을 나타내는 여섯 범주인 경신敬神, 정심正心, 불망不忘, 불식不息, 지감至感, 대효大孝의 6체를 중심으로 47용을 살펴보자.

경신은 신을 공경함이다. 이때 신은 본래성을 대상화하여 나타낸 개념이다. 그러므로 경신은 본래성과 하나가 되어 흔들림이 없음을 나타낸다. "사람이 하늘을 공경하지 않으면 하늘이 사람에게 응하지 않는다."[7]는 것은 본래성과 하나가 되지 않으면 작용이 불가능함을 뜻한다.

경신을 본체로 하는 작용에는 존봉尊奉, 숭덕崇德, 도화導化, 창도彰道, 극례克禮, 숙정肅靜, 정실淨室, 택재擇齋, 회향懷香의 구용九用이 있다. 존봉은 남은 물론 사물마저도 나와 같은 하나로 보아 받드는 것이며, 숭덕은 본래성의 작용을 감사하게 여김이고, 도화는 본래성에 의하여 일어나는 천공의 조화를 다른 사람에게 가르쳐서 이끄는 일이며, 창도는 본래성을 주체로 살아가는 길이 정도임을 알리는 일이고, 극례는 모든 존재를 자신을 대하듯이 대하는 일이며, 숙정은 기운을 고요하게 하여 마음이 사물에 끌려서 물욕이 일어나지 않게 함이고, 정실은 비록 본래성이 무소부재無所不在함에도 불구하고 방편상 하나의 장소를 선택하여 그 마음을 드러내고자 함이며, 택재는 마음이 언제나 재齋를 지내는 것처럼 삼감이고, 회향은 정성의 마음을 담아서 다른 사람에게 베푸는 마음의 보시를 나타낸다.

정심은 본래성이 그대로 드러난 마음이다. 정심을 본체로 하여 의식意植, 입신立身, 불혹不惑, 일엄溢嚴, 허령虛靈, 치지致知, 폐물閉物, 척정斥情, 묵안默安의 구용九用이 있다. 의식意植은 마음이 언제나 본래성을 향하기 때문에 뜻과 본래성이 하나로 연결되듯이 하는 것이며, 입신立身은 본래성

7 『參佺戒經』 誠, "人不敬天 天不應人."

의 안에서 비로소 자신을 세움이고, 불혹不惑은 마음이 본래성과 하나가 되어 작용하기 때문에 밖의 사물에 의하여 흔들림이 없음이고, 일엄溢嚴은 마음이 본래성과 일체가 되어 정대正大한 기색氣色이 몸에 가득 차서 넘침이며, 허령虛靈은 마음이 본래성과 하나가 되어 분별이 없음이고, 치지致知는 허령한 마음을 통하여 본래성의 분별이 이루어져서 지혜가 드러남이며, 폐물閉物은 사물을 마음 안에 감추어서 분별하여 드러내지 않음이고, 척정斥情은 폐물로 인하여 마음이 사물을 따라서 움직임이 없음이며, 묵안黙安은 마음이 사물과 접하여 분별하여 수용함을 멈추고 고요함이다.

불망不忘을 본체로 하는 작용은 자임自任, 자기自記, 첩응貼應, 재목在目, 뇌허雷虛, 신취神聚의 육용六用이 있다. 불망은 의도하여 잊지 않음이 아니라 의도하지 않아도 저절로 잊지 않음[8]을 나타낸다. 그것은 마음과 본래성이 본래 둘이기 아니기 때문에 본래성과 하나가 되면 저절로 작용이 이루어지기 때문에 의도적으로 본래성을 기억하여 잊지 않는 것이 아니라 본래 그러함을 나타낸다.

불망을 본체로 하여 이루어지는 자임自任은 성은 본래성의 특성이기 때문에 본래 갖고 있어서 갑자기 나타난 것이 아님을 뜻한다. 그리고 자기는 성誠의 불망不忘이 저절로 마음에 글을 쓰게 됨을 나타낸다. 첩응貼應은 성이 내 본래성의 특성이기 때문에 하나의 상태에서 사물에 의하여 작용함을 나타내며, 사물을 대함에 사물을 따르지 않고 보는 본래성을 봄을 뜻하고, 뇌허雷虛는 본래성을 주체로 하여 끊임없이 작용하지만 작용함이 없음을 나타내며, 신취神聚는 본래성을 나타내는 신神이 각각 다양한 기능을 위하여 나타낸 것이 몸이기 때문에 모든 신이 모여서 하나가

8 『參佺戒經』誠, "不忘者 不是欲不忘 是天然 不忘也 誠者 成道之全體 作事之大源也 天然不忘 其所抱之誠則誠 一而無違者 直其次焉耳."

되는 것이 성誠임을 뜻한다.

불식不息은 지성至誠의 특성이 그침이 없어서 영원함을 나타낸다.[9] 불식不息을 본체로 하여 이루어지는 작용은 면강勉强, 원전圓轉, 휴산休算, 실시失始, 진산塵山, 방운放運, 만타慢他의 일곱 가지 작용이 있다. 면강은 스스로 애써 노력함이다. 그러나 애씀은 본성과 일체가 되어 자연스럽게 드러나는 것을 나타낸다. 원전은 정성스러움이 쉬지 않음으로 둥근 물체가 평탄한 곳에서 구르는 것과 같아서 멈추려고 하여도 멈추지 못하고, 늦추려 하여도 늦추지 못하며, 빨리 구르고자 하여 빨리 구르지 못함과 같다. 휴산은 이해를 헤아림이 없음으로 성의 특성인 불식이 분별심을 멈춤으로 나타난다. 실시失始는 처음 시작할 때의 인위적인 마음이 사라지고 성誠 자체와 하나가 됨을 뜻한다. 진산은 티끌이 바람에 날리어서 쌓이기 시작하여 오랜 후에는 산이 되듯이 성의 특성인 불식은 반드시 결과를 낳음을 나타낸다. 방운放運은 성의誠意를 널리 펴고, 성력誠力을 운용함을 나타낸다. 만타는 마음이 다른 일에 가지 않고 오로지 성誠에 집중이 됨을 뜻한다.

지감至感은 지성至誠에 의하여 감응함을 뜻한다. 지감을 본체로 하여 이루어지는 작용은 순천順天, 응천應天, 청천聽天, 낙천樂天, 대천待天, 대천戴天, 도천禱天, 시천恃天, 강천講天의 구용九用이 있다. 순천은 천리를 따라서 성을 행할 때 감응이 이루어짐을 나타내고, 응천은 천리에 응하여 성誠을 기름이 감응을 일으킴을 나타내며, 청천은 성誠으로 천명을 들어야 감응이 있음을 나타내고, 낙천은 사람에게 지극히 공평하여 사사로움이 없는 천의天意를 즐겨야 감응이 있음을 나타내며, 대천은 지성이라야 하늘의 감응이 있음을 기다리는 것이며, 대천은 머리에 무거운 짐을 이고 있는

9 『參佺戒經』 誠, "不息者 至誠不息也 不息及無息 各自有異."

것처럼 공경하고 받드는 것이며, 도천은 하늘에게 기도를 하는 것이고, 시천은 지극히 정성스러운 마음으로 하늘을 믿고 의지하는 것을 나타내며, 강천은 인사에 어긋남이 없음이 천도와 조화를 이룸을 알고 천도를 끊임없이 익히는 것을 나타낸다.

대효大孝는 지성으로 사람을 감동하고 하늘을 감동하게 하는 것이 지극한 효도임을 나타낸다. 대효를 본체로 하여 안충安衷, 쇄우鎖憂, 순지順志, 양체養體, 양구養口, 신명迅命, 망형忘形의 칠용七用이 있다. 안충은 마음 가운데서 곡진曲盡하여 조화를 이룸이고, 쇄우는 근심이 일어나지 않게 함이며, 순지는 부모의 뜻을 따름이며, 양체는 부모의 육신을 봉향하는 것이고, 양구는 부모님에게 입맛에 맞는 음식을 대접하는 것이며, 신명은 부모님의 뜻을 신속하게 처리함이며, 망형은 자신의 몸을 잊고 부모님을 봉양함이다.

다음에는 역방향의 인도를 나타내고 있는 신信에 대하여 살펴보자. 성誠이 본래성 자체의 관점에서 그것이 드러나는 용심用心을 중심으로 인도를 나타내고 있는 것과 달리 신信은 육신에서 마음을 향하고, 다시 본래성을 향하는 역逆방향에서 인도를 나타내고 있다. 그러면 먼저 신信에 대하여 어떻게 논하고 있는지 살펴보자.

> 신信은 천리天理가 필연적으로 합일合一하는 방편이며, 인사人事가 반드시 이루어지는 방법이다. 5단團과 35부部가 있다.[10]

인용문을 보면 성誠이 본래성의 차원에서 이루어지는 순順방향의 실천, 제도를 나타내는 것과 달리 신信은 천리天理와 합일合一하고, 인사를 이루는

10 『參佺戒經』 信, "信者 天理之必合 人事之必成 有五團三十五部."

방법임을 알 수 있다. 그것은 신信이 역방향에서 본래성과 합일하고, 천리와 합일하는 방법임을 나타낸다.

그런데 성誠을 논할 때는 체용의 구조를 통하여 논하고 있지만 신信을 논할 때는 단부團部를 통하여 논하고 있다. 그것은 성誠과 신信의 내용이 서로 다름을 나타낸다. 체용體用은 물건적 관점에서 근본에 의하여 지말이 드러남을 나타내기 위하여 사용되며, 단부團部는 부분을 모아서 전체를 만드는 측면에서 사용되는 개념이다. 이를 통하여 체용이 순방향에서 사용되는 것과 달리 단부團部가 역방향에서 사용되는 개념임을 알 수 있다. 단團이 묶음이라면 하나의 묶음을 구성하는 내용으로서의 부분들을 부部로 나타낸 것이다.

신信은 의義, 약約, 충忠, 열烈, 순循의 5부部를 통하여 그 내용을 밝히고 있다. 먼저 의를 중심으로 그 내용을 살펴보자. 의義는 믿음이 가득 차서 알을 까듯이 나타나는 기운氣運이라고 하였다. 그것은 맹자孟子가 말한 호연지기浩然之氣와 같다고 할 수 있다. 의를 구성하는 부部는 정직正直, 공렴公廉, 석절惜節, 불이不貳, 무친無親, 사기舍己, 허광虛誑, 불우不尤, 체담替擔의 구부九部가 있다. 정직은 사사로움과 굽은 것이 없음을 나타낸다. 바름으로 뜻을 잡고, 곧음으로 일을 처리하면 사사로움과 왜곡됨이 없다.[11] 공렴公廉은 치우침이 없이 깨끗함을 나타내며, 석절은 인간에게 의가 있음이 대나무에 마디가 있는 것과 같아서 절개를 아낌이 의를 이루는 방법임을 나타내고, 불이는 마음이 한결같아야 의로울 수 있음을 나타내며, 무친은 의로움은 사사로움이 없이 누구와도 하나가 됨을 나타내고, 사기舍己는 남과 자신을 구분하지 않음이며, 허광虛誑은 거짓된 말로

11 『參佺戒經』信, "正則無私 直則無曲也 夫義 以正秉志 以直處事 無私曲於其間故 寧事不成 未有失信於人."

남을 속임이 없음을 뜻하고, 불우不憂는 남을 원망하지 않음이며, 체담替擔은 남을 위하여 근심을 떠맡음이다.

신의 상태에서 드러나는 언행을 나타낸 것이 의라면 신의 의미를 밝히고 있는 것이 약約이다. 약約은 하나로 모아감으로 합일合一을 뜻한다. 신이 역방향으로 웅호가 상징적으로 나타내는 육신, 물질적 차원에서 벗어나서 마음으로 그리고 마음을 벗어나서 단군이 상징하는 본래성으로 그리고 다시 환웅이 표상하는 신성神性과 하나가 됨을 나타내는 것임을 나타내는 개념이 약約이다. 약約은 신信의 좋은 매개이며, 신信의 엄한 스승이고, 신信의 발원이며, 신信의 영백靈魄이다. 약約이 없으면 합일合一을 할 수 없고, 약이 아니면 책무責務를 다할 수 없다. 그것은 근원이 아니면 흐를 수 없고, 신령스런 혼백이 아니면 생명을 가질 수 없음과 같다.

약에는 천실踐實, 지중知中, 속단續斷, 배망排忙, 중시重視, 천패天敗, 재아在我, 촌적忖適, 하회何悔, 찰합拶合의 십부十部가 있다. 천실은 실답게 실천함으로 언제나 환인이라는 개념이 표상하는 하나의 자리로 집중함을 나타내고, 지중은 하나의 중심을 언제나 놓지 않음이며, 속단은 끊어짐이 없이 한결같음을 나타내고, 배망은 밖으로 달려 나가서 부산함이 없어서 한 곳에 집중됨을 나타내며, 중시重視는 거듭 내면을 향하여 시선을 집중함을 나타내고, 천패天敗는 물리적인 하늘이 있는 것이 아니라 내면의 하늘은 끊임없이 새롭게 창조됨을 나타내며, 촌적忖適은 언제나 한곳에서 새롭게 창조되도록 맡김이고, 하회는 후회와 자랑스러움의 양면을 모두 한 자리에 놓아버림이며, 찰합은 언제나 그 자리에 맡겨서 그 자리와 하나가 됨을 나타낸다.

신의 제3단인 충忠은 파자破字하면 중심中心으로 본래성이 드러나는 마음을 가리킨다. 충은 패정佩政, 담중擔重, 영명榮命, 안민安民, 망가忘家, 무신無身의 6부部가 있다. 충은 국가사회를 중심으로 신을 나타낸 것으로 정사政事

를 행함이 모두 하나로 귀일歸一됨을 나타낸다. 패정은 정사를 담당함이며, 담중은 스스로 사명을 중생을 제도하는 일로 자임自任함이고, 영명은 정사를 통하여 자신의 근본이자 모든 존재의 근본을 빛냄을 나타내고, 안민은 백성들을 편안하게 함이 신임을 나타내며, 가정을 중심으로 분별하는 마음을 놓아버림이 신이며, 무신은 육신을 중심으로 나와 남을 구분하는 마음을 놓아버림이 신임을 나타낸다.

신의 제4단인 열烈은 남편의 아내에 대한 한결같은 태도를 통하여 신을 상징적으로 나타내고 있다. 열의 내용은 빈우賓遇, 육친育親, 사고嗣孤, 고정固貞, 닐구昵仇, 멸신滅身의 육부六部가 있다. 빈우는 아내가 남편을 손님을 대하듯이 존경함을 통하여 신을 나타내며, 육친은 남편이 없어도 남편을 대신하여 친족을 돌보듯이 확충하여 귀일함을 나타내고, 사고는 남편이 떠나더라도 아내가 홀로 남편을 대신하여 아이를 훌륭하게 기름을 통하여 신을 나타내며, 고정은 절개를 지켜서 항상 남편과 하나가 되듯이 언제나 하나로 귀결됨이 신임을 나타내고, 닐구는 남편의 원한을 풀어주는 것이 아내임을 통하여 신을 나타내고, 멸신은 남편이 떠나고 아내도 몸을 떠나서 남편과 하나가 되기를 원하듯이 하나로 귀결되고자 하는 것이 신임을 나타낸다.

신의 제5단인 순循은 드러나는 모든 현상이 그대로 하나로 귀결됨을 나타낸다. 순의 내용은 사시四時, 일월日月, 덕망德望, 무극無極의 사부四部를 통하여 나타내고 있다. 사시는 사계절이라는 시간으로 나타나는 현상이 모두 하나의 작용으로 귀결되는 순환循環, 귀체歸體, 귀일歸一임을 통하여 신을 나타내고, 이월은 현상의 태음과 태양에 의하여 지구의 시간의 운행됨을 통하여 일월의 작용이 모두 하나로 돌아가는 신을 나타내며, 사시와 일월을 통하여 나타내는 현상이 인간에 있어서는 덕망으로 드러남을 밝히고, 무극은 현상이 하나로 귀일됨은 끝이 없어서 계속됨을 나타낸다.

우리는 앞에서 물건적 관점에서 다양하게 나타나는 현상으로부터 하나로 귀일歸一하는 신信을 통하여 5단團의 35부部를 살펴보았고, 하나가 다양하게 현상하는 성誠을 통하여 6체體의 47용用을 살펴보았다.

그런데 성誠과 신信을 통하여 상징적으로 나타내고 있는 용심은 둘이 아니다. 그것은 양자가 하나가 된 순역합일의 상태가 다양한 언행으로 드러나는 관점에서 인도를 고찰하는 것이 필요함을 뜻한다.

순역이 합일된 상태는 몸을 통하여 이루어지는 실천으로 드러난다. 그것은 용심을 통하여 이루어진 순역 합일의 결과가 몸을 통하여 언행으로 드러남을 뜻한다. 그렇기 때문에 순역합일의 상태를 나타내기 위해서는 운신을 중심으로 나타내지 않을 수 없다. 운신의 측면에서 나타내는 순역합일의 결과는 모든 존재를 또 다른 자신으로 대하는 자비慈悲와 모든 존재로 하여금 자신으로 살아가도록 이끌어주는 지혜知慧로 나타난다.

『참전계경』에서는 순역이 합일된 세계를 애愛와 제濟를 통하여 나타내고 있다. 이는 애愛가 순역이 합일된 세계를 역방향에서 나타내고, 제濟가 순역이 합일된 세계를 순방향에서 나타냄을 뜻한다. 그러면 애愛와 제濟를 통하여 인도가 무엇인지를 살펴보자.

먼저 애愛에 대하여 살펴보자. 웅호의 차원에서 출발하여 단군을 거쳐서 환웅에 이르는 과정은 물건적 관점에서는 둘이 서로 만나서 하나가 되는 합일의 과정이다. 합일의 결과인 애는 자비慈悲가 발로된 마음 곧 자비심慈悲心을 나타낸다. 자비慈悲는 아무런 조건이 없이 하나가 됨이다. 그것은 인성人性의 근본적인 특성이다.[12] 애愛에는 서恕, 용容, 시施, 육育, 교敎, 대待의 6범範에 속하는 43위圍가 있다.

---

12 『參佺戒經』 愛, "愛者 慈心之自然 仁性之本質 有六範四十三圍."

모든 존재를 나로 대하는 애愛는 첫 번째 범위인 서恕의 유아幼我, 사시似是, 기오旣誤, 장실將失, 심적心蹟, 유정由情을 통하여 그 내용을 파악할 수 있다. 서恕는 본래성이 드러난 한결같은 마음으로 남을 대함을 나타내며, 유아幼我는 나로 말미암아 미루어서 남을 헤아림을 나타내고, 사시似是는 서恕가 시비是非의 그 어떤 조건도 없이 모두 하나로 대함을 나타내며, 기오旣誤는 그릇됨을 고정하여 과거화하지 않음이 서恕임을 나타내고, 장실將失은 그릇됨을 미래화하지 않고 하나로 함이 서恕임을 나타내며, 심적心蹟은 본성이 그대로 나타난 자취가 바로 서恕임을 나타내고, 유정由情은 인정人情에 따라서 일어나는 모든 일을 본성으로 수용함이 서恕임을 나타낸다.

본성이 드러난 애愛는 그 어떤 것도 수용하는 특성을 갖고 있음을 나타내는 용容의 범위는 고연固然, 정외情外, 면고免故, 전매全昧, 반정半程, 안념安念, 완급緩急이 있다. 고연은 용은 억지로 그러함이 아니라 천리天理와 인리人理가 본래 그러함을 나타내고, 정외는 용은 일상의 인정에 매달려서 도달할 수 없음을 나타내고, 면고는 용이 사람으로 하여금 자연스럽지 못한 길로 들어가는 것을 돌이켜 주는 것임을 나타내며, 전매는 용은 성리性理를 자각하여도 자각함이 없음을 나타내는 것이 용임을 나타내고, 반정은 본래의 노정으로 돌아감이 용임을 나타내며, 안념은 용이 어떤 상황에서도 마음을 편안하게 해줌을 나타내며, 완급은 용이 사람의 마음을 편안하게 하여 조급하거나 너무 안일에 빠지지 않게 함을 나타낸다.

애의 특성이 아무런 조건이 없는 베품임을 나타내는 시施는 원희原喜, 인간認艱, 긍발矜發, 공반公頒, 편허偏許, 균련均憐, 후박厚薄, 부혼付混의 범위가 있다. 원희는 시로 드러나는 애가 기쁨을 만들어내는 근원임을 나타내고, 애를 시로 드러냄이 남의 어려움을 자신의 어려움으로 인식할 때 이루어짐을 나타내고, 긍발은 자애로운 마음이 시로 드러남을 나타내며,

공반은 애가 재물과 마음을 막론하고 주는 것임을 나타내며, 편허는 애가 베풂으로 드러날 때 급한 사람에게 먼저 드러남을 나타내고, 균린은 애가 시로 드러남이 멀고 가까움이 없이 드러남을 나타내며, 후박은 애가 시로 드러날 때 상황에 맞게 드러남을 나타내며, 부혼은 베풂으로 드러나는 애는 대가代價를 바라지 않음을 나타낸다.

애가 모든 존재를 지혜를 통하여 성장시켜서 자신으로 살아갈 수 있도록 하는 육育에는 도업導業, 보산保産, 장근奬勤, 경타警墮, 정노定老, 배유培幼, 권섬權贍, 관학灌涸의 8범위範圍가 있다. 도업은 생계를 유지하도록 길러주는 것이 애임을 나타내고, 보산은 산업을 보존하도록 육성하는 것이 애임을 나타내며, 부지런하도록 권장하는 육성이 애임을 나타내고, 게으름을 경계하는 것이 육성으로 드러나는 애임을 나타내며, 노인에게 안정된 삶의 환경을 육성하는 것이 애임을 나타내고, 어린이들의 발육과 성장을 보살핌이 애임을 나타내며, 넉넉한 덕행을 권면함이 애임을 나타내고, 마른 곳에 물을 대주듯이 끊임없이 육성하는 것이 애임을 나타낸다.

애가 드러남이 교육임을 나타내는 교敎에는 고부顧賦, 양성養性, 수신修身, 주륜湊倫, 불기不棄, 물택勿擇, 달면達勉, 역수力收의 8부위部圍가 있다. 고부顧賦는 타고난 본성을 돌아봄이 애가 드러난 교임을 나타내고, 양성養性은 본성을 기르는 교육이 애의 표현임을 나타내며, 자신을 닦도록 하는 교육이 애의 드러남임을 나타내는 것이 수신修身이며, 주륜湊倫은 인간이 마땅히 지켜야할 도리와 하나가 되는 것이 교육임을 나타내고, 그 어떤 상태의 상대도 버리지 않고 교육하는 것이 애임을 나타내며, 물택勿擇은 상대를 가리지 않고 교육하는 것이 애임을 나타내고, 달면達勉은 힘써 통달하도록 하는 교육이 애의 드러남임을 나타내며, 역수力收는 본성에 귀일함이 교육임을 나타낸다.

6번째의 범範은 애는 조급하거나 강요하는 것이 아니라 스스로 변화를 기다리는 것임을 나타내는 것이 대待이다. 대待에는 미형未形, 생아生芽, 관수寬遂, 온양穩養, 극종克終, 전탁傳托의 6범위範圍가 있다. 미형未形은 애가 일정한 틀을 요구하지 않고 상대방에 맡김을 나타내고, 생아生芽는 싹은 반드시 기다리는 시간을 거쳐야 트듯이 애는 스스로 느끼도록 기다려야함을 나타내고, 관수寬遂는 애는 스스로 일을 완수할 때까지 너그러움을 나타내며, 온양穩養은 상대방이 편안하게 느끼도록 기다리는 것이 애임을 나타내고, 극종克終은 상대방이 모든 일을 스스로 마무리 하도록 기다리는 것이 애임을 나타내며, 전탁傳托은 사물이 사물로 존재하도록 기다려주는 것이 애임을 나타낸다.

애가 역방향에서 순역이 합일된 상태를 나타내고 있는 것과 달리 제濟는 순역이 합일된 세계를 순방향에서 나타내고 있다. 제濟는 덕을 다른 사람과 함께 함으로 도道가 널리 미침을 나타낸다. 제4 강령인 제濟에는 시時, 지地, 서序, 지智의 4규規에 속하는 32가지의 모模가 있다.

시時는 만물을 제도함에 때가 있음을 나타낸다. 시時에는 농재農災, 양괴凉怪, 열염熱染, 동표凍莩, 무시無時, 왕시往時, 장지將至의 실천 항목이 있다. 농재는 국민들의 물리적 생명을 보장하기 위하여 필요한 농사에 재앙災殃이 있으면 때에 맞추어 구제하듯이 제濟에 때가 있음을 나타내고, 양괴는 가을에 너무 추운 날씨가 있어서 결실이 제대로 이루어지지 못할 때 구제를 하듯이 제도를 해야 함을 나타내며, 열염은 여름에 날씨가 더워서 생명에 위협이 되듯이 어려움이 일어날 때 제도를 해야 함을 나타내고, 동표는 겨울에 얼어 죽듯이 어려움이 발생할 때 그 때에 맞추어 제도를 해야 함을 나타내며, 무시는 제도濟度는 때가 정해져 있는 것이 아니라 항상 이루어져야함을 나타내고, 왕시往時와 장지將至는 과거와 미래를 막론하고 언제라도 제도해야함을 나타낸다.

시간성이 시간으로 드러나고 그것을 다시 객관화하면 공간으로 드러난다. 시간성의 시간화에 의하여 공간으로 드러남을 나타내는 것이 지地이다. 공간은 만물의 제도가 이루어지는 바탕이다. 그러므로 제도濟度가 지리地理에 합하게 된다. 그것은 제도가 공간에서는 만물로 드러나는 동시에 지리로 드러남을 나타낸다. 지地에는 무유撫柔, 해강解剛, 비감肥甘, 조습燥濕, 이물移物, 역종易種, 척벽拓闢, 수산水山의 8가지 실천 항목이 있다.

공간은 강함과 부드러움으로 구분할 수 있다. 이 공간의 강유剛柔를 어루만지고 풀어서 조화調和를 이루는 것이 무유와 해강이다. 무유와 해강을 통하여 땅이 만물이 자랄 수 있는 살찌고 달게 되며(肥甘), 땅의 조습을 잘 조절하여 그것에 따라서 마땅한 만물을 선택하여(易種) 그 땅에 알맞게 심어서 가꾸고(移物), 땅을 개척하여 넓혀서(拓闢), 바다와 땅이 하나가 되어 제도가 이루어진다(水山).

시간성이 시공時空으로 드러나면서 차례가 이루어진다. 그것은 춘하추동春夏秋冬이 각각 구분되어 차례가 다른 것과 같다. 차례는 이미 물건화된 것이기 때문에 시간과 다르다. 그것이 삶에 있어서는 제도의 우선순위가 된다고 할 수 있다.

서序에는 선원先遠, 수빈首濱, 경중輕重, 중과衆寡, 합동合同, 노약老弱, 장건壯健의 7가지 실천 항목이 있다. 제도의 차례는 먼 곳에 있고, 위태로우며, 곤궁함이 심하고, 적은 사람보다는 많은 사람을 먼저하며, 모든 사람이 서로를 제도하는 것이 삶이고, 노약자를 은혜와 방정함으로 제도하는 것은 물론 더 나아가서 건장한 사람일지라도 곤궁을 당할 때는 제도해야 함을 나타낸다.

제도는 시공에서 이루어지기 때문에 사물에 따라서 차례가 있어야 한다. 그것은 사물의 이치와 우선순위를 결정할 수 있는 경중, 수빈, 선원, 중과를 비롯한 여러 조건들을 헤아릴 수 있는 지혜가 있어야 한다.

제도는 애愛 곧 자비慈悲, 인仁이 시공에서 드러남이다. 이 때 자비가 올바르게 드러나기 위해서는 올바른 방법, 수단, 매개를 사용할 수 있는 지혜智慧가 수반되지 않을 수 없다. 따라서 제도는 지혜를 통하여 드러나는 자비라고 할 수 있다.

지혜는 그것을 실천할 수 있는 다양한 방편 곧 능력으로 드러난다. 지능知能을 구분하여 나타내면 설비設備, 금벽禁癖, 요검要儉, 정식精食, 윤자潤資, 개속改俗, 입본立本, 수식收殖, 조기造器, 예제預劑의 10 가지를 들 수 있다. 제도는 지혜를 드러내어 천리天理를 밝히고, 천도天道를 기술하는 것보다 중요한 것이 없으며, 천도天道, 천리天理를 밝혀서 근본을 세우고, 그것을 통하여 문물제도를 갖추어서(造器), 사람들의 편벽됨을 고치는 방법을 제시하고(預劑), 마음을 쓰는 것이 한쪽으로 치우치지 않도록 하며(禁癖), 입에 맞는 음식만을 좇는 육신 중심의 생활을 버리고 검소한 생활을 하여 스스로 속된 삶의 방식을 버리고 자신의 본성을 바탕으로 삼아서 천리天理, 천도天道를 바탕으로 확충(潤資)하는 것이 제도이다.

앞에서 살펴본 바와 같이 물건적 관점에서 인간이 자신의 근본으로서의 본성과 하나가 되는 합일을 통하여 수도修道하고, 본성을 주체로 하여 시공에서 확충하는 제도濟度가 삶의 내용이다. 수도는 역방향의 신信과 순방향의 성誠을 중심으로 이루어지고, 순역이 합일된 삶은 애愛와 제濟의 실천, 제도濟度로 나타난다.

2. 도역의 생성과 실천, 제도

우리는 앞에서 물건적 관점에서 성신誠信을 통하여 순과 역의 두 방향을 중심으로 인도를 고찰함으로써 양자가 하나가 된 상태에서 드러나는 애제愛濟에 대하여 고찰하였다. 그러면 물건적 관점에서 성신誠信을 통하여 드러내는 애제愛濟는 어떤 성격의 것인가?

성신을 통하여 드러나는 애제는 실체적 존재가 아니다. 그것은 366여 가지의 일로 나타낸 인간의 삶이 실체적 존재가 아님을 뜻한다. 366의 일이 비록 사건이지만 물리적 관점에서 이해하면 고정된 점에서 실체적 존재로 오해할 수 있다. 성신을 통하여 드러나는 애제는 시간성이 드러난 시간을 객관화하여 나타낸 것이다. 그렇기 때문에 끊임없이 생성되는 점에서 고정되지 않는다.

366가지 일을 시간성을 통하여 생성으로 나타내고 있는 것이 팔훈八訓 가운데서 네 가지 강령인 화복禍福과 보응報應이다. 화복과 보응은 도역의 생성의 관점에서 인사人事를 나타낸 것이다. 그것은 도역생성의 보응報應을 바탕으로 순역이 합일된 화복禍福을 고찰함이다.

보保가 도생역성의 관점에서 인사를 논한 것이라면 응은 역생도성의 관점에서 인사를 논한 것이다. 이 도역의 보응을 현상적 관점에서 순역의 합일을 통하여 나타낸 것이 화복禍福이다.

도역의 생성을 나타내는 보응에 의하여 드러난 것이 화복이기 때문에 화와 복은 가치상의 우열을 가진 둘이 아니다. 그것은 단지 현상적 측면에서 인사의 두 측면을 나타내어 현상의 사물 자체가 그대로 합일을 드러내고 있음을 밝히고 있다.

화는 복에 상대하여 존재하고, 복은 화에 상대하여 존재한다. 복은 화 때문에 존재하고, 화는 복 때문에 존재한다. 따라서 화가 없다면 복도 없고, 복이 없다면 화도 없다. 그렇기 때문에 복을 원하고 화를 제거하고자 하면 복이 올 때 화가 같이 오고, 화가 사라지면 복도 사라진다. 그렇기 때문에 양자를 넘어서 양자를 자유자재할 수 있어야 한다.

옳음과 그름, 선善과 불선不善 역시 물건적 관점에서 접근하기 때문에 파사현정破邪顯正과 같이 사특한 것을 제거함으로써 비로소 바름이 드러난다고 착각을 한다. 그러나 정사正邪가 둘이 아니기 때문에 정正을 드러내면 사邪도 드러나고, 사邪를 제거하면 정正도 제거된다.

물건적 관점에서의 둘이 합일을 나타냄은 사건적 관점에서 생성을 통하여 확인할 수 있다. 화복은 실체가 아니라 보응報應일 뿐이다. 보응은 생성을 나타내는 개념이다. 그러면 보응報應이 무엇인지 좀 더 구체적으로 살펴보자.

보報는 하늘이 악惡에 대하여 화로 갚고 선善에 대하여 복으로 갚음을 나타낸다고 하였다. 이 때 하늘은 환웅으로 표상된 시간성이다. 그러므로 보는 시간성이 때로는 화로 나타나고, 때로는 복으로 나타남을 뜻한다. 그리고 응應은 악은 화로 받고, 선은 복으로 받음을 나타낸다고 하였다. 이를 통하여 응은 웅호의 관점 곧 역방향에서 인도를 나타내고, 보는 환웅의 관점 곧 순방향에서 인도를 나타냄을 알 수 있다. 그것은 보응의 보報가 도생역성의 관점인 것과 달리 응應은 역생도성의 관점임을 뜻한다.

도생역성의 관점에서 생성을 나타내는 보報에는 적積, 중重, 창刱, 영盈, 대大, 소小의 6계階에 30급級이 있다. 적積은 보응이 하루 아침에 이루어지는 것이 아니라 오랜 시간을 거친 후에 이루어짐을 나타낸다. 그것은 여러 세대를 거듭하여 내려오면서 선한 일을 행하는 세구世久와 끊어짐이 없이 계속하는 무단無斷, 더욱 늘어나는 익증益增, 자신뿐만 아니라 가족들이 함께 받는 정수庭授, 본성이 드러난 마음을 씀임을 나타내는 천심天心, 인위적인 것이 아니라 저절로 그러함을 나타내는 자연自然이다.

도생역성은 남들이 미치는 못하는 대선大善을 행하는 용기와 정성임을 나타내는 중重은 어려서부터 선을 행하는 유조有早, 착함을 잃지 않고 보존하고자 하는 공실恐失, 스스로 힘쓰고 다른 사람에게 권하는 면려勉勵, 성품을 지키는 주수株守, 착한 사람을 헐뜯는 소리를 물리치는 척방斥謗, 널리 퍼뜨리는 광포廣佈가 있다.

생성으로서의 보報는 스스로 시작함임을 나타내는 3계階인 창刱은 오랜 세월이 걸리고, 몇 년이 걸림을 나타내는 유구有久, 유세有歲, 이웃과 함께 하는 유린有隣, 선함은 스스로 그러함으로 인위적인 것이 아님을 나타내는 기연其然, 보응報應의 보報가 스스로 닦음임을 나타내는 자수自修, 게으름이 없음을 나타내는 불권不倦, 남에게 베풀고자 하는 마음을 나타내는 욕급欲及의 급級이 있다.

4계階인 영盈은 보응이 십수十數가 나타내듯이 구九까지의 일상을 넘어서 도약의 단계인 십十까지 가득 차야 비로소 생성이 이루어짐을 나타낸다. 영盈에는 대를 이어서 악이 행하여짐으로써 비로소 드러남을 나타내는 습범襲犯, 악을 그침이 없이 만들 때 비로소 보응이 이루어짐을 나타내는 연속連續, 악을 거듭하여 가중시킴이 있을 때 비로소 보응함을 나타내는 유가有加, 악을 남에게 전달함으로써 비로소 그것이 드러날 수 있도록 가득 참을 나타내는 전악傳惡의 급給이 있다.

5계인 대大는 한 번에 큰 악을 만들어내어 벌주고 징계를 하여도 변함이 없는 감상勘尙, 악을 만들면서도 거리낌이 없는 무탄無憚, 평상시에 착하고 어질다가도 갑자기 악을 행하는 취준驟峻, 밖으로 착하고 안으로 악한 외선外善이 있다. 그리고 6계階인 작은 악을 나타내는 소小에는 본성과 어긋나는 배성背性, 악을 끊고자 하여도 끊지 못하는 단련斷漣, 악을 고치려고 하여도 고치지 못하는 불개不改, 악으로 인하여 고립됨을 염려하여 악을 권하는 권린權隣의 급級이 있다.

제8강령인 응應은 악은 재앙으로 그리고 선은 복으로 보답을 받음을 나타낸다. 그것은 생성을 역생도성의 관점에서 나타낸 것이다. 응應에는 6과果에 속하는 39형形이 있다. 6과는 보報의 6계인 적積, 중重, 창刱, 영盈, 대大, 소小와 상응하는 적積, 중重, 담淡, 영盈, 대大, 소小이다.

물건적 관점에서 순방향에서 작용하는 성誠이 보응의 응으로 나타나고,

역방향의 신信이 보응의 보를 형성한다. 보가 쌓이고, 거듭되어 시작하여 중단하지 않고 오래되어 가득 차서 작은 악도 버리지 않아서 큰 악이 되면 비로소 그것이 쌓여서 무겁고 많은 것이 가득 차서 커지면 비로소 응하게 된다.

1과果인 적積은 철인哲人이 대덕大德을 부여받아서 대위大位에 처하여 천지를 담당하여 인간에게 널리 교화를 펼치는 극존極尊, 큰 덕을 갖고 관직이 없으나 근심과 비참함이 없는 거유巨有, 마음과 몸을 최적의 상태로 유지하는 법도가 있는 상수上壽, 대代를 이어서 자손들이 번창하는 제손諸孫, 건강하고 편안한 삶을 영위하는 강녕康寧, 자연과 더불어 양생을 하다가 천수天壽를 다하고 등선登仙하는 선안仙安, 대를 이어서 문무文武의 이름이 드날리는 세습世襲, 도덕으로 세상을 감화하여 만세의 스승이 되는 혈사血祀가 있다.

2과인 중重에는 복의 거듭됨을 나타내는 복중福重, 부위와 영화를 누리는 옥백玉帛, 세상에서는 이름이 있고, 죽어서는 좋은 때를 만나는 절화節化, 어진 후손이 나타나는 현예賢裔, 건강하고 기운이 왕성한 건왕健旺, 길吉하고 경사스러운 일이 많은 길경吉慶, 평생을 물욕 밖에서 자유롭게 살아가는 세장世章이 있다.

3과인 담淡은 몸이 맑으면 복이 응답함을 나타내는 것으로 평생 동안 좋은 벗과 세월을 보내는 응복應福, 항상 재화가 넉넉한 유고裕庫, 환란과 곤액이 없는 무액無厄, 이익이 따라오는 이수利隨, 재앙이 사라지고 재난이 물러가는 천권天捲이 있다.

4과인 영盈은 지혜로운 사람은 악을 물리침에 게으르지 않고, 선을 끊임없이 행하여서 가득 참을 경계함을 나타낸다. 악이 가득차서 더 이상 어찌할 수 없는 지경에 이르면 죽음을 맞이하게 됨을 나타내는 뇌진雷震, 하고자 하는 일이 하나도 이루어지지 않는 귀갈鬼喝, 악이 가득 차서 가정마저도 파괴되는 멸가滅家, 후손이 끊어지는 절사節祀, 죽어서 시체마저도 돌보는 사람이 없는 실시失屍가 있다.

5과인 대大는 용심用心과 운신運身에 선악이 있으면 그것이 그대로 결과를 초래함을 나타내는 보응은 선악이 클수록 크게 드러남을 나타낸다. 적의 칼날을 맞는 인병刃兵, 자연의 재해를 당하는 수화水火, 도둑과 잔적을 만나는 도적盜賊, 짐승들에게 해를 입는 수해獸害, 감옥에서 형벌과 노역을 당하는 형역刑役, 하늘의 그물에서 벗어나지 못하고 고통을 당하는 천라天羅, 땅으로부터 고통을 당하는 지망地網, 다른 사람에게는 오지 않는 고통이 오로지 자신에게 닥치는 급신及身이 있다.

6과인 소小에는 가난하고 궁함을 나타내는 빈궁貧窮, 질병, 일마다 실패하는 패망敗亡, 항상 외로운 미실靡室, 의지할 곳이 없어서 길바닥에서 걸식을 하는 도개道丐, 자식이 부모의 재앙을 받는 급자及子가 있다.

다음에는 도역의 생성을 나타내는 보응에 이어서 그 결과로 드러나는 동시에 생성의 원인이라고 할 수 있는 화복에 대하여 살펴보자. 역방향에서 보면 화복은 보응의 원인이 되지만 순방향에서 보면 화복은 보응의 결과를 나타낸다.

5강령인 화禍는 악惡이 불러오는 결과라고 할 수 있다. 화에는 기欺, 탈奪, 음淫, 상傷, 음陰, 역逆의 6조條에 42목目이 있다. 기欺는 본성과 어긋남으로 마음을 감추는 익심匿心, 하늘을 업신여기는 만천慢天, 오로지 자신만을 믿는 신독信獨, 골육을 비롯하여 남을 자신과 둘로 여기는 멸친蔑親, 남을 궁지에 몰아넣는 구운驅殞, 남을 발로 차서 쓰러뜨리는 척경踢傾, 거짓으로 꾸미는 가장假章, 시작하기만 하고 끝을 맺지 않는 무종無終, 남의 은혜를 받기만 하려는 호은怙恩, 총애만을 기대하는 시총恃寵의 십목十目이 있다.

화를 부르는 두 번째 조條인 탈奪은 물욕物慾이 본성의 신령함을 막아서 구규九竅가 모두 막히면 짐승과 다를 바가 없음을 나타낸다. 탈奪은 남의 산업을 없애는 멸산滅産, 남의 제사를 빼앗아서 지내는 역사易祀, 남의 재화를 빼앗는 노금擄金, 남을 속여서 권리를 빼앗는 모권謨權, 남의 문서를 위조하는 투권偸券, 남의 이름을 빼앗아서 남의 공을 자신의 공으로 삼고 남의 은혜를 자신의 은혜로 삼는 취인取人을 가리킨다.

화를 부르는 세 번째 조條인 음淫은 운신運身을 함부로 함을 나타낸다. 음淫에는 음탕함에 빠져서 운신하여 죽음에 이르는 황사荒邪, 아내가 음탕하여 남편에게 해를 끼치는 장주戕主, 음란한 잉태를 숨기는 장자藏子, 음란하여 잉태한 생명을 유산시키는 유태流胎, 남의 아내를 강제로 취하는 강륵强勒, 남의 과부를 간음하여 가문을 끊는 절종絶種이 있다.

화를 부르는 세 번째 조條인 상傷은 남을 해치는 일로 남을 해치는 쇠붙이를 가리키는 흉기凶器, 독약을 통하여 남을 해치는 짐독鴆毒, 간악한 계교로 사람을 해치는 간계奸計, 썩은 나무를 꺾듯이 사람을 쓰러뜨리는 최잔摧殘, 사람을 반드시 해치고자 도모하는 필도必圖, 남을 부추겨서 사람을 해치는 위사委唆, 흉악한 모략을 나타내는 흉모凶謀의 목目이 있다.

화를 부르는 다섯 번째 조인 음陰은 당당하지 못하고 남모르게 일을 도모함으로 어두운 곳에서 사람을 해치고자 쏘는 흑전黑箭, 술에 취하여 남의 집에 불을 지르는 귀염鬼焰, 어진 사람을 미워하는 투현妬賢, 덕이 있는 사람을 질투하는 질능嫉能, 자신의 이로움을 위하여 인륜을 이간시키는 간륜間倫, 남의 좋은 점을 깎아내리는 투질投質, 남의 은혜를 원수로 갚는 송절送絶, 남을 헐뜯고 비방하는 비산誹訕이 있다.

화를 부르는 여섯 번째의 조인 역逆은 순리를 거스름이 화를 부름을 나타낸다. 역逆에는 자신의 근본인 천신天神을 욕되게 하는 설신褻神, 예의를 없애는 독례瀆禮, 하늘의 이치를 무너뜨려 어지럽히는 패리敗理, 도리를 위배하여 하늘에 죄를 짓는 범상犯上, 덕이 있는 사람을 질책하고 인륜을 손상시키는 역구逆詬가 있다.

화와 더불어 논의가 되는 복福은 선을 행하여 받게 되는 남은 경사를 나타낸다. 이 때 복은 화와 반대의 관계로 화가 없으면 복도 없고, 복이 없으면 화도 없다. 그렇기 때문에 화복을 언급하는 까닭은 보응의 생성이 스스로 이루어짐을 알고 생성을 하면서도 생성에 얽매임이 없어야함을 알도록 하기 위함이다.

복은 여섯 문門의 45호戶가 있다. 그러면 인仁, 선善, 순順, 화和, 관寬, 엄嚴의 여섯 문門에는 속하는 호戶가 무엇인지 살펴보자. 인仁은 그 어떤 것에도 기울지 않는 사랑의 저울추와 같아서 사랑하지 않음이 없음을 나타낸다. 사람을 사랑하는 애인愛人, 물건을 아끼는 호물護物, 남의 슬픔을 자신으로 것으로 여기는 체측替惻, 남을 구제하기를 기뻐하는 희구喜救, 교만하지 않는 불교不驕, 스스로 겸양하는 자겸自謙, 부족한 사람에게 양보하는 양열讓劣이 인의 문호門戶이다.

복이 들어오는 두 번째의 문은 선善이다. 선善은 사랑이 물결쳐서 흐름으로 인仁의 어린 싹과 같다.[13] 선善에는 착한 마음에 일어나는 합당한 도리를 나타내는 의기가 복받치어 원통하고 슬퍼하는 강개慷慨, 착한 일을 하는데 머뭇거림이 없는 불구不苟, 선을 행하는 정성이 부족하여 거리끼는 것이 없는 원혐遠嫌, 의심할 것이 없이 밝음을 나태는 명백明白, 생명을 유지하는데 필요한 재화를 제공해주는 계물繼物, 만물을 보존하는 존물存物, 남과 구분되는 자신을 내세우지 않는 공아空我, 남의 능력을 마음껏 펼치도록 해주는 양능揚能, 남의 잘못을 감추어 드러내지 않는 은건隱愆의 문호가 있다.

복이 들어오는 세 번째 문인 순順은 법도를 거스르지 않음이다. 순을

---

13 『參佺戒經』福, "福者 善之餘慶 有六門四十五戶."

나타내는 호戶는 마음을 편안하게 하여 동요되지 않는 안정安定, 통달하고 어지러움을 다스릴 수 있는 고요함과 침묵의 정묵靜默, 행동에 예를 갖는 모양으로서의 예모禮貌, 순응함을 공경하는 주공主恭, 본성을 생각하고 본성에 따르는 소사所思, 지념志念, 자신이 해야 할 분수를 지키는 지분知分이 있다.

복이 들어오는 네 번째 문인 화和는 하늘에 있어서는 일 년의 공을 이루고, 인간에 있어서는 밝은 덕이 나타나게 한다. 화和에는 자신은 물론 남으로 하여금 닦도록 해주는 수교修教, 참전의 팔계를 지키는 준계遵戒, 온화하게 대하는 온지溫至, 스스로 자신을 의심하지 않는 물의勿疑, 어려움이 저절로 사라져서 모든 일이 잘 풀리는 생사省事, 나와 남을 둘로 보지 않아서 성내는 마음이 없는 진노鎭怒, 육신이나 의식이 아닌 본성에서 저절로 이루어지는 자취自就, 스스로 도모하지 않고 저절로 이루어지는 불모不謨가 있다.

다섯 번째 문인 관寬은 기다림으로 어떤 상황에서도 상대방을 수용하는 인내이자 스스로 충만함에 의하여 상대방에게 그 어떤 것도 요구하지 않는 여유로움인 동시에 나와 남을 하나로 보는 자비의 표현이다. 관寬에는 도량이 넓은 홍량弘量, 인색함이 없는 불인不吝, 남의 슬픔으로 자신의 슬픔으로 여기고 위로하는 위비慰悲, 남을 곤궁으로부터 벗어나서 안정하게 하는 보궁保窮, 망설임이 없이 당당하게 나아가는 용부勇赴, 중심에 의하여 움직이는 집중을 나타내는 정선正旋, 어떤 어려움도 능히 참는 능인能忍, 상대방의 단점을 감추고 드러내지 않는 장가藏呵가 있다.

복이 들어오는 다섯 번째 문인 엄嚴은 모든 사물과 사람 그리고 자연과 화합을 하면서도 절도가 있어서 위엄을 갖추었음을 나타낸다. 엄嚴에는 요사스러움을 물리치는 병사屛邪, 하얀 눈이 내린 속에 서 잇는 푸른 소나무처럼 높고 뛰어나 절개를 나타내는 특절特節, 지혜로 밝게 살피는 명찰明

察, 엄함과 더불어 갖추어야할 부드러움을 나타내는 강유剛柔, 엄한 가운데서 기색이 정중하고 공손한 색장色壯, 엄숙한 가운데서 능히 아랫사람을 가르치는 능훈能訓, 엄숙하면서도 용기가 있음을 나타내는 급거急袪의 호戶가 있다.

우리는 앞에서 화복禍福과 보응報應을 중심으로 인사人事를 도생역생과 역생도성의 생성의 측면에서 살펴보았다. 그것은 366여 가지의 일로 표현된 인간의 삶이 고정된 실체가 아니라 매 순간 새롭게 생성되는 과정임을 뜻한다. 우리의 삶은 끊임없이 화복禍福을 낳는 씨라고 할 수 있는 선악善惡을 뿌려서 보응의 결과를 낳고 있다.

3. 360여사餘事와 366 그리고 홍익인간

우리는 앞에서 인간의 삶을 공간성을 중심으로 순역의 합일을 통하여 고찰하였고, 이어서 시간성을 중심으로 도역의 생성을 통하여 고찰하였다. 단군신화에서는 인간의 삶을 366가지의 일로 나타내었을 뿐만 아니라 한마디로 나타내어 환인으로 규정하기도 하고, 그것을 다시 환웅과 단군 그리고 웅호의 삼자를 통하여 나타내기도 하였다.

366가지의 일은 시간의 측면에서 사건으로 인간의 삶을 나타낸 것이다. 그것은 인간의 삶이 물건이 아니라 사건의 연속임을 뜻한다. 인간의 삶이 사건의 연속이라는 것은 인간이 끊임없이 사건을 생성하는 것이 바로 삶임을 뜻한다.

그것은 비록 366가지의 사건을 통하여 인간의 삶을 나타내었지만 366가지의 고정된 실체적 사건이 있어서 그것이 인간의 삶의 내용임을 나타낸 것이 아님을 뜻한다. 왜냐하면 366가지의 일을 나타내는 개념들이 모두 시간성을 나타내는 도역의 생성과 공간성을 나타내는 순역의 합일을 상징적으로 표현하는 개념들이기 때문이다.

단군신화를 통하여 상징적으로 나타내고 있는 신도를 바탕으로 인간의 삶을 살펴보면 환인의 자화自化에 의하여 드러나는 환웅과 단군 그리고 웅호로 자신을 드러내는 동시에 그것이 현상의 측면에서는 웅호로부터 단군 그리고 환웅으로 귀일歸一되는 생성의 연속이다.

환인의 자화自化는 도역의 두 측면에서 이루어지는 생성으로 나타낼 수 있다. 그것은 시간성이 본성에 의하여 자화하는 도생역성과 시간의 시간성화로서의 역생도성이 그것이다. 인간의 삶을 나타내는 366여 가지의 일은 그대로 환인의 자화自化를 나타낸다.

366사가 일 년의 역수를 구성하듯이 일 년이라는 시간에 하나의 사건을 배당하여 이해함은 매일이라는 하나의 시간의 단위에 하나의 사건이 창조됨을 통하여 시간성의 시간화를 나타내는 동시에 사건이 다시 시간성으로 수렴됨을 나타낸다. 따라서 시간성이 차원에서 보면 366사는 매 순간에 일어나는 모든 일들이 본래 그러함을 나타낸다.

도역의 생성은 366이라는 수가 나타내는 분별의 세계, 화복禍福으로 표현된 현상의 세계로 드러난다. 그것은 366의 일을 둘로 나누어서 나타내면 화복으로 정리할 수 있으며, 화복은 단지 보응을 뿐으로 고정된 것이 아님을 뜻한다.

인간의 삶의 과정에서 드러나는 366의 사건은 고정된 것이 아니라 매순간 새롭게 생성된다. 그것은 물건적 관점에서의 순역이 생성임을 나타내는 동시에 본래 순역이 없어서 매 순간 생성될 뿐임을 나타낸다.

인간의 삶은 본래 시공과 둘이 아니며, 자연과 둘이 아니고, 세계와 둘이 아닐 뿐만 아니라 사물과도 둘이 아니다. 삶은 매 순간 다양하게 드러나는 생성이다. 물건적 관점에서는 끊임없이 만물이 새롭게 창조되는 현상의 연속이 세계이고 그것이 그대로 인간의 삶이다. 수도修道와 제도濟度도 둘이 아니라 인간과 세계를 구분하고, 다시 인간의 삶을 순順과 역逆의 두 방향에서 나누어서 수기와 제도라고 달리 나타낸 것에 불과하다.

인간의 삶이 그대로 도역의 생성이며, 그것을 물건적 관점에서 나타내면 순역의 합일이다. 그것을 양자로 구분하여 나타냄으로써 수도와 제도를 논하고, 그것을 다시 세분하여 수많은 개념들이 형성되고 그 개념들을 중심으로 사물의 세계, 만물의 세계가 전개된다. 그러면 순역이 합일된 차원에서 이루어지는 도역의 생성을 중심으로 삶이 어떻게 이루어지는지 살펴보자.

인간의 삶은 현상적 측면을 중심으로 논의가 이루어질 수 밖에 없다. 왜냐하면 현상을 넘어선 본래성이나 신성神性의 차원에서는 인간이라는 세계와 구분되는 존재가 없기 때문이다.

우리는 삶의 과정에서 안팎의 수많은 경계와 만나게 된다. 안팎을 논하고 경계를 논하는 것은 나와 남의 분별分別을 전제로 한다. 그것은 육신을 나로 여기고 남과 구분되는 나를 중심으로 그 기능인 의식을 통하여 삶을 살아감을 뜻한다.

육신을 중심으로 남과 구분되는 내가 있어 남과 만나서 삶을 살아간다고 생각을 하면 나와 남이라는 세계에 갇혀서 살아가는 실체적 존재를 상정하게 된다. 인과因果에 의하여 구성된 세계 안에서 살아가는 나도 인과를 벗어날 수 없다. 그것이 바로 태어나서 늙고 병들어서 죽는다는 생사의 세계 안에 갇힌 인간의 삶이다.

육신의 기능인 의식을 통하여 세계를 분별하고, 인식하며, 의지를 내어 욕심으로 살아가면 오로지 생명의 보존을 위하여 남과 다른 존재 그리고 세계를 수단으로 삼게 된다. 그렇기 때문에 서로가 서로의 삶을 위한 수단이 될 뿐이어서 경쟁과 대립 그리고 투쟁이 있을 뿐으로 공존共存,

공생共生, 공유共有, 공용共用의 삶이 존재할 수 없다.

그러나 인간의 삶은 육신이라는 물질적인 측면만이 있거나 의식 또는 마음의 측면만이 있는 것이 아니라 본래성의 차원이 있다. 본래성은 육신과 의식의 다양한 차원을 넘어서 있기 때문에 육안肉眼이나 심안心眼 또는 천안天眼으로는 알 수 없다.

본래성은 개체적 관점에서 보면 모든 존재의 존재근거, 근원이지만 전체적 측면에서는 그 어떤 존재의 근원도 아니다. 그것은 본래성 자체도 고정된 것이 아님을 뜻한다. 단군신화에서 본래성을 상징하는 단군을 넘어서 환웅과 환인을 제시하고 있는 까닭이 여기에 있다.

본래성을 넘어서 본래성과 하나가 되어 나도 본래성도 없는 차원을 상징하는 것이 환웅이다. 단군의 차원에서 일차적으로 나라는 남과 구분되는 존재가 죽는 것이라면 환웅의 차원에서는 나와 남이 모두 죽어서 일체가 된다. 그렇기 때문에 나도 없고, 본래성도 없을 뿐만 아니라 남도 없다.

그러나 환웅의 차원에도 머물지 않을 때 비로소 환인의 경지에 이르게 된다. 그것은 본래성과 내가 하나가 되어 본래성도 나도 없을 때 나와 남 그리고 세계가 모두 본래성의 작용임을 알게 되었을 때 비로소 둘이 아니게 나툴 수 있게 됨을 뜻한다.

환인의 차원은 환웅으로 자신을 나타내거나 단군, 곰과 호랑이 그 어떤 것으로도 자신을 다양하게 드러낼 수 있는 차원이다. 단군신화에서는 환인이 아들인 환웅의 상태로 인간 세상에 내려옴으로 표현하고 있다.

그것은 환인이라는 분별과 무분별을 넘어서 있으면서 자유자재한 세계가 환웅과 단군 그리고 웅호로 매 순간 생성되면서도 생성됨이 없는 자화함을 뜻한다. 이 때 환인의 생성은 웅호가 사람이 되고, 환웅과 하나가 되는 측면이 있다.

웅호가 단군을 거쳐서 환웅과 하나가 되어 환인으로 돌아가는 것은 개체적 측면에서 나타내면 물건의 상태에서 사건으로 그리고 사건에서 본래성으로 본래성에서 다시 신성으로 돌아감을 뜻한다.

인간의 삶의 측면에서는 웅호의 상태와 만나도 웅호에 머물지 않고 단군에 이름이고, 단군에 이르러서도 단군에 머물지 않고 환웅에 이르름이고 환웅과 하나가 되어서도 환웅에 머물지 않아서 환인으로 돌아감이다.

그것은 웅호가 표상하는 물질과 의식의 차원에서 머물지 않는 측면에서 보면 물질과 의식의 차원을 실체로 여기는 마음을 그침(止)이고, 이미 기억의 형태로 저장되었다가 다시 나타나는 사고의 측면에서는 그것을 무화無化시키는 것이며, 물질과 의식의 차원에서 떠나고자 하는 마음(遠離心)이다.

환인은 마음의 측면에서는 분별심이 없는 점에서 무심(無心), 공심(共心), 공심(空心)이라고 할 수 있다. 그렇기 때문에 웅호에서 출발하여 단군을 거쳐서 환웅, 그리고 환인에 이름은 무심과 마음이 계합됨이라고 할 수 있다.

무심과 계합되기 위해서는 자신自身이 자신自神임을 믿음이 필요하다. 그것은 웅호를 자신으로 여기지 않고, 환인을 자신으로 여김이다. 환인을 자신으로 여김은 자신이 무아와 자아의 일면에 얽매이지 않는 자유로운 존재임을 믿음이다.

믿음(信)을 바탕으로 삶의 과정에서 안팎에서 만나는 모든 일들을 나타내는 366여사가 모두 환인 곧 자신의 자화自化임을 믿고 그 자리에 맡기는 것(任)이 필요하다. 이러한 신信을 바탕으로 한 임任의 결과를 나타내는 것이 성誠이다.

성誠은 말을 통하여 드러내는 이치의 세계, 환인의 세계가 그대로 발현됨, 현현됨, 생성됨을 뜻한다. 환인이 때로는 환웅으로 드러나고, 때로는 단군으로 드러나며, 때로는 웅호로 드러남을 나타내는 것이 성誠이다.

신信이 웅호로부터 출발하여 환인을 향하는 방법이라면 성誠은 환인에서 출발하여 웅호에 이르는 방법이다. 신이 없다면 환인을 향하여 뜻을 세우고 마음을 낼 수 없고, 성이 없다면 웅호를 향하여 뜻을 세우고 마음을 낼 수 없다.

신은 역방향에서 순방향을 향하는 방법이고, 성은 순방향에서 역방향을 향하는 방법이다. 신과 성에 의하여 순역이 합일된 세계를 나타내는 개념이 애愛와 제濟이다. 역방향에서 곧 웅호로부터 환인을 향하는 방향에서 보면 웅호에 머물지 않게 하기 위해서 웅호를 환화이기 때문에 떠나라고 하지 않을 수 없다.

그러나 멀리 떠남, 머물지 않음, 얽매이지 않음은 사실은 하나임, 하나로 대함으로서의 합일의 표현이다. 그렇기 때문에 원리遠離, 무주無住, 무착無着은 합일合一의 다른 표현이다. 그것을 『참전계경』에서는 애愛로 표현하였다.

순역이 합일된 상태를 순방향에서 나타내는 제濟는 생성의 관점에서 나타낼 수 있는 특성이다. 그것은 인연에 따라서 또는 자연스럽게 드러나는 생성인 점에서 인위적이거나 인과를 넘어서 있다.

그것은 단군신화에서 널리 인간을 이롭게 함(弘益人間)으로 표현된 내용이다. 그것을 『참전계경』에서는 제濟로 나타내었다. 인간의 세계에서 이치로 교화함은 바로 순역의 합일을 통하여 세계를 제도함이다. 그러면 홍익인간으로서의 제도는 무엇인가?

홍익인간 곧 환웅이 인간의 세계에서 이화한 내용은 생성을 통하여 확인할 수 있다. 그것은 환인이 환웅으로 그리고 다시 단군으로 그리고 웅호로 자신을 드러내는 세계의 현현, 자성自性의 현전, 만물의 드러남이다.

환웅이 천신으로 표현되고 있듯이 환인이 현현된 일차적인 세계는 무분별의 세계이면서 하나인 세계이다. 그것을 다시 객관화하여 나타낸 것이 개체적 측면에서의 본래성의 세계로서의 단군의 세계이다. 그리고 그것을 다시 객관화하여 나타낸 것이 웅호가 상징하는 의식과 물질의 세계이다.

『주역』에서 제시하고 있는 중국문화의 원형을 나타내는 형이상과 형이하 그리고 순과 역은 고조선사상에서는 환인을 중심으로 환웅에서 웅호를 향하는 방향과 웅호에서 환인을 향하는 방향의 생성을 통하여 나타내고 있다.

그것은 조선 말기의 『정역』에서 밝히고 있는 신도, 천도를 중심으로 나타내면 도와 역의 생성이다. 도역의 생성을 『참전계경』에서는 응보화복으로 나타내고 있다. 화복이 물건적 관점 곧 웅호의 관점에서 생성을 나타낸다면 응보는 그 방향을 나타낸다.

우리가 양자를 도역의 측면에서 이해하면 응보가 도생역성의 관점이라면 화복은 역생도성의 관점이다. 그것은 응보가 생성의 작용을 나타내며, 화복이 생성의 결과를 나타냄을 뜻한다. 성신에 의하여 애제가 이루어지고 그 결과를 시간성의 측면에서 생성을 통하여 나타낸 것이 화복보응이다. 그러면 화복이란 무엇인가?

화복이 생성이라는 것은 일종의 변화하는 사건일 뿐으로 고정된 물건이 아님을 뜻한다. 그렇기 때문에 화복의 의미 역시 웅호의 차원과 단군의 차원 그리고 환웅의 차원에 따라서 달리 나타낼 수 있다.

화복이라는 결과는 선악을 통하여 나타내고 있다. 그렇기 때문에 화복의 차원은 선악의 차원과 관련하여 이해하는 것이 필요하다. 먼저 선악을 호랑이가 나타내는 물질의 차원에서 살펴보면 양자는 고정하여 불변하는 실체적 존재이다.

그것은 선과 악이 양립이 불가능한 관계임을 뜻한다. 선이 존재하기 위해서는 악을 제거해야 하고, 악이 존재하기 위해서는 선을 제거해야 한다. 그러한 선과 악이 양분되는 세계에서는 언제나 공존은 없다. 오로지 하나가 살아남기 위해서는 다른 것을 제거하는 투쟁만이 있을 뿐이다.

호랑이가 표상하는 물질적 세계를 넘어서면 의식의 세계가 열린다. 의식의 세계도 여전히 이것과 저것을 분별하지만 선과 악을 모순관계로 보는 것이 아니라 양립이 가능한 관계로 보는 것이 다르다.

물질적 차원에서의 선과 악은 의식의 차원에서는 선善과 불선不善으로 나타낼 수 있다. 선과 선 아님은 양자가 고정된 불변의 존재가 아니라 변화의 존재 곧 일종의 사건임을 뜻한다. 그렇기 때문에 선이 불선으로 변하고, 불선이 선으로 변함으로 이해하게 된다.

그러나 선과 불선이 비록 양자를 모순관계로 보지 않지만 여전히 둘로 보는 것은 한계를 갖는다. 선과 불선을 넘어서 지선至善의 세계가 있다. 지선은 선과 불선이 비록 현상적 측면에서는 둘로 나타나지만 본래 하나임을 나타낸다.

지선의 세계는 단군으로 표현된 본래성의 세계이다. 다만 본래성과 지선이 일체임에도 불구하고 둘로 여기기 때문에 하나로 하는 과정이 필요하다. 그것은 물건적 관점에서 나와 남을 둘로 보지 않고 널리 제도하겠다는 뜻을 세우고 신성을 통하여 애제를 실천할지라도 그것에도 머물지 않아야함을 뜻한다.

환웅에 이르면 널리 중생을 제도하고, 인간을 이롭게 함 자체도 그렇지 않음과 다르지 않아서 하나일 뿐만 아니라 그것과 내가 둘이 아니기 때문에 홍익인간도 나도 없다. 이러한 하나됨을 통하여 비로소 일상의 삶과 거룩한 제도의 삶이 둘이 아니게 된다.

환웅이 표상하는 제도함과 일상의 삶이 하나인 것을 넘어서면 환인이 표상하는 하나와 둘, 분별과 무분별을 넘어선 세계에 도달하게 된다.

그러나 그것도 본래의 자신의 세계이기 때문에 처음의 출발점이었던 웅호와 다르지 않는 점에서는 새롭지 않지만 웅호와 다른 점에서는 새롭다.

환웅의 차원에서 지선과 하나가 되었다면 환인의 차원에 이르면 때로는 지선으로 때로는 선불선으로 때로는 선악으로 드러낸다. 그러나 그것은 개체적 측면에서 드러내는 것이 아니기 때문에 생성이 아닌 생성이다.

지금까지 살펴본 『참전계경』의 구조와 내용을 요약하여 나타내면 366사라는 고정된 사건이 있는 것이 아니라 인간의 삶 자체가 그대로 도역의 생성의 연속일 뿐으로 그것을 대상화하여 나타냄으로써 순역의 합일로 드러남을 나타내고 있다.

그것은 「삼일신고」에서 제시하고 있는 성통性通의 원리를 성신애재誠信愛濟의 네 강령을 통하여 순역의 합일로 나타냄으로써 그 구체적인 내용을 182사事로 나타내고, 공완功完의 원리를 화복보응禍福報應의 네 강령을 통하여 도역의 생성으로 나타냄으로써 그 구체적인 내용을 184사로 나타내고 있음을 뜻한다.

앞에서 고찰한 내용들을 강령과 훈사를 중심으로 도표화하여 나타내면 그 내용을 다음과 같이 나타낼 수 있다.

<table>
<tr><td colspan="5">팔훈八訓</td></tr>
<tr><td colspan="3">순역합일順逆合一</td><td colspan="2">도역생성倒逆生成</td></tr>
<tr><td rowspan="2">용심用心</td><td>순順</td><td>역逆</td><td rowspan="2">화복禍福</td><td rowspan="2">역생도성逆生倒成</td></tr>
<tr><td>성誠</td><td>신信</td></tr>
<tr><td rowspan="2">운신運身</td><td>순順</td><td>역逆</td><td rowspan="2">보응報應</td><td rowspan="2">도생역성倒生逆成</td></tr>
<tr><td>제濟</td><td>애愛</td></tr>
</table>

위의 도표를 통하여 확인할 수 있는 바와 같이 『참전계경』의 366가지 개념은 순역의 합일을 통하여 공간적 관점에서의 수도를 나타내고, 도역의 생성을 통하여 제도, 실천을 나타냄으로써 인간성을 통하여 수도와 제도가 하나가 된 인간의 삶을 나타내고 있다.

우리가 매 순간 만나는 모든 일들이 15 곧 환웅과 단군이 표상하는 시간성과 인간성이 하나가 된 자리에 의하여 이루어짐을 믿고(信) 그 자리에 맡기면(任), 그 자리에서 작용이 이루어진다.(誠) 이처럼 신信에 의하여 순역이 합일된 상태가 작용함을 나타내는 것이 성誠이다.

신信과 성誠은 하나이다. 그것이 드러난 것이 애제愛濟이다. 애愛가 순역이 합일된 차원을 역방향에서 나타낸 것이라면 제濟는 순역이 합일된 상태를 순방향에서 나타낸 것이다. 이처럼 순역이 합일된 차원이 바로 환인桓因이 나타내는 세계이다.

환인은 자신의 상태를 고집하지 않고 환웅으로 자신을 드러낸다. 그것이 도역의 생성이다. 환인이 환웅으로 자신을 드러내는 도생역성이 보응報應이며, 그 결과를 나타내는 역생도성이 화복禍福이다. 그것은 환인을 환웅의 차원에서 나타낸 것이 보응이며, 웅호의 차원에서 나타낸 것이 화복임을 뜻한다.

환웅과 단군 그리고 웅호는 셋이 아니라 하나이다. 그것은 환인을 물건화하여 세 단계로 나타낸 것이 환웅과 단군 그리고 웅호임을 뜻한다. 그렇기 때문에 환웅이 본체가 되어 단군의 작용이 웅호로 드러남을 나타내는 도역의 생성은 개체적 측면에서 함이 없는 함이라고 할 수 있다.

화복으로 보응됨은 곧 화복으로 생성됨이다. 이때의 화복은 가치상의 우열이 없을 뿐만 아니라 일어나도 일어남이 없다. 그것은 화복禍福이 환인의 현현을 분별하여 나타낸 것에 불과함을 뜻한다.

제팔부

본래성과 인류의 미래

우리는 앞에서 동아시아의 선사문화를 고찰하고 그것이 역사시대에 역문화易文化를 형성하면서 신도神道, 천도天道 중심의 고조선사상과 지도地道, 인도人道 중심의 중국문화로 체계화되면서 발전하여 왔음을 고찰하였다.

그리고 단군신화를 통하여 신도의 내용이 시간성과 공간성, 인간성을 내용으로 하고 있음을 고찰하고 이어서 「천부경」과 「삼일신고」 그리고 『참전계경』을 중심으로 천도와 지도 그리고 인도를 중심으로 신도사상에 대하여 고찰하였다.

환인桓因을 통하여 표상되고 있는 고조선 사상의 내용인 신도사상은 환웅이 표상하는 시간성과 웅호가 표상하는 공간성이 단군이 표상하는 인간성으로 집약된다. 그것은 인간의 본래성이 시간성(天性)과 공간성(地性)을 내용으로 함을 뜻한다. 따라서 인류의 미래는 천성天性과 지성地性 곧 시간성과 공간성을 통하여 고찰할 수 있다.

인류의 미래, 인류가 지향志向해야 할 삶은 인간성, 본래성이 주체가 되어 이루어지는 자유자재自由自在한 삶이다. 그것은 인간의 본래성이 드러난 세계인 인문人文이 중심이 된 삶을 살아감을 뜻한다. 인문人文은 환웅이 표상하는 시간성의 세계인 천문天文과 웅호가 표상하는 공간성의 세계인

지문地文이 하나가 된 세계이다. 그러면 천문과 지문이 하나가 된 인문의 세계는 어떻게 이루어지는가?

천문과 지문이 하나가 된 인문의 세계는 인문 중심의 중국사상과 지문 중심의 과학세계, 서양문화 그리고 천문 중심의 한국문화, 한국사상이 하나가 된 세계이다. 그것은 환인을 통하여 상징적으로 표현된 ᄒᆞᆫ님, 하나님, 하느님의 세계이다. 그러면 신문의 세계, ᄒᆞᆫ님, 하나님, 하느님의 세계는 무엇인가?

고조선 사상에서 밝히고 있는 ᄒᆞᆫ님, 하나님, 하느님은 세계 자체의 특성을 나타내는 개념이다. 그것은 형이상과 형이하, 이치와 현상, 도와 만물, 생성 이전과 생성 이후, 부동의 세계와 현상의 세계가 본래 일체임을 뜻한다. 이는 시간상으로 미래와 과거가 일체여서 구분할 수 없는 영원한 현재가 바로 하나님(桓因) 자체의 드러남임을 나타낸다.

그것은 삶 자체가 본래 ᄒᆞᆫ님, 하나님, 하느님의 드러남임을 나타낸다. 그렇기 때문에 인류의 미래는 지금 여기의 내가 어떤 삶을 살아가느냐에 따라서 다양하게 드러날 뿐으로 시비是非, 선악善惡, 미추美醜의 분별에 의하여 이루어야할 미래적 목표나 심판해야할 과거의 사건이 없다. 그러면 구체적으로 어떻게 살아야하는가?

우리는 『참전계경』을 중심으로 성신誠信을 통하여 순역을 합일함으로써 그 결과로 드러나는 애제愛濟를 통하여 화복禍福이라는 보응報應이 이루어지는 도역의 생성을 살펴보았다. 그것은 인도를 중심으로 신도를 고찰하였음을 뜻한다. 따라서 신문神文이 드러난 인문적 삶은 도역의 생성을 중심으로 이해하는 것이 필요하다. 그러면 순역이 합일된 세계로 드러나는 도역의 생성은 어떻게 이루어지는가?

이 문제는 지금까지 우리가 고찰하였던 고조선 사상의 내용이 궁극적으로는 지금 여기의 내가 어떻게 살아야하는가의 문제로 집약됨을 뜻한다.

지금부터는 앞에서 고찰한 내용을 바탕으로 지금 여기의 내가 어떻게 살아야하는가의 문제를 통하여 환인의 현현으로서의 삶이 어떻게 이루어지는지를 밝히고자 한다.

이 문제의 해결 방법을 제시하기 위하여 요즈음 우리사회에서 화두가 되고 있는 적폐청산積幣清算을 예로 들어서 고찰할 것이다. 먼저 적폐청산이 무엇인지를 살펴보고 이어서 순역의 합일을 통하여 이루어지는 도역의 생성을 중심으로 적폐청산積幣清算이 어떻게 이루어지는지를 고찰한 후에 마지막으로 인류의 미래인 인문적 삶이 어떻게 이루어지는지를 살펴보고자 한다.

1. 현대사회와 파사현정破邪顯正

오늘날 우리사회의 특성을 그대로 나타내고 있는 몇 가지의 단어들이 있다. 그것은 미투(me to), 4차 산업혁명, 남북회담, 북미회담, 보수와 진보, 공산주의와 민주주의, 미중무역전쟁, 기독교문명과 비기독교문명, 개인주의와 전체주의와 같은 단어들이다.

우리는 앞의 단어들을 통하여 오늘날의 우리사회 뿐만 아니라 국제사회에서 인류가 어떤 생각에 의하여 어떤 세계를 지향志向하는지를 파악할 수 있다. 오늘날 인류는 시비是非, 선악善惡, 정사正邪를 분별하여 그릇됨을 제거하여 옳음을 드러내는 파사현정破邪顯正을 기치로 내걸고 국가와 국가가 이합집산離合集散을 하면서 전쟁을 하고 있음을 알 수 있다.

우리사회가 바람직한 방향으로 발전하기를 바라는 마음을 가진 사람들이라면 누구도 파사현정을 반대하지 않는다. 그러나 누구도 거부할 수 없는 좋은 말에도 반드시 되돌아볼 부분이 있다.

우리는 우리 자신과 살아가는 세계가 스스로 감각感覺하고, 지각知覺한 내용과 일치한다는 소박한 실재론實在論에 근거하여 삶을 살아간다. 사람으로서의 내가 있고, 남이 있으며, 사회가 있고 국가가 있으며, 바름(正)과 그름(邪)이 있다고 생각한다.

그리고 바름이 존재하기 위해서는 그름을 제거해야 한다고 여긴다. 그것은 정正과 사邪의 양자가 함께 존재할 수 없음을 뜻한다. 만약 바름이 존재하도록 그름을 제거하는 작업 곧 파사破邪만을 하면 문제점을 갖게 된다.

그것은 마치 양파의 껍질을 제거하기 위하여 계속 껍질을 벗기다 보면 결국은 아무것도 남지 않는 것과 같다. 파사는 일시적으로는 답답한 마음을 후련하게 해준다. 그러나 그것을 계속하면 파사의 주체인 자신마저도 부정하게 되어 허무虛無에 빠지게 된다.

파사만을 행할 때 일어나는 문제를 해결하기 위하여 그와 반대로 현정顯正만을 하게 되면 역시 또 다른 문제를 갖게 된다. 만약 그름을 그대로 내버려두고 오로지 바름만을 드러내려고 하면 바름이 제대로 드러나지 않는다.

그리고 정사正邪의 차이가 분명하게 드러나지 않을 때 현정顯正의 필요나 가치를 느끼지 못하게 된다. 그것은 파사가 없는 현정은 그것이 왜 필요한지가 절실하게 느껴지지 못함을 뜻한다. 현정은 파사와 함께 할 때 비로소 가치와 의미가 분명하게 드러나게 된다. 따라서 파사가 없는 현정은 현정을 위한 파사와 마찬가지로 한계를 갖지 않을 수 없다. 그러면 양자는 어떤 관계인가?

파사현정의 정正과 사邪는 어느 하나만으로 성립될 수 없다. 그것은 양자가 상대적이어서 다른 하나가 없으면 나머지 한쪽도 성립될 수 없음을 뜻한다. 그렇기 때문에 설사 현정을 위한 파사일지라도 파사가 불편하게 느껴지고, 파사를 바탕으로 한 현정 역시 자의적恣意的으로 느껴지게 된다. 결국 정과 사의 어느 일면만을 주장할 수 없게 된다. 그러면 정사를 구분하지 말아야하는가?

그렇지 않다. 파사현정은 그릇됨, 사특함(邪)과 바름(正)을 구분하여 사특邪慝함을 제거하는 것에 그쳐서는 않된다. 파사현정은 정사正邪를 구분하여 아는 앎과 그것을 실천하는 두 측면을 함께 이해하는 것이 필요하다. 그것은 정사를 구분하여 이해하면서도 그것을 실체로 여겨서 집착하는 마음이 없어야 함을 뜻한다. 정사의 구분을 하면서도 구분에 얽매이지 않을 때 비로소 파사현정을 하면서도 파사현정에 얽매임이 없게 된다.

파사와 현정의 어느 일면에도 얽매임이 없음은 파사는 현정을 위하고, 현정은 파사로 인하여 이루어짐으로써 파사와 현정이 둘이 아님을 뜻한다. 파사와 현정이 일체여서 구분할 수 없는 차원은 정사의 차원이 아니다. 그렇기 때문에 파사현정이 비록 정사의 구분을 바탕으로 이루어지지만 그 자체는 정사正邪를 넘어서 양자의 구분이 없는 차원, 세계를 드러냄이어야 한다.

정사를 넘어선 차원은 정과 사가 일체여서 양자가 없는 차원이다. 정사가 하나여서 양자의 구분이 없는 차원은 자비慈悲, 인仁이라고 할 수 있다. 정사의 양면이 없는 자비, 무조건적인 사랑의 차원에서 보면 파사와 현정이 모두 자비의 표현이다. 따라서 파사현정은 자비, 인仁의 실천이어야 한다.

파사현정을 적폐청산의 문제를 중심으로 살펴보자. 적폐청산의 대상은 과거이다. 그리고 청산은 현재에서 과거를 향하는 것이다. 따라서 현재의 청산은 새로운 미래의 창조를 위하여 이루어져야 한다. 미래적 이상을 실천하는 방법으로서의 과거 청산이 아니라면 그것은 단순한 과거의 심판일 뿐이다.

적폐청산이 오로지 과거만을 향하게 되면 그것은 일종의 정치보복에 불과할 뿐이다. 이처럼 정치가 과거를 지향할 때 그 나라는 결코 미래가 없다. 정치가 과거를 향하여 전념할 때 모든 사람들에게 피로감과 절망감을 갖게 한다.

적폐를 청산하고 죄를 진 사람을 처벌하는 것은 당연히 필요하다. 그리고 그것은 마땅히 거쳐야할 과정이다. 그러나 그것이 사람을 미워하는 것이 아니라 그 사람으로 하여금 새롭게 태어나서 다른 사람들과 더불어 살아갈 수 있는 기회를 주는 일이 되어야 한다.

개헌改憲의 문제도 그렇다. 헌법의 제정과 그것을 바탕으로 이루어지는 통치의 목적은 모든 국민의 안녕과 평화 그리고 행복한 삶이다. 그렇기 때문에 그 목적에 부합하는 통치가 이루어지도록 헌법을 개정하는 것이 필요하다.

그러나 헌법을 제정하고, 정치제도를 만들어서 운용하는 주체는 인간이다. 그렇기 때문에 정치나 사회, 경제의 모든 분야에서 발생하는 문제들은 결국은 그것을 제정하고 운용하는 인간 자신으로부터 해결책을 찾을 수 있다.

미투 운동도 그렇다. 우리가 모두 알고 있듯이 성폭행, 성폭력이 일어나는 현상의 이면에 감추어져 있는 문제는 남자와 여자를 구분하여 실재하는 것으로 여기고, 양자의 가치상의 우열을 정하여 어느 한 쪽이 다른 쪽을 소유하려는 사고이다.

남자와 여자, 정正과 사邪, 시是와 비非, 선善과 악惡이 실재하는 것으로 여기는 사고는 세상은 오로지 물질만이 존재한다는 유물론적 세계관, 유물론적 인간관에 의하여 발생한다. 유물론적 세계관에 의하여 인간은 오로지 육신만이 실체라는 유물론적 인간관이 형성된다.

육신을 인간 자신으로 여기고, 육신의 작용인 의식을 자신으로 여기는 유물론적 인간관은 인간과 세계의 전모가 아닌 일부를 전체로 여기는 그릇된 인간관이다. 그것은 드러난 현상을 중심으로 인간을 이해하는 전도顚倒된 인간관이다.

『원각경圓覺經』에서는 인간이 육신을 자신으로 여기고, 사물이 육신에 반영되어 나타난 것을 마음(의식)으로 여기는 것을 지혜가 없는 무명無明[1]이라고 하였다. 그것은 감각기관에 의하여 지각된 것이 그대로 실재가 아님을 뜻한다. 우리가 일상적인 상태에서 마치 실재하는 것처럼 느끼는 것들을 그대로 수용하지 않고 그것을 다시 돌아보고 그 근원을 찾아서 반성할 때 비로소 드러나는 것이 육신과 의식을 넘어선 인간의 본래적인 자신이다.

육신과 의식을 자신으로 여기고, 그 자신이 남과 무관하게 존재하며, 세계와 무관하게 있다고 여길 때 삶은 나와 남 그리고 세계가 각자의 생존을 위하여 상대방을 끊임없이 제거해야 하는 대립과 투쟁이 되고 만다.

남자와 여자는 겉으로 드러난 모습일 뿐으로 인간다움으로서의 인간성이라는 공통된 특성 이른바 본래성本來性의 차원에서 보면 남자와 여자의 구분이 없다. 본래성의 차원에서 보면 나와 남의 구분이 없을 뿐만 아니라 나와 세계, 나와 사물의 구분이 없다.

구분할 수 없는 일체를 구분하여 나의 대상인 남이 있고, 남의 대상인 내가 있다고 여길 뿐으로 나의 입장에서 보면 남은 또 다른 나이고, 남의 입장에서 보면 나는 또 다른 남이다. 그러므로 부모와 자녀, 스승과 제자, 윗사람과 아랫사람과 같은 모든 구분은 본래성이 다양하게 나타난

---

1 『圓覺經』 文殊菩薩章, "一切衆生 從無始來 種種顚倒 猶如迷人 四方易處 妄認四大 爲自身相 六塵緣形 爲自心相 譬彼病目 見空中華 及第二月 善男子 空實無華 病者妄執 由妄執故 非唯惑此虛空自性 亦復迷彼實華生處 由此 妄有輪轉生死 故名無明"

현상에 불과하다.

본래성의 세계가 육신과 마음을 통하여 다양하게 드러나는 현상을 접하면서 현상의 다양함이 하나의 본래성의 드러남임을 알기 때문에 오로지 현상만이 실재라고 여기고 그것을 분별하여 집착하지 않아서 모든 현상을 평등하게 대할 수 있다.

그리고 현상의 다양한 드러남을 벗어나서 본래성의 세계가 없음을 알기 때문에 현상의 다양함의 진정한 가치를 안다. 그것은 어떤 현상적인 조건을 가지고 있거나를 막론하고 사람은 그 자체로 그리고 사물은 사물 자체로 가치가 있고, 의미가 있는 점에서 다름 자체가 그대로 가치임을 뜻한다.

육신이나 정신 또는 의식을 넘어서 그 근원으로서의 본래성本來性, 사람다움은 의식의 차원에서는 드러나지 않는다. 그럼에도 불구하고 동양의 유불도儒佛道 사상에서는 방편상 인성人性, 불성佛性, 자성自性, 주인공主人空을 비롯한 다양한 개념을 통하여 나타내고 있다.[2]

그리고 사람의 사람다움을 그것이 드러나는 작용의 측면 곧 덕德의 측면에서 자비慈悲, 인仁, 지혜智慧, 용勇, 금강장보살金剛藏菩薩과 같은 다양한 개념들을 통하여 상징적으로 나타내고 있다. 그것은 본래성의 차원에

---

2 知訥, 『眞心直說』 眞心異名, "且佛教者. 菩薩戒. 呼爲心地. 發生萬善故. 般若經喚作菩提. 與覺爲體故. 華嚴經立爲法界. 交徹融攝故. 金剛經號爲如來. 無所從來故. 般若經呼爲涅槃. 衆聖所歸故. 金光明號曰如如. 眞常不變故. 淨名經號曰 法身. 報化依止故. 起信論名曰眞如. 不生不滅故. 涅槃經呼爲佛性. 三身本體故. 圓覺中名曰總持. 流出功德故. 勝鬘經號曰如來藏. 隱覆含攝故. 了義經名爲圓覺. 破暗獨照故. 由是壽禪師. 唯心訣云. 一法千名. 應緣立號. 備在衆經. 不能具引. 或曰佛教已知. 祖教何如. 曰祖師門下. 杜絶名言. 一名不立 何更多名. 應感隨機. 具名亦衆. 有時呼爲自已. 衆生本性故. 有時名爲正眼. 鑑諸有相故. 有時號曰妙心. 虛靈寂照故. 有時名曰主人翁. 從來荷負故. 有時呼爲無底鉢. 隨處生涯故. 有時喚作沒絃琴. 韻出今時故. 有時號曰. 無盡燈照破迷情故. 有時名曰無根樹. 根蒂堅牢故. 有是呼爲吹毛劍. 截斷塵根故. 有時喚作無爲國. 海晏何淸故. 有時號曰牟尼珠. 濟益貧窮故. 有時名曰無鑐鎖. 關閉六情故. 乃至名泥牛木馬. 心源心印心鏡心月心珠. 種種異名."

서 보면 인간의 마음을 통하여 이루어지는 분별, 사고, 지각, 인식, 의지와 같은 작용들과 육신을 통하여 드러나는 다양한 말과 행동들이 모두 본래성의 현현顯現임을 뜻한다.

사람의 말과 행동 그리고 모든 마음의 작용이 자비의 드러남이고 지혜의 드러남이기 때문에 현상적인 측면에서 여러 사람들의 다양한 모습, 다양한 언행을 보더라도 그 다름에 따라서 알맞게 대할 뿐으로 가치상의 우열優劣을 따져서 집착하지 않는다.

본래성의 차원에서 보면 태어나고 죽음이 없고, 나라는 실체가 없기 때문에 나와 남, 여기와 저 먼 세계의 구분이 없어서 일체이다. 따라서 본래성을 자신으로 여기고, 본래성을 중심으로 살아갈 때 비로소 현상의 그 어떤 것에도 걸림이 없이 자유롭게 살아갈 수 있다.

생사生死가 없기 때문에 죽지 않고 살기 위하여 남과 경쟁하고, 세계와 다툴 필요가 없으며, 나와 남의 구분이 없는 일체이기 때문에 남으로부터 나를 지키기 위하여 근심과 걱정 그리고 두려움 속에서 삶을 살아갈 필요가 없다.

오늘날 우리에게 가장 필요한 일은 적폐청산積幣清算을 하기 전에 먼저 적폐청산을 하는 내가 누구인지를 파악하는 자아성찰이다. 우리 국민 각자가 자아를 찾는 각성覺性이 있어야 비로소 적폐청산의 대상이 무엇인지 그리고 어떻게 해야 하는지를 알게 되며, 정치를 논하기에 앞서 정치의 주체인 나와 국민이 어떤 존재인지를 파악해야 비로소 어떻게 할 것인지를 파악할 수 있다.

인간은 스스로 오늘날을 4차 산업혁명의 시대라고 규정한다. 그리고 과학기술의 발전을 통하여 인간의 진화進化, 향상向上을 추구한다. 이 때 가장 먼저 해결해야할 문제는 산업을 발전시키고, 과학기술을 운용하는 주체인 사람이 어떤 존재인지를 파악하고 그것을 바탕으로 사람다운 삶을 향하여 과학기술의 운용 방향과 방법을 설정하는 일이다.

만약 지금과 같이 빠르게 발전하는 과학기술 앞에서 인간이 자기 정체성을 확립하지 못하면 자신이 운용하는 과학기술에게 통제를 당하는 결과를 초래할 것이다. 그것은 자연이나 물질을 배제한 인간만을 중심으로 하는 이기주의를 주장하는 것이 아니다.

본래성의 차원에서는 실체적인 내가 없고, 남이 없다. 그렇기 때문에 가장 인간다운 삶은 나와 남이 함께 하는 공용共用, 공식共食하는 공존共存, 공생共生의 삶, 인간과 세계가 공영共榮하는 삶이다. 그것이야말로 살아도 살아감이 없고, 죽어도 죽음이 없어서 언제나 자유로운 삶이다.

공자孔子는 본래성을 주체로 살아가는 "어진 사람仁人이라야 비로소 사람을 미워할 수 있고, 좋아할 수 있다."[3]고 하였다. 그것은 『중용中庸』에서 사람이 본래성을 주체로 하여 희노애락喜怒愛樂의 감정을 발하였을 때 천지와 만물이 각각 제 위상을 갖게 된다[4]고 하였던 것처럼 사람이 자신을 찾아서 자신으로 살아갈 때 비로소 가장 사람다운 삶, 진실한 삶, 선善한 삶임을 뜻한다.

2. 파사현정과 도역생성倒逆生成

우리는 앞에서 파사현정을 중심으로 세계를 어떻게 보고 어떤 삶을 살아갈 것인지를 고찰하였다. 한 사람의 삶은 그가 세계를 어떻게 보고,

---

3 『大學』, "唯仁人 爲能愛人 能惡人."

4 『中庸』, "喜怒哀樂之未發謂之中 發而皆中節謂之和 中也者天下之大本也 和也者天下之達道也 致中和 天地位焉 萬物育焉."

가치를 어디에 두느냐에 따라서 달라진다. 그것은 사람이 어떤 마음으로 세계를 바라보고, 어떤 행위를 나느냐에 따라서 그 사람의 세계가 드러나고, 삶이 이루어짐을 뜻한다.

파사현정은 어떤 지견知見, 안목眼目으로 정사正邪를 보느냐에 따라서 그 내용이 달라진다. 그것은 고조선사상에서 밝히고 있듯이 파사현정은 고정된 것이 아니라 환웅의 차원, 단군의 차원, 웅熊의 차원, 호虎의 차원에 따라서 그 의미가 다양함을 뜻한다. 그러면 먼저 정사를 이해하는 다양한 차원에 따라서 어떤 의미를 갖는지 살펴보자.

일반적으로 정사正邪는 둘이 양립할 수 없는 모순관계로 이해한다. 그것은 정과 사라는 어떤 것이 존재하기 때문에 양자의 어느 일면이 성립하기 위해서는 다른 일면이 사라져야하다는 실체적 존재로 이해함을 뜻한다.

그것은 유물론적 세계관의 내용인 실체적 사고에 의하여 드러나는 세계이다. 정正과 사邪가 양립할 수 없듯이 선善과 악惡, 시是와 비非가 모두 옳을 수 없다. 이처럼 정과 사를 실체로 이해하는 관점에서는 양자의 공생共生, 공존共存이 없다. 그렇기 때문에 파사현정은 사를 제거함으로써 정이 드러나게 함이다.

그런데 정과 사는 실체적 존재가 아니라 단지 인간이 의식에 의하여 양자를 구분하여 나타낸 것에 불과하다. 정은 사가 없으면 존재할 수 없으며, 사는 정이 없으면 존재할 수 없다. 그렇기 때문에 양자가 양립이 불가능한 관계가 아니라 서로가 서로의 존재근거가 된다.

그것은 정은 사가 아니고, 사는 정이 아님을 뜻한다. 이런 관점에서는 어느 일면을 제거함으로써 양자가 모두 제거되는 결과를 낳는다. 그렇기 때문에 양자는 제거해야할 대상이 하니라 변화시켜야할 대상이라는 점에서 제거의 대상으로 이해하는 관점과 서로 다르다.

정사를 모순 관계가 아니라 변화의 관계로 나타내는 것이 정부정正不正

이다. 그것은 정과 사가 있는 것이 아니라 정과 부정이 있어서 부정은 정으로 변화하여 결국은 양자가 하나의 서로 다른 드러남임을 뜻하게 된다.

정부정의 부정은 공존할 수 없는 대상, 제거해야 할 대상이 아니라 변화의 대상이라는 점에서 정과 비교하여 가치상의 우열을 갖지 않는다. 그렇기 때문에 양자가 모두 가치를 갖고 의미를 갖기 때문에 공존, 공생이 가능하다.

정부정正不正으로 나타나는 하나의 차원을 나타내는 것이 세 번째 차원이다. 인간의 관점에서는 정正과 부정不正으로 나타나는 하나는 본래성이다. 정부정正不正, 지부지知不知, 선불선善不善은 모두 본래성에 의하여 다르게 나타난 것이다.

그것은 세 번째 차원 곧 본래성의 차원이 비록 의식과 육신의 감각지각이라는 형이하적 차원을 넘어서 있지만 여전히 본래성과 정부정正不正이 둘의 상태에 머물러 있음을 뜻한다. 우리가 본래성이라는 하나의 세계를 발견했지만 본래성과 하나가 되지 못하였을 때 본래성과 정부정이 하나임을 알지 못한다.

본래성과 정부정이 하나가 되어 본래성도 없고, 정부정도 없는 차원이 네 번째 차원이다. 정부정은 그것을 분별하는 주체인 본래성과 하나가 된 차원에서 보면 본래성도 없고, 정부정도 없다.

네 번째 차원에서 보면 그 어떤 것도 고정화할 대상이 없다. 그것을 나타내기 위하여 공空이라고 말하기도 하고, 나라고 할 수 있는 고정된 실체가 없음을 통하여 무아無我로 나타내기도 한다.

공空, 무아無我의 상태, 정부정正不正과 본래성이 하나가 된 차원도 하나의 차원이다. 그것은 네 번째 차원이라는 고정된 어떤 것이 없음을 뜻한다. 만약 본래성과 하나가 되어 나도 없고 본래성도 없는 차원에서 적연寂

然하여 부동不動하기만 하면 죽은 세계와 같다.

그것은 온 세계와 내가 하나가 되어 하나마저도 없음에 이를지라도 그것에 머물지 않고 다시 한 단계 더 나아가야함을 뜻한다. 본래성과 내가 둘이 아니어서 본래성도 없고 나도 없는 차원을 나타내는 환웅을 거쳐서 환인에 이르면 비로소 본래의 자신自神으로 돌아가게 된다.

환인의 상태에 이름은 나도 없고, 남도 없을 뿐만 아니라 없음마저도 없음을 뜻한다. 그것은 없음에도 머물지 않음을 뜻한다. 이는 본래의 자신으로 돌아감이지만 본래 자신과 둘이 아니기 때문에 돌아가는 것도 아니다. 그러나 이미 환인의 차원에 이른 사람의 삶은 이전의 삶과 다른 점에서는 변화가 없는 것은 아니다.

그는 인연에 따라서 정부정을 말하고, 그리고 파사현정破邪顯正을 한다. 파사현정의 실천은 여러 가지 형태가 있을 수 있다. 그것은 상황에 따라서 파사현정의 구체적인 방법이 다양하게 사용됨을 뜻한다. 그러면 그것이 무엇을 의미하는가?

정사, 선악, 시비는 고정된 어떤 것이 아니라 상황에 따라서 다양하게 드러난다. 그것은 환인의 관점에서 보면 하나님, 하느님이 지금 여기의 나를 통하여 다양하게 드러남을 뜻한다. 그렇기 때문에 선악, 시비, 정사는 고정된 것이 아니라 때와 장소에 따라서 그리고 사람에 따라서 다양하게 생성될 뿐으로 어떤 것이라고 할 수 없다. 그러면 그것이 무엇을 의미하는가?

정사가 모순관계를 이루는 차원에서 출발하여 환인이 표상하는 없으면서 없지 않는 차원에 이르는 측면을 우리는 수기, 수도라고 한다. 그것은 정사正邪, 선악善惡, 미추美醜를 실체로 여기고 집착하는 마음을 벗어나서 정부정에 이르고, 다시 정부정이 하나인 본래성의 차원에 도달하였다가 다시 그것과 하나가 되고, 하나가 됨도 없는 차원에 이르게 되는 과정을 통하여 본래의 자신自身이 자신自神임을 파악하고, 자신自神으로 살아가는 체험, 경험을 하게 됨을 뜻한다.

본래의 자신을 체험하게 자신으로 살아가는 경험을 통하여 비로소 삶을 자유자재하게 살아가게 된다. 그것을 우리는 환인의 상태, 공불공空不空[5]의 상태에도 머물지 않고, 다양하게 자신을 드러내어 모든 존재들을 이롭게 하는 제도濟度, 도제천하道濟天下, 실천實踐이라고 한다. 그러면 환인桓因은 무엇인가?

지금 여기의 나를 중심으로 살펴보면 나의 전모이며, 내 삶의 전모이고, 세계의 전모이며, 사물의 전모이고, 시공의 전모이며, 자연의 전모이다. 공간성을 중심으로 물건적 관점에서 보면 정사에서 출발하여 공불공空不空에 이르는 수기, 수행은 정사에서 출발하여 본래성과 합일하고, 신성神性과 합일하는 합일의 과정이라고 할 수 있다.

그런데 역방향의 끝인 환인에 이르러서 비로소 그 방향이 변變하여 순順방향으로 화化한다. 그것은 환인의 본성에 의하여 이루어지는 변화라고 할 수 있다. 이처럼 순방향에서 환인의 작용이 이루어짐은 순역이 합일하여 비로소 도역倒逆의 생성生成이 이루어짐을 뜻한다.

역방향의 수기, 수도와 순방향의 실천, 제도가 하나가 된 차원이 바로 본래성이 주체가 된 삶이다. 그것을 나타내는 것이 환인이라는 개념이다. 환인의 차원에서 보면 항상 자성自性을 고집하지 않고 끊임없이 타자화他者化하는 생성의 연속이다.

그것은 파사현정이 고정된 것이 아니라 하나의 다양한 표현이라는

5 화엄교학華嚴敎學의 측면에서 보면 회상귀성會相歸性은 逆방향에서 이루어지는 수행, 수기의 과정이며, 성기론性起論은 순방향에서 이루어지는 제도, 실천의 과정이다. 그러나 본래 순역이 하나여서 구분이 없는 점에서 보면 도역倒逆의 생성이 있을 뿐이다. 도생역성의 관점에서 성기론性起論을 나타내면 불공不空이고, 역생도성의 관점에서 회상귀성을 나타내면 공空이라고 할 수 있다.

점에서 다양하게 드러나는 하나라고 할 수 있다. 하나를 다양하게 드러냄으로서의 파사현정은 자비慈悲이자 지혜知慧의 표현이다. 그것은 자비와 지혜의 표현이 파사현정임을 뜻한다. 그렇기 때문에 환인에 의하여 지금 여기의 나를 통하여 이루어지는 자비의 현현顯現, 지혜의 현현顯現을 우리는 정사라는 구분을 기준으로 파사현정이라고 나타낼 뿐임을 알 수 있다.

우리는 앞에서 파사현정을 중심으로 그것이 서로 다른 차원에서 다양한 의미로 드러남을 살펴보았다. 그것은 파사현정은 실체가 아니라 세계의 다양한 현현, 다양한 의미로의 생성을 실체화하여 나타낸 개념에 불과함을 뜻한다.

우리의 삶 역시 매 순간 끊임없는 생성의 연속이다. 그것은 환인 표상하는 세계 자체가 서로 생명을 주고받는 소통의 결과로 끊임없이 사건과 물건을 생성하고 있음을 뜻한다. 이러한 세계 자체를 시간성을 중심으로 두 방향에서 고정화하여 환웅에서 웅호로 이어지는 생성과 웅호에서 환웅으로 이어지는 생성을 밝히고 있다.

시간성을 나타내는 도역의 생성을 물건화, 대상화하여 나타냄으로써 순과 역의 구분이 발생한다. 그리고 순順을 존재론적 관점, 역逆을 당위론적 관점으로 구분하여 이해하게 됨으로써 양자가 모순 관계로 인식하게 된다.

순과 역의 두 방향은 시간성의 생성을 두 관점에서 나타낸 것이다. 그것은 개체적 관점에서 지금 여기의 내가 어떻게 살아야하는가를 나타내기 위함이다. 지금 여기의 나는 역방향에서 보면 살아가면서 삶에 얽매이지 않아야 한다.

그것은 현상에서 시작하여 물질, 마음, 본래성, 도道, 신도神道의 그 어떤 것에도 얽매임이 없는 무주無住의 상태에서 자유자재自由自在하는 심신心身의 운용運用을 추구하는 수기, 수도의 문제를 역방향에서 제기하였음을 뜻한다.

그러나 순방향에서 보면 본래 삶 자체가 고정됨이 없어서 무아無我, 공空일뿐만 아니라 부동不動의 그 자리에서 다양한 사물이 끊임없이 현현되기 때문에 물질도, 육신도, 마음도, 본래성도, 진리도, 신리神理도 고정되게 있다고 할 수 없다.

그것은 삶 자체가 그대로 본래성을 드러냄이고, 신리神理를 드러냄이며, 마음을 드러냄이기 때문에 역방향에서 수도를 통하여 본래성과 하나가 되고, 다시 그 하나마저도 넘어서는 과정 자체가 그대로 실천이고, 제도이며, 세계 자체의 드러남임을 뜻한다.

도역의 생성의 차원에서 보면 수기와 실천, 수도와 제도, 증오성불證悟成佛과 본래성불本來成佛이 둘이 아닐 뿐만 아니라 삶이 그대로 수기이자 제도이다. 그렇기 때문에 수도를 하고, 제도를 하여도 함이 없으며, 성불을 하여도 성불함이 없다.

상구보리와 하화중생이 둘이 아니기 때문에 삶이 그대로 상구보리면서 하화중생이여서 양자를 함께 하거나 모순이라는 것 자체가 없다. 이러한 삶이 고조선 철학에서 제시하고 있는 모든 존재가 이로운 홍익인간의 삶이고, 재세이화의 삶이다.

단군신화에서는 환웅의 재세이화와 웅호의 환웅과의 결혼이 모두 인간 곧 단군을 통하여 이루어지고 있다. 그것은 단군이 표상하는 인간의 본래성을 바탕으로 순역의 작용과 생성의 작용이 이루어짐을 뜻한다. 따라서 본래성을 통하여 삶과 수행이 하나이고, 수도와 일상의 삶이 하나인 차원에서 이루어지는 삶이 이루어진다.

삶이 그대로 수행이고, 수행이 학문이며, 학문이 그대로 일상인 삶은 바로 본래성의 작용이다. 밖에서 일어나는 자연의 모든 현상과 내 몸을 통하여 일어나는 언행과 마음에 의하여 일어나는 사고를 비롯한 모든 작용이 모두 본래성의 작용이다. 따라서 일상의 삶의 과정에서 일어나는 모든 것을 본래성을 주체로 살아가면 된다.

본래성은 무쇠와 잡철 그리고 금을 가리지 않고 모두 녹여서 재생시키는 용광로와 같다. 아무리 오래되고 무거우며, 큰 죄악이나 업장이라도 본래성이라는 뜨거운 용광로에 떨어지면 한 송이의 눈과 같이 녹아 사라진다.

삶의 과정에서 일어나는 안팎의 모든 것을 본래성에 맡기면 그대로 자신이 어떤 행위를 하더라도 함이 없는 무위無爲가 된다. 그렇기 때문에 본래성이라는 용광로에 과거의 사건을 던지면 인과因果가 사라지고, 업業이 사라지며, 미래의 해야 할 일을 던지면 무위無爲의 함이 없음이 된다.

본래성은 용광로일 뿐만 아니라 새롭게 물건을 만들어 내는 대장간과 같다. 과거의 물건을 용광로에 녹여서 새로운 모양을 갖춘 새로운 물건으로 창조해낸다. 그렇기 때문에 본래성이라는 대장간에 물건을 맡기면 원하는 형상에 따라서 갖가지의 물건을 만들어 낸다. 그러므로 삶의 과정에서 만나는 안팎의 모든 일을 본래성이라는 용광로에 넣어서 재생을 시켜야 한다.

그것은 육신을 나로 여기고 육신의 기능인 의식을 주체로 살아가는 삶을 그치고(止), 본래성에 맡기는(任) 역방향의 수도修道와 새롭게 창조, 생성되어 드러나는 결과를 지켜보면서(觀), 용심用心과 운신運身을 하는 순방향의 제도濟度가 하나가 된 삶이다.

삶의 과정에서 만나는 모든 일들이 본래성에서 이루어지기 때문에 본래성의 자리에 맡기면 용광로가 되어 선악의 인과因果와 무기無記를 녹여서 새로운 생명을 부여받는 재생의 과정을 거쳐서 새롭게 탄생하게 된다.

그것은 매순간 본래성에 맡김으로써 마음의 짐이 모두 녹아서 점점 가벼워지게 됨을 뜻한다. 이처럼 매 순간을 그 자리에 맡겨 놓고 육신으로 해야 할 일을 하면 일상의 삶이 그대로 과거의 업보를 녹이는 수행修行, 수기修己, 수도修道가 된다.

그러나 그것은 업이나 무명, 무지, 죄악이 있어서가 아니라 그것이 수행의 재료가 되어 제련하는 과정이라고 할 수 있다. 그것은 본래성이라는 인간의 근원적인 세계에 내재된 완전한 지혜와 무한한 자비를 활용하는 점에서 전에 없던 새로운 것을 얻는 것이 아니라 본유本有하고 고유固有한 자신의 능력을 발견하여 활용함으로써 체험하고 경험하는 과정이다.

본래성의 세계는 영원할 뿐만 아니라 온 우주의 모든 존재와 일체이기 때문에 그 자리에서 일을 하게 되면 온 우주의 모든 존재를 이롭게 하는 결과를 낳는다. 그것은 본래성이라는 재생처再生處에 놓고 가는 삶은 단순하게 업보를 녹이고 고통을 제거하는 것으로 그치는 것이 아니라 나와 남이 모두 이로운 삶을 끊임없이 창조하는 점에서 삶이 그대로 제도임을 뜻한다.

우리가 매 순간의 삶의 과정에서 만나는 그 어떤 일이거나를 막론하고 본래성에 대한 믿음을 바탕으로 그 자리에 맡기고 본래성을 주체로 하여 용심用心과 운신運身을 하면 성誠이 드러나서 그대로 화복禍福의 보응報應이 나타난다. 그러므로 화복의 보응이란 삶이 도역의 생성임을 나타낸다. 따라서 화복의 보응을 실체로 여기지 않고 그 자리에 맡기면 그것이 그대로 널리 중생을 사랑함(愛)인 동시에 모든 존재를 이롭게 하는 제도(濟)이다.

본래성을 중심으로 그것을 웅호와 환웅, 환인으로 구분하여 나타내면 호랑이가 나타내는 시공의 차원과 곰이 나타내는 마음의 차원 그리고 단군이 나타내는 본래성의 차원과 양자가 본래성과 하나가 된 환웅의 차원 그리고 자유자재하게 작용하는 환인의 차원으로 구분하여 나타낼 수 있다.

물건적 관점에서 인간의 삶을 수도를 중심으로 나타내면 단군을 발견하는 견성見性과 성품과 하나가 되는 환웅의 성불成佛 그리고 환인이 나타내는 열반涅槃의 경지, 나툼의 경지로 구분할 수 있다. 그렇기 때문에 수도의 과정은 단계가 아닌 세 단계라고 할 수 있다.

그러나 본래성을 중심으로 하나로 모으면 본래성이라는 것 자체도 없다. 왜냐하면 본래성은 환인의 본성에 의하여 이루어지는 탈자脫自에 의한 타자화他者化로서의 생성의 과정을 고정화하여 상징적으로 세 단계로 나타낸 것 가운데서 하나의 단계를 나타낸 것에 불과하기 때문이다. 그러므로 때로는 환웅으로, 때로는 단군으로, 때로는 웅호로 드러내는 점에서는 삶이 그대로 제도이고, 현정顯正이지만 동시에 수도의 측면에서는 단군의 차원에서 웅호를 바라봄과 환웅의 차원에서 단군을 바라봄 그리고 환인의 차원에서 환웅을 바라봄이 그대로 파사破邪라고 할 수 있다. 지금까지 살펴본 내용을 도표화하여 나타내면 다음과 같다.

<table>
<tr><th>다양화
객체화</th><th colspan="3">회통과 합일</th><th>일체화
무화無化</th></tr>
<tr><td rowspan="5">제도濟度
(倒生)
⇓
도생역성
倒生逆成
삶(逆成)</td><td>대인
부처</td><td>환인桓因</td><td>ᄒᆞ나님
공불공空不空</td><td rowspan="5">수도修道
(倒成)
⇑
역생도성
逆生倒成
학문(逆生)</td></tr>
<tr><td>군자
보살</td><td>환웅桓雄</td><td>공空
무아無我</td></tr>
<tr><td>본래성</td><td>단군檀君</td><td>지선至善
집중執中</td></tr>
<tr><td>사건
의식</td><td>곰</td><td>선불선善不善
정부정正不正</td></tr>
<tr><td>물건
육신</td><td>호랑이</td><td>선악善惡
정사正邪</td></tr>
<tr><td>창조, 제도</td><td colspan="3">생성과 변화</td><td>자각, 초월,</td></tr>
</table>

단군檀君과 인간의 삶

앞의 도표를 통하여 정사는 고정된 것이 아니라 그것을 나타내는 관점, 안목에 따라서 하다양한 의미를 갖게 됨을 알 수 있다. 그렇기 때문에 파사현정의 구체적인 방법은 정사를 이해하는 관점, 안목에 따라서 다양하여 같지 않음을 알 수 있다. 따라서 파사현정破邪顯正을 위한 적폐청산積幣清算이 이루어지기 위해서는 적폐청산을 하는 우리 자신의 안목眼目을 환인의 차원 곧 ᄒᆞᆫ님, 하나님의 차원으로 고양高揚시키는 것이 필요하다.

3. 도역생성과 인간 본래성 그리고 인류의 미래

우리는 앞에서 인간의 삶은 ᄒᆞᆫ님, 하나님, 하느님의 매 순간의 자기 현현顯現이라는 점에서 개체적 측면에서 살아가는 삶이 없음을 살펴보았다. 그것은 나와 남, 나와 세계의 구분이 있을 때 비로소 남이 아닌 나, 자연이 아닌 나의 삶이 존재함을 뜻한다.

우리의 삶은 어떤 고정된 실체적 존재가 다양하게 자신을 변變하여 다른 것으로 화化하는 것이 아니라 나와 남을 구분할 수 없는 하나를 다양하게 분별하여 나타내고 이해할 뿐으로 그 어떤 분별의 대상이 없다.

그것은 우리의 삶은 매 순간 안팎에서 일어나는 다양한 일들을 모두 본래성이라는 용광로에 넣어서 하나로 녹여서 환웅으로 드러내고, 단군으로 드러내며, 웅호로 드러나는 생성의 과정임을 뜻한다.

우리가 매 순간 일어나는 의식과 밖에서 일어나는 사건들이 환인에 의하여 이루어짐을 믿고 그 자리에 맡김으로써 본래성本來性과 합일合一하고, 신성神性에 의하여 다양하게 드러남을 지켜보면서 심신心身을 운용運用하면 그것이 그대로 수도이고, 제도이다. 그러면 우리가 지향해야할 미래가 있는가?

미래와 과거가 따로 있는 것이 아니라 하나가 되어 항상 드러난다. 그것이 바로 과거와 미래가 하나가 된 현재이다. 과거와 미래가 하나가 된 현재는 시간성이 드러난 현재라는 점에서 시간을 넘어선 현재이다.

나타나 있음으로서의 현재는 시간성의 매 순간 드러남, 시간성의 자신을 드러냄이다. 그것은 시간성 곧 ᄒᆞ나님이 스스로 자신을 타자화他者化하여 항상 새롭게 드러냄을 뜻한다. 물건적 관점에서는 시간성이 지금 여기의 나를 매개로 하여 끊임없이 자신을 새롭게 창조함이다. 그러면 개체적 인간의 입장에서는 어떻게 살아갈 것인가?

개체적 입장 곧 웅호의 관점에서 보면 매 순간 안팎에서 일어나는 모든 사건과 만나는 물건에 대하여 웅호가 사람이 되고자 하는 마음을 일으켰을 뿐만 아니라 사람이 되어 다시 환웅과 결혼을 하고자 마음을 일으켰듯이 본래성과 하나가 되려는 마음을 내고, 신성과 하나가 되고자 하는 마음을 내야한다.

그것은 안팎의 어떤 것을 만나더라도 그것이 모두 내 안의 참나로서의 환인 곧 환웅과 단군에 의하여 이루어지는 것임을 믿고(信), 환인에 의하여 안팎의 모든 것이 이루어지도록 그 자리에 맡기며(任), 환인에 의하여 일어나는 결과를 지켜보면서(觀), 심신心身을 운용運用하는 것(行)이 그대로 삶이자 수도이고, 제도임을 뜻한다.

환웅과 단군이 바로 자신임을 믿고 그 자리에 맡기면 단군이 환웅과 하나가 됨으로써 본체로 돌아가서 역방향에서 본래의 자신과 하나가 되는 합일이 이루어진다. 이러한 상태는 견성성불見性成佛을 넘어선 상태라고 할 수 있다.

단군과 하나가 됨은 본래성과 하나가 되는 견성성불이라면 다시 환웅과 하나가 됨은 열반적정涅槃寂靜의 차원에 이르는 것이라고 할 수 있다. 이처럼 열반적정의 상태를 중도中道라고 하기도 하고, 실상實相이라고 하기도 한다.

그러나 중도中道, 실상實相으로 나타내는 세계는 본래의 세계일뿐이어서 색色과 공空, 꿈과 깨어난 세계가 없기 때문에 양자를 넘어선 중도의 세계나 실상의 세계가 따로 있는 것이 아니다. 웅호가 단군과 하나가 되어 웅호의 상태에 머물지 않으면서도 다시 단군에 집착하지 않아서 환웅과 하나가 되고, 환웅과 하나가 되어서도 다시 환웅에 머물지 않음으로써 환인에 이르게 된다.

환인의 상태도 하나의 실체적 존재의 상태를 나타내는 개념이 아니다. 그것은 환인이라는 개념도 고정된 실체나 상태를 나타내는 것이 아님을 뜻한다. 그렇기 때문에 환인에도 머무르지 않는다.

환인이 고정된 실체가 아니기 때문에 적연부동寂然不動의 상태에도 머물지 않아서 다시 자신의 상태에서 벗어나서 타자화他者化하게 된다. 그것은 환인이 환인의 상태로 있는 것이 아니라 환웅으로 타자화하여 단군과 하나가 됨으로써 웅호로 드러남을 뜻한다. 화엄교학에서 성기론性起論으로 제시되고 있는 내용도 역시 이와 관련이 있다.

환웅이 단군과 하나가 되어 드러나는 작용의 결과로서의 웅호 곧 마음과 육신의 언행은 다양하여 고정되지 않는다. 그것은 인연에 따라서 다양하게 드러나지만 작용 자체는 인연이 아니라 신성과 본래성이라는 점에서는 자연이다. 그렇기 때문에 삶은 자연도 아니고, 인연도 아니지만 자연과 인연으로 드러난다고 할 수 있다.

환웅이 표상하는 신성과 단군이 표상하는 본래성을 수로 나타내면 15이다. 이 15을 본체로 하여 이루어지는 작용을 나타낸 역수가 360이다. 그렇기 때문에 단군신화에서 나타내고 있는 360이라는 역수가 표상하는 세계는 본래적 시간으로서의 영원한 현재를 나타낸다.

물리적 시간도 영원한 현재를 기준으로 분별한 것이고, 물리적 존재로서의 물건도 역시 영원한 현재를 기준으로 그것을 고정시켜서 분석하여 나와 남, 나와 세계를 분별하여 나타낸 것이다.

시간성 자체가 제거된 분별은 단순한 실체화 작용에 그치게 되어 그것을 실재하는 것으로 착각하는 현상이 일어나게 된다. 그것은 정사의 경우에 정사라는 실체가 있는 것으로 착각하고, 정사正邪를 저지르는 사람을 대상으로 파사현정破邪顯正을 하게 되면 사람 자체를 정인正人과 사인邪人으로 분별하여 사람 자체를 제거하는 끔찍한 일을 저지르게 됨을 뜻한다.

정사는 실체가 아니라 환웅에 의하여 일어나는 단군이라는 작용의 결과라는 점에서 정사를 넘어선 정부정正不正, 정부정正不正을 넘어선 무분별의 세계, 분별과 상대적인 무분별마저도 없는 세계를 다양하게 드러낸 것에 불과하기 때문에 그 사람이 정사의 분별에 머물러서 집착하지 않도록 집착을 깨줄 뿐이다.

정사를 분별하는 사람과 분별에서 벗어나도록 도와주고자 하는 사람이 구분된 차원에서는 집착을 깨줄 수 없다. 본래성의 차원과 하나가 되고, 그것을 넘어서 신성과 하나가 되었을 때 곧 환인의 상태에서 만이 가능하다.

그것은 환웅과 단군 그리고 웅호가 본래 하나임을 알고 환웅에게 맡겨서 단군에 의하여 다시 창조되어 새롭게 나타나는 것을 지켜보는 것이 필요함을 뜻한다. 단군, 본래성은 용광로와 같아서 모든 것을 녹여서 하나로 하는 작용을 한다. 그런 점에서 보면 본래성은 일종의 접착제와 같고, 자석과도 같다고 할 수 있다.

용광로에서 모든 불순물을 녹여서 재생처, 공장에서 다시 새로운 완전한 물건으로 생성하듯이 환웅에 의하여 새로운 사물로 변화한다. 그렇기 때문에 웅호의 상태 곧 현상에 머물러서 집착하지 않고 환웅과 하나가 되어 단군으로 작용하게 되면 그것이 그대로 언제나 환인의 상태로서 살아감이다.

그것은 자신自身이 자신自神임을 알고, 자신自信하면서 자신自神으로 살아감을 뜻한다. 그것은 매 순간에 이루어지는 도역의 생성이다. 그것을 물건화하여 나타내면 매 순간의 삶이 그대로 한편으로는 수기, 수도이면서도 동시에 제도, 실천임을 뜻한다. 지금까지 살펴본 내용을 도표화하여 나타내면 다음과 같다.

<table>
<tr><td colspan="2">다양화, 객체화</td><td>회통과 합일</td><td colspan="2">일체화, 무화無化</td></tr>
<tr><td rowspan="5">환인
桓因</td><td rowspan="4">제도濟度
(倒生)
⇓
도생역성
倒生逆成</td><td>대인, 부처</td><td rowspan="4">수도修道
(倒成)
⇑
역생도성
逆生倒成</td><td rowspan="5">환인
桓因</td></tr>
<tr><td>군자, 보살</td></tr>
<tr><td>본래성</td></tr>
<tr><td>시간, 마음, 의식</td></tr>
<tr><td>삶(逆成)</td><td>공간, 육신, 물질</td><td>학문(逆生)</td></tr>
<tr><td colspan="2">창조, 제도濟度</td><td>변화와 생성</td><td colspan="2">자각, 초월</td></tr>
</table>

본래성과 인간의 삶

도표를 통하여 확인할 수 있듯이 삶 자체에는 수도, 학문과 제도, 실천의 구분이 없다. 그것은 수도와 제도가 개체적인 심신에 의하여 드러나지만 심신心身이 주체가 아니라 본래성이라는 점에서 무엇을 하여도 함이 없음을 뜻한다. 그렇기 때문에 도역의 생성이 매 순간 세계 자체가 끊임없이 새롭게 자신을 드러냄이고, 끊임이 없는 창조라고 하여 개체적 존재가 창조함을 뜻하지 않는다.

환인이라는 개념을 통하여 나타내는 세계 자체는 분별과 무분별이 자유자재하다는 점에서는 양자를 포괄한다고 말할 수 있지만 사실 환인이라는 개념도 그냥 하나의 개념일 뿐이지 환인이라는 개념에 상응하는 어떤 실체적 존재가 있음을 나타내는 것이 아니다.

그것은 도역의 생성이 비록 현상의 측면에서는 끊임없는 창조이자 변화이면서 생성이지만 생성이 아닌 생성이자 창조가 아닌 창조이고, 변화가 아닌 변화임을 뜻한다. 그렇기 때문에 ᄒᆞᆫ님, 하나님의 현현顯現으로서의 생성, 변화, 창조는 "함이 없으면서도 하지 않음이 없다."[6]고 말할 수 있다.

오늘날의 우리사회에서 부정적否定的 측면에서 세勢에 의지하여 편 가르기가 극심한 까닭은 개체적 관점에서 유위적有爲的으로 무엇을 하려고 하기 때문이다. 그것은 환인이라는 하나의 차원, 곧 환웅과 단군이 하나가 된 차원에서 함이 없이 이루어지는 것이 아니라 육신을 중심으로 일어나는 사심私心에 의하여 세계를 분별하고 그것을 얻고자 하는 소유욕所有慾 때문에 일어나는 현상이다.

권력이나 민족, 국가, 종교, 정당, 세계, 인류 그리고 사회주의, 민주주의와 같은 이념을 막론하고 그 어떤 것이라도 자신과 둘로 보아서 소유하려고 하는 것은 유위적有爲積인 행위를 낳는다. 그리고 유위적인 행위로는 물질적인 차원, 약육강식弱肉强食의 차원을 결코 벗어날 수 없다.

파사현정破邪顯正은 스스로 자신의 차원을 물리적 차원에 머물지 않고, 물리적 차원에서 본래성의 차원으로 그리고 본래성의 차원에서 신성神性의 차원으로 자신을 고양高揚시켜서 그 어떤 차원에도 집착함이 없이 자유자재自由自在할 수 있을 때 비로소 가능하다.

만약 어떤 사람이나 집단이 하나의 이념이나 신념에 얽매여서 스스로

---

6 老子, 『道德經』, "道常無爲而無不爲"

변화하려고 하지 않고, 남을 대상으로 정사正邪를 가려서 사邪를 제거하는 파사현정을 실시하려하면 그 역시 그대로 상대방으로부터 돌려받게 된다.

파사현정이 환인의 현현일 때 그것이 비로소 대상과 자신을 하나로 여기고 그에게 지혜를 바탕으로 자비慈悲를 베푸는 행위가 된다. 그것은 대상은 물론 자신도 이롭게 하기 때문에 상대방이 감사하게 여기게 된다.

정치는 백성들로 하여금 본래성이 그대로 현현되는 삶을 살아가도록 안내하고 도와주는 것이다. 그렇기 때문에 정치는 인간의 본래성인 자비, 인성人性을 그대로 드러내는 점에서 정치는 무조건적인 사랑이다.[7]

하나의 국가사회를 책임지고 있는 대통령은 우리나라의 헌법에 명시되어 있는 것처럼 국민의 안녕과 행복을 위하여 자신의 삶을 헌신하는 공복公僕이다. 만약 대통령이 법에 의하여 국민을 획일화시키거나 권력에 의하여 통제하려고 하면 그는 그 이름에 걸맞게 대통령의 역할을 하지 못하기 때문에 대통령이 아니라 한 사람에 불과하다.

헌법을 준수하여 국민의 안녕과 질서 그리고 국가의 안위를 보장하지 못하는 사람은 이미 대통령이 아니기 때문에 그를 탄핵하여도 대통령을 탄핵한 것이 아닐 뿐만 아니라 그를 권력에서 끌어 내리는 것이 올바른 행동이다. 맹자는 정명론正名論을 들어서 만약 왕이라는 이름에 걸맞게 왕노릇을 못하면 그는 왕이 아니라 한 남자에 불과하기 때문에 그를

7 孟子, 『孟子』 公孫丑章句上, "孟子曰 人皆有不忍人之心. 先王有不忍人之心, 斯有不忍人之政矣. 以不忍人之心, 行不忍人之政, 治天下可運於掌上. 所以謂人皆有不忍人之心者, 今人乍見孺子將入於井, 皆有怵惕惻隱之心, 非所以內交於孺子之父母也, 非所以要譽於鄉黨朋友也, 非惡其聲而然也. 由是觀之, 無惻隱之心, 非人也, 無羞惡之心, 非人也, 無辭讓之心, 非人也, 無是非之心, 非仁也. 惻隱之心, 仁之端也, 羞惡之心, 義之端也, 辭讓之心, 禮之端也, 是非之心, 智之端也. 人之有是四端也, 猶其有四體也. 有是四端而自謂不能者, 自賊者也, 謂其君不能者, 賊其君者也. 凡有四端於我者, 知皆擴而充之矣, 若火之始然, 泉之始達. 苟能充之, 足以保四海, 苟不充之, 不足以事父母."

쫓아도 왕을 내쫓는 것이 아니라고 하였다.[8]

정치는 인위적인 것이 아니라 스스로 ᄒᆞᆫ님, 하나님의 삶을 보여줄 뿐이다. 어떤 특정한 사람이나 집단이 하나의 이념이나 신념에 의하여 인위적으로 무엇인가를 제거하고, 고치고, 없애려는 행위는 모두 실패할 뿐만 아니라 진정한 의미의 정치라고 할 수 없다.

종교도, 수도修道도, 인위적으로 그 무엇인가를 얻으려고 하는 것이 아니다. 만약 지금은 없는 깨달음이라는 것을 얻어서 소유하기 위하여 수행, 수도를 한다면 그것은 이루어질 수 없다. 설사 지금 나에게 없는 것을 어느 순간에 얻을지라도 언젠가는 반드시 그것을 잃게 되어 영원한 것이 아니다.

고조선사상을 나타내고 있는 단군신화는 본래 지금 여기의 나를 환인桓因, ᄒᆞᆫ님, 하나님, 하느님으로 나타내고, ᄒᆞᆫ님, 하나님을 다시 환웅, 단군, 웅호로 구분하여 나타낸 것이다. 세계와 나를 나누고, 나와 남을 나누어서 신성으로 또는 본래성으로 또는 마음으로 또는 육신으로 나타낼 뿐으로 신성, 본래성, 마음, 육신이라는 실체적인 어떤 것이 있지 않다.

과학자들은 육신을 중심으로 인간을 이해하여 인간이 생사生死의 한계를 갖고 있다고 여긴다. 그리고 그들은 생사를 넘어서기 위하여 과학기술을 발전시켜서 생사가 없는 존재로 향상向上시키는 것이 인류의 진화라고 주장한다.

그러나 본래성의 차원에서 보면 인간은 생사가 없을 뿐만 아니라 육신을 통하여 일어나는 생노병사生老病死는 단지 본래성의 다양한 현현에 불과하다. 그것은 인간이 본래 때로는 환웅으로, 때로는 단군으로, 때로는

8 『孟子』 梁惠王章句下, "齊宣王問曰 湯放桀, 武王伐紂, 有諸 孟子對曰, 於傳有之 曰臣弑其君可乎 曰賊仁者謂之賊 賊義者謂之殘 殘賊之人謂之一夫 聞誅一夫紂矣 未聞弑君也."

웅호로 자유자재自由自在하게 생성함이 삶임을 뜻한다.

파사현정도 정사正邪라는 실체적 존재가 있어서 제거하고 드러냄을 뜻하지 않는다. 본래성을 매개로 하여 신성神性이 심신心身을 통하여 정사正邪로 자유자재하게 드러남을 나타낸다. 그렇기 때문에 인간의 일상의 삶에서 무엇을 하더라도 본래성과 신성神性 곧 세계 자체에서 이루어지는 것임을 알고 삶을 살아가면 삶 자체가 그대로 수도이고, 제도이며, 실천이다.

그것은 매 순간 환웅이 표상하는 신성神性과 하나가 되고, 단군이 표상하는 본래성과 하나가 됨으로써 웅호로 다양하게 드러남이 바로 인간의 삶임을 뜻한다. 그렇기 때문에 인간의 삶의 과정에서 일어나는 수도와 학문, 제도와 실천이 모두 자신을 느끼고 경험하면서 살아가는 체험의 과정일 뿐이다.

색인

저자_ 이현중

전남 담양에서 출생
우석대학교 영문학과 졸업
전북대학교 대학원 철학과 졸업
충남대학교 대학원 철학과 졸업(철학박사)
충남대학교 인문대학 한문학과 교수

저서
『유불도儒佛道와 통관洞觀의 인문학』, 『한국사상과 방달方達의 인문학』, 『정역철학』, 『역경철학』, 『한국철학의 역학적 조명』, 『논어순역』, 『정역正易과 삼경三經』, 『중국철학의 역학적 조명』 외 다수

논문
「원각경의 수행론」, 「유불도儒佛道의 경계와 학문의 통섭」, 「중천건괘와 중지곤괘를 통해본 주역의 수행론」, 「주역의 성명지리」, 「논어의 下學而上達과 克己復禮爲仁」 외 다수

고조선 철학

2019년 11월 30일 인쇄
2019년 12월 6일 발행

지은이 이현중
펴낸곳 문진
주소 34168 대전광역시 유성구 대학로 31 한진리조트오피스텔 2004호
전화 042-933-6510
홈페이지 munjin.co.kr
표지디자인 한그림
제본 은정제책사

ISBN 979-11-87638-36-0 03150

값 30,000원

이 도서의 국립중앙도서관 출판예정도서목록(CIP)은 서지정보유통지원시스템 홈페이지(http://seoji.nl.go.kr)와 국가자료종합목록 구축시스템(http://kolis-net.nl.go.kr)에서 이용하실 수 있습니다. (CIP제어번호 : CIP2019046674)